프랑스의 음식문화사

프랑스의 음식문화사

마리안 테벤 지음
전경훈 옮김

니케북스

일러두기

· 원서의 주석은 미주로, 옮긴이주는 각주로 정리했다. [ ] 안의 내용은 인용문에 저자
가 넣은 부연이다.
· 프랑크왕국 시기의 고유명사는 라틴어·프랑스어·독일어 표기가 통용되는데, 이 책의
성격을 고려해 프랑스어 표기를 따르되 국립국어원의 표준국어대사전에 등재된 표
기를 우선으로 삼았다.

케빈에게

차례

여는 글

프랑스 음식의 역사는 프랑스 음식에 대한 이야기에 의존한다. 프랑스는 갈리아Gallia* 시대부터 고급스러운 음식으로 유명했으며 오늘날까지 그 명성을 꾸준히 유지해왔다. 프랑스 요리는 가장 인정받는 국제적인 요리일 것이다. 영어로 작성된 프랑스 요리에 관한 최초의 문헌《프랑스 음식*The Food of France*》(1958)의 서문에서 웨이벌리 루트Waverley Root는 이렇게 말했다. "미식 모험을 즐기는 사람이 프랑스 여행에서 그를 기다리고 있는 오트 퀴진haute cuisine**의 보고寶庫에 대해 잘 알고자 한다면, 여행가이드와 철학자, 그리고 재능 있는 식도락가가 필요하다."[1] 학식 있는 사람조차 프랑스 음식으

---

* 로마 시대에 알프스산맥과 피레네산맥 그리고 라인강을 경계로 하는 넓은 지역을 가리키던 지명이다. 오늘날 프랑스 전역과 벨기에, 스위스와 독일의 일부가 포함된다. 기원전 58~51년 율리우스 카이사르Julius Caesar에 의해 정복되어 로마제국에 편입되기 이전부터 이 지역에 살던 켈트계 원주민을 골Gaul족이라고 한다.

** 프랑스 패션계에서 디자이너의 예술적인 고급 맞춤 의상을 오트 쿠튀르haute couture라고 하듯, 프랑스 요리계에서 셰프의 예술적인 '고급 요리'를 가리켜 오트 퀴진이라고 부른다.

로 식사를 할 때는 박식한 가이드를 필요로 한다는 말이다. 이런 생각은 수 세기에 걸쳐 프랑스 음식이라는 웅장한 장을 의도적으로 구성한 데 따른 결과물이다. 잘 차려 먹는 전통은 프랑스인의 생활방식에 본래부터 내재해 있던 것처럼 보인다. 농작물이 풍성하고, 한때는 본국 경계를 넘어서는 장엄한 제국을 이루었으며, 수많은 작가와 요리사들이 글로써 찬양한 축복받은 나라 프랑스는 처음부터 가스트로노미gastronomie*의 탄생지가 될 준비가 되어 있었던 것 같다. 하지만 프랑스 요리가 세계를 지배하게 된 것은 단지 음식의 질이 뛰어났기 때문은 아니다. 그건 프랑스인들이 전하는 프랑스 음식에 관한 이야기 때문이기도 하다. 더구나 프랑스인들은 탁월한 이야기꾼들이다.

요리책과 규정집과 그림은 말할 것도 없고, 신화, 의도적으로 구성된 이야기, 심지어 사실상 허구인 이야기, 그리고 우리가 음식과 요리를 말할 때 늘 사용하는 용어들까지도 모두 프랑스 음식을 이해하고 세계에 확산하는 데 일익을 담당하고 있다. 이 책은 프랑스 요

---

* 보통 '미식美食', '식도락' 등으로 번역되나 맛있는 음식과 그것을 만드는 요리법, 요리를 먹고 즐기는 방식과 문화, 그리고 이 모든 것에 관한 담론과 학문 등을 아우른다. 고대 그리스의 시인 아르케스트라토스Archestratos가 쓴 요리에 관한 장시長詩 〈가스트로노미아gastromonia〉에서 유래하는데, 배腹를 뜻하는 가스테르gaster와 규칙이나 법을 뜻하는 노모스nomos가 결합된 말이다. 이 용어는 1801년 시인 조제프 베르슈Joseph Berchoux가 동명의 시를 발표하면서 프랑스어에서 되살아났고, 당대의 유명한 미식가이자 문필가인 장 앙텔름 브리야사바랭Jean-Anthelme Brillat-Savarin의 저서 《미식 예찬Physiologie du goût》(1825)을 통해 일반적으로 널리 쓰이게 되면서 오늘날과 같은 확장된 의미를 획득했다.

리가 지구상에서 가장 인정받는 요리가 된 것이 우리가 그 이야기들을 모두 알고 기억하기 때문임을 역설하고자 한다. 샤를 드골과 258종(어쩌면 325종 혹은 246종)의 치즈, 동 페리뇽과 샴페인, 마리 앙투아네트와 케이크, 앙투안 오귀스탱 빠르망티에Antoine Augustin Parmentier와 감자, 마리 아렐Marie Harel과 카망베르 치즈,* 마르셀 프루스트와 마들렌.** 이들 이야기 가운데 어떤 것은 너무 친숙한 나머지 다시 이야기되는 과정에서 '실제' 이야기가 되기도 한다. 그럴 경우, 해당 이야기는 그 음식에 관한 구성된 역사의 일부가 된다. 세계 음식의 역사에서 프랑스 요리의 지배적 위치를 이해하려면 연대와 통계 너머를 살피면서, 사실과 시대에 관해 발명되고 반복되고 인쇄되고 출간된 이야기들까지 아울러야 한다. 꾸밈없는 사실만을 보자면, 로마제국의 갈리아에서는 돼지고기를 먹는 사람이 거의 없었으며, 19세기 들어 돼지고기 소비가 증가하기 전에는 시골 농가에서만 먹었다. 돼지고기에 관한 이야기는 프랑크족이 돼지고기를 날 것으로 먹었을 때 로마제국 내 갈리아에서는 그것을 야만스러운 것으로 여겨 거부했음을 드러낸다. 메로빙거 왕조 시대에 프랑크족이 프랑스인이 되고 나서야 그런 거부감도 사라졌다. 하지만 근대 초기에 포르크 파밀리알porc familial(농가에서 직접 기르고 잡은 돼지)은 다시 시골 가정에서나 먹는 촌스러운 음식이 되었다. 19세기 파리의

* 프랑스를 대표하는 치즈 가운데 하나로, 원산지는 노르망디 지방이고 살균하지 않은 소젖을 주원료로 최소 3주 이상 부드럽게 숙성시켜 생산한다.
** 버터, 달걀, 설탕, 밀가루를 주재료로 하고 레몬이나 라임 등을 첨가해 가리비 조개 모양으로 구워낸 작은 케이크이다. 프랑스 북동부 로렌 지방의 뫼즈에서 유래한 것으로 알려져 있으며, 프랑스를 대표하는 과자류로 유명하다.

샤르퀴티에charcutier(돼지고기 가공업자)들에 의해 탈바꿈한 뒤에야 다시 존중받을 수 있었다. 그들은 아주 매력적인 방식으로 돼지고기를 도시적인 음식으로 바꾸어놓았다. 프랑스 음식 이야기는 천 가지 작은 이야기가 한데 엮여서 이루어진다. 이야기를 하는 것 역시 프랑스 음식 소비의 일부를 이룬다.

　프랑스 음식 역사에 대한 종합적인 연구조사를 시도하려면 식품의 공급 방식만 연구할 것이 아니라 요리책들을 면밀하게 검토해야 한다. 요리책은 확정된 관행의 표식으로서 유용하다. 대중문화와 음식의 상징적 중요성도 검토해야 한다. 그리고 문학이나 다른 예술 장르에서 음식이 재현되는 방식은 물론 (공정하든 불공정하든) 소문과 평판 또한 검토해야 한다. 프랑스 음식의 역사를 다루는 이 책에서는 예상되는 일군의 자료만이 아니라 프랑스 문학 또한 기초 자료로 사용한다. 그런 글들은 사람들의 일상적인 관행, 사고, 의견을 말해주며, 때로는 다른 곳에서 볼 수 없는 각도에서 음식을 표현하기 때문이다. 프랑스 음식 이야기는 그것을 수용하고 재현하는 문학작품들 없이는 말해질 수 없다. 프랑스 음식의 역사는 신화와 상상에 너무나 깊이 의존하고 있어서다. 가스트로노미는 늘 프랑스어 글쓰기에 매여 있었다. 가스트로노미라는 용어 자체가 19세기에 프랑스 가스트로노미가 존재하도록 글을 쓴 '문인들'로부터 처음 등장했다. (주된 인물로는 알렉상드르발타자르로랑 그리모 드 라 레니에르Alexandre-Balthazar-Laurent Grimod de la Reynière와 장 앙텔름 브리야사바랭이 있다.) 역사학자 파스칼 오리Pascal Ory가 강력히 주장한 대로 가스트로노미의 역사는 문학 텍스트의 역사이기도 해야 한다. 특히 프랑스에서는 그러해야 한다. 프랑스는 "문학적인 것이 오래도록 특별한 숭배 대상이 되어온 곳"이기 때문이다.[2] 이 책의 각 장 말미에서는 (문학 텍스트에 초점이 맞추어진 6장을 제외하고) 주석을 단 문학 텍스트를 통해 해낭 시기의 프랑스 음식에 관한 허구직 관점을 간단히 살펴본다.

프랑스 요리 발전의 많은 부분은 선도적인 궁정문화와 더불어 세련, 기교, 미美에 연결되어 있다. 19세기의 산물인 가스트로노미는 내셔널리즘에서 비롯되었고, 계속해서 국민적 일치를 제공하여, 주변부에 존재하는 것들과 프랑스 본토 외부에서 유입된 것들을 배제하기에 이르렀다. 알렉상드르 라자레프Alexandre Lazareff 같은 전통주의자들은 "프랑스 요리의 예외성"의 핵심은 천연자원이나 농부들이 아니라 가스트로노미라고 주장한다. "무엇보다도 우리는 가스트로노미를 표현의 형식이자 문화적 유산으로 여기기 때문이다."[3] 공공 장소로서 레스토랑은 파리에서 주로 일어난 현상이었지만, 실제로는 공화국의 이상인 자유, 평등, 박애를 기리는 것이 아니라, 국왕이 관중을 앞에 두고 즐기는 개방된 식사인 그랑 쿠베르grand couvert를 소규모로 모방한 것이었다. 그러나 프랑스 요리는 그런 만큼이나 결연하게 민중에게 속한 것이기도 하다. 농민의 이미지는 여전히 농부들에 의해 자랑스럽게 유지되며, 정치인들은 그 이미지를 경애한다. 프랑스 특유의 전원적인 성격에 대한 호소는 독일에 점령된 프랑스 비시 정부의 르망브르망remembrement(농지 정리, 귀농을 격려하기 위한 시골 농지 재분배 정책)을 정당화했으며, 원산지명칭통제Appellation d'origine contrôlée(AOC)* 치즈의 보호를 정당화했다. 18세기에 여러 폭동과 밀가루전쟁Guerre des farines을 촉발하기도 했던 프랑스 빵은, 1993년까지 바게트 드 트라디시옹Baguettes de tradition(전통 바게트)을 규정하는 법령이 존재했을 만큼 여전히 정부에 의해 엄격하게 규제되고 있다.

　프랑스 음식에 관한 역사의 한구석을 아주 잘 다룬 역사서는 많다. 프랑스 요리를 매우 개괄적으로 검토하는 책들은 대체로 파리만 다룬다. 프랑스의 수도이며 최대 도시인 파리는 그 자체로 하나의 식품 체계를 이룬다. 하지만 프랑스 음식의 역사를 완전하게 다루려면 프랑스의 지방들은 물론 과거와 현재의 해외 영토들 또한 반드시 다루어야 한다. 프랑스 해외 영토들은 식민화에 의해 돌이킬 수 없이 달라졌으며, 핵심적인 생산물(이를테면 설탕과 와인)로 프랑스의 음식 환경 조성에 기여했다. 오트 퀴진에 관한 이야기는 많은 사람에게 익숙하다. 하지만 전체적인 그림을 완성하려면 농민들과 노동자들이 먹은 것들 또한 고려해야 한다. 그들이 제공한 재료들을 토대로 이 요리의 제국이 세워졌기 때문이다. 역사적인 요리책들은 부르주아나 엘리트 계층의 요리를 일별하기 위한 자료로서는 풍족하고 유용하다. 하지만 요리책들이 그려내는 그림에는 글은 모르지만 기억으로 음식을 만드는 이들이 누락되어 있다. 우리는 19세기의 이야기들을 많이 알고 있다. 당시에는 요리사 마리앙투안 카렘Marie-Antoine Carême이 요리의 기술을 정점에 올려놓았으며, 일상의 먹고

---

*　　프랑스 정부에서 자국의 식품이 생산되는 장소의 지형학적 특성을 인증하여 표시하게 하는 제도다. 보통 고급 와인에 적용되는 것으로 알려져 있지만, 이 제도의 기원은 1411년 프랑스 의회가 로크포르쉬르술종 지역 콩발루산의 한 동굴에서 생산되는 블루 치즈에만 '로크포르'라는 이름을 쓸 수 있게 제한했던 것이다. 현재는 와인이나 치즈 이외에 버터, 꿀, 고기 등에도 적용되고 있다.

마시는 일을 묘사하는 문학적 텍스트들이 쏟아져 나왔다. 하지만 프랑스 음식은 쉽게 알고 소화할 수 있는, 유명세를 떨친 영광 이상의 것이다. 프랑스 음식의 완전한 역사는 대혁명 이전, 레스토랑 이전, 냉장고 이전, 발포성 샴페인 이전 시대를 다루어야 한다. 빵과 와인과 치즈에 관한 기존의 학술적 연구서들은 나름의 관점을 취하고 있다. 그러나 이 책은 생산자와 소비자의 이야기, 전통과 변칙의 이야기를 전하고자 한다. 가장 중요한 것은, 이 책은 프랑스 요리에 대한 '왜'라는 물음에 답하고자 한다는 점이다. 프랑스인들은 왜 그런 식으로 먹는가? 프랑스 요리는 언제 형성되었나? 프랑스인들은 왜 해외 영토의 대표 음식들을 포용하는가? 그리고 외부인들은 왜 이 광대한 요리의 세계에 관한 상투적 이미지에 끌려드는가? 프랑스 문학과 다른 허구적 장르들을 인용해 논하는 가운데 그 '왜'라는 물음에 대한 생생한 답을 구할 수 있을 것이다. 그런 장르들에서 음식과 먹는 행위는 하나의 정물, 하나의 과장, 하나의 예술작품이지만, 그럼에도 늘 보존될 가치가 있다.

프랑스인들은 뛰어난 농업, 우월한 천부적 기술, 최상의 재료 덕분에 혜택을 누렸는데, 왜냐면 그들 스스로가 그렇다고 믿었기 때문이다. 그들은 다른 민족이나 다른 나라와 비교해 스스로를 정의했다. 프랑스인도, 잉글랜드인도 모두가 소스를 받아들였다. 에스파뇰 소스Espagnole sauce는 오래전에 스페인에서 기원한 것인지도 모르지만 이제는 모두가 인정하듯이 완전히 프랑스의 소스가 되었다. 1739년 요리책 저자인 프랑수아 마르탱François Martin은 이미 '현대 요리cuisine moderne'를 만들고 아직 제대로 확립되지도 않은 요

앙투안 볼롱Antoine Vollon, 〈버터 더미〉(1875/1885), 캔버스에 유채

리 표본을 개량하겠다고 선언했다. 프랑스인들은 늘 프랑스 요리의
산물을 더 세련되게 개량하고 앞을 내다보는 일이 얼마나 중요한지
이해하고 있었다. 그들은 프랑스 요리의 산물에 라벨을 붙이고 프
랑스 것이라고 주장하기를 결코 잊지 않았다. 17세기에 요리책이 끊
이지 않고 나오자, 일정한 양식을 따른 주방 작업에 새로운 요리 용
어가 새겨졌다. (이를테면 부용bouillon*, 오르되브르hors d'oeuvre**, 라구
ragoût*** 등이다.) 규정된 용어와 조리법은 실제 음식 조리에 영구적으

*   고기나 채소를 끓인 육수.
**   주요리 전에 나오는 전채 요리.
***   잘게 자른 고기에 양념을 넣고 채소와 함께 걸쭉하게 끓인 것.

로 자리를 잡았다. 그리하여 프랑스 요리 기술은 이제 긴 설명이 필요 없는 전문 기술이 되었다. 적어도 오트 퀴진에 있어서, 언어가 프랑스의 내적 동질성의 열쇠가 되었으며, 그 '프랑스다움'이라는 것은 프랑스 모델이 해외로 전파되는 데 일조했다. 프랑스 역사학자 플로랑 켈리에Floren Quellier는 '구르메gourmet*'라는 말의 긍정적 함의가 고급 와인과 "프랑스 요리의 헤게모니"에서 비롯되었다고 보았다. 프랑스 요리의 헤게모니 때문에 구르메라는 용어가 19세기 유럽 언어들에 도입되었으리라는 것이다.[4] 프랑스인들이 요구한 (그리고 명명한) 요리 용어들은 가스트로노미와 구르망디즈gourmandise**를 비롯해 셀 수 없이 많다. 미식가이자 작가였던 브리야사바랭은 《미식 예찬Physiologie du goût***》에서, 구르망디즈란 코케트리coquetterie****처럼 프랑스적인 것이라고 주장했다. 브리야사바랭의 《미식 예찬》은 본래 탐식이나 대식, 폭식을 뜻하던 구르망디즈의 함의를 훌륭한 음식에 대한 감상으로 바꾸어놓았다. 그리고 실제적인 측면에서는 정부의 법규에 의한 보호와 식품 생산자들에게 주어진 막대한 권한이 빵, 고기, 와인 등의 특정 식품산업들이 형태를 갖추는 데 기여했다. 이들 산업에서는 보호주의를 열망했고 수용했다.

*   미식 혹은 식도락.
**   탐식이나 미식 혹은 진미珍味.
***   프랑스어 제목의 뜻은 '맛의 생리학'이다. 국내에는 《브리야사바랭의 미식 예찬》으로 번역 출간되었다.
**** '교태'라고 번역될 수 있는데, 스스로를 있는 그대로 드러내기보다 상대의 환심을 사기 위해 멋을 부리거나 꾸민 상태, 혹은 그러한 태도나 욕망을 말한다. 왕실의 궁정문화와 귀족들의 살롱문화가 화려하게 꽃핀 18세기 프랑스인들의 생활과 문화를 설명하는 여러 키워드 가운데 하나다.

그리고 공급에 개입하면서 생산자 쪽의 성장을 제한한 가부장적 경제로부터 프랑스인들은 이익을 얻었다.

프랑스 음식이라는 주제를 한 권의 책으로 완전하게 다루기란 불가능하다. 프랑스의 가스트로노미(그리고 일상적인 음식과 그 사이에 있는 모든 먹거리)에 대해서는 할 이야기가 많다. 이 책은 필연적으로 스냅숏일 수밖에 없으며, 총론적이면서도 불가피하게 불완전한 시각을 취하게 되는 역사책이지만, 음식을 먹는 현대인으로서 우리가 가진 유리한 지점에서부터 프랑스 음식 정체성의 기원을 명확히 밝히는 것을 목표로 삼는다. 프랑스인들이 왜 지금의 방식으로 먹고 있는지를 이해하려면 반드시 그들이 어떻게 해서 지금 이곳에 이르게 되었는지, 그리고 어떤 (경제적, 지리적, 정치적, 예술적) 요인들 때문에 그러한 선택을 하게 되었는지 추적해야 한다. 식탁은 모든 음식 연구의 종점이다. 하지만 이 책은 음식 소비만큼이나 음식 생산을 조사하고, 또한 허구 속 프랑스 음식을 검토함으로써 프랑스 음식의 이미지를 완전히 구현할 것이다. 문학작품에서 인물들이 음식을 어디에서 어떻게 먹는지는 음식 동향에 대한 태도를 실시간으로 묘사한 그림이 되기 때문이다. 그러므로 이 책은 역사적 동향들과 허구적 문장들로 짠 태피스트리다. 이 책은 결국 사람들이 실제로 경험하고 느꼈던 프랑스 음식을 그림으로 그려내고자 한다. 이 책이 모든 것을 다 할 수는 없다. 그렇기에 이 책은 프랑스 음식의 엄청난 기념비들 속에서 숨겨진 보석들을 애써 찾고, 빈번히 되풀이되어 피상적인 것으로 변할 만큼 닳아버린 이야기들에 더 밝은 빛을 비추고, 전근대적 음식과 식민지 음식을 고려함으로써 밀푀유

millfeuille[*]에 한 층을 더하고, 이제껏 사람들이 묻지 않은 것을 묻는다. 오트 퀴진에서 하류층의 음식으로, 음식을 먹는 사람에게서 음식을 생산하는 사람에게로 초점을 돌린다. 무엇보다도 그 모두를 한자리에 보으고자 애쓴다.

이어지는 장의 구성은 대체로 연대순을 따르지만 반드시 그런 것만은 아니다. 음식에 관한 사건들은 시대를 가로지르며, 하나의 역사적 사건이 때로는 훨씬 더 후대에 나타나는 결과에 영향을 끼치기 때문이다. 1장은 갈리아에서 시작된다. 아직 프랑스인이 되지 않은 갈리아 사람들은 이미 요리 혁신의 전문가들이었다. 나중에 프랑스인이 될 프랑크족은 작가 안티모스Anthimos가 이야기하듯이, 어떤 음식 재료의 지위를 바꾸는 데 주도적인 역할을 했다. 골족과 프랑크족은 돼지고기와 치즈, 그리고 따뜻한 빵에 대한 미각을 유산으로 남겼다. 다가올 프랑스 음식 정체성의 일부로, 프랑크족은 그들 영토의 비옥한 토양과 물고기가 풍부한 하천을 충분히 이용해 왕성하게 음식을 먹었던 사람들로 알려져 있다. 작은 농장을 경영하고 지역에서 나는 먹거리를 먹는 전통은 골족에게서 비롯되었다. 당시의 영토는 지금에 비하면 훨씬 작았지만 이미 풍요롭기로 유명했다. 지역 하천에서 잡은 물고기는 고대 문헌들에서도 찬양할 정도였다. 후대에 물고기는 사순시기의 의무사항을 떠올리게 하는 재료가 된다.^{**} 향신료로 맛을 낸 육수에 생선을 조리하는 것은 금욕적인 규율

---

*   '천 개의 나뭇잎' 혹은 '천 겹'이라는 뜻으로, 겹겹이 쌓인 층상구조의 과자에 크림 등을 곁들이는 프랑스의 대표적인 디저트이다.
**   사순시기는 그리스도교에서 부활절 이전에 예수의 수난과 죽음을 기리는 40일

에 대한 저항이 되었다. 이것 때문에 파리에는 (성왕聖王 루이 9세Louis IX와 그의 생선시장 덕분으로) 레알Les Halles*이 건설되고, 프랑스 최고 여성 요리사들의 숨겨진 원천인 리옹의 부숑bouchon**이 등장한다.

2장에서는 샤를마뉴Charlemagne 대제 이후 그리스도교화된 프랑스 식사, 중세 내내 강제되었던 빵 관련 법규, 르네상스 궁정요리에 처음으로 포함된 채소들을 검토한다. 중세 프랑스인들은 음식에 관한 한 이미 독보적이었다. 그들은 합리적인 가격의 빵을 요구했다. 사람에 따라 각기 다른 빵을 먹어야 했고, 빵마다 정확한 명칭과 중량이 규정되었다. 고기 또한 빵에 대한 규정을 따랐다. 종류별로 모든 고기에 일정한 중량이 규정되었고, 고기의 공급은 놀랍도록 강력한 정육업자들에 의해 관리되었으며, 정육업자들은 끊임없이 변화하며 그들을 보호하기도 하고 제약하기도 하는 규정들로 단속되었다. 중세 이후 정육업자들은 왕과 (혹은 정부와) 서로 밀고 당기며 그들의 영역을 얻었다 잃기를 반복했다. 이러한 과정은 1418년 공중보건에 위협이 된다는 이유로 파리의 정육점들을 폐쇄한 사건에서 처음 시작되었는데, 19세기에 이르기까지 정육업자들은 몇 차례에 걸쳐 자기들의 영역을 회복하기도 했다.

프랑스 요리는 예술만큼 과학에도 의존한다. 이 책의 3장은 프랑

간의 기간이다. 이 기간에 교회는 그리스도의 고통에 참여하길 권고하고 금육禁肉을 요구했기에 신자들은 물고기를 먹었다.
* 중세 파리의 중심부에 형성된 신선식품 시장이다. 근대에 대규모 도매시장으로 발전했으나 1971년 해체되었지만 여전히 파리의 핵심 상업지구를 이룬다.
** 리옹의 향토 음식을 판매하는 레스토랑을 가리킨다. 보통 값싼 생선살이나 가축 부속물을 버터와 포도주로 조리하는 서민적인 음식을 내놓는다.

스 요리를 사람들 사이에서 인정받는 독보적인 실체로 만들어준, 루이 14세Louis XIV 치세의 고전시대*부터 시작된 혁신들을 검토한다. 프랑스인을 위한 엘리트 요리를 주장하는 요리책들이 물밀듯이 출산되고, 셰프 드 퀴신chef de cuisine이라는 용어가 능장하면서 최초의 누벨 퀴진nouvelle cuisine**이 등장했다. 고기를 커다란 덩어리째 굽는 대신, 루roux***를 사용해 걸쭉하게 만든 소스를 끼얹어 접시에 담아 내게 되었고, 새로이 유명해진 치즈들이 등장했으며, 아직 샴페인이라는 이름으로 알려지지는 않았으나 기포가 발생하는 화이트와인이 제조되었다. (그리고 조금 더 후대에는) 니콜라 아페르Nicolas Appert의 신기술을 이용한 장거리 여행용 보존 식품이 등장했다. 이러한 초기 요리책들에서 '프랑스'라는 이름이 붙어 인쇄되어 나온 기술들과 음식들은 유럽은 물론 유럽 너머에 있는 여러 궁정에서도 갖추고 싶어하는 열망의 대상이 되었다. 인쇄된 글을 통해 요리에 관한 지식이 확산되자 프랑스 요리는 국민적 자산이 되고 가스트로노미는 소수의 최상위 계층과 프랑스어 사용자들의 범위를 넘어서까

---

* 프랑스 역사에서는 보통 앙리 4세Henri IV가 낭트 칙령으로 종교전쟁을 끝낸 1598년부터 절대왕정의 절정을 이룬 태양왕 루이 14세가 사망하는 1715년까지를 '고전시대'라 부른다. 이 시기에는 중앙집권화된 국민국가로서 프랑스의 체제가 확실해졌다. 특히 왕실의 지원 아래 프랑스어가 체계를 이루고 시학의 표준이 확립되면서 프랑스 고전주의 문학이 꽃을 피웠다.

** '새로운 요리'라는 뜻이다. 보통은 1970년대와 1980년대에 뉴욕과 런던을 중심으로 나타난, 고급 요리인 오트 퀴진과 대별되는 조금 더 가볍고 플레이팅에 신경 쓴 새로운 프랑스 요리의 트렌드를 가리킨다. 하지만 프랑스 역사에서는 17, 18세기 이래로 이와 같은 요리의 혁신이 종종 일어나곤 했다.

*** 녹인 버터에 밀가루를 넣고 볶은 것으로 수프나 소스를 걸쭉하게 만드는 데 쓰인다.

지 확장되었다.

4장에서는 프랑스대혁명 시기를 다룬다. 프랑스 시골 지방에서 발발한 밀가루전쟁, 파리에 처음 등장한 레스토랑, 그리고 끊임없이 이어지던 일련의 규제에 대해 논의할 것이다. 이 규제들은 빵의 주재료인 밀가루, 빵을 굽는 데 필요한 땔감, 수프를 끓이거나 위신을 세우는 데 필요한 고기, 생명을 유지해주는 와인 등 당시 프랑스 시민들의 생활필수품을 공급하려는 의도를 지닌 조치였다. 빵과 고기는 정부의 보호주의 정책과 강력한 동업조합 사이에서 힘겨루기의 중심에 있었다. 제빵사들은 곡물 가격에 분노한 대중의 공격에 가장 큰 타격을 받았고, 정부는 그에 대한 대응으로 판매 가능한 빵의 종류를 규제했다. 고기를 육화된 폭력으로 보는 계몽주의의 시각에도 불구하고, 혁명 후 시기에는 정육업자 길드guild가 폭발적으로 증가했다. 이는 프랑스 식단에서 고기에 대한 양도불가능한 권리라는 믿음을 다시 한번 증언해주었다. 과학자들이 좋은 의도에서 감자를 가지고 빵 위기를 타개하려 했으나 실패했다. 하지만 계몽의 시대에도 파리에서는 유행이 빵의 스타일을 바꿨다. 효모로 부풀린 흰 빵이 뻑뻑하고 둥근 구식 빵 덩어리를 밀어낸 것이다.

19세기 프랑스 요리는 카렘, 브리야사바랭, 그리모 드 라 레니에르의 활약과 함께 가스트로노미라는 용어를 탄생시켰다. 하지만 이러한 진보는 여러 전쟁과 침략, 두 황제가 등장하는 정치적 격동, 마지막으로 공화국이라는 배경에서 이루어졌다. 5장에서는 음식과 보급이라는 개념에 대한 대혁명 후 정서적 영향을 검토한다. 대혁명 이후 프랑스의 국경은 그어지고 다시 그어졌으며, 궁정풍의 우아한 요리가 다시 사람들의 호감을 얻었다. 19세기 프랑스 요리에 관한 이야기는 파리에서 시작되고 파리에서 끝난다. 하지만 수도에서 벌어진 여러 가지 일에는 프랑스의 나머지 지역들도 현저하게 중요한 역할을 담당했다. 카렘의 시대에는 최초의 지방 요리책이 등장했고, 포도나무뿌리진디phylloxera가 창궐해 골칫거리가 되었다. 프랑스 대혁명과 나폴레옹전쟁 이후 파리는 예술과 패션, 훌륭한 음식으로 유명한 과거의 파리로 돌아갔다. 6장에서는 음식과 관련된 문학 텍스트를 직접 다루면서 요리에 관한 기념비적인 언급들을 검토할 것이다. 브리야사바랭의 작품은 우리에게 "당신이 무엇을 먹는지 내게 말해보라. 그러면 나는 당신이 누구인지 말해주겠다"라는, 이제는

에두아르 마네Edouard Manet, 〈굴〉(1862), 캔버스에 유채

진부해진 경구를 남겼다. 우리는 마르셀 프루스트의 마들렌을 피해 갈 수도 없다. 이들은 모두 프랑스의 문학적 재현만큼이나 바람직한, 프랑스 음식에 관한 고상한 초상을 압축적으로 제시한다. 그리고 6장에서는 마르티니크 및 과들루프*와 튀니지에서 나온 목소리들을 주로 다룬다. 이를 통해 식민지 시대와 탈식민지 시대의 음식이 지닌 인간적 측면과 외부인이 들여다보는 프랑스 음식의 이미지를 더욱 완전하게 그려내고자 한다. 그리고 이 그림은 프랑스 외부에 살면서 자신의 음식 전통에 대해 글을 씀으로써 크레올créole 문화**를 표현하는 프랑스어 화자들의 틈새 공간에서 완성된다.

프랑스의 식민지 프로젝트는 대부분 19세기 전체에 걸쳐 진행되었다. 하지만 그 이전인 18세기 말에는 생도미니크(아이티)의 사탕수수 플랜테이션이 있었고, 그 이후에도 알제리의 포도 재배와 서아프리카의 커피, 과일, 지방종자oilseed*** 재배가 20세기 중반까지 계속되었다. 7장에서는 식민지 식량 사업을 검토한다. 프랑스 음식과 식민지 음식의 분리를 유지하고자 프랑스가 해외에서도 프랑스식 테루아르terroir**** 제도를 도입하려 했다는 사실을 강조하고자 한다.

---

*   서인도제도에 위치한 프랑스령 섬이다.

**   크레올은 본래 아메리카 식민지(특히 서인도제도)에서 태어난 유럽인 후손 혹은 유럽인과 현지인 사이에서 태어난 혼혈을 가리키던 말이다. 이제는 의미가 확장되어 식민지 토착 언어와 유럽 언어가 뒤섞인 새로운 언어를 비롯해 식민지 토착 문화와 유럽 문화가 결합한 새로운 문화까지 아우르는 단어가 되었다.

***   깨, 아주까리, 콩, 유채 등 주로 지방을 함유하여 기름을 짜낼 수 있는 종자들을 일컫는 명칭이다.

**** 기본적으로 작물이 자라는 토양을 의미하지만 작물이 자라는 일정 공간 안에

프랑스의 식민지가 되었다는 사실은 여러 측면에서 영향을 끼쳤다. 식민지 농업의 가능성이 열렸고, 프랑스와 연결되었으면서도 분리된 민족 정체성이 형성됐다. 프랑스는 광대한 제국을 통치하고자 했지만, 식민지의 음식이나 민족을 프랑스 요리라는 관념 안에 통합하는 데 전혀 성공하지 못했다.

마지막으로 8장에서는 두 차례의 세계대전과 독일의 프랑스 점령이 불러온 농업과 사회의 중대한 변화를 설명한다. 이를 통해, 인류무형문화유산으로 인정되었지만* 정체성의 위기를 겪고 있는 오늘날 프랑스 요리의 상황을 제시하고자 한다. 자동차 여행은 고전적 요리에 대한 프랑스인들의 개념을 바꾸어놓았다. 각 지역의 독특한 향토음식들이 명성을 얻고, 부르주아 요리가, '메르 리오네즈mères lyonnaises**의 노력 덕분에 오트 퀴진에 한 걸음 더 가까이 다가갔다. 장인이 만드는 수제 치즈를 보호하고 프랑스를 패스트푸드의 저주에서 구하려는 노력의 일환으로, 비유적으로든 실질적으로든 조제 보베José Bové라는 인물을 통해 겸손한 농민의 이미지가 귀환했

서 작황에 영향을 끼치는 토양, 기후, 습도, 강수량, 일조량 등을 포함하는 모든 환경적 요소를 가리킨다. 테루아르의 구분은 프랑스 원산지명칭통제(AOC) 제도의 근간이 된다.

* 프랑스의 미식 문화는 2010년 유네스코의 무형문화유산 목록에 등재되었다.

** 직역하면 '리옹의 어머니들'이란 뜻이지만, 여기서 메르mère는 요리 솜씨가 탁월해 직업적으로 요리를 하는 여성들을 높여 부르던 호칭이다. 원래는 보통 부르주아 가정에 고용되어 음식을 담당했으나, 18세기 후반부터는 레스토랑에 고용되거나 독립해 자신의 레스토랑을 개업하는 경우도 많았다. 리옹은 처음부터 이런 메르의 요람이라고 불렸으며, 특히 다수의 유명한 메르가 등장해 리옹의 향토음식을 자신만의 요리법으로 개량하고 대중화하는 데 크게 기여했다.

다. 21세기의 프랑스는 교차로에 놓여 있다. 여전히 미식 세계의 강대국으로서 유의미하게 남아 있기를 원하지만, 전 세계 대중은 물론 더욱 다양해지는 자국 주민들이 요구하는 퓨전 음식을 받아들이지는 못한다.

프랑스 음식 역사의 공통 주제는 테루아르에 대한 믿음이다. 그 믿음은 한 나라로서 프랑스가 농업과 문화 양면에서 예외적일 만큼 조화롭고 생산적인 기후의 혜택을 많이 누렸고, 그래서 프랑스 요리가 탁월하다는 용인된 관념에서 비롯된다. 토양과 식물의 조화를 묘사하는 용어가 도입된 것은 17세기였다. 그리고 얼마 지나지 않아, 토양이 그 안에서 자라는 식물에 전달하는 자질 또한 이 용어의 정의에 포함되었다. 이로써 프랑스에서 발견되는, 오직 프랑스만이 지닌 훌륭한 토양이 그 토양만의 비범한 산물을 산출하고, 이것이 다시 우월한 환경의 산물인 프랑스 시민들의 비범한 재능으로 가공된다는 확신이 생겨날 여지가 마련되었다. 에이미 트루벡Amy Trubek이 보기에, 프랑스에서 테루아르가 장려된 것은 "프랑스의 영광스러웠던 과거의 농경 문화를 보존하고 홍보하려는 국민적 프로젝트의 일환"이다.[5] 그것은 확실히, 흙에 뿌리 내린 프랑스를 책임지고 계속 유지하는 시골 농민에 대한 믿음 및 향수와 궤를 같이한다. 하지만 테루아르는 최고급 와인을 위한 마케팅 수단이기도 하고, 프랑스의 경계를 정의하려고 하는 보호주의적 장치이기도 하며, 프랑스의 본래 정체성과 무관해 보이는 음식들과 영향들을 배제하려는 수단이기도 하다. 이를테면 독일산 와인들은 왜 한때 프랑스였다가 독일이 되었다가 다시 프랑스가 된 바로 그 땅과 똑같은 토양에서 나온 것인데도 테루아르의 인장印章을 받아 누리지 못하는 것일까?

　AOC를 얻기 위해 경쟁하는 프랑스 농산물들을 평가할 때 사용되는 테루아르에 대한 오늘날의 이해는 한 걸음 더 나아가서, 인간의 전문적 기술이나 지식 혹은 프랑스어로 수완이나 기량을 나타내는 또 다른 용어인 사부아르페르savoir-faire까지 포함한다. 프랑스인들은 그들의 음식으로 세상을 향해 프랑스의 우월성을 이야기하고, 천연자원에 의해 운명처럼 예정된 가스트로노미의 유산을 정당화한다. 이는 프랑스가 아닌 다른 어디에서도 찾아볼 수 없는 것이며, 요리에 관한 프랑스인들의 천재적 재능이 오랜 전통으로 전해져 완성되었을 뿐 아니라 자연적으로 조성된 것이기도 하다. 프랑스인들은 생산의 사부아르페르를 사부아르비브르savoir-vivre와 한 쌍으로 결합함으로써 음식에 관한 한 의문을 제기할 수 없는 지위에 도달했다. 사부아르비브르는 축자적으로 '생활의 규칙'을 의미하지만, 프랑스인들에게는 '식생활의 규칙'을 의미한다. 미식가 브리야사바랭에게 구르망디즈란 "무엇보다도 하나의 사회적 자질, 곧 사부아르비브르이며, 요리는 하나의 예술이다".[6] 아카데미 프랑세즈Académie Française 사전에서는 가스트로노미를 "훌륭한 음식bonne chère 만들기의 예술을 구성하는 규칙들의 집합"이라고 부른다. 이는 프랑스 음식에서 예술을 만드는 것은 규칙임을 인정하는 것이다. 이 책을 이끄는 것 또한 사부아르페르 개념이다. 여기서 사부아르페르란 훌륭한 먹거리를 키우고 준비하고 감상하는 노하우와, 그에 해당하는 용어를 발명해낼 만큼 그것을 프랑스적인 것으로 홍보하는 노하우를 말한다. 프랑스인들은 군사나 산업 분야에서 혹은 심지어 농업

샤를프랑수아 도비니(Charles-François Daubigny, 〈농장〉(1855), 캔버스에 유채

분야에서도 노력을 기울였음에도 크게 성공하지는 못한 듯하지만, 음식 분야에서만큼은 어떻게 해야 하는지를 알고 있다. 어떻게 혁신 해야 하는지, 어떻게 개선해야 하는지, 어떻게 규칙을 만들고 시행 해야 하는지, 어떻게 자신들의 요리 유산을 보호해야 하는지, 어떻게 스스로를 홍보해야 하는지 프랑스인들은 너무나 잘 알고 있다. 프랑스 식탁의 핵심은, 탁월한 음식을 그대로 유지하려는 규칙을 따르면서 다른 사람들과 함께 유쾌하게 즐기는 것이다.

1장

프랑스 음식문화의 기원, 갈리아

증거와 신화의 강력한 결합으로 이루어진 프랑스 음식의 탁월성에 관한 이야기는 프랑스가 존재하기도 전에 갈리아라는 땅에 그 뿌리를 두고 시작되었다.[1] 고대 음식에 관한 증거는 당연히 잠정적일 수밖에 없지만, 신뢰할 만한 문헌 자료들과 근거들이 기원후 1세기 대大플리니우스Gaius Plinius Secundus*의 《박물지Naturalis Historia》가 나온 시기에 로마제국의 속주였던 갈리아 지방이 이미 훌륭한 식생활로 유명했음을 보여준다.[2] 오늘날 프랑스로 알려진 이 지역의 북서부는 갈로-로마인, (센강 너머의) 북부는 프랑크족, 남서

* 플리니우스(23~79)는 고대 로마의 정치인이자 군인이었으며, 특히 박물학자로 유명했다. 현전하는 《박물지》는 자연과 인문 등 여러 방면에 걸친 당대 지식의 보고로 평가받는다. 그로부터 많은 영향을 받은 조카 소小플리니우스 Plinius Secundus(61~112)와 구분하기 위해 대플리니우스라고 부른다.

부는 비지고트족, 동부는 부르군트족이 각각 점령하고 있었다. 물론 이들 사이의 경계는 군사적 정복 활동과 정세의 변화에 따라 달라졌다. 로마군은 기원전 58~51년에 갈리아를 침공했고, 갈리아의 기존 주민에 잘 섞여들었다. 그리하여 갈로-로마 사회가 형성되었고 팍스 로마나Pax Romana가 3세기 이상 지속될 수 있었다. 하지만 5세기 초 로마인들은 훈족에 의해 갈리아에서 내몰렸으며, 476년 마지막 로마 황제가 갈리아에서 축출되었고, 곧이어 클로비스 1세Clovis I의 치세가 시작되었다. 클로비스 1세가 등극하고 군주정이 시행되자 갈리아는 6세기부터 메로빙거 왕조 아래 '레그눔 프랑코룸regnum francorum' 즉 프랑크왕국으로 통합되었다. 갈리아의 모든 주민은 프랑크인이 되었으며, 결국 이로부터 유래된 이름이 오늘날까지 남아 있다.

골족 및 프랑크족과 갈리아 지역을 공유하는 동안 로마인들은 여러 정복 지역에서 요리에 관한 로마의 전통을 강요하기도 했지만, 차츰 현지 원주민의 관습을 수용하게 되었다. 예를 들어, 어떤 로마인들은 돼지고기를 날로 먹는 프랑크족의 기이한 풍습을 처음에는 비난하다가 나중에는 마지못해 받아들이기도 했다. 갈리아의 식생활에 대해 오늘날 우리가 알고 있는 지식은 그리스인 의사 안티모스를 통해 전해진 것이다. 안티모스는 기원후 511년 프랑크왕국의 테우데리쿠스Theudericus I 왕에게 사절로 파견된 적이 있으며, 《음식의 관례에 관하여De observatione ciborum》라는 책을 집필하기도 했다. 이 책은 당대의 식생활 관습을 가장 종합적으로 기술한 책인 동시에 음식에 관한 로마제국의 마지막 문헌이기도 하다. 줄곧 "최초의 프랑스 요리책"이라고 불려왔지만, 이 책은 요리법을 알려주는

클로비스 왕 즉위 당시(481년)의 갈리아
출처: Paul Vidal de la Blache, *Atlas général d'histoire et de géographie* (1894)

책이기보다 해설이 첨부된 보고서다.[3] 책의 저술 연대는 511년 이후이며 테우데리쿠스 왕을 위한 실용적인 연구서로 기획되었다. 의학적인 내용을 약간 포함하고 있으며, 주로 버터, 연어, 베이컨, 맥주를 소비하는 프랑크족의 관습을 크게 강조했다. 프랑크족은 먹성이 좋기로 유명했다. 절제를 미덕으로 생각한 로마인과 달리 "프랑크족 사람들은 한껏 먹고 마시는 것을 육체적 남성성의 상징으로 여겼다."[4] 음식을 먹는 것과 남성적 힘을 결부시키는 것이 프랑스인에게 남긴 프랑크족의 가장 오래 지속된 유산은 아니었지만, 프랑스인의 정체성에서 음식은 여전히 으뜸가는 자리를 차지하고 있다. 고대의 음식들 가운데 일부는 쇠락하는 로마제국에서 쓰인 안티모스의 저술을 통해 오늘날까지 전해질 수 있었다. 안티모스는 옥시멜 oxymel(꿀과 식초로 만든 음료)과 반숙 달걀(소르빌리아sorbilia)*을 자신의 저술에 포함했지만, 가룸garum(고대의 액젓)의 사용은 거부했으며 버터는 의료용으로만 권장했다. 비록 비표준 라틴어로 적혀 있긴 하지만, 버섯(무시리오mussrio)과 송로(투페라tufera)에 대한 최초의 성문 기록도 그의 저술에서 찾아볼 수 있다.5 물론 안티모스의 책과 당대의 문헌들은 오직 귀족이나 엘리트 계층의 식생활만 기록했기 때문에, 그것을 보고 농민의 식단을 유추하기란 거의 불가능하다.

로마인들은 우유를 마시는 것을 야만적인 관습이라고 여겼다. 하지만 안티모스는 자신의 저술에서 프랑크족이 우유와 와인 두 가지를 모두 마셨다는 사실을 밝히면서, 와인을 마시는 문화인과 우유를 마시는 야만인을 구분하는 당시의 관습에 반기를 들었다. 그는 소나 염소, 양에게서 짜낸 신선한 젖을 마시거나, 염소젖에 꿀이나 벌꿀술, 혹은 와인을 섞어 만든 음료를 마시라고 건강한 사람들에게 권장했는데, 이는 아마도 규칙을 파괴하는 궁극의 음료였을 것이다. 프랑크족은 로마인들이 의료용으로만 사용하던 버터 역시 매우 즐겨 먹었다. 그러나 안티모스는 이 점에 있어서만큼은 로마인들의 방침을 따른다. 그는 책의 한 장을 할애해 신선한 무염 버터를 찬양하되 근본적으로 질병을 치유하는 약으로 여겼다. 로마인들은 예

* 소르빌리아는 '빨아 먹을 수 있는' 혹은 '들이마실 수 있는'이라는 뜻의 라틴어 소르빌리스sorbilis에서 파생된 단어다.

외적으로 치즈만큼은 낮게 평가하지 않았다. 치즈는 자연에서 얻어지는 것이 아니라 인간이 재주를 부려서 만들어내는 것이므로 문명의 증거로 인정될 수 있었다.[6] 실제로 안티모스는 저술의 음식 목록에서 네 부분에 걸쳐 치즈를 소개했다. 프랑크족의 전통이 도입되면서 빵, 오일, 와인으로 된 갈로-로마인의 '삼각형'과 고기, 곡물, 유제품, 맥주로 이루어진 비非로마인의 '사각형' 이 서로 충돌했다. 이 두 식단 모델은 갈리아가 중세 프랑스로 이행하는 과정에서 서로 융합된다.

후대에 흠 없는 식생활의 땅으로서 프랑스가 갖게 되는 지위는 이 초기 문헌들에 이미 예견되어 있다. 플리니우스에 따르면 로마 제국 안에서 '가장 존중받는' 치즈는 네마우숨(오늘날 프랑스 남부의 님) 지방과 레수르 및 가발리쿠스(오늘날 프랑스 중앙 산악지역의 로제르와 제보당)의 마을들에서 나왔다. 플리니우스는 로마의 염소젖 치즈도 특별히 좋다고 언급했지만, 갈리아에서 만들어진 염소젖 치즈는 "약처럼 강한 맛이 난다"고 말했다.[7] 안티모스 또한 치즈는 소금을 넣지 않고 신선한 상태로 먹어야만 건강에 좋다고 하지만, 로마의 시인 마르티알리스Martialis는 《에피그라마타Epigrammata》(기원후 86~103)에서 툴루즈에서 만든 사각 치즈(쿠아드라quadra)를 찬양한다.[8] 그리스의 지리학자 스트라본Strabon은 플리니우스와 비슷한 시대에 그리스어로 저술한 《지리학Geographica》에서 라인강과 사온강에 접한 세쿠아니 지역(오늘날 프랑스 남서부의 프랑슈콩테)의 돼지고기가 얼마나 훌륭한지를 증언한다. "바로 그곳에서 로마인들은 가장 질 좋은 염장 돼지고기를 조달한다."[9] 안티모스가 요리 개요서에서 언급했듯이 프랑크족은 돼지고기와 아주 친밀했다. 안티모스는 돼지고기는 삶은 다음 식혀서 먹어야 한다고 제안했다. 하지만 요리하지 않은 생베이컨은 건강에 좋고, 자신을 초대한 프랑크인들은 "이런 음식 때문에 다른 사람들보다 더 건강하다"고 주장했다.[10] 그 역시 가장 좋은 햄은 갈리아에서 나온다는 마르티알리스의 확신에 찬 주장을 되풀이한다. 하지만 마르티알리스의 글에 언급된 지역들(케레타니족의 땅과 메나피이족의 땅)은 각각 오늘날의 이베리아반도와 벨기에에 해당한다.[11] 암퇘지의 자궁은 수많은 문헌에서 (고기 요리들이 대부분 그러했듯이) 엘리트 계층을 위한 특별한 진미로 언급되었다. 저널리스트 폴 아리에스Paul Ariès에 따르면 갈로-로마의 식생활에서 메로빙거(프랑크족)의 식생활로 이행한 결정적 계기는 돼지의 "자궁이나 젖통이 아니라 날돼지고기가 메로빙거의 대표적인 음식이 된 것이다".[12] 쇠퇴한 로마 요리는 프랑크족의 등장과 함께 육식성 토착음식들에 자리를 내주었고, 이러한 변화에는 야만적인 것과 세련된 것에 대한 재정의가 동반되었다. 안티모스는 저서에서 생베이컨만을 언급하고 나머지 돼지고기는 모두 배제했지만, 6세기 초 비니다리우스Vinidarius는 요리책에서 새로운 돼지고기 요리법들을 제공하고 있다. 이를테면 젖먹이 새끼돼지를 와인 소스로 요리하는 법이나 돼지고기를 허브의 일종인 타임과 함께 그릴로 굽는 법 등이다. 아리에스는 "숲의 표상이긴 하지만, 이제 더는 야만의 상징이 아닌" 돼지의 지위 변화에 주목한다. 역사학자 마시모 몬타나리Massimo Montanari는 숲과 풀밭에서 먹을 것을 구하는 것이 "이제 더는, 로마인들이 생각했던 것처럼 가난과 소외의 표지가 아니라" 오히려 "인기 있고 수익성이 좋아 사회적 명망까지 부여하는 활동으로" 여겨졌음을 사실로 확인해준다.[13] 숲의 지위가 변함에 따라 돼지의 지위도 변했으며, 음식은 물론 사람들 사이에서도 미개와 문명 사이의 경계가 흐려지기 시작했다. 로마제국이 몰락한 뒤, (아리에스가 "갈리아의 식탁 문법"[14]이라 부르는) 골-프랑크족의 식생활은 본격적으로 제자리를 되찾았다. 다른 곳에서도 마찬가지였지만, 로마의 식단은 갈리아에 그리 깊이 뿌리내리지 못한 듯 보인다.

이 모든 문헌은 훗날 한 민족으로서 프랑스인들이 고취하게 되는 한 가지 관념을 암시하고 있다. 즉 프랑스인과 그 조상들은 질 좋은 최고의 음식들에 대한 천부적 기호를 지녔고, 프랑스인의 감성을 낳은 그 땅은 농경에 유리한 조건을 부여받은 천혜의 땅이라는 것이다. 로마가 지배하던 갈리아는 아직 와인 생산지는 아니었다. 당시 갈리아에서 인기 있던 음료는 보리나 밀로 만든 맥주였고, 사람들은 가끔 꿀을 탄 와인을 마시기도 했다. 플리니우스는 갈리아에 곡물(프루멘툼frumentum)로 만든 일종의 맥주가 있었음을 암시하는데, 맥주 효모를 모아 빵을 부풀리는 데 사용했다고 한다.[15] 그런데 초기에 와인을 생산해본 결과 갈리아의 토양에 커다란 장래성이 있음을 발견하게 되었다. 사실 갈리아 남동부에서는 로마제국의 지배 이전에 이미 포도나무가 재배되었고, 기원전 50년경에는 로마인들이 갈리아 중부와 북부에서도 포도나무를 재배했다.[16] 론강, 모젤강, 라인강 등 그물처럼 엮인 물길 덕분에 와인 무역이 용이했고 로마의 배들은 갈리아를 오가며 와인을 운송했다. 갈리아는 흔히 '무성한 갈리아'라는 뜻의 '골 슈블뤼Gaule chevelue'라고 불렸는데, 이는

위대한 돼지

갈로-로마 시대와 메로빙거 왕조 시대에 고기는 권력을 상징했으며 가장 흔한 고기는 돼지고기였다. 멧돼지와 돼지는 실제적인 이유에서나 상징적인 이유에서나 당시 식단에서 특권적인 자리를 차지했다. 숲으로 뒤덮인 갈로-로마의 땅에는 참나무 군락이 많았고 돼지들은 참나무에 열리는 도토리를 즐겨 먹었다. 이런 땅은 부자에게나 가난한 농부에게나 모두 풍요로운 사냥터가 되어주었다. 중세 초기 문헌에서부터 돼지는 숲의 표상이 되었다. 후대에 프랑스가 되는 이 땅에는 당시에 갈로-로마인과 켈트족과 게르만족의 영역들이 조각보처럼 흩어져 있었지만 돼지고기에 대한 사랑만큼은 모든 경계를 뛰어넘었다. 1세기 그리스의 저자 스트라본은 당시 켈트족의 영역이었다가 후대에 부르고뉴 지방이 되는 쥐라산맥 근처 세쿠아니 지역에서 나오는 염장 돼지고기의 뛰어난 품질을 인정했다. 6세기 의사이자 작가였던 안티모스는 돼지고기를 많이 먹는 프랑크족의 식단을 저서 《음식의 관례에 관하여》에 상세히 기록해놓았다. 이 책에서는 모두 7장에 걸쳐 돼지고기를 다루었으며, 날로 먹는 돼지비계(라드)가 건강에 좋은 이유를 다루는 데 한 장 전체를 할애하기도 했다. 갈리아를 점령한 로마인들은 프랑크족이 먹는 날돼지고기를 야만인들의 음식으로 폄해했다. 하지만 모든 계층의 사람들이 어떤 형태로든 돼지고기를 먹었다. 사회·경제적으로 가장 낮은 계층에서는 채소로 끓인 스튜에 돼지비계를 넣어 맛을 냈고, 엘리트 계층의 식탁에는 삶은 돼지고기 덩어리가 올랐다. 돼지를 잡으면 허투루 버려지는 부분은 하나도 없었다. 돼지의 내장과 기관이 귀하게 여겨졌는데, 그중에서도 암퇘지의 위장, 짖통, 자궁은 특별히 더 귀했다. 숲이 우거진 갈리아 땅에서 돼지를 치는 일은 무척 흔했다. 하지만 당시 돼지들은 오늘날 가축화된 돼지에 비해 훨씬 작았고, 야생 멧돼지와 교배되었을 가능성이 크다. 멧돼지 역시 갈로-로마 시대에는 돼지와 비슷한 지위를 누렸다. 골족과 게르만족은 멧돼지를 매우 중요시했다. 켈트계 골족에게는 모쿠스Moccus라는 돼지 신이 있었다. 수많은 우화 속에 표현된 야생 돼지에 대한 켈트족의 찬양은 이러한 신화와 궤를 같이했다. 로마가 지배하기 전 갈리아에서는 공격성의 상징으로 멧돼지의 이미지를 사용했다. 게르만족의 경우, 스크리머Skrimmer라는 이름의 '위대한 돼지'가 발할라Walhalla*의 숲에 살았다는 8세기의 전설이 있다. 식사를 하는 사람들이 각자 스크리머 돼지의 살점을 발라 먹었지만, 돼지는 전혀 손상을 입지 않고 전체가 그대로 남아 있어서 영원히 맛있는 영양원이 되어주었다는 이야기다.

<hr>

*   북유럽 신화에 등장하는 전사자들의 전당 '발홀'의 독일식 명칭이다. 발홀은 최고신 오딘이 다스리는 아스가르드의 거대한 저택이다. 전쟁터에서 죽는 이들 중 절반이 이곳으로 간다고 한다.

갈리아의 땅에 숲이 무성했기 때문이거나, 프랑크족이 머리와 수염을 길게 기른 탓에 로마인들이 그들을 야만인으로 여겼기 때문이었다.[17] 고대 말기에 이르면, 보르도 지방의 와인과 모젤강 유역(오늘날 로렌 지방)의 와인은 질이 좋은 것으로 이미 유명했다. 기원후 378년 (보르도 태생의) 갈리아 총독 데키무스 마그누스 아우소니우스Decimus Magnus Ausonius는 4세기 말에 쓴 시적인 작품들을 통해 고향의 와인과 모젤강 유역의 그림 같은 포도밭을 찬양했다. 투르의 그레구아르Grégoire de Tours 또한 591년경에 완성한 저작 《프랑크족의 역사 Historia ecclesiastica francorum》에서 오를레앙, 투르, 앙제, 낭트의 와인들을 언급했다.

아우소니우스는 〈모셀라Mosella〉라는 시에서 모젤강에서 나오는 식용 물고기의 목록을 읊었다. 이는 갈리아의 식단에서 강에서 나는 물고기가 매우 중요했음을 확인해준다. 아우소니우스와 안티모스 두 사람 모두 연어, 송어, 농어 등 모든 민물고기를 찬양하며 노

로마 시대 갈리아 지방에서 뒤랑스강을 가로질러 와인을 운반하는 모습(기원전 63년에서 기원후 14년 사이에 제작)

모젤강과 강변의 포도밭

래했다.[18] 아우소니우스는 가장 살이 연한 물고기는 처브chub*(스쿠아메우스 카피토_squameus capito_)이고, "선홍빛 살"을 지닌 연어는 숭어에 필적하는 유일한 물고기인 반면, 강꼬치고기는 "식당에서 튀겨져 느끼한 냄새를 심하게 풍기고" 청어류는 "가난한 이들의 음식"이라고 확언했다.[19] 안티모스는 (지중해에서 나오는 바닷고기로 갈리아 내륙의 토착 물고기가 아닌) 숭어를 제외했지만, 강꼬치고기에 대해서는 스푸메움spumeum(휘저어 거품을 낸 달걀흰자)으로 요리하는 법을 제시했다. 이는 어쩌면 프랑스 역사에 최초로 등장하는 크넬quenelle**일수 있다.[20] 기원후 5세기에 쓰인 시도니우스 아폴리나리스Sindonius

---

*   잉어과에 속하는 민물고기로 유럽 전역에 분포한다.
**   다진 생선이나 고기에 달걀이나 크림을 넣어 반죽을 만든 다음, 작고 둥글게
        빚고 삶아서 소스를 뿌리거나, 소스와 함께 팬 위에서 조리는 프랑스 요리.

고두스 로타Godus lota(로타로타Lota lota)=모캐(대구과의 유일한 민물고기)

살모 파리오Salmo fario=브라운송어(연어과의 민물고기)

살모 티말루스Salmo thymallus=살기(연어과의 민물고기)

Apollinaris의 글을 보면, 센강과 루아르강에 물고기가 무척 많았고, 그래서 갈리아 전역에 신선한 물고기를 실어 나르는 생선 무역이 발달했음을 확인할 수 있다.[21]

물고기와 와인이 이미 로마의 영역 안에서 여러 곳으로 운송되었다는 사실은 후대에 프랑스에서 요긴하게 이용될 무역로와 수출용 식품 생산이 이미 확립되었음을 의미한다. 제국이 쇠퇴하면서 로마의 식품 공급 루트가 줄어들자, 사람들은 보통 자기 집 근처에서 나는 것만 먹게 되었다. 다행히도 갈리아는 본래 토양이 비옥했고 농경에 유리했으므로 주변 지역보다 상황이 나았다. 따라서 땅을 경작해 자신뿐 아니라 고객에게도 농작물을 제공할 수 있었던 갈리아의 농민에게는 자급자족만이 아니라 그 이상의 혁신과 무역이 가능했다. 골족은 땅을 갈고 작물을 수확하는 농기구를 발명하고 돌려짓기, 거름주기, 섞어짓기 등의 방식을 활용할 줄 아는 뛰어난 농부들이라는 평판을 얻었다.[22] 고기와 젖을 얻기 위해 짐승을 길렀고, 과일과 채소 재배도 풍요롭게 이루어졌다. 하층민이 일구는 텃밭은 농민의 생존을 가능하게 했고, 프랑스 요리 역사에서 훨씬 더 시간이 흐른 뒤에는 파리에 농작물을 공급하는 광대한 채소밭으로 발전했다. 이처럼 비옥한 토양과 편토片土 경작의 전통이 결합하여 양질의 식생활이 빠르게 확산되는 결과로 이어졌을 것이다. 프랑스인들은 일찍이 소규모 농사를 지으면서, 다양한 작물로 구성되고 지역 농산물이 강조되는 식생활을 영위할 줄 알게 되었다. 이렇게 갈리아/프랑스 요리를 예비적으로 짧게 훑어보는 것만으로도, 이 미래의 프랑스 영토에서는 오늘날까지 남아 있는 지역적 특성이 이미 뚜렷하게 나타나고 있었음을 알게 된다. 또한 칭송받는 요리들은 대개 치즈와 와인같이 인간의 기술과 창의력을 요구하는, 사전에 준비된 음식들이라는 것도 알 수 있다. 사실 갈리아 요리를 바라보는 이러한 관점은 일반적으로 수용되는 기존 이데올로기와 대비된다. 기존 이데올로기를 따르자면, 와인과 올리브오일을 먹는 로마가 농경과 문명의 영역을 대표했다면, 초원과 숲으로 이루어진 로마 이외의 세계는 땅에서 나는 채소와 날고기를 바로 먹는 야만의 영역이었다. 프랑크족의 요리를 맛보고 내키지는 않았지만 감탄하지 않을 수도 없었던 안티모스는 사전에 준비된 음식들로 "분명히 쾌락을 추구하면서, 또한 건강이라는 소중한 선물을 지향하는"[23] 가스트로노미의 움직임을 대변한다. 약간의 쾌락이 건강에 대한 까다로운 염려와 관심을 대체하지는 못했다. 하지만 무엇보다도 절제를 내세우며 (축제 때는 분명히 예외이기는 했지만) 매일의 식생활에 주의를 기울였던 로마인의 태도와는 확실히 대별되는 것이었다.

갈로-로마의 고위층은 물고기와 돼지고기 외에 소고기도 섭취했으며(갈리아 지방으로 소를 들여온 로마인들보다는 확실히 덜 먹기는 했지만), 양과 염소를 길러 젖과 고기를 얻었다. 큰 고깃덩어리는 삶거나 찐 다음 다시 굽거나 지져서 소스를 발라 먹었다. 부자들의 식탁에서는 꿩과 거위, 집오리나 들오리도 한자리를 차지했지만, 잔칫상에 오르지는 않았다. 안티모스는 꿩과 거위에게 강제로 먹이를 먹여 살을 찌운 뒤 도살한 사례를 기록했다. 그는 자고새와 두루미 고기는 섭취를 권하면서도, 찌르레기나 멧비둘기는 권하지 않았는데 이 새들이 인간에게 독이 될 수 있는 식물을 먹기 때문이었다.[24] 안티모스의 텍스트를 보면, 그가 거위와 꿩과 닭의 알을 생으로 먹거나 반숙으로 삶아 먹는 것을 좋게 생각했다는 것을 알 수 있으며, 번역에 상상력을 동원할 필요가 있긴 하지만, 사람들은 외아라네주oeufs à la neige*(아프라두스afratus 혹은 스푸메움)를 발명한 것이 안티모스라고 추정해왔다.[25] 메로빙거 왕조 시대에는 공유지에서 사냥할 수 있는 기회가 확대됨에 따라 고기 소비가 늘었다. 귀족들은 숲에서 사슴과 멧돼지를 잡아들였고 농부들은 덫을 놓아 산토끼와 새를 잡고 민물고기와 바닷고기를 잡았다. 귀족들이 자신들의 땅에서 평민 계층을 배제하기 시작한 10세기까지는 계층을 가리지 않고 누구나 사냥을 할 수 있었다.[26]

그러나 갈리아 요리에 '고기가 많다'고 해서, 그것이 곧 채소가 부족했음을 의미하는 것은 아니다. (로마인들이 이주하기 전에) 갈리아에 살았던 켈트족 주민들은 곡식과 가축을 기르는 농부이긴 했으나 채소는 기르지 않았던 반면, 프랑크족과 갈로-로마인들은 열심히 채소를 재배했다.[27] 안티모스는 야생 아스파라거스와 기른 아스파라거스는 물론, 비트, 리크**, 겨울 양배추, 순무, 파스닙***, 당근을 식재료로 준비하는 과정을 기록했다. 이러한 채소와 고기에 맛을 내는 데

---

* 머랭meringue(달걀흰자에 설탕을 섞고 휘저어 단단한 거품으로 만든 것)을 화덕에 구운 다음 크렘 앙글레즈crème anglaise(설탕, 달걀노른자, 우유를 섞어 만든 일종의 커스터드 크림) 위에 띄워 먹는 프랑스의 디저트이다.
** 부추속에 속한 채소이다. 대파처럼 생겼으나 대파와는 종이 다르다. 감칠맛이 강해 구이나 볶음 요리에 주로 쓰인다. 프랑스어로는 푸아로poireau라고 부른다.
*** 당근과 유사한 뿌리채소인데, 색이 흰색에 가깝고 더 달다. 신대륙에서 감자가 유입되기 전까지 스튜나 수프에 넣는 주된 식재료였다.

는 셀러리, 고수, 딜*, 나르드**, 생강, 녹색 올리브즙이 사용되었다. 프랑크족은 로마인들이 관습적으로 매우 꺼린 마늘, 양파, 샬롯***도 (적당히) 피하지 않았다. 안티모스가 정향에 대해 언급했다는 사실은 매우 흥미롭다. 이 향신료는 로마제국이 멸망하고 나서야 널리 사용되었기 때문이다.[28] 렌틸콩 요리에 대해 언급한 내용은 특히 더 흥미롭다. 렌틸콩을 두 번 익힌 다음 식초, 옻나무, 고수로 조심스레 맛을 내면 엄밀하게 약으로 쓰이던 것과는 전혀 다른 만족스러운 음식에 가까워진다는 것이다.[29] 과일 쪽을 살펴보자면, 프랑크족은 (안티모스에 따르면) 사과, 배, 자두, 복숭아를 즐겨 먹긴 했으나 잘 익어서 달콤할 때만 먹었다. 딱딱하고 신 과일은 건강에 무척 해롭다고 여겼다. 베리 종류는 야생에서 따 모으기도 하고 밭에서 기르기도 했다. 지역에 있는 나무에서는 달콤쌉쌀한 아몬드와 밤, 그리고 무화과를 얻었다. 안티모스는 적당히 익은 대추야자와 단 포도로 만든 건포도를 추천한다.

마지막으로, 오늘날 프랑스인의 빵에 대한 사랑은 갈리아가 곡창지대였다는 사실에서 이미 예시되었다. 안티모스가 관찰한 바에 따르면, 잘사는 프랑크인들은 흰 빵을 먹었는데 소화를 촉진할 수 있도록 따뜻할 때 먹는 것이 가장 좋았다고 한다. 고대 문헌들은 하류층에서 먹었던 여러 종류의 밀과, 귀족들의 식탁에 오를 빵이나 위

---

*   허브의 일종으로 소회향이라고도 한다. 향신료로 사용된다.

**   고산지대에서만 나오는 귀한 식물이었다. 특유의 강한 향이 있어 향유를 만드는 데 많이 쓰였고 약재나 향신료로도 사용되었다. 한자어로는 감송甘松이라고 한다.

***   작은 양파라고 할 수 있는 부추속의 뿌리채소다.

장병이 있는 사람들을 위해 염소젖과 섞어서 포리지porridge*(시밀라 simila)를 만드는 데 쓰이는 최고급 밀가루를 구분했다. 플리니우스는 시밀라용 겨울밀이 특히 갈리아에서 잘 자랐지만 더 널리 사용된 섯은 기상이었다고 밝혔다.[30] 플리니우스는 갈리아의 빵이 다른 어떤 곳의 빵보다 가볍다고도 했는데, 이는 부분적으로 그곳에서 자라는 밀 때문이기도 하고, 또 부분적으로 누룩을 사용하기 때문이기도 했다.[31] 고기를 선호하는 프랑크족의 식성이 빵을 우선시하는 로마인의 식성을 대체하긴 했지만, 완전히 대체한 것은 아니었다. 고기와 우유를 야만적인 음식으로 여겼던 로마인의 생각은 이전에 로마의 식민 지배를 받던 민족들이 자신들의 영역을 전면적으로 통치하기 시작하면서 옮아가기 시작했다. 로마 병사들과 활동적인 시민들은 일반적으로 올리브오일을 곁들인 채소와 빵과 와인으로 프란디움prandium**을 먹었다. "프란디움은 한 개인이 혼자서 먹는 차고 간소한 채식 식사였던 것으로 추측된다."[32] 빵은 로마 민간인의 일상 식사에서 핵심적인 부분을 차지하지는 않았지만, 병사들의 식단에서는 가장 중요한 요소였다. "레구미나legumina***밖에 배급받지 못한 병사들은—심지어 고기밖에 배급받지 못한 병사들도—항의했다." 밀가루 빵이야말로 "이미 견고하게 무장한 병사의 몸을 빵처럼 단단하고 치밀하게 만든다"고 믿었기 때문이다.[33] 로마의 관행에서 고기는 종교의 희생제의와 결부되었고, 체나이cenae라고 하는 축

---

*   귀리 혹은 다른 잡곡 가루에 물과 우유를 넣고 끓인 죽 같은 음식이다.
**   로마인들이 보통 정오 즈음에 간단히 먹던 하루의 첫 식사.
***   콩.

제 만찬에서 중심을 이루었다. 축제 만찬에서는 고기와 고급 요리들을 풍부한 와인과 함께 즐겼다. 하지만 이러한 로마인들과는 대조적으로, (프랑크족을 포함하여) 갈리아의 로마 영역에 속한 원주민이었던 게르만 부족들은 고기와 유제품을 먹고 즐겼으며, 주로 고기와 동물성 식품을 먹고 살아가는 이들이라는 의미에서 정복자들로부터 '야만인barbarian'이라고 불렸다.

갈리아의 가난한 주민들은 삶은 고기와 곡물로 만든 포리지를 먹었다. 반면 부자들은 계급 간의 차이를 결정짓게 될 커다란 둥근 빵을 먹었다. 농민들은 생산성이 밀보다 더 높은 곡물들을 재배해 섭취했는데, 귀족들의 고운 밀가루에 비해 덜 정제된 호밀, 메밀, 스펠트밀*, 귀리, 보리, 수수와 기장 같은 곡물이었다. 곡물을 사용해 포리지를 끓여 먹은 것은 기원후 630년 이후 금전적인 동기에서 비롯되었다. 630년 당시 다고베르트 왕Dagobert I**이 방앗간 운영을 봉건영주의 권리로 만들자, 농민들은 이용료를 내고 공동 방앗간과 화덕을 사용하는 대신 곡물을 가지고 수프나 포리지를 끓여 먹는 길을 택했다. 나뉘어 있던 영역들이 통합되어 하나의 갈리아를 이루자 식사 관습에서의 구분은 이제 갈로-로마인과 야만인이 아니라, 출신지역에 상관없이 교양 있는 이들과 비문명화된 이들 사이의 구분으로 바뀌었다. 시도니우스 아폴리나리스는 로마인의 요리와 야만인

---

* 유럽에서 중세까지 주요 작물로 재배되었으나 이제는 중부와 동부 유럽에 잔존 식물 정도로만 남은, 밀과 비슷하지만 구분되는 곡물이다. 최근 건강식품으로 주목받고 있다.
** 클로비스 1세 사후 분열되었던 프랑크왕국을 629년 재통일한 메로빙거 왕조의 왕이다.

의 요리 사이의 엄격한 대립에 변화가 생겼음을 원로원과 귀족의 관점에서 보여준다. 그는 특히 양파와 마늘(농민들의 식재료)이 풍부하게 들어간 음식을 먹는 리옹의 '털이 무성한(슈블뤼chevelus)' 부르군트족에 대해 언급했는데, 부르군트족이 먹는 조리된 음식은 로마인의 기준에 따르자면 문명을 함축한 요리였다. 로마인이 아닌 그들은 여전히 '모베 망죄르mauvais mangeurs*(문명화되지 못한 음식을 먹는 사람들)'였지만, 로마가 정복한 땅에 결부된 날고기를 먹는 야만인보다는 로마인 농민에 더 가까웠던 것이다.[34] 권력을 유지하고자 하는 귀족층에게 세련된 식생활과 투박한 식생활 사이의 구분은 더 이상 민족이나 부족 사이의 차이가 아니라, 고전 문화를 보존하는 사람들과 그것에 도전하는 사람들 사이의 차이였다. 갈리아에서 로마제국의 권력이 쇠약해지던 이 시기는 "여전히 강력하게 남아 있는 고전 로마 문명에서 이제 움트기 시작해 후대에 활짝 꽃피우게 될 중세 프랑스 문화로" 이행하는 과도기였다.[35] 다시 말해 후기 갈리아에서는 비로마적인 식생활이 프랑크족의 지지를 받아 더욱 완전하게 발달했고, 경건과 참회를 위한 식생활을 위시하여 그리스도교의 영향이 파도처럼 밀려들었다. 이러한 변화들 가운데 다수가 샤를마뉴 대제와 함께 들어왔다. 그는 "식탁의 그리스도교화"를 추진했고, 이로 인해 이제 태동한 프랑스는 오래 지나지 않아 지리적 이웃들과 확연히 구분되기 시작했다.

현대 프랑스인들이 야만적인 프랑크족 조상을 그들 스스로 홍보

* '나쁜mauvais'과 '먹는 이들mangeurs'을 결합한 프랑스어 표현이다. 좋은 음식을 잘 차려 먹을 줄 모르는 사람들을 비하하는 표현이다.

한 이 역사 안에 필연적으로 포용했던 것은 아니다. 하지만 요리 혁신의 계보와, 절제를 누른 쾌락의 포용은 갈로-로마인과 프랑크족의 시대에 등장하여 중세 프랑스의 관습에 영향을 주었다. 결국 모든 면에서 볼 때 골족과 프랑크족은 왕성하게 먹고 규칙을 깨는 요리 전문가들이라는 평판을 얻으면서 다른 민족들 사이에서도 두드러졌다. 로마 귀족들에게는 유감스럽게도, 문명화되지 못한 이 야만인들에게도 거부할 수 없는 요리들이 있었다. 1,500년이라는 시간의 안개를 걷고 보면, 털이 무성했던 골족이 몇 가지 현대 프랑스 요

정복자 윌리엄의 축제, 바이외 태피스트리* 부분(11세기)

* 11세기 말 프랑스에서 제작된 폭 50cm 길이 70m의 대형 태피스트리다. 1066년에 노르만의 윌리엄 왕이 잉글랜드의 해럴드 왕과 헤이스팅스 전투에서 충돌하기까지 일련의 사건을 묘사했다.

리의 기초를 제공했을 가능성을 인정하게 된다. 골족의 식생활을 알 수 있는 얼마 안 되는 소중한 증거를 가지고 우리는 잠정적인 결론을 내릴 수밖에 없지만, 프랑스 음식의 완전한 그림에는 머나먼 고대로부터 깜빡이며 여리게 빛나는 이 불빛들까지도 포함되어야 한다. 이 불빛들이야말로 프랑스 요리의 영광이 카렘과 오귀스트 에스코피에Auguste Escoffier와 폴 보퀴즈Paul Bocuze가 등장하기 훨씬 전부터 그 토양과 그 하천에서 이미 시작되었음을 상기시켜주기 때문이다.

문학 속 음식

데키무스 마그누스 아우소니우스[36], 〈모셀라〉[37] (371년)[38]

비늘로 뒤덮인 처브[39]는 모래 덮인

해초들 사이로 희미한 빛을 발하네.

살이 부드럽고 뼈가 몰려 있어

언제나 식용으로 적절한 운명을 타고났으나

세 시간에 두 번 정도밖에 나타나지를 않는구나.

별처럼 반짝이는 보라색 반점들이 등에 박혀 있는 송어[40]나

성가신 뾰족한 가시가 없는 미꾸라지[41],

한 번의 날랜 몸짓으로 시야에서 사라져버리는 재빠른 살기[42]도 그러하네.

돌잉어야, 너는 굽이굽이 굽어진 사라부스(자르강)의 협곡에서

돌투성이 거친 선창 세 곳마다 두 번씩 입질하며 요동친 뒤

더 유명한 하천으로 옮겨진 다음에도

더 자유로이 몸을 놀리는구나.

목숨이 줄어도 너는 더욱 나아지니, 살아 있는 모든 것 중에

멸시받지 아니하는 노년은 오직 너에게만 있는 것이로구나.

연어야, 살이 붉은 너도

내가 그냥 지나쳐서는 아니 될 것이니,

네가 물이 어중간히 깊은 곳에서 넓은 꼬리를 아무렇게나 흔들어대면

잔잔한 수면은 감추어진 너의 진로를 무심코 드러낸다.

비늘 흉갑을 입었어도 앞이 부드러운 너는 다소 '의심스러운 정찬'[43]에서

한 코스를 구성할 운명이로구나. 오래 지체된 계절들을 견디고도

더럽혀지지 않은 너는 머리에 새긴 표식으로 더욱 두드러져 보인다.

너의 넉넉한 뱃살이 좌우로 천천히 흔들리면

둥글게 말려 있는 지방은 아래로 늘어지는구나.

그리고 너, 등가시치[44]는 일리리쿰으로,

두 번이나 호명된 이스테르[45]의 습지로 넘겨지고,

뚜렷하게 줄무늬를 이루며 떠다니는

거품에 사로잡혀서, 우리네 하천으로 옮겨졌으니

이는 모젤강의 기쁜 물줄기들이 속아 넘어가

그토록 유명한 양자養子를 빼앗기지 않게 하려는 것이로다.

자연은 얼마나 아름다운 색색의 빛깔로 너를 물들였던가!

위를 보니 짙은 반점들이 네 등을 장식하고,

반점들은 사프란색 둥근 고리에 둘러싸여 있구나.

담청색 빛깔이 네 매끈한 등을 따라 이어지는데,

중간까지 살과 기름이 꽉 찼으나

거기에서 꼬리 끝까지 가죽이 거칠고 메말랐구나.

우리 식탁의 진미인 민물농어 너도,

바다에서 나고 자란 물고기들과 같은 반열에 오를 만한

민물고기들 사이에서 칭송받을 것이다.

오직 너만이 붉은 숭어와 동등하게 다툴 수 있으니,[46]

너의 풍미는 나쁘지 않고,[47] 너의 불룩한 몸 안에서는

부분들이 조각조각 서로 만나되 등뼈로 나뉘어 있구나.

자, 고유한 라틴어 이름으로 농담처럼 알려져 있고,

습지의 거주자이며 애처로운 개구리들의 너무도 치명적인 적수이기도 한

루키우스Lucius(강꼬치고기)는 수초와 개흙으로 몸을 에워싸고,

만찬 자리에 나올 일은 없을 테지만

식당에서 튀겨지면 느끼한 냄새를 몹시도 풍기는구나.[48]

어느 누가 평민들의 위안인 푸른 유럽잉어를 알지 못하며,

소년의 서툰 낚싯바늘에도 걸려드는 블리크Bleak*를 알지 못하고,

화로 위에서 쉭쉭 소리를 내며 통속적인 사람들의 음식이 되어주는

청어를 알지 못할까. 또 어느 누가 너를 알지 못할까.

아직 연어도 아니고 송어도 아니지만

둘 모두이기도 한, 둘 사이에서 정의되지 않은,

네 삶의 한중간에서 붙잡힌 그 두 종 사이의 어떤 것인 너를

어느 누가 모를까, 모샘치,

너 또한 하천의 부대들 사이에서 언급되어야 한다.

길이가 엄지를 뺀 손바닥 두 개 폭밖에 되지 않지만,

기름기가 가득하고 둥그런,

하지만 알이 가득 차면 더욱 불룩해지는 모샘치는

술이 달린 듯한 돌잉어처럼 수염이 나 있다. (l. 85~125)

…

* 잉어과에 속하는 은빛 담수어.

이제 여러 물길을 충분히 보았고

여러 가지 반짝이는 무리 속의 물고기들에 대해 충분히 이야기했으니

이제 포도나무들을 보여주는 것으로

또 다른 축제 헹럴을 이끌이 가보자.

그리고 바쿠스의 선물들이 헤매 도는 우리의 시선을 이끌어,

가파른 비탈 위로 멀리 펼쳐진 높다란 산마루와 봉우리,

포도나무가 마구 자란 자연의 극장에 들쑥날쑥 펼쳐진

양지바른 언덕으로 향하게 하자.[49] (ll. 150-156)

2장

중세와 르네상스

빵의 시대

현대 프랑스 요리는 중세와 르네상스 시대에 어렴풋이 감지된다. 이 시기에 생산 측면에서 음식 산업이 형태를 갖추고, 금욕주의와 식이요법을 넘어선 요리 예술도 형성되었다. 중세에는 프랑스의 국민적 음식 정체성에 핵심 요소인 빵과 와인, 그리고 세련미가 구성되었고, 이 모두가 언어와 이미지로 강화되었다. 프랑스 가스트로노미에 관한 이야기는 중세에 그 기초가 되는 장章을 마련했다. 고귀한 골족의 후예라는 프랑크족의 신화와, 프랑스가 지닌 그리스도교적 특성의 기원으로서 오래도록 지속되는 클로비스 1세(재위 481~511)라는 인물상은 그가 살았던 시대가 아니라 중세의 학문적 작업을 통해 강화되었다. 클로비스 왕은 갈리아 음식으로부터 전근대적이긴 하지만 인식 가능한 프랑스 음식으로의 이행을 나타내는 표지 역할을 한다. 그는 프랑크족과 갈로-로마인을 통합해 '프랑크'라는 이름이 붙은 제국을 창조했다. 또한 그는 세례를 받고 가톨릭 신자가 되었는데, 이는 프랑스의 문화 정체성에서 중요한 단면을 이룬다. 중세에 프랑스 학자들은 묻혀 있던 고대 문헌들을 재발견했고, 그 문헌들을 이용하여 그들의 기원이 갈리아임을 재강조했다. 그뿐만 아니라 클로비스 왕에게 '독실한 그리스도인 임금'이라는 신화를 입힘으로써 신의 선택과 축복을 받은 땅이라는 프랑스의 이미지 제고 작업을 정당화했다.[1] 중세 이전에 프랑크족은 야만인으로 여겨졌고, 형편없는 식생활 관습, 거친 몸가짐, 우아하지 못한 차림새와 결부되었으나, 의도적으로 골족을 재발견함으로써 프랑스 식생활의 기원에 관한 이야기를 은닉할 수 있었다.

그리스도교화된 프랑스식 식사는 (이 시기의 식사를 프랑스식 식사라고 부를 수 있다면) 신중하게 구성된 것이었다. 초기의 프랑스인들은 주변 이웃들보다도 "하느님의 뜻에 대한 순응과 신앙에서 그들의 가치"를 추구했다.[2] 그 결과 "문명화된" 혹은 "그리스도교화된" 식단으로의 변화가 뒤따랐다. 샤를마뉴의 치세(768~814)[3]가 시작되자 프랑스의 그리스도교 개종이라는 파도가 갈리아의 식탁까지 휩쓸었다. '봉 망죄르bon mangeur(잘 먹는 사람)'라는 개념이 이 시기에 등장했고, 이 개념은 고기를 더 적게 먹고 빵과 채소를 더 많이 먹으며 음주를 절제할 것을 특히 강조하는 참회의 식단으로 이끌었다. 여러 날 동안 금식과 금욕을 강요하는 새로운 제약에는, 그리스도교화된 서부에서는 (여전히 야만으로 여겨지는) 동부에서와 다른 음식을 먹는다는 믿음이 수반되었다. 이 믿음이란 곧 서부에서는 고기 위주의 식단을 포기하고 빵과 와인과 채소를 더 많이 먹는다는 것을 의미했다. 이렇

〈금욕〉, 15세기 세밀화

게 식단 자체가 그리스도교화되면서 수도원의 식생활 관습이 일반
주민 전체로 퍼져 나갔다. 교회의 전례력에 따라 연중 매주 금요일,
사순시기의 40일, 그리고 사계 재일齋日 곧 각 계절이 시작되는 첫 주
의 사흘 동안 절식이나 금식이 의무로 부과되었고, 그 밖에 다른 변
화도 많았다.

특히 그리스도교화된 프랑스에서 와인은 존중받았지만, 맥주는

잉글랜드의 관습을 의도적으로 비난하는 방식을 통해서 폄하되었다. 샤를마뉴의 고해 사제이기도 했던 8세기의 수도승 투르의 알퀸Alcuin de Tours은 (그 자신은 물론) 프랑크족 역시 맥주를 마셨음에도, 잉글랜드인들은 이교도 토착 문화에 동조해 맥주를 소비하는 반면, 와인을 마시는 프랑스인들은 성찬례*의 음료를 마시는 것이라고 썼다.4 중세의 유언장들에 와인이 기록되어 있는 것을 보면 가난한 농민조차 와인을 마실 수 있었으며, 적어도 여러 도시와 와인 생산 지역 인근에서는 와인이 널리 소비되었음을 알 수 있다.5 포도나무가 없는 지역과 시골에서는 맥주나 사과주(시드르Cidre)가 지배적이었다. 12세기에는 성직자인 블루아의 피에르Pierre de Blois가 똑같은 논쟁을 재개했다. 맥주는 잉글랜드가 겪는 모든 문제(술주정을 포함)의 근원인 반면, 와인은 성스러우며 프랑스인들을 찬양받기에 합당하도록 만들어준다는 것이었다. 그러므로 와인은 문명화된 식생활이라는 새로이 구성된 정체성의 일부가 되어 프랑스인을 주변 이웃들로부터 구별 지었다(그리고 프랑스인과 잉글랜드인 사이의 전쟁과도 같은 오랜 말싸움의 단초가 되었다). 프랑스 와인에 대한 자화자찬은 이미 고대에 시작되었으며 근대에 이르기까지 별 논란 없이 지속되었다. 6세기의 성직자 투르의 그레고리오Grégoire de Tours는 오를레앙과 상세르의 와인이 거둔 성공을 장황하게 이야기했다. 16세기에 법률가 바르텔레미 드 샤스뇌Barthélémy de Chasseneux는 《세상

---

* 성찬례란 예수 그리스도가 죽기 전 마지막 만찬에서 제자들에게 빵과 와인을 나누어주며 자신의 살과 피라고 선언한 것을 기념하여 신자들이 빵과 와인을 나누어 먹는 의식을 말한다.

영예들의 목록Catalogus gloriae mundi》에서 다른 무엇보다 부르고 뉴 와인을 찬양했다.⁶ 보르도 와인은 1152년 아키텐의 알리에노르 Aliénor d'Aquitaine가 2년 뒤에 잉글랜드 왕 헨리 2세Henry Ⅱ가 되는 앙리 드 플랑타주네Henri de Plantagenet와 결혼하면서 일찍이 그 탁월함을 인정받았다. 왕의 명령에 따라 거의 8만 배럴의 보르도 와인이 잉글랜드로 운송되었는데, 이는 이 지역 전체 생산량의 절반에 달하는 양이었다.⁷ 하지만 중세 말에 운송 수단이 개선되어 와인 무역망이 더욱 확장되기 전까지는 대부분의 와인이 생산 지역 내에서 소비되었다. 수도원에서는 교회에서 사용하는 용도 이외에 개인적으로 음용할 목적으로도 와인을 생산했다. 프랑스 최고의 와인 중 어떤 것들은 수도원에 딸린 포도밭에서 나왔다. 14세기, 아비뇽에 머물던 교황들*은 훌륭한 부르고뉴 와인만 마셨다. 1366년 이탈리아의 시인 페트라르카Francesco Petrarca는 교황 우르바누스 5세 Urbanus V에게 쓴 편지에서 본Beaune(부르고뉴의 소도시)산 와인을 남겨둔 채 로마로 돌아가기를 거부하는 교황의 측근들을 호되게 비난했다.⁸

수도원 제도는 중세 유럽의 식량 생산과 요리 창작에서 권력을 장악하고 영향력을 발휘했다. 중세 말, 프랑스의 수도원들은 고독과 자족이라는 목표를 가지고 깊은 숲속에 세워졌다. 수도승들은 일찍이 금욕 생활을 택해 고기를 거부하고 야생 채소와 조리하지 않은 음식으로 연명했다. 6세기 중반에 확립된 베네딕토 규

---

* 1309년 필리프 4세Philippe Ⅳ에 의해 프랑스 남부의 아비뇽으로 옮겨진 교황청은 이후 70년 가까이 그곳에 유지되었다. '아비뇽 유수'로 불린다.

칙서Regula Sancti Benedicti는 수도원 생활의 엄격한 지침을 설정해놓았고, 거기에는 매일 행하는 식사 예식도 포함되었다. 수도승들은 하루에 두 번 조리된 음식(대체로 수프)으로 식사하는 것이 허락되었고, 세 번째 식사 때는 빵과 일정량만 할당되는 포도주, 구할 수 있는 약간의 생채소를 먹었다. 네발짐승의 고기는 위중한 환자를 제외하곤 모두에게 절대적으로 금지되었다. 성 베네딕토St. Benedictus는 수도승들이 외부 세계와 접촉을 피할 수 있도록 수도원에 물을 길을 수 있는 샘과 곡식을 빻을 수 있는 방앗간, 그리고 수도원에 필요한 모든 물건을 만들어내는 작업장과 밭이 갖추어져 있어야 한다고 주장했다. 7세기와 8세기에는 이 규칙서에 대한 더욱 자유로운 해석이 주교들과 수도원장들에 의해 인가되었다. 그에 따라 금요일을 제외하고 매일 먹는 수프에 라드를 넣는 것이 허락되었고, 성탄절과 부활절에는 닭고기를 먹을 수 있게 되었다. 메츠의 주교 크로데강Chrodegang은 심지어 사순기간이 아닐 때는 (가금류나 어류가 아닌) 고기를 허용했으며, 사순기간에도 치즈를 허락했고 와인도 다섯 잔까지 마실 수 있게 했다.9 이런 기강 해이 문제를 해결하고자, 수도원장이자 개혁가였던 아니안의 브누아Benoît de Aniane(비지고트 가문 태생)는 베네딕토 규칙서로 회귀하고 수도원의 식생활을 개정해 제국 전체의 수도원들을 하나로 통합하려 했다. 그는 샤를마뉴의 관심을 끌게 되어 황제의 보호를 받았고, 그의 수도원은 왕립 수도원 지위를 얻었다. 샤를마뉴의 유일한 상속자였던 경건왕 루이Louis I는 814년에 왕위에 올라 카롤링거 왕조의 제국 안에 있는 모든 수도회에 새로운 베네딕토 규칙서를 따르도록

와인 운반, 13세기 스테인드글라스 창

지시했다. 817년 엑스라샤펠에서 열린 시노드synod*에서는 서프랑크왕국의 모든 수도승이 베네딕토회 소속이 될 것을 결정했다. 식생활과 관련해 시노드에서는 아니안의 브누아의 제안을 따라 환자를 제외한 모든 수도승에게 도축된 고기를 금하되, 금요일을 제외한 평상시와 특정한 축제기간에는 라드를 사용해 음식에 풍미를 낼 수 있게 허용했으며, 성탄절과 부활절에는 가금류를 먹게 했다. 또한 아니안의 브누아가 제시한 규칙대로 와인은 최소한만 마실 수 있었다. 흥미롭게도 사순기간과 금식일에 쾨 드 카스토르queues de castor**을 먹는 것이 허락되었는데, 이는 비버가 대체로 물속에서 생활하는 탓에 물고기로 분류되었기 때문이다.

* 교회 내 문제들을 토의하고 결정하기 위해 교회의 권위 아래 열리는 다양한 교회회의를 말한다.
** '비버의 꼬리'라는 뜻으로, 그렇게 생긴 타원형의 튀긴 빵.

파리의 센강 좌안에 있던 생드니 수도원은 수도원과 부속 토지의 생산 및 소비 체계의 본보기다. 832년 또 다른 시노드가 열린 뒤에 수도원장 힐두인Hilduin은 수도원 밖의 연계된 토지(빌라이villae)에서 조달되어야 하는 품목들과 수도승들이 직접 생산해야 하는 품목들을 개괄하는 헌장을 작성했다. 862년 대머리왕 샤를Charles II le Chauve이 공포한 헌장에서는 수도원이 밀가루와 와인을 제외한 모든 식품을 외부에서 공급받는다는 사실을 확정했다. 생드니 수도원은 공개적으로 교환경제에 참여해, 어떤 식품들을 구입하기도 했고, 다른 물품을 구매하기 위해 수도원 와인을 팔기도 했다.[10] 프랑크왕국 시대에는 멀리 지중해 지역의 질 좋은 생산물을 쉽게 운송할 수 있는 교통망이 마련되었다. 지중해는 파리에서 아주 멀었지만(또한 성 베네딕토의 규칙들과도 거리가 멀었지만) 이 수도승들이 닿지 못할 곳에 있지는 않았다. 910년, 아키텐의 공작이 내놓은 땅에 이후 베네딕토회 수도생활의 본보기가 되는 클뤼니 수도원이 건립되었다. 하지만 이곳에서조차 수도생활은 성 베네딕토의 규칙에서 벗어났고, 수도원에서 먹을 음식을 스스로 생산해야 한다는 강령에서도 멀어졌다. 점차 클뤼니 수도원과 같은 수도원 공동체들은 밀과 와인도 도시의 장터에서 구입하기 시작했다. 하지만 1120년 가경자可敬者 피에르가 수도원 공동체는 수도원에서 직접 만들거나 수확할 수 없는 물품만 외부에서 구입하라고 명령한 뒤에 다시 자급자족 체제로 회귀했다.[11] 일반적으로 프랑스 수도원들은 채소밭에서 농사를 짓고 수프나 포리지 같은 간단한 음식을 조리해 먹으면서 시골 '농민'다운 검소한 생활과 채식 식단을 유지하려고 노력했다. 이 규칙에 대한

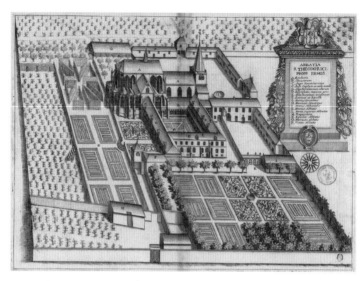

17세기 랭스, 생티에리 수도원의 밭과 정원. 그림의 왼쪽 상단에 있는 넓은 포도밭과 '호르투스hortus'라고 불리던 채소밭 G와 K를 주목하라.

예외가 보리, 스펠트밀, 수수와 기장 등 거친 곡물로 만든 '팽 그로시에pain grossier(거친 빵)' 대신 연질밀*로 만든 빵을 먹는 것이었던 듯싶다. 하지만 11세기 말 클뤼니 수도원에서 침묵 서원 때문에 소통을 위해 쓰인 수신호 목록을 보면 세 종류의 빵부터 일곱 종류의 물고기(장어, 송어, 철갑상어, 갑오징어 포함), 튀긴 과자류와 와인까지 놀라울 만큼 다양한 식품이 등장한다.[12]

1125년 클레르보의 베르나르Bernard de Clairvaux는 클뤼니 수도원의 수도승들을 통렬하게 비판하는 글을 쓰면서 (다른 여러 사안 중에

---

* 주로 제과용으로 사용되는 박력분의 원료가 되는 밀이다. 밀알 자체가 손가락으로 으깰 수 있을 만큼 부드러워서 연질밀soft wheat이라고 불린다.

서도 특히) 미각을 '유혹'하는 양념을 사용하고, 물 대신 와인을 마시되 그것도 향료를 넣어 마시고, 불필요하게 여러 가지 방식으로 달걀을 요리해 먹는다고 비난했다.[13] 1132년 스콜라 철학의 아버지 피에르 아벨라르Pierre Abelard는 편지에서, 수도원에서 향신료를 쓰고 와인을 많이 마실 뿐 아니라, 희생의 의미로 고기를 먹지 않는 대신 값비싼 생선을 먹는 위선에 대해 특별히 언급했다.[14] 역설적이게도, 고급 생선과 달걀 요리를 먹는 것이 고기를 먹지 않는 참회 행위로 시도되고 있었던 것이다. 가경자 피에르는 클레르보의 베르나르의 비판에 대응해 실질적인 변화를 이루었으며, 13세기 클뤼니 수도원에서는 대부분의 식사가 채소 수프에 빵과 와인을 곁들이는 것을 기본으로 하여, 나흘 동안 푸른 채소, 달걀, 치즈를 먹고 값이 쌀 경우 이틀 동안 물고기를 먹는 식으로 이루어졌다. 그러나 축일에는 빵 대신 고기와 케이크가 나왔고, 병에서 회복 중인 수도승에게는 평일에도 고기가 허락되었다.[15] 마시모 몬타나리는 이렇게 수도생활의 도리에서 벗어난 음식들은 청빈 서원을 노골적으로 위반하는 것으로서 수도원 세계의 강력한 사회적 지위를 드러낸다고 설명하며, 그 세계 안에서 수도승들은 결국 귀족들의 식생활을 그대로 따라 하고 싶은 욕망을 억누를 수 없었다고 말한다.[16] 축일에 가금류를 먹을 수 있도록 일찍이 허용한 것은 수도원의 식단이 중세 식생활의 상위 영역을 차지했음을 증명한다. 중세의 식품 위계에서는 소고기나 돼지고기같이 노동자들이 먹는 '그로스 비앙드grosse viande*'보다 가금

---

* '두툼하고 거친 고기'. 정육업자가 도살해 큰 덩어리로 잘라서 팔던 소고기, 돼지고기, 양고기 등을 가리키던 오래된 프랑스어 표현.

작자 미상, 피에르 아벨라르(17세기 판화)

류가 더 높은 자리에 놓였기 때문이다.

수도원은 수도승이 아닌 일반인에게도 음식을 제공했다. 수도원에서 가난한 이들을 위한 구제 시설을 운영하기도 했고, 부유한 여행객들이 한 번에 며칠이나 몇 주씩 수도원에 머물기도 했다. 이러한 방문객들에게 음식을 제공하려면 수도원에 여분의 빵, 치즈, 고기를 비축해둘 필요가 있었다. 비축된 식품 대부분은 수도원에 딸린 여러 마을의 수확물에 대해 십일조로 거두어들인 것이었다. 코르비 수도원*에서는 밭에서 일할 프로방디에provendier(평신도 노동자)를

15세기 역사서에 실린, 농촌의 노동을 묘사한 삽화

여러 명 고용했다. 이들은 노동의 대가로 식량과 임금을 지급받았다. 그 밖에도 일상의 작업을 돕거나 물품을 제공하는 평신도 노동자들도 있었다. 이렇게 수도생활을 하지 않으면서 수도원에 머물던 사람들도 수도승과 비슷하게 식사했다. 하지만 이들에게는 수도승에게 금지된 돼지고기(고기와 햄)와 특정한 종류의 빵이 제공되었다. 엑스라샤펠에서 열린 시노드에 의해 개혁이 이루어졌음에도, 822년

---

*   7세기 후반에 메로빙거 왕가의 후원으로 프랑스 피카르디 지방 코르비에 세워진 베네딕토회 수도원.

코르비 수도원 경내에서 기르던 돼지의 수를 고려하면 수도승들은 사순기간이 아닐 때는 여전히 돼지고기를 정기적으로 즐겼던 것으로 보인다. 학자들이 추정한 바에 따르면 매년 400마리에 가까운 돼지가 이 수도원에서 처리되었다. 이는 프로방디에게 할당된 양을 넘어서는 것으로 수도승들 역시 연중 금식일이 아닌 기간에는 매일 어떤 식으로든 돼지고기를 즐겼음을 암시한다.[17]

교회의 영향으로 고기 소비가 제한되면서 프랑스 식단의 중심에는 빵이 놓였고, 어떤 의미에서 중세는 빵의 시대가 되었다. 다른 곡물에 의존했던 지리적 인접 지역들과 달리, 이 시기부터 프랑스에서는 밀 재배가 우세했다. 프랑스에서 이른 시기부터 (프로망froment이라는, 연질밀로 만든 밀가루를 얻기 위한) 밀 재배가 지배적으로 이루어졌다는 사실은 오늘날 프랑스에 존재하고 프랑스를 유럽의 이웃 나라들과 구분 짓는 '빵 문화'를 설명해줄 수 있을 것이다. 중세 프랑스 농부들은 부드러운 제빵용 밀을 가리켜 '세레알 노블céréale noble(귀족의 곡식)'이라 불렀다. 이 밀은 부자들이 좋아했겠지만, 수확량이 적었기 때문에 맛이나 식감보다 양을 우선시했던 농민들에게는 터무니없는 것으로 여겨졌다.[18] 작은 도시와 마을에서는 토지의 많은 부분을 밀 재배에 할애했고, 큰 도시에서는 여러 육로와 해로를 통해 멀리 떨어진 농경지로부터 수송해 오는 연질밀에 의지할 수 있었다. 파리는 14세기 말에는 노르망디에서 생산된 밀을 공급받다가 15세기에는 피카르디산 밀을 공급받았고, 디종은 부르고뉴 북부에서 밀을 조달했다.[19] 빵을 만들려면 밀을 빻아서 가루를 내야 했으므로, 방앗간은 수도원과 봉건 영주의 권력이 작용하는 또 다른 현장이 되었다. 풍력이나 수력을 동력으로 이용하는 방앗간은 11세기 초부터 프랑스 시골에서 흔한 풍경이 되었으며, 도시는 물론 수도원 울타리 안에서도 중요한 요소가 되었다. 파리에서는 센강에 설치된 여덟 개의 방앗간을 유용하게 활용했다. 이들 방앗간은 당시에 시테섬과 센강 우안을 연결한 퐁토뫼니에Pont aux Meuniers(제분업자들의 다리)에 설치되었으나, 이 다리는 이제 무너지고 없다.* 파리의 곡물 공급업자들은 프랑스 북부의 산물이 배편으로 도착하는 그레브 광장Place de Grève** 옆 강변 시장에서 물건을 팔았다. 처음에는 모든 방앗간이 영주의 소유였고, 성직자나 평신도 소유자에 의해 유지관리되었다. 이들은 방앗간에서 제분한 곡식 일부를 떼어 수입원으로 삼았다. 프랑스 일부 지방에서 15세기까지 남아 있던 이러한 제도 아래에서는 방앗간 소유주가 그 신민에게 방앗간 이용을 강제하고는 사용료를 내도록 요구했다. 822년 코르비 수도원의 기록을 보면, 봉건제 아래에서 교회가 소유한 방앗간의 세력 범위를 대강 짐작해볼 수 있다. 이 방앗간에서는 수도승들을 먹일 450개의 커다란 빵을 생산하기 위해 스펠트밀 1만 3,560뮈muid(곡물을 측량하는 옛 단위, 1뮈는 대략 53부

---

* 퐁토뫼니에는 강을 건너기 위해 설치된 다리가 아니라, 센강의 수력을 이용하는 방앗간들을 오가기 위해 설치된 다리다. 이 방앗간들은 센강의 수면에 떠 있으면서 퐁토뫼니에의 교각에 매여 있는 일종의 배였다. 배에는 물레방아가 설치되어 있고 그 위로 방앗간이 세워진 형태였다. 퐁토뫼니에의 방앗간들이 16세기부터 주거용으로 바뀌자 다리도 도강을 위한 통로로 주로 이용되면서 관리가 잘 되지 않았고, 결국 1596년에 붕괴되었다.

** 사주沙州 광장이라는 뜻으로 시테섬 맞은편 센강 우안에 위치한 광장이다. 파리 최초의 강변 항구가 생긴 곳으로 중세에는 상거래 중심지 역할을 했다. 이후에는 민중의 회합 장소로도 쓰였다.

테오도르 요제프 후베르트 호프바우어Theodor Josef Hubert Hoffbauer, 퐁토뫼니에를 묘사한 판화, 파리 1885

올리비에 트뤼셰Olivier Truschet와 제르맹 우아요Germain Hoyau의 파리 지도(1550) 중 시테섬. 퐁토뫼니에(왼쪽 아래)의 모습이 자세히 묘사되어 있다.

셸 즉 1,800리터에 해당)를 처리했고, 이 스펠트밀은 코르비 수도원이 관할하는 마을들에서 1,130대의 수레에 실려 와서 열두 명의 프로방디에에 의해 제분되었으며, 이들 프로방디에는 작업한 곡물의 일정량을 급료로 받았다.[20] 그러나 13세기 루앙에서 그랬듯, 부르주아 소유주나 지방 당국이 방앗간을 탈취하는 경우도 종종 있었다.[21] 전문적인 제빵사들은 방앗간에서 특별 가격을 제공받거나, 막대한 곡물을 처리하기 위해 장기간 제분소를 이용하는 등 여러 특권을 누렸다.

14세기 이후 보르도 지방의 법령들은 제빵사들이 호밀이나 다른 종류의 밀을 섞지 말고 오직 연질밀로 된 밀가루만 사용하여 빵(팽 드 프로망pain de froment)을 만들도록 명령했다. 하지만 이런 빵은 도시의 빵, 즉 도시 지역에서만 구워지고 소비되는 빵이었다. 시골 빵을 먹는 사람들과 부유하지 않은 사람들은 호밀이나 수수와 기장을 가루로 만들어 빵을 구웠는데, 반죽을 효모로 부풀리는 대신 납작하게 구웠고 포리지를 만들어 먹기도 했다. 작고 얇은 과자인 우블리oublie(가톨릭교회의 성찬례에 쓰이는 동그란 제병祭餠을 가리키는 라틴어 오블라타oblata에서 따온 말)는 정확히 빵이라고 할 수는 없지만, 발효를 통해 부풀리는 과정 없이 고운 밀가루 반죽을 뜨겁게 달군 두 철판 사이에서 구워낸 것이었다. 똑같은 우블리지만 왕을 위해 만든 것은 호화롭고 사치스러운 음식이 되고, 교회를 위해 만든 것은 영혼의 양식이 되었으며, 공공 축제 기간에 교회 바깥에서 판매되면 민중을 위한 잔치 음식이 되었다.[22] 1270년 파리에서는 우블루아예oubloyers(우블리를 만드는 사람들) 공동체가 다른 제빵사들과 분리되어 공식적인 지위를 인정받기도 했다. 하지만 1556년 샤를 9세

Charles IX는 이들을 모두 파티시에pâtissiers*로 통합했다. 중세의 파티시에는 오늘날처럼 달콤한 과자류를 구워내는 사람들이 아니라 고기, 생선, 치즈로 속을 채운 일종의 파이를 만들어내는 사람들이었다. 불랑제boulangers 또한 속을 채운 파이를 만들고 팔 수 있는 권리를 보장받았다. 빵을 굽는 일에 관한 파리의 법령에서는 파리에서 파티시에라는 말이 언급되기 이전에 공식적으로 불랑제를 먼저 인정했다. 1440년 파티시에를 위한 분리된 법령들을 규정한 공식 문서가 나오기까지는 불랑제와 파티시에가 공존했으며 활동 범위가 서로 겹쳤음이 확실하다. 당시 규정들을 살펴보면 이들에게 적용된 기준이 매우 낮았음을 분명히 알 수 있다. 빵이나 과자를 만드는 사람들은 변질되거나 악취가 나는 고기, 생선, 치즈를 사용하는 것이 금지되었다. 그런 재료를 이용해 빵이나 과자를 만든 이에게는 벌금이 부과되고 만들어진 빵이나 과자는 소각되었다.[23]

화덕에서 굽는 빵과 과자의 종류가 이미 다양해졌으며, 이를 규제하는 데 필요한 법령이 마련되었다는 사실은 제빵에 관한 한 프랑스가 매우 특별한 사례였음을 말해준다. 프랑스의 자연 지형이 곡물 생산에 훨씬 적합했기 때문에 프랑스 주민들은 다양한 곡물로 만든 빵 위주의 식단을 채택했다. 더욱이 독실한 그리스도인 임금으로 알려진 클로비스 1세에게서 기원한 빵과 교회의 결연에, 전문 직종의 구조와 규율에 의해 통제되는 제빵사 훈련 체계가 더해졌고, 진정

* 본래는 밀가루 반죽pâte을 만드는 사람을 의미한다. 오늘날에는 효모를 사용하여 부풀리는 과정이 없는 (보통 간식이나 후식으로 먹는) 케이크와 과자류를 만드는 사람을 가리킨다.

한 수도의 도시 주민들이 조성한 특화된 제빵의 구분이 이른 시기에 이루어졌다. 이제 프랑스는 빵과 과자를 지배할 준비가 되었다. 빵의 나라 프랑스는 지리적 환경을 통해서도 설명될 수 있지만, 다양하면서도 통일성 있는 빵 문화는 다른 요소들에서 비롯된 산물이다. 여러 프랑스 도시의 요구에 따라 빵 형태가 중앙집중화되긴 했지만, 그렇다고 해서 예술적 기교가 제약을 받거나, 저마다 정확한 이름을 지닌 각 지역 빵들의 창작이 저해되지는 않았다. 빵에 대한 용어들은 다른 식품과 요리법에 대한 용어들과 마찬가지로 프랑스 요리를 구분 짓고, 이후에 프랑스가 요리의 세계를 지배하는 데 발판이 된다. 이미 중세에 독특하고 고유한 프랑스 빵의 프로필을 형성한 것은 범주화를 향한 충동, 예술 양식의 영향, 측정 가능한 기준을 따르는 품질에 대한 고집이었다.

밀가루 반죽의 명확한 위계에서, 더 가난한 주민들 사이에서는 큰 덩어리 형태의 빵이 '부의 상징'으로서 더욱 두드러져 보였다.[24] 사실 13세기부터 15세기까지 보르도 지방 교구 성당의 공증 기록에는 직업으로서 제빵사가 등장하지 않는다. 이는 제빵사라는 직업이 오직 도시 지역에만 존재했으며 시골 주민들은 (적어도 먹을 밀가루가 있는 경우에) 자신이 먹을 빵을 공용 화덕에서 직접 구웠음을 나타낸다.[25] 15세기 보르도의 시골 지역에서는 수수와 기장 등의 생산이 호밀 생산을 크게 앞질렀고, 16세기 후반에 이르러서야 호밀가루가 제빵사들 사이에서 합법적 지위를 획득했다. 이와 대조적으로, 13세기에 양질의 빵을 요구할 수 있는 사회적 지위에 있던 보르도 대주교에게 십일조로 봉헌된 곡물 기록을 보면 연질밀이 가장 일반적이었다.[26] 보르도 남쪽의 가스코뉴 지방 사람들은 수수와 기장 등을 키우고 먹는 것으로 유명했다. 이들 곡물은 (가스코뉴 사람들이 그렇게 간주되었듯이) 거칠고 비문명화된 것으로 여겨졌다. 중세가 진행됨에 따라 프랑스에서는 빵에 쓰이던 다양한 곡식(보리, 귀리, 스펠트밀, 호밀)이 단 한 가지 밀에 의해 서서히 밀려났다. 일부 산간 지방을 제외하고는 주민들이 점점 더 많이 흰 빵을 요구하고 고집했기 때문이다. (그들은 이후에 위기가 닥쳐도 계속해서 흰 빵을 고집하게 된다.) 부차적인 곡물들은 이제 가축 사료로 전락했고 북부 지방에서는 맥주 제조에 쓰였다. 16세기를 거치면서 농민과 가난한 도시 주민 대다수의 식단에서 곡물이 주를 이루게 되었다. 그들은 빵이나 포리지를 먹거나 묽은 수프에 오래된 빵을 넣어 먹었다.

14세기 도시 주민들은 일용할 빵을 가게에서 사다 먹는 쪽으로 기울었다. 그에 따라 제빵사라는 직업이 법전에 오르고 제빵 노동자들의 급료도 올랐다. 화덕에 대한 접근성이 중세의 빵 공급에 핵심이었다. 교회가 운영하는 시설들과 빈민 구제소들은 화덕을 갖추고 있었지만, 일반 부르주아 가정에는 화덕이 없었다. 농부와 수도원 사이의 봉건적 관계 때문에 주민들은 매년 세금을 납부하지 않는 이상 '푸르 바날four banal'(공동 화덕)을 사용해야 했다. 15세기와 16세기에도 시골 가정의 5퍼센트만 화덕을 가지고 있었다. 하지만 화덕이 부족하다고 해서 각자 자기 빵을 만드는 것이 불가능했던 것은 아니다. 중세 마을에서 제빵사라는 직업은 다른 이가 준비한 반죽을 화덕에 굽는 푸르니에fourniers와 곡물을 구입하는 일부터 가게나 시장에서 완성된 빵을 파는 일까지 제빵의 모든 과정을 완성하는 팡코시에pancossiers로 나뉘었다. 파리에서는 팡코시에를 탈믈리에talemeliers라고 불렀는데, 이 용어는 밀가루를 체에 내리는 작업을 가리키는 타미제tamiser에서 비롯되었다. 파리의 프레보prévôt de Paris였던 에티엔 부알로Étienne Boileau는 1268년 출간한 《직업 요람Livre des métiers》에서 파리에서 탈믈리에가 지닌 공식적인 지위를 언급했다.* 도시에서는, 아마도 임금이 오른 덕분일 텐데, 많은 주민이 직접 빵을 만들던 관행을 버리고 사다 먹기 시작했고, 그 결과 푸르니에도 점차 사라졌다. 파리의 탈믈리에는 중앙시장인 레알과 곡물시장 근처에 가게를 열었다. 이들이 하는 빵집에서는 미리 구워 놓은 빵을 벽면의 들창을 통해 팔았고, 따라서 손님들은 가게 안으로 들어갈 필요가 없었다. 여자들도, 적어도 중세 초기에는 이 직업 세계에서 배제되지 않았다. 보르도의 대주교가 1350년대에 남긴 기록에서는 푸르니에(남성형)와 함께 불랑제르boulangère(여성형)를 따로 언급하고 있다.27 과부와 미혼 여성은 물론, 배우자와 별개로 일하는 기혼 여성들도 빵을 구웠는데, 아마도 집안 식구들을 위해 빵을 준비하던 가정 내 역할에서 곁가지로 하게 된 일이었을 것이다. 그러다 15세기에 이르면 여성이 제빵이라는 직업 세계에서 배제되기 시작했다. 미혼 여성이 제빵사가 되는 것을 금지하고, 과부는 남자 도제를 들여 그에게 빵집을 물려주도록 요구하는 규정들이 제정되

---

* 부알로는 1261년부터 10년간 파리의 프레보로 일했는데, 프레보는 왕에 의해 임명되어 파리의 행정과 사법을 담당하던 관료직을 말한다. 그가 쓴 《직업 요람》은 당시의 여러 직업과 관련 규정을 기록한 것으로, 동류의 책 가운데 최초이며, 자세하고 정확한 정보 덕분에 매우 가치 있는 사료로 평가된다.

었기 때문이다. 이러한 규정은 다른 직업 세계에서도 지켜지던 관행이었다. 시골 가정에서는 여전히 공동 화덕을 이용해서 자기들이 먹을 빵을 손수 마련했다. 수도원은 붙박이로 설치된 화덕이 있고 곡물과 방앗간에 대한 접근성을 이미 확보하고 있었으므로, 중세 내내 계속해서 빵을 만들고 갓 구운 빵을 그 자리에서 바로 먹는 유일한 공동체로 남았다. 실제로 부르주아들은 도시에 위치한 수도원에서 만든, 팽 드 샤누안pain de chanoine*이라 불리던 빵을 구입하기도 했다.28

도시의 빵과 시골의 빵 사이에 구분이 생기긴 했으나, 모든 사회 계층을 위한 빵도 존재했다. 1388년 샤를 6세Charles VI는 노르망디 지방 아르플뢰르의 제빵사들에게 흰 빵은 더 많이 생산하고 '그로 팽gros pain(두툼하고 거친 빵)'을 더 적게 생산할 수 있는 권한을 부여했다. 단, 제빵사들은 모든 구매자가 적절한 빵(즉, 모든 유형의 빵)을 살 수 있게 보장해야 했다.29 보르도에서는 밀로 만든 빵이 세 가지 유형으로 나왔는데, '슈안choyne'이라고 하는 껍질이 얇고 부스러기도 하얀 최고급 흰 빵, '앙 코en co' 혹은 '아마사amassa'라고 하는 빵, '바르살롱barsalon' 혹은 '그로 팽'이라고 하는 갈색 빵(팽 브룅pain brun)이었다. 둘째와 셋째 유형의 차이는 분명하지 않지만, 1525년의 한 법령에 의해 '아마사'가 노동자와 결부된 것으로 보아 두 유형 모두 첫째 유형 '슈안'보다 질이 떨어졌던 것만큼은 확실하다. ('슈안'이라는 이름 자체가 부富와 결부된 교회 용어 샤누안에서 비롯되었다.) 보르도의

---

*   참사회원의 빵. 참사회는 가톨릭교회 교구나 수도원의 자문 역할을 하는 사람들의 모임으로 명망 있는 사제들로 구성되었다. 참사회원을 뜻하는 샤누안은 풍족하거나 부유한 사람을 가리키는 프랑스어의 오래된 관용 표현이다.

중세 제빵사와 도제

주교가 봉신들에게서 거두어들인 갈색 빵 '그로 팽'은 그의 봉토에서 일하는 일용 노동자들에게 다시 분배되었다.[30] 같은 시대에 노르망디에서는 도시의 시장에서 빵을 파는 이들에게 팽 블랑pain blanc(부드러운 흰 빵), '클로스튀르closture'(부르주아 계층에서 가장 인기 있던 빵으로, 껍질이 두껍고 색이 좀 더 어두운 빵), '팽 페티pain faitis' 혹은 '페스탱festin(향연)'(좀 더 무거운 통밀빵), 그리고 노동계층을 위한 무겁고 뻑뻑한 '그로 팽'을 공급하도록 요구했다.[31] 읍내 시장들은 연질밀로 만든 빵을 제공했으나, 장터를 돌아다니는 빵 납품업자 '푸르니쇠르 포랭fournisseurs forains'은 여전히 더 거친 곡물로 만든 시골 빵을 아주 가난한 이들이나 선술집 주인들과 각 가정의 가장들에게 팔았고, 이들은 그 시골 빵을 트랑슈아르tranchoirs(쟁반 혹은 큰 접시)로 사용했다. 만찬 식탁에서 두 번 구운 푸짐한 빵을 쟁반으로 삼아서 그 위에 소스를 넣고 요리한 고기나 생선을 담아내면, 두 사람이 함께 나누어 먹곤 했다. 식사가 끝난 뒤 소스에 젖은 빵은 가난한 이들에게 줄 수도 있었다. 하지만 16세기에 재사용이 가능한 백랍 접시나 도기 접시가 나오면서 빵으로 된 트랑슈아르를 대체하자, 이런 자선 행위는 사라졌고, 이는 그것에 익숙해 있던 가난한 농민들에게 큰 실망을 안겨주었다.

중세에는 모든 빵이 둥글었다. 클뤼니 수도원에서 빵을 나타내는 신호는 엄지와 검지로 작은 원을 만드는 것이었다. '불랑제'의 어원에 대한 한 가지 가설은 이 말이 '불boule'(공)이라 불리던 둥근 빵에서 비롯되었으리라는 것이다. 빵의 모양은 달라지지 않았다. 수도원 빵이든, 연질밀을 곱게 갈아 만든 팽 블랑이든, 무게가 3킬로그램이나 나가는 시골 농민의 빵이든 모두 둥글었다. 하지만 팽 블랑이 확연하게 더 우월했다. 어떤 지역에서는 팽 블랑을 가리켜 맨입으로 빵만 먹어도 괜찮다는 뜻으로 '팽 드 부슈pain de bouche*'라 불렀고, 무거운 시골 빵인 팽 드 푸아즈pain de poise는 질이 좋지 않은 것으로 여겼다.[32] 다수의 주민이 덩어리 형태의 빵을 구할 수 있게 된 것, 특히 보통 포리지 형태로 곡물을 섭취했던 이들이 빵을 먹을 수 있게 된 것은 이 시기에 이루어진 진보의 상징이었다. 오늘날 프랑스 빵의 상징이 된 바게트는 가늘고 긴 모양인데, 이는 한때 '부의 상징'이었던 둥그런 빵 덩어리와는 상당히 다르다.

식품에 관련된 다른 직종들에 널리 퍼져 있던 관례대로, 중세

---

* 부슈는 입을 뜻한다.

에는 빵에 관한 법령도 아주 많았다. 이들 법령은 만들 수 있는 빵의 유형, 사용할 수 있는 밀, 각 빵의 무게와 가격, 전문 제빵사가 되기 위한 요건 등을 통제했다. 역사학자 르네 드 레스피나스René de Lespinasse는 빵이라는 "인간의 1차 식품이 영원히 공공연한 불평과 권력 추구의 대상이 되었다"[33]라고 말함으로써 프랑스인들의 마음과 정신에서 빵이 차지하는 지위를 단언했다. 왕은 전문 제빵사들의 요구에 대응하거나 빵 생산을 자신이 원하는 대로 관리하려는 욕구에 맞추어 정기적으로 빵에 관한 법령을 공포하면서 빵 제작과 소비에 관여했다. 1305년 미남왕 필리프Philippe IV는 파리에 빵과 곡물을 1주일에 7일 공급할 것을 명령하고, 또한 제품이 "충분하고 적정하며" "그 무게가 공정"하기만 하다면 누구나 빵을 만들어 팔 수 있다고 지시했다.[34] 이후에 제빵사가 되려는 이는 숙달된 제빵사 밑에서 3~4년 동안 도제 과정을 거친 뒤 해당 지역 내에서 판매되는 빵들을 직접 굽는 시험을 치르고 전문가들에게 심사를 받도록 했다. 기성 제빵사들은 '가르드gardes'라는 감독관이 될 수 있었는데, 이들은 법률로 정해진 빵의 기준을 유지하는 임무를 맡았다. 1351년 선량왕 장Jean II은 매년 파리의 프레보가 네 명의 '가르드' 혹은 '프뤼돔prud'hommes'*을 뽑아, "하느님께" 불경한 빵을 모두 몰수하여 가난한 이들에게 나누어 주고 불경한 짓을 저지른 이들에게 벌금을 부과하는 일을 맡기도록 했다.[35] 빵 감독관들은 여기저기 돌아다니며 상점, 숙박업소, 술집 등을 방문하고 심지어 거리에 다니는 빵 구매자들에

---

*   오늘날은 노동쟁의 심판관을 가리키지만 본래 숙달된 장인이나 전문가를 이르는 표현이다.

게도 접근하여 빵의 크기, 무게, 품질을 검사했으며, 한편으로는 각 제빵사에게 요구되는 상표가 규정대로 쓰이고 있는지 확인했다. 강력한 권한을 가지고 잠복근무를 하는 빵 감독관이라는 개념은 양질의 빵에 진심을 다하는 프랑스인들의 정서와 맥을 같이한다. 모두가 손쉽게 빵을 사 먹을 수 있어야 한다는 신념 밑에 깔린 평등주의적 정서도 마찬가지다. 도시의 외부에서 오는 빵 공급업자들도 그 도시의 경계 내에서 물품을 팔 수 있게 허가되었다. 하지만 팔리지 않은 빵은 모두 집으로 다시 가져가야 했고, 빵을 몰수당하고 벌금을 물지 않으려면 종류나 크기가 다른 빵을 한 바구니나 수레에 섞어 담지 말아야 했다.[36] 16세기 루앙의 제빵사들이 이른 아침에 빵을 굽기보다 잠을 더 자기로 결정하자, 정부에서는 그들에게 매일 새벽 4시에 빵을 구우라는 명령을 내렸다.[37]

아마 독자들도 예상했겠지만, 파리의 빵에 관한 관행은 수도 이외 지역의 관행과 달랐다. 1305년 파리에는 빵에 관한 법령을 집행하는 왕실 관리인 그랑 파느티에grand panetier가 있었다. 이 법령에 따르면 빵은 1주일에 7일 동안 매일 구워져야 했고, 제빵사라는 직종에는 분명한 요건들이 수반되었다. 하지만 이와 대조적으로 14세기 노르망디에서는 지방정부의 규정에 따라 일요일과 다른 축일에 빵을 만드는 것이 금지되었다. 14세기 초부터 빵 가격은 시장의 밀가루 가격에 연동되었다. 빵 판매자가 가변적인 무게의 빵을 고정된 가격으로 팔아야 하는지, 아니면 고정된 무게의 빵을 가변적인 가격으로 팔아야 하는지를 두고 한 세기가 넘는 세월 동안 논쟁이 계속되기도 했다. 14세기와 15세기 초 파리의 빵에 관한 지침들은 빵에 정가를 부과하고 빵의 종류별로 다른 무게를 규정했다. 노르망디의 지방정부 법령에서는 빵의 종류가 다르더라도 고정된 적정 가격을 매기는 것이 가장 공정하다고 주장했으며, 제빵사들은 밀가루 가격에 따라 빵의 무게를 조절했다. 가격은 같아도 빵의 무게가 가벼워지는 것이 합리화될 수 있었던 것은 한 사람의 식단에서 밀이 차지하는 양이 가계 수입에 반비례했기 때문이었다. 가격은 고정하고 무게가 달라지는 이런 체계는 모든 사람이 어떤 형태로든 빵을 사 먹을 수 있게 보장했고, 또한 가난한 사람들이 질은 떨어지더라도 더 많은 빵을 얻을 수 있도록 보장했다. 하지만 도시 제빵사들과 달리 시골 제빵사들은 빵의 가격과 무게를 다르게 조절했고, 당국의 규제도 덜 받았다. 시골 제빵사들은 도시 제빵사들에 비해 빵을 자주 만들지 않는 대신 훨씬 크게 만들었다. 12세기 클뤼니 수도원에 교구 내 여러 구역이 토지 임대료로 지불하던 빵은 한 덩어리의 무게가 7킬로그램에서 15킬로그램까지 나갔다.[38] 물론 시골에서 신선한 빵을 기대하기는 어려웠고, 특히 하류층에게는 더욱 그러했다. 다음번에 빵을 구울 때까지 먹으려면 빵이 커야 했고, 가난한 이들은 물이나 수프에 푹 적셔야 하는 딱딱하게 마른 빵을 먹는 데 익숙했다.

파리의 탈믈리에 단체는 부알로가 승인한 법규에 따라 약간의 권력을 갖게 되었다. 이를테면 그들에겐 2년마다 에세 드 팽essai de pain(빵 테스트)을 요청할 권리가 있었다. 전문 제빵사들로 구성된 위원회가 철저한 감독 아래 빵 굽기를 시연해 그해의 밀로 만들 수 있는 빵 덩어리 제조량을 산출함으로서 합리적인 빵 가격을 결정하는 것이었다. 그러니까 이 시연을 통해 시장의 밀 가격에 따라 정확하게 정한 것이다. 파리의 프레보에게 전해진 왕의 서한에서는 밀 가격에 따른 유형별 빵의 무게를 굽기 전과 구운 이후로 나누어 정확하게 개괄했다. 예를 들어 1372년 탈믈리에들이 빵 가격을 조정해주시 않는다면 파리를 떠나겠다고 협박하자, 샤를 5세Charles V는 밀 12드니에의 값이 8솔이라면, 가장 좋은 빵(팽 드 샤이pain de Chailly) 은 25½옹스, 중간급 빵(팽 부르주아pain bourgeois)은 37½옹스, 시골 빵(팽 드 페티pain de faitis)는 36옹스의 무게가 나가야 한다고 규정하고,* 이어서 구체적인 밀 가격에 연동된 일련의 빵 무게를 제시했다.

아마도 빵 무게/가격 단위가 지나치게 자주 바뀌는 번거로움에 대한 대응이었을 텐데, 1439년 샤를 7세Charles VII는 파리의 빵은 몇 가지 규정된 무게로만 팔되 밀 가격의 상승과 하락에 따라 빵 가격을 조절하게 하는 규정을 시행했다. 파리의 프레보는 매주 수요일에 빵 가격을 결정해서 '크리 퓌블리크cri publique(공공의 외침)'를 통해 파리의 주요 시장 상인들에게 공지했다. 이 새로운 규정에 따라 서로 다른 빵들이 규격화된 크기로 생산되기 시작했고, 이를테면 소비자들은 12옹스 무게의 흰 빵을 1리브르livre** 무게의 시골 빵(팽 페티)과 같은 가격에 살 수 있게 되었다. 19세기에 과거를 조망하기에 유리한 시점에서 이를 평가한 레스피나스는 이러한 체계야말로 "가

---

* 솔sol은 이후 수sou로 바뀌어 불리는 프랑스의 옛 화폐이고, 드니에denier와 옹스once는 모두 옛 무게 단위인데 각 단위가 어느 정도의 가치와 중량을 나타냈는지 정확히 알기 어렵다.

** 영국의 파운드에 해당하는 무게 단위지만 중세 프랑스의 리브르livre는 지방에 따라 실제 중량이 달랐는데 대략 380그램에서 552그램 사이였고, 대표적인 파리의 리브르는 489.5그램이었다. 1옹스는 16분의 1리브르에 해당했다.

장 공정하고 합리적인" 체계라고 했으며, "민중을 위한 실제적이고 유용한 진보"를 대표한다고 했다.[39] 이러한 준準공화주의적 발언은 현대 관찰자들의 프랑스 빵에 대한 분석에도 깊이 스며들어 있어서 프랑스인들이 오랜 세월 빵의 평등에 대해 발휘한 확고한 의지를 강요하는 듯하다. 사실 이러한 의지는 초기 자료들에서는 명확히 드러나지 않지만, 대혁명 이후의 이상에서는 반드시 이루어야 할 책무로 여겨졌다. 실제로는 16세기까지도 많은 프랑스인이 고정 중량제에 순응하기를 거부했다. 그럼에도 프랑스에서 르네상스가 만개하자 좋은 밀로 만든, 신뢰할 수 있는 가격과 무게의 합리적인 빵을 먹는 것이 다수의 프랑스 시민이 즐기는 특권이자 관습이 되었다. 1600년 올리비에 드 세르Olivier de Serres는 귀족 집안 경영과 농업에 관한 논문에서 합리적인 빵에 대한 믿음을 가계로까지 확장했다. 부유한 영주는 왕의 권위를 본보기 삼아 자신의 집안에서도 모든 식솔에게 적절한 빵을 보장했다. 일꾼들과 하인들에게는 '팽 비pain bis(갈색 빵)', 그리고 가장 밑바닥의 개에게는 다른 어떤 것에도 적절치 않은 곡물로 만든 빵을 주는 식이었다.[40] 원칙은 매우 간단했다. 좋은 빵은 하인에게 주고 더 좋은 빵은 주인이 먹는다는 것이었다. 17세기로 넘어갈 무렵에도 빵의 위계는 계속해서 사회 계층을 따라 정렬되었다. 그리고 세르는 이러한 차별을 필수적이고 사리에 맞는 것으로 옹호했다. 세르는 주인과 하인의 차이를 강화하고 "명령과 복종이라는 신성한 법칙"을 물질적 방식으로 유지하기 위해, 먹는 사람이 다르면 빵도 달라야 함을 이성이 요구한다고 말했다. 즉 오직 한 종류의 빵만 만드는 것은 지나치게 상스럽거나 지나치게 사치스러운 일일 수 있으며, 주인이 하인의 빵을 먹거나 반대로 하인이 주인의 빵을 먹는 것은 어느 경우든 불합리한 일이 되리라는 것이었다.[41] 빵이 이후 나타날 혁명가들의 전투적 슬로건이 된 것은 전혀 놀랄 일이 아니었다.

농업에 있어 봉건제도란 농노 신분의 농부들이 영주의 지시대로 특정 작물들을 재배하는 것을 의미했다. 사실 이 강제된 선택은 프랑스 농부들이 결속력을 갖게 했고, 전국적인 식량 생산 환경을 조성하는 데 도움이 되었다. 숲을 개간해 경작 가능한 대지를 만들자, 수도원이나 부유한 귀족 지주가 경영하는 거대한 봉건 영지 주변으로 마을과 도시가 생겨났다. 카롤링거 왕조 시대에 농노들은 대부분 영주로부터 자기 땅을 마음대로 할 수 있는 권한을 부여받고 땅에서 나오는 소출을 영주와 나누는 트낭시에tenancier가 되었다. 10세기에서 13세기 프랑스에서는, 같은 시기의 영국이나 독일과 달리, 부유한 지주들이 노예나 프로방디에를 시켜 경작하는 대규모 토지 소유 체제에서 트낭시에가 일정 권한을 갖고 경작하는 소규모 소유 체제로 옮겨갔다. 트낭시에는 지주들에게 현금이나 현물로 지대를 지불해야 했고, 전쟁이나 반란이 일어나면 그들에게 충성해야 했다.[42] 주인에게서 할 일을 할당받아 자신의 노동으로 지대를 '지불'했던 노예와 달리, 트낭시에는 어느 정도 독립성이 있었다. 봉건 영주는 이처럼 토지를 분할함으로써 곡물 판매와 저장 의무를 농노들에게 넘기고 작물 대신 꾸준한 현금 수입을 확보했다. 하지만 영주는 소작인들에게 경제적이고 상징적인 권력 또한 내주게 되었다. 역사학자 마르크 블로크Marc Bloch의 말대로, 영주는 이제 한 기업의 수장이 아니라 자신의 투자로 먹고사는 불로소득자가 되었다.[43] 봉건제도 아래에서 농민은 농작물의 일부를 영주에게 바쳐야 했지만 잉여생산물을 지역 시장에서 팔거나 교환할 수 있었다. 시장에 대한 접근성은 중세 프랑스에서 근대 프랑스로의 이행을 정의한다. 특히 농업의 관점에서, 그리고 농민 계층에 대해서 그러했다. 13세기부터 14세기 중반까지 프랑스에서는 트낭시에가 돈을 써서 영주에 대한 의무에서 벗어남에 따라 농노제가 차츰 사라지기 시작했다. 시장에서 충분히 매상을 올려 돈을 모을 수 있던 (혹은 신용거래에 접근할 수 있던) 농노들은 자유를 획득할 수 있었고, 이는 도시의 시장에 접근 가능한 이들에게 훨씬 더 유리한 조건이었다. 단연코 가장 큰 시장이었던 13세기의 파리에서는 농노제가 빠르게 사라졌지만, 샹파뉴, 부르고뉴, 프랑슈콩테 같은 지방에는 16세기까지 농노제가 남아 있었고, 대혁명 때까지 농노제가 유지된 지역들도 있었다.[44] 8세기에서 16세기 사이에 봉건 영주의 '보류지'로 유지된 토지는 경작 가능한 전체 토지의 절반에서 3분의 1로 줄었음에도, 삼림지는 여전히 특권 계층의 소유로 남았다. 농민은 전체 토지의 3분의 1을 소유했고, 부르주아 임차인들이 나머지 3분의 1을 이용할 권리를 구매했다.[45]

농노의 해방으로 남겨진 빈자리에서 지주들은 소작제(메테야주 métayge)로 전향해 땅을 경작했다. 때로는 아버지에서 아들로 이어지는 세습 계약이 맺어져 지주와 일꾼 양쪽 모두를 위한 지속성을 보장하기도 했으나, 이는 농노제의 불평등을 재생산하기도 했다. 이러한 체계는 메테예métayer(소작인)에게 일과 함께 어느 정도의 독립성을 보장했고, 지주에게는 농부와의 계약서에 쓰인 대로 신선한 달

사냥이 끝난 뒤 식사하는 영주와 가신들. 가스통 페뷔스Gaston Phébus의 필사본《사냥책*Livre de la Chasse*》(1387~1389).

걀, 가금류, 밀, 돼지고기 등 그 땅의 소출을 꾸준히 공급해주었을 뿐 아니라 수입을 가져다주었다. 재산이 있는 이들은 소작제를 이용하여 땅에 대한 연결고리를 유지하고, 프랑스의 기름진 농경지대의 한 구석을 사적으로 차지한 채 그 풍요로움을 향유할 수 있었다. 프랑스인들이 강하게 느끼는 땅에 대한 물리적·철학적인 관계는 중세 말의 농업혁명에서 기원한다. 블로크는 프랑스인들과 전원田園의 유산 사이에서 지속되는 공생 관계가 메테야주와 직접적인 연관이 있다고 본다. 메테야주라는 시스템으로 인해 "도시 인구의 한 부문 전체가 계속해서 흙과 직접 접촉했으며, 흙을 보살피는 [사람들과] 개인적 의존의 진정한 유대로 연결되어 있었는데, 이는 상당히 최근 역사에서 일어난 일이다".[46]

1450년에서 1570년 사이에 프랑스 인구는 두 배로 늘었다. 인구가 늘어남에 따라 숲을 개간하고 이랑을 내 포도밭을 경작하는 데 노동력을 동원할 수 있게 되었고, 귀족이나 수도원만의 일이었던 곡물 및 포도 생산이 농민과 시골의 일로 확대되었다. 콤플란타티오 complantatio(포도나무의 부분적인 공동 소유)라는 관행으로 소작농들은 어느 정도 자율성을 갖게 되었으며, 유럽 전역에서 포도밭이 크게 확장될 수 있었다. 적어도 와인 무역에 참여할 수 있는 지역에서는 곡물 재배지가 포도밭으로 바뀌면서 소작농들이 단위면적당 더 나은 수입을 올릴 수 있었다. 하지만 그런 지역들은 단일작물 재배로 인해 흉년에는 매우 취약해질 수밖에 없었다. 한편 부유한 고객들은 도시 지역 시장에서 멀리 떨어진 지역들의 포도밭을 매입했다. 그 지역 와인을 판매하는 데 필요한 더 높은 운송비를 감당할 수 있었기 때문이다. 이들은 장거리 무역에 드는 비용을 만회하기 위해 해당 지역에서 고급 와인을 생산하도록 압력을 가했다.[47] 고급 부르고뉴 와인은 실제로 경제적인 동기에서 탄생했다. 하지만 중세 이래로 와인 무역에서 지배적으로 활동한 이들은 파리의 와인 상인들이었다. 1192년의 칙령은 파리에서 와인을 판매할 수 있는 배타적 특권을 그들에게 부여했다. 타지 상인들은 자신의 와인을 파리의 중개인들에게 팔아야 했고, 센강을 이용해 파리 너머의 시장까지 와인을 수송하려면 통행료를 내야 했다. 파리의 와인 상인들은 파리 너머

아주 먼 지역까지 영향력을 발휘해 13세기 저지低地 부르고뉴의 오세르가 곡물 재배에서 포도 재배로 이행하도록 부추겼으며, 이로써 부르고뉴는 수도의 권력자들이 배후 지역의 농업을 결정짓는 "프랑스 내부 식민화의 가장 좋은 사례들" 가운데 하나가 되었다.[48]

자크 고오리Jacques Gohory의 1549년작 《포도나무와 포도주와 포도에 관한 소론Devis sur la vigne, vin et vendanges》은 프랑스어로 쓰인 와인 제조 기술에 관한 최초의 책이다. 포도 재배와 와인 제조를 이해하는 데 필요한 특화된 어휘들을 제공하는 이 책은 "프랑스어만으로 포도나무에 관한 지식과 기술을 다룰 수 있으므로, 기술적 정확성을 위해 라틴어에 의지할 필요는 없다"는 사실을 입증했다.[49] 고오리의 앞선 노력은 프랑스를 "자신만의 정체성과 지상의 막대한 부를 소유한 나라"라고 밝혔다는 점에서 중요하다. 이는 프랑스 음식 신화의 구성을 향해 나아가는 또 다른 한 걸음이었다.[50] 로마인 방문객들은 치즈와 돼지고기와 곡물이 훌륭하다며 프랑크족의 영토를 찬양했다. 이를 토대로 삼아 중세 프랑스인들은 비옥한 땅이라는 프랑스의 이미지를 조성했다. 프랑스가 국내외에서 얻고 있는 목가적인 정원 국가garden state라는 좋은 평판은 자연적으로 주어진 것이기도 하고 인공적으로 구성된 것이기도 하다. 프랑스를 하나의 정원이라고 말하는 최초의 언급은 14세기에 등장했고 1450년 이후 궁정 저술과 도상학에서 흔해지는데, 특히 태피스트리와 삽화가 들어간 필사본에서 그러했다. 코르비 수도원의 종교재판소 고등판사였던 에티엔 드 콩티Étienne de Conty는 1400년에 로마를 중심으로 하는 그리스도교 세계를 지리와 경제 측면에서 개괄하는 저술에서 프랑스의 물고기와 사냥감은 물론 곡식, 씨앗, 포도나무, 기름의 탁월함에 대해 쓰면서, 이런 면에서 프랑스가 영국보다 우월하다고 했다.[51] 코르비는 특별히 피노 누아르pinot noir* 포도와 포도나무로 잘 알려져 있었다.[52] 15세기에는 왕의 대표적 역할이 전사戰士에서 농부로 변했으며, 도서와 태피스트리에 표현된 신이 내린 상상의 정원은 "그 탁월한 기후 덕분에 기름지고 무성한 프랑스의 진짜 토양"이 되었고[53] 정치와 과학 분야의 저술들을 통해 고취되었다. 17세기로 넘어갈 무렵, 세르는 프랑스에 대한 신의 섭리라는 믿음을 확정하고 추구했고, 상당한 자부심을 드러내면서 "'하늘의 섭리' 덕분에 …이 왕국 전역에서 아주 절묘한 빵을 먹지 못하는 지방은 하나도 없다"라고 주장했다.[54]

광대한 정원 국가에 살던 시골 농민들은 주로 빵, 와인, 약간의 고기를 먹었고, 산간지방에서는 고기를 대체하거나 보충하는 음식으로 치즈를 먹었다. 영주와 영지로 이루어진 봉건제도로부터 개인 농장으로의 이행은 특히 고기 생산과 밀접하게 관련되었고, 부유한 이들과 가난한 이들의 차이를 더욱 뚜렷하게 했다. 귀족들은 자기 땅에서 짐승을 사냥해서 고기를 얻었던 반면, 농민들은 (전적으로는 아니었지만) 주로 흙에서 나오는 소출을 소비했다. 고기는 귀족들을 위한 권력의 상징이었고, 하류층도 사냥할 수 있게 개방되어 있던 영지 내 숲들은 사냥감의 공급원이었다. 소작농들은 우유와 치즈, 그리고 궁극적으로는 고기를 얻기 위해 소와 양을 길렀다. 인쿨툼

---

* 포도알의 색이 검게 보일 만큼 진하고 포도송이가 솔방울처럼 조밀하게 붙어 있다는 의미에서 '검은 솔松'이란 뜻의 이름이 붙은 포도 품종.

사냥 뒤의 식사, 15세기 알자스 지방의 태피스트리

incultum 혹은 살투스saltus라고 하는 숲, 늪, 황야 등의 비경작지는 땔감이나 야생 베리류는 물론 돼지를 풀어 기를 수 있는 방목지를 제공했다. 중세 말에 이 숲들이 사유화되어 사냥이 금지되자 노르망 디에서는 농민들이 봉기했고, 고기를 먹던 농민들의 관습도 근본적으로 변화했다. 고기 없이 빵이 주가 되는 식단으로의 이행은, 넓은 지역에서 사냥하고 채집하던 데 익숙했던 이들 주민에게 매우 의미심장한 변화였다. 흉년이 들어 가난한 이들이 열량을 얻을 수 있는 먹거리가 거의 남지 않게 되자, 곡물 위주의 경작과 다채롭지 못한 식단은, 이전이라면 고기로 식단을 보충할 수 있었을 가난한 이들에게 매우 위태로운 것이었음이 드러났다.

결국 하류층은 숲에서 배제되었고 어떤 숲들은 나무를 베어내고 곡물 경작지로 전환되기도 했다. 농민들은 고기를 곡물과 채소로 대체하기 시작했으며, 이는 귀족들과 가난한 이들 사이의 거리만이 아니라 도시 주민과 시골 주민 사이의 거리 또한 더욱 멀어졌음을 나타낸다. 1558년 님에서는 토지의 63퍼센트가 곡물과 밤 재배에 쓰였으며, 나머지 토지는 포도밭과 가축 방목지가 반반씩 차지했다.[55] 이와 대조적으로, 파리와 일드프랑스Île-de-France*에서는 양과 여타 동물을 기르는 축산업이 여전히 왕성했다. 거의 모든 농민 가구마다 가꾸던 채소밭이 극도로 중요해졌는데, "다른 경작지와 달리 개인 소유의 밭은 일종의 '면세' 지역으로 여겨져 소작농이 지주에게 지대를 지불하지 않았"기 때문이다.[56] 중세가 끝날 무렵에는 두 집단이 특권적인 식단에서 이득을 얻었다. 한 집단은 고기를 먹을 형편이 되어 채소를 하찮게 여긴 귀족들이고, 다른 한 집단은 시장에서 안정적으로 식량을 구입할 수 있던 도시 주민들이었다. 14세기 말 유럽에서는 도시 식단과 시골 식단의 차이가 음식 준비(구매/자급), 빵(양질의 밀/폴렌타polenta**와 포리지 혹은 거친 빵 덩이), 고기(신선한 고기와 양고기/염장한 고기와 돼지고기)는 물론 고기 조리용 양념(맵거나 단 향신료/소금)에서도 확연하게 드러났다.[57] 15세기 프로방스에서는 일요일이나 축일에만 고기를 먹을 수 있는 사람이 많았다. 하지만 고기가 농민의 식단에서 완전히 빠져버린 것은 분명히 아니었다. 보통은 1년 단위로 연중에 고기 먹을 기회들이 분산 배치되어 있었다. 일주일에 한 번은 양고기를 먹었고, 부활절에는 특별히 새끼양고기를 먹

---

*　　파리 주변 지역.

**　　잡곡 가루에 우유와 물을 넣고 끓인 죽 같은 음식.

사과 수확, 15세기 필사본 삽화

었다. 그리고 집에서 기른 돼지를 잡아서 고기를 염장해두었다가 겨
우내 먹었다. 성탄절에는 약간의 소고기를 구입해 여러 차례에 조금
씩 나눠 먹었다.[58] 당시 요리책을 보면 소고기는 흔하게 등장하지 않
는다. 당시 사람들은 소고기가 저속하고 음식으로서 가치가 낮다고
여겼기 때문이다. 하지만 고고학적 증거들은 중세에 주로 소비된 고
기가 소고기였음을 암시한다.

중세 도시 지역 정육업자들의 수를 보면 상당한 육류시장이 형
성되어 있었음을 알 수 있다. 12세기가 되어서야 필리프 오귀스트
Philippe Auguste(필리프 2세Philippe II)에 의해 왕이 보장하는 특권이

과일 장수와 곡물 장수, 15세기 필사본 삽화

파리의 정육업자들에게 주어졌지만, 노트르담 성당 근처 대형 정육 시장인 그랑드 부슈리Grande Boucherie는 이미 정육업자들의 공동체와 함께 확고하게 자리 잡고 있었다. 빵의 경우와 마찬가지로, 고기와 관련된 직종도 전문 용어들로 정밀하게 세분되었다. 12세기와 13세기의 문헌들을 보면 신선한 고기와 가공한 돼지고기를 파는 이들을 마셀리에macellier(혹은 카르니피스carnifice)라고 했다. 14세기에는 부셰boucher(정육업자)라는 용어가 질이 좋지 않은 고기를 싼 가격에 파는 이들을 가리켰다. 관련 직종들의 목록을 두루 자세히 살펴보면, 양, 염소, 토끼, 자고새를 파는 사람은 아넬리에agnelier, 고기로 속을 채운 파이 종류를 파는 사람은 파티시에, 가금류를 파는 사람은 갈리니에galinier, 내장을 파는 사람은 트리피에tripier라고 불렸다.[59] 14세기 툴루즈의 부셰(혹은 마셀리에)들에 대한 한 연구서를 보면 이들이 다른 음식 관련 직종 종사자보다 훨씬 많았지만 그다지 존경받지 못했나는 것을 알 수 있다. 파리의 정육업자들은 영업을 할 수 있는 장소와 방식과 관련해서 군주가 정한 규정을 따라야 했다. 한 세기가량 파리의 그랑드 부슈리가 독점적인 통제권을 행사하는 동안에는 오직 정육업자의 아들만 정육업자가 될 수 있는 폐쇄적인 시스템이 유지되었다. 하지만 1416년 샤를 6세는 공중 보건에 위협이 된다는 이유로 이 정육시장을 철거하도록 명령했고, 직업 승계를 보장하는 법적 특권을 폐지했다. 새로운 왕립 정육시장이 네 곳에 설립되었는데, 시장의 소유주는 왕이었고, 경영자들이 세를 내고 시장을 사용했다. 하지만 이러한 전면적인 변화는 정치적 기류가 바뀜에 따라 그리 오래가지 못했고, 왕은 1418년 네 곳의 정육시장 중 세 곳을 그대로 둔 채 그랑드 부슈리를 다시 설립했다. 1416년 선포된 한 가지 법규는 위생 상태를 개선하려는 왕의 의지를 두드러지게 보여준다. 즉 "도성의 공기가 오염되거나 부패하지 않도록 …또한 센강의 물이 부패하거나 오염되지 않도록" 짐승을 잡고 가죽을 벗기는 작업은 "도성 바깥" 곧 루브르 궁 뒤편 튈르리에서 이루어져야 한다는 것이었다.[60] 이는 매우 유망한 아이디어였지만, 16세기에 나온 다른 법령들은 병들거나 늙거나 감염된 짐승에게서 나온 고기를 바로 그 센강의 강물에 버리도록 명령했다.

귀족과 도시 주민이 고기에 대해 가지고 있던 특권은 다른 형태의 단백질 공급원들까지 확장되었다. 생선은 부자들의 식탁을 아름답게 장식했지만, 프랑스에는 물고기가 풍부한 여러 강과 넓은 바다가 있어서 반드시 부자들만 생선을 먹을 수 있었던 것은 아니다. 장어는 특히 인기가 많아서, 중세 정부의 칙령들에도 구체적으로 언급되었다. 부알로가 설정한 파리의 법규를 통해 두 개의 협회가 인정받았는데, 하나는 바닷고기 판매상들의 협회였고 다른 하나는 민물고기 판매상들의 협회였다. 14~15세기에 사람들이 가장 많이 먹은 생선은 청어였다. 파리의 부유한 소비자들은 소금과 짚으로 덮은 민물고기 '아랑 푸드르hareng poudre'를 즐겨 찾았다. 그들보다 지출할 수 있는 돈이 적은 이들에게는 소금에 절이거나 연기로 익힌 청어가 인기였다. 염장이나 훈연 과정을 거치면 더 오래 보관할 수 있었기 때문이다. 무엇보다도 중세 말에는 청어 수요가 늘어나 유럽 전역에서 대규모 생선 가공업이 크게 성장했으며, 이 과정에서 브르타뉴 지방과 루아르강 유역의 소금 생산도 크게 늘었다.[61] 14세기 파리 의회에는 '라 샹브르 드 라 마레la chambre de la marée(생선부)'라고 불리는 특별 부서가 있어서 수도의 생선 공급 관리를 전담했다. 당국에서 운영한 복잡한 시스템은 고급 식재료인 생선의 중요성을 보여준다. 생선은 특히 교회가 강제하는 금육일을 지키는 데 중요했다. "파리의 생선 공급 독점과 그에 따른 공급 중단 위험을 피하기 위한" 법규들이 마련되었다.[62] 식품 공급에 관한 이 같은 직접 관리 방식은 엄격한 빵 가격 통제 정책을 그대로 반영하고, 파리가 유지하고 있던 특별한 지위를 강화하는 것이었지만, 한편으로는 먹거리에 대한 공정하고 평등한 접근을 향한 믿음을 드러내는 것이기도 했다. 수도의 생선 판매상들은 레알의 중앙시장에서 팔리는 생선에 대해

물고기잡이, 14세기 필사본의 삽화

'르 쥐스트 프리le juste prix(공정한 가격)'를 매기고, 지방에서 생선을 운송해 오는 판매자들이 정당한 대가를 받을 수 있게 보장하며, 상품의 질을 확인할 의무가 있었다.[63] 파리에서 생선 공급이 중단될까 염려했던 것은 이 도시가 외부에서 배송되어 오는 생선에 지나치게 의존했기 때문이 아니라, 생선이 바다에서 식탁에 오르기까지 여러 단계의 중간상인을 거쳐야 했기 때문이다. 어부들이 잡은 물고기는 마르샹 포렝marchand forain(지역 매매상), 부아튀리에voiturier(운송업자), 파리의 생선 매매상, 푸아소니에poissonnier(시장 생선 장수)를 단계적으로 거쳐 소비자에게 판매되었다.

부자들의 식탁에는 생선 한 마리가 통째 오르는 일이 흔했지만, 굴과 가리비는 가난한 이들에게 남겨졌고 조개를 줍는 것은 가난의 상징이었다. 중세와 르네상스 시대의 식생활 지침들은 많은 경우 식이요법의 과학과 특정 음식에 결부된 상징적 가치에 의존했다. 당시에는 도시에 사는 지식인과 부자는 시골에 사는 가난한 노동계층보다 위장이 예민하다고 믿었다. 이를테면 빵에 쓰이는 특정 유형의 곡물은 상류층에겐 소화가 불가능하지만, 하류층에게는 아주 잘 맞는다는 식이었다. 몽펠리에의 의사였던 자크 뒤부아Jacques Dubois 는 16세기의 식단 지침서에서 "기름지고 걸쭉한 음식은 소화가 어렵지만 영양분이 많다"라고 하면서 가난한 이들은 채소, 허브, 내장, 비계로 요리한 걸쭉한 스튜를 먹으라고 권했다.[64] 뒤부아는 또한 내장, 창자, 뇌, 굴이 그것들을 소화할 수 있는 체질을 지닌 노동계층에게 적당한 고기라고 추천한 반면, 가난한 지식인들은 (오늘날의 대학원 학생을 생각하면 되겠다) 체질이 너무 예민해서 이 '가난한' 음식들을 먹을 수 없고, 따라서 달걀, 채소 수프, 그리고 적당히 '고급' 곡물인 호밀빵으로 만든 포리지를 먹어야 한다고 말했다. 하지만 어떤 식재료들은 계층의 경계를 넘나들기도 했다. 예를 들어 농민이나 부자나 모두 밤을 먹었는데, 농민들은 밤을 갈아서 빵으로 구워 먹었던 반면, 부자들은 구운 알밤을 먹었다. 이 시기는 물론 이어지는 서너 세기 동안 페리고르에서는 밤 자체가 음식으로도 중요했고 빻아서 만든 밤가루도 중요했다. 오늘날 프랑스 음식의 궁극적 전형이 된 달팽이를 잡는 일이 중세에는 고상한 활동이었고, 14세기 생활 안내서인 《메나지에* 드 파리Le Ménagier de Paris》에는 달팽이를 삶거나 튀기는 요리법이 등장한다. 16세기에는 이탈리아에서 차용한 관행인 개를 동원한 달팽이 잡이가 인기를 얻었고, 교회에서는 금육일에 먹

---

*   메나지에ménagier는 현대 프랑스어에서 사용되지 않는 단어인데, 살림이나 집안일을 나타내는 메나주ménage에서 파생한 단어로 '집안일을 하는 사람'을 의미했다.

밤. 중세부터 20세기까지도 페리고르를 대표하는 특산품.

을 수 있는 음식으로 생선과 달팽이를 같은 범주에 넣어 분류했다.[65]
하지만 16세기 말이 되자 달팽이는 인기가 시들해져 요리책에서 사
라졌으며, 19세기에 이르러서는 고급 식탁에서도 자취를 감추었다.
그러나 1544년 뒤부아는 개구리 다리가 하류층에서는 받아들일 만
한 음식이었으며, 실제로 상당히 흔해서(뒤부아의 말대로 개구리 다리
"요리법이 이제 상당히 잘 알려져 있었다") 버터나 기름에 (있는 그대로) 튀
겨 먹었다고 기록했다.[66]

중세에는 프랑스 최초의 인쇄본 요리책들의 도래가 예고되었다.
필사본 요리책들이 이미 등장했고 15세기 후반 인쇄기가 도입되면
서 개인적인 요리가 일반 대중의 무대에 공개되었다. (물론 이 요리책
의 '대중'이란 글을 읽고 쓸 줄 아는 부자들로 한정되었다.) 고급 요리를 위한

마늘과 허브로 요리한 개구리 다리. 17세기 이후 프랑스 요리의 명물이 되었다.

최초의 요리책들 가운데 프랑스에 속하면서 이 시대를 정의하는 책이 하나 있다. 1380년작으로 보이는 《비앙디에Le Viandier*》는 타유방Taillevent(기욤 티렐Guillaume Tirel)이라는 인물이 썼다고 추정되는데, '앙트르메entremets***라는 용어를 처음 도입하고, 이후에 공식적인 요리책들이 출간되는 데 중요한 디딤돌 역할을 했다.[67] 1393년경 쓰인 잘 알려진 또 다른 요리 안내서 《메나지에 드 파리》는 《비앙

---

*　비앙디에viandier는 현대 프랑스어에서 사용되지 않는 단어인데, 과거에 음식 일반을 가리켰던 '비앙드viande'에서 파생된 단어로 중세에는 요리사를 뜻했다.

**　주요 요리 사이에 제공되는 소량의 요리.

디에》의 전체 부문과 개별 요리법 다수를 복제했고, 또한 손으로 필사되기도 했다. 사회인류학자 잭 구디Jack Goody는 12세기 최초의 영국 요리책들이 라틴어와 노르만 프랑스어로 쓰였다는 점에 주목하면서 "그건 물론 프랑스인들이 우위를 섬한 지배 계층의 요리라는 맥락에서 그러했던 것"이라고 말한다.[68] 《비앙디에》는 본래 필사본 형태로 존재했으나 15세기 후반에 유럽에서 널리 쓰이기 시작한 인쇄기는 요리책들을 "희귀한 필사본에 접근할 여력이 있는 부유한 상류 계층을 위한 사치품에서 단지 부유하기만 하면 사용할 수 있는 물품으로" 변화시켰다.[69] 인쇄기에 의해 도서 제작이 기계화됨에 따라 1490년에서 1520년까지 30년 사이에 《비앙디에》는 열다섯 번이나 재판再版되었다. 《비앙디에》가 당대에 가장 영향력 있는 요리책이었던 것은 맞지만, 근대 초에 프랑스 요리를 소개하는 인쇄본 요리책이 하나뿐이었던 것은 아니다. 《모든 요리의 꽃La Fleur de toute cuisine》(1543), 《모든 요리의 위대한 요리사Le Grand Cuisinier de toute cuisine》(1543~1566), 《매우 탁월한 요리책Livre fort excellent de cuisine》(1542)은 모두 프랑스를 요리 법칙에 관한 권위자로 선포하는 데 일조했다.

다만 《비앙디에》는 실제로 참조 가능한 거의 유일한 요리책이었기 때문에 매우 이른 시기에 커다란 영향력을 발휘했고, 최고급 요리를 프랑스인들과 연결시키는 데 근본적인 역할을 했다. 타유방은 1373년 샤를 5세 궁정의 요리장으로 일했고, 계속해서 1388년 샤를 6세의 궁정에서도 같은 직무를 담당했다. 다양한 방면에서 선구자였던 그는 샤를 5세에게 자신을 '메트르-쾨maître-queux'(요리장)라고 소개했는데, 이는 1390년경에 편찬된 영국의 중요한 요리책《폼 오브 큐리*Forme of Cury*》에서 '마이스터 코크maister coke**'(코크coke는 요리사를 나타내는 라틴어 단어 코쿠우스coquus에서 파생되었다)라는 용어를 흉내 낸 것이었다. 이 명사는 프랑스어에 아직 존재하지 않았는데 이러한 변화는 프랑스 왕실 주방이 전문화되어가는 움직임을 보여준다.[70] 귀족들의 식탁에는 오늘날 오트 퀴진에 익숙한 현대식 만찬에서도 알아볼 수 있는 요소들이 있었다. 주방 팀은 고기 굽는 사람이나 과자 만드는 사람 등 전문화된 일꾼들로 구성되었다. 파느티에panetier는 식탁보와 냅킨 등을 감독하고 그 집안의 가장만이 사용할 수 있는 식사 도구와 양념을 담아두는 네프 데 퓌상nef des puissants이라는 용기를 관리했다. 왕실 식탁은 카롤링거 왕조의 왕들부터 18세기 루이 15세Louis XV에 이르기까지 화려하게 장식된 네프nef들이 특징을 이루었다. 대부분 네프는 배 모양이었지만 프랑수아 1세François I의 식탁에서는 바다의 신 넵튠 형상이었다.[71] 당시에 식사 도구는 오직 부유한 이들만 사용했다. 귀족들의 식탁에 놓인 네프는 내용물을 담아두기 위한 것이기도 했지만 부를 드러내는 장식품으로도 기능했다. 네프에는 때로 고래의 일부나 일각고래 뿔(유니콘의 뿔이라 믿어졌다) 조각이 담겨 있기도 했는데, 와인에 들어 있을지 모를 독을 탐지하는 데 쓰였다.[72] 루이 14세는 1664년부터 매일 공개된 자리에서 네프 드 타블nef de table을 곁에 두고 식사를 했

---

*   중세 영어 단어 큐리cury는 중세 프랑스어 퀴이르cuire(요리하다)에서 파생되었다.

**   중세 영어에서 마이스터 코크maister coke는 요리장master cook을 나타낸다.

다. 그의 네프 드 타블은 항시 경호를 받고 있었으며, 신사들은 그 네프를 향해 손을 들어 경례하고, 숙녀들은 허리를 굽혀 절했다. (축일이 아닌) 평일에 이 배 모양 용기는 협탁에 놓여 있었고 그 곁에는 왕의 음식을 맛보는 관리들이 함께 있었으며, 왕비에게는 왕비만의 네프가 따로 있었다. 1686년 루이 14세가 왕의 방에서 궁정대신들과 함께 비공개로 식사하는 프티 쿠베르Petit Couvert*를 시작한 뒤로는 네프가 사용되지 않았다. 하지만 1691년 그랑 쿠베르가 돌아오자 이 공개적인 식사에는 다시 네프와 함께 루이 14세의 메트르 도텔 maître d'hôtel**의 상징적 지휘봉이 동반되었다.[77] 왕족이 아닌 상류계층에서는 식사할 때 각자 자기 나이프를 지참했다. 프랑스에서 포크는 17세기 이전까지 거의 사용되지 않았다.

《메나지에 드 파리》는 《비앙디에》와는 목적이 달랐다. 젊은 주부가 부르주아 가정을 적절하게 관리해나갈 수 있도록 도덕적이고 실제적인 지침을 주려는 것이었다. 요리법은 책 전체 분량의 4분의 1밖에 되지 않았다. 책 전체는 크게 부르주아의 양대 가치인 검약과 실용을 추구했다. 상류층 부엌과 부르주아(혹은 하류층) 부엌의 차이는 요리기구들을 비교해보면 분명해진다. 특화된 요리기구들을 가지고 있다는 것은 특정한 종류의 요리들을 할 수 있음을 의미했으며, 그런 기구들을 사용하는 방식이 상류층 요리의 요소를 구성했

* 프랑스어 쿠베르couvert는 본래 식사에 필요한 스푼, 포크, 나이프, 컵, 접시, 냅킨 등 식기류 일체를 가리킨다.
** 오늘날에는 고급 호텔이나 레스토랑에서 웨이터들과 요리사들을 지휘하며 손님의 식사 전반을 관리하는 사람을 가리키지만, 본래 17~18세기에는 집안에서 일하는 이들의 수장으로서 살림 전반을 관장했다.

도금된 금속으로 만들어진 16세기의 네프

다. 세련된 고급 요리는 반드시 맛을 바탕으로 만들어지는 것이 아니라 기술과 구매력을 바탕으로 했다. 예를 들어 귀족들이나 부르주아들만이 물고기를 굽거나 소스에 넣을 빵을 살짝 구울 때 쓰는 석쇠를 가지고 있었다. 고기를 큰 쇠꼬챙이에 끼워서 구울 때 나오는 기름이 소스의 기본 재료였지만, 오직 부유한 가정만 브로슈broche라는 큰 쇠꼬챙이를 가지고 있었고, 더욱이 이런 육즙을 얻는 데 반드시 필요한 커다란 고깃덩어리를 구입할 수 있었다. 레슈프리트 leschefrite(현대 프랑스어 철자로는 lèche-frite라고 쓰며, 본래는 구운 고기에서 나오는 기름을 모아 거기에 다른 재료들을 넣고 불 위에서 뭉근하게 계속 끓이는 데 쓰인 커다란 도기 그릇을 말한다)는 가정용 물품 목록에 포함되

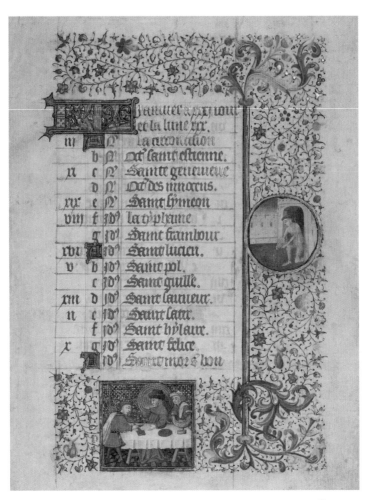

잔칫상에 네프를 두고 식사하는 장면(왼쪽 아래). 베드퍼드 마스터Bedford Master*, 〈달력의 1월; 축제일; 물병자리〉(1440~1450년경). 양피지에 템페라 물감, 금박, 금니金泥, 잉크.

* 15세기 전반기에 파리에서 활동한 필사본 삽화가로 정확한 이름은 알려지지 않았다. 백년전쟁(1337~1454) 기간에 영국의 제1대 베드퍼드 공작이었던 랭커스터의 존John of Lancaster이 파리에서 의뢰한 《베드퍼드 시과경時課經 Bedford Hours》을 제작한 장인으로서 유명했기 때문에 이런 이름으로 불렸다.

는 경우가 매우 드물었던 것으로 보인다. 아마도 그것이 깨지기 쉽고, 오직 부잣집 주방에만 갖추어져 있었기 때문이었을 것이다. 브로슈, 레슈프리트, 그리고 돌절구가 있다는 것은 그 집안이 번창하고 있다는 일종의 상징이었다.[78] 하류층의 주방은 주로 커다란 가마솥에서 오래 끓여서 만드는 수프와 포리지에 의존했다. 가장 검소한 가정이라도 가마솥은 가지고 있었고, 튀김 냄비와 도기로 된 솥과 냄비도 갖추고 있었다. 식품이 그러했듯이 조리 방법에도 위계가 있었다. 가장 높게 평가되는 조리법은 석쇠에서 직화로 굽는 것이었고, 그다음은 화덕에 넣거나 팬에 올려 굽거나 볶는 것이었고, 마지막이 물로 끓이거나 삶는 것이었다. 삶는 것을 굽는 것보다 우선시했던 고대의 조리법 위계와 달리 변화된 양상을 볼 수 있다. 《메나지에 드 파리》에 실린 야생 멧돼지를 불 위에서 굽는 요리법은 거기에 필요한 기술적 요구사항이라는 측면에서 상위 계층의 고급 요리(혹은 더 높은 계층에 속하기를 원하는 욕망)의 예를 잘 보여준다. 우선 돼지고기와 토끼고기는 쇠꼬챙이에 끼워서 불 위에서 굽는데, 그 밑에 레슈프리트를 두어 기름을 받고 와인과 식초를 추가한다. 생강과 그렌 드 파라디, 그 밖의 향신료를 살짝 구운 빵과 함께 절구에 넣고 빻은 뒤 와인을 더 넣는다. 마지막으로 이 소스 재료들과 레슈프리트의 내용물을 금속 냄비에 담고 구운 고기를 그 위에 얹어서 식탁에 낸다.[79] 이러한 소스의 요소들 때문에 1394년에는 식초와 겨자를 파는 행상들이 파리에서 공식적인 지위를 획득했다. 이는 이러한 식재료의 중요성과 편재성을 보여준다.

오트 퀴진과 요리책의 관점에서 보면, 중세란 프랑스에서 소스가

향신료

중세 요리에는 향신료가 많이 사용되었으며, 두드러지게 후추를 선호했던 갈로-로마 시대의 요리와는 뚜렷이 구분되었다. 브뤼노 로리우Bruno Laurioux의 설명에 따르면 후추가 하류층에서도 너무 흔하게 사용되자 고급 요리에서는 더 이상 후추를 선호하지 않게 되었고, 상류층에서는 더욱 다양한 향신료를 더 많이 받아들였는데 1인당 매년 1킬로그램이 넘는 향신료를 소비할 정도였다.[73] 《비앙디에》는 고기 요리법에서 후추를 많이 넣은 소스와 분명하게 차별화해 생강, 계피, 정향, 사프란을 여러 차례 반복해서 언급한다. 중세 유럽에서 향신료는 우선 약이었고, 그다음으로 요리의 맛을 돋우는 재료였다. 사람의 체질 측면에서 보자면, 향신료는 뜨겁고 건조한 것으로 여겨졌고, 그래서 고기와 같은 차가운 음식의 한기를 누그러뜨리는 데 도움이 된다고 해서 곁들이는 경우가 많았다. 소고기, 사슴고기, 멧돼지고기같이 '투박한' 고기에는 가장 뜨거운 향신료를 많이 넣어야 했고, 가금류와 같은 연한 고기에는 소금만으로 충분했다. 열기의 등급을 따지자면 정향과 카다멈이 가장 뜨겁고, 후추가 그다음, 그리고 계피와 쿠민이 세 번째로 뜨거웠다. 유럽의 다른 지역에서는 설탕이 두드러지는 역할을 했지만, 프랑스인들은 15세기까지도 설탕을 거부했으며 《비앙디에》에 목록이 제시되어 있는 신맛 향신료를 선호했다. 다만 환자용 식사는 예외였다. '뜨거운' 향신료는 열이 더 나게 할 뿐이므로 환자식에는 뜨거운 향신료 대신, '온화한' 향신료로 여겨진 설탕을 넣었다.[74] 한편 프랑스에서만 눈에 띄게 인기를 끌었다가 갑자기 인기를 잃게 된 범상치 않은 향신료가 있었다. 이 향신료 즉 멜레게타 후추meleguetta pepper는 마니게트maniguette라고도 하고 '낙원의 씨앗'이라는 뜻의 그렌 드 파라디graine de paradis라고도 했는데, 프랑스 상인들이 이 향신료가 동방에서 온 것이라고 상상했기 때문이다. 《비앙디에》에 실린 몇 가지 요리법에도 이 향신료가 쓰였다.[75] 그중에서도 특별히 인기가 많았던 것은 카멜린 소스sauce caméline인데, 생강, 계피, 그렌 드 파라디, 육두구, 필발蓽茇*, 그리고 식초에 담근 빵으로 만들었다. 그렌 드 파라디는 원산지가 아프리카라는 것이 밝혀지자 "그모든 신비와 위신"을 잃고 사람들의 눈 밖에 났다.[76] 그렌 드 파라디가 누린 인기가 프랑스와 긴밀히 연결되어 있었던 까닭에 영어로는 '그레인 드 파리greyn de Paris'라고 불렸으며, 짧은 기간이긴 했지만 생강만큼이나 인기를 끌었다.

---

* 후춧과의 초본으로 늦여름에 열리는 기다란 열매를 말려 약재나 향신료로 사용한다. 프랑스에서는 '기다란 후추'라는 뜻에서 푸아브르 롱poivre long이라 부른다.

시작된 시대였다. 물론 이 시기의 소스는 오늘날 프랑스 요리라고 하면 바로 떠오르는 현대적인 소스는 아니었다. 그보다는 '차고 습한' 고기를 후추나 다른 향신료를 많이 넣은 소스처럼 '뜨거운' 양념과 조합해 의학적으로 적절하게 조리한다는 개념이었다. 음식을 (차고, 습하고, 뜨겁고, 건조한) 인간의 네 가지 기질에 따라 구분하고 사회 계층과 연결되는 음식의 상징적 가치와 결합시키는 의학 논문들의 영향을 받아서, 사람들은 자기 신체와 식단이 조화를 이루도록 함께 먹는 음식의 조합에 주의를 기울였다. 건강한 사람들은 신체 기질(다혈질, 점액질, 담즙질, 우울질)에 대응하는 음식을 먹고, 아픈 사람들은 그에 반대되는 음식을 먹어서 균형을 되찾아야 한다는 지침이 16세기까지 이어졌다. 1474년 플라티나Bartolomeo Platina의 요리책

요스 후마에르Jos Goemaer, 〈마르타와 마리아의 집에 계신 그리스도〉(1600), 캔버스에 유채. 르네상스 시대 주방의 풍경으로, 크레마예르crémaillère(냄비 등을 걸어두기 위한 고리), 브로슈(쇠꼬챙이), 그리고 왼쪽 아래 벽에 걸려 있는 손세척대 등이 보인다.

이자 설명서인 《참된 즐거움과 건강에 대하여 De honesta voluptate et valetudine》(더 먼저 나온 마르티노Martino의 《요리서 Libro de arte coquinaria》의 복제본)가 출간되고 1505년 프랑스어 번역본이 나온 이후 16세기에는 정반대의 원칙(이를테면 뜨겁고 건조한 고기는 차갑고 습한 소스와 같이 먹어야 한다는 원칙)이 모든 이를 위한 일반 규칙으로 자리 잡았다.[80] 프랑스 요리사들은 (그리고 그들의 유럽인 형제들은) 건강을 위해 단것과 고기를 짝짓고, 소스에서는 식초와 후추를 조합했으며, 요리와 저술에서 겨자를 받아들였다. 프랑수아 라블레François Rabelais 또한 작품 《가르강튀아 Gargantua》(1534)에서 그러한 모습을 보여준다. 거인 가르강튀아가 자리에 앉아서 수십 가지 햄과 훈연한 소의 혀와 소시지로 구성된 식사를 하는데, 부하 네 사람이 겨자를 삽으로 퍼서 그의 입속으로 연신 넣어준다. 가르강튀아가 점액질을 타고났기 때문에 고기가 미칠 나쁜 영향을 막기 위해서였다. 이 거인은 화이트와인을 "무시무시하게" 벌컥벌컥 마시는 것으로 식사를 마무리했다.[81] 하지만 이런 식이요법이 쾌락을 배제한 것은 아니었다. 적어도 프랑스 요리에서는, 그리고 특별히 이른 시기의 요리책들과 요리에 관련된 문헌들에서는 쾌락이 배제되지 않았다. 프랑스 사람들이 좋아하는 라구는 이미 다른 나라들의 구운 고기와 대비되어 두드러졌다. 구운 고기를 위한 매운 갈색 소스인 카멜린 소스는 "프랑스 주방의 참된 스타"라고 불렸고, 《비앙디에》에서도 여러 차례 언급되었다.[82]

콩이나 채소로 끓인 수프와 간단히 삶은 채소가 프랑스 하층민의 식탁을 차지했고, 구운 고기와 그렝grain(소스를 넣어 요리한 고기)은

먹는 이가 상류층임을 의미했다. 그럼에도 15세기 판본 《비앙디에》
는 리크, 양파 수프, 박 또는 호박(쿠르주course)을 사용한 여섯 가지
채소 요리법을 제시하고 있다. 《메나지에》는 엄청나게 많은 고기와
생선 요리법을 제시하면서 양배추, 호박, 순무, 리크를 다듬어 준비
하는 방법을 자세히 알려준다. 하지만 《메나지에》의 '평범한 포타주
Potages Communs'라는 제목의 장章은 《비앙디에》의 채소 수프 부분을
확장한 것으로 세 가지 포레porée(일종의 채소 스튜)와 다섯 가지 양배
추 요리법을 싣고 있다. 17세기 중반에 포타주potage는 식사를 시작
할 때 먹도록 얕은 접시에 담겨 나오는 국물에 가까운 음식으로 세
이버리 디시savoury dish*라고 정의되었지만, 14~15세기의 포타주는
(부용과는 구분되는) 육수를 의미하기도 하고, 때로는 육수에 딱딱해진
빵 조각을 넣어 되직하게 만든 것이나 진한 스튜를 의미하기도 했
다. 《메나지에》에서 부용은 보통 단순한 고기 육수를 의미하고, 포
타주는 그보다 더 복잡하게 만든 액상 요리를 가리킨다. 어떤 포타
주는 구이 요리 전에 나왔고, 어떤 포타주는 고기와 함께 나왔으며,
또 어떤 포타주는 앙트르메 다음에 나오거나, 견과류와 말린 과일로
이루어진 이쉬 드 타블issue de table(코스의 마지막 요리)과 함께 나오
기도 했다.[83] 수프는 수백 년 동안 하류층의 주요한 영양 공급원으로
남았고, 현대에는 향수를 불러일으키는 기표가 되고 있다. 어떤 현
대 작가는 수프와 포리지에 의존해 연명했던 중세 농민들을 감탄하
는 어조로 묘사하기도 한다. 이렇게 식사하는 농민들은 식사 준비에

---

* 입맛을 돋우거나 입안이 개운해지도록 적은 양을 먹는 짭짤한 음식을 가리킨다.

특별한 장비를 필요로 하지 않았고 특별히 주의를 기울일 필요도 없었으며, 버려질 뻔한 먹고 남은 채소나 상한 고기를 사용할 수도 있었다는 것이다.[84] 이렇게 과거를 돌아보며 표현하는 감탄은 구운 고기나 신선한 빵을 먹고 싶었을 농민 가족들의 현실을 간과한 것이긴 하지만, 흙에 뿌리박고 자연에 가까운 캉파냐르campagnard(시골사람) 정체성을 창조하고 유지하려는 프랑스인들의 충동을 말해준다. 시골 농민들의 식생활은 이제 선량한 부르주아 가정의 요리가 되고, 프랑스인들이 그들 자신에 대해 믿고자 하는 바의 핵심에 가깝게 남아 있으며, 프랑스 안에서 그리고 프랑스를 위해서 음식이 생산되는 방식에 관한 '정원garden' 정신에 이른다.

중세로부터 이어지는 음식들의 위계에서, 하늘은 높고 땅은 낮다. 땅에서 나는 음식은 가장 덜 바람직하다고 여겨져 권력 있는 이들에게 거부당했다. 중세 수도승들의 식사에는 수많은 뿌리채소와 약초가 포함되었는데, 수도원 정원에서 키운 이 채소들은 겸손의 상징으로 여겨졌다. 여러 채소에 결부된 상징은 식이요법과 관련 있지만, 계층 간 차이를 드러내는 기능도 했다. 부유한 이들은 가난한 이들의 음식이라며 채소를 거부했다. 이 시기 채소들의 위계에서도 가장 낮은 위치에 있던 것은 구근류(마늘, 양파, 리크)였으며, 그다음은 근채류(순무, 파스닙, 당근)였다. 이파리를 이용하는 엽채류(상추, 시금치)는 뿌리를 이용하는 채소들보다 위계가 높았다. 가장 덜 거부된 채소는 식물의 줄기에 달리는 열매를 이용하는 과채류(콩, 박)였다. 하지만 르네상스는 채소와 관련된 식생활에 커다란 변화를 가져왔다. 채소에 결부된 상징이 변했고, 엄격하게 적용되던 식이요법이 조정되었다. 당시 의사들은 생채소는 성질이 차고 흙의 기운이 있으므로 매우 위험하다고 여겼다. 반면 과일은 나무에서 자라고, 그래서 '공기'의 일부를 이루어 소화가 더 잘되는 것이라면 대부분 허용되었다. 예를 들어 멜론은 과일이긴 하지만 나무에 열리지 않고 땅에서 자라기 때문에 차갑고 습한 것으로 분류되었다. 따라서 멜론은 와인이나 소금에 절인 고기로 그 효과를 조정하지 않는 이상, 특히 다혈질이나 점액질인 사람에게 위험하다고 여겨졌으며, 소화할 시간을 두기 위해 식사를 시작할 때 먼저 먹었다.

저명한 프랑스 시인 피에르 드 롱사르Pierre de Ronsard가 〈라 살라드La Salade〉(1569)에서 생채소와 샐러드에 대한 르네상스 시대의 새로운 생각을 찬양한 일은 무척이나 잘 알려져 있다. 그는 시인의 열병과 우울한 기질을 모두 고칠 수 있는 음식으로 봄 채소를 제안했다. 식이요법에 관한 의학적 이론을 수용하고 특정한 상추와 허브의 목록을 각각의 효능과 함께 제시하는("오이풀, 혈액에 좋다") 롱사르의 시는 "상추라는 섭식 치료법과 글쓰기라는 영성 치료법이 시인의 우울한 근심을 제거하거나, 적어도 유예한다"라고 하는 데서 보듯이 "요리법이자 치료법" 역할을 한다.[85] 16세기에 이르기까지 수많은 요인에 의해 농민 계층에서 채소와 곡물을 선호하게 되어 고기 소비를 상당히 줄였고, 부유한 계층에서도 채소를 먹는 것이 유행하게 되자 기존에 집착하던 식생활 규칙을 조정해 점점 더 많은 채소를 식단에 포함했다. 봉건제도 아래에서 가족 단위로 이루어지던 소규모 재배가 시장에 판매하기 위한 집중적인 대규모 재배로 바뀌었고, 이러한 생산 방식의 변화는 더 많은 채소를 이용할 수 있게 되었음을 의미했다. 하지만 생산에 관한 이야기는 반쪽짜리 이야기에 불과하다. 채소가 위험하다거나 '낮은' 위계에 속한다는 믿음이 합리적 논증으로 사라지자, 더 부유한 소비자들은 채소와 그 밖의 신선한 농산물을 찾기 시작했다. 물론 가난한 이들은 경제적으로 필연적인 이유 때문에 채소와 빵으로 이루어진 식생활에서 전혀 벗어나지 못했다.

이 장을 시작하면서 다루었던 수도원 식단의 정반대 극단에는 (카드린 드 메디시스Catherine de Médicis*와 혼인한) 앙리 2세Henri II와 그 아들 앙리 3세Henri III의 궁정 식단이 있었다. 1547년에서 1589년에 이르는 기간에 이들의 궁정에서는 끓인 수프와 구운 고기와 말린 과일로 구성된 "조악한 전통 양식"을 뛰어넘어 다양한 유형의 고기, 향신료가 풍부하게 들어간 소스, 새로 발견된 과일과 채소를 선호하게 되었다.[86] 프랑스 궁정에서는, 소소한 발전을 이루는 데 그치기는 했지만, 마침내 '아르 드 라 퀴진art de la cuisine(요리 예술)'이 등장하기 시작했다. 앙리 2세의 궁정 요리사인 기욤 베르제Guillaume Verger는 특유의 (새로운) 양념 덕분에 매콤한 소스라는 뜻의 '소피케Saupiquet'라는 별명을 얻었고, 왕실 식탁에는 아스파라거스와 아티초크 같은 수입 채소들이 올랐는데 지난 수백 년간의 전통대로 스튜에 넣은 것이 아니라 별도의 곁들임 요리로 차려졌다. 16세기에 아티초크는 무척이나 가치 있는 채소로 자리 잡았다. 세르는 아티초크를 텃밭에서 재배하고, 설탕 시럽에 담가서 달콤하고 예쁘기도 한 접대용 음식으로 만들라고 권장하기까지 했다.[87] 축하연 만찬에는 가금류나 염소

---

* 이탈리아 피렌체를 지배한 메디치 가문 출신으로 1533년 프랑수아 1세의 차남 앙리와 결혼하여 프랑스 궁정문화 발전에 크게 기여한 것으로 평가받는다.

고기 혹은 돼지고기가 올랐다. 소고기나 양고기는 너무 흔해서 일상적인 식사에만 먹는 것으로 생각되었다. 프랑스 궁정에서 즐겨 마신 음료는 앙주의 화이트와인과 오를레앙의 클라레claret*였는데, 와인의 위계에서 상위에 느는 것늘이었다. 1553년부터는 왕실 경비 지출 목록에 오렌지가 등장하기 시작했다. 왕실 연회장 입구는 오렌지 나무로 장식되었고, 식탁은 설탕으로 만든 조각품으로 꾸며졌는데, 이는 희귀한 물품을 손에 넣을 수 있는 권력을 과시하는 것이었다.[88] 카트린 드 메디시스가 프랑스에 오면서 이탈리아로부터 고급 정찬을 들여왔다는 이야기는 사실이 아니지만, 앙리 2세의 사망 이후 성대한 궁정 축제들을 벌이면서** 프랑스의 상류층 만찬에 커다란 영향을 끼쳤다는 것은 사실이다.[89]

프랑수아 1세Françis I(재위 1515~1547)의 궁정과 상류층 모임에서는 와인을 따뜻하게 (아니면 적어도 실내 온도로) 마시는 것이 관습이었다. 혈액보다 온도가 낮은 와인을 마시면 신체의 조화를 깨뜨릴 수 있다는 믿음 때문이었다. 16세기 후반에 이르러서야 와인을 차갑게 먹는 방식이 자리를 잡았고, 1580년 로랑 주베르Lauren Joubert는 의학 논문에서 이러한 방식을 추천했다.[90] 와인은 지하 저장고에서 꺼내 바로 마시거나, 샘물에 담가 차갑게 해서 마시게 되었고, 이탈리아에서 들여온 매력적인 방식을 따라 새로 내린 눈 속에 묻어두었다

---

*   클라레는 암적색을 뜻하며, 특히 보르도의 레드와인을 가리키지만 프랑스산 레드와인 일반을 뜻하기도 한다.

**   앙리 2세가 왕위에 오른 뒤에 사실상 왕비 역할을 한 것은 연상의 애첩 디안 드 푸아티에였으므로, 카트린 드 메디시스는 앙리 2세가 급사한 뒤에야 어린 아들의 섭정으로 나서면서 정치적 실권을 휘두를 수 있었다.

15세기의 연회

가 마시기도 했다. 오늘날 레드와인을 '체임버링chambering*'하는 것은 오히려 초기 르네상스의 전통을 상기시킨다. 흥미롭게도, 지하 저장고를 사용했다는 점은 초기부터 프랑스 와인이 남부 지중해 지역 와인들과 차이를 보인 점 가운데 하나다. 후대에 프랑스 와인의 정체성에서 핵심을 형성하는 발포성 와인이 등장할 수 있었던 것도 바로 이 지하 저장고를 사용한 덕분이었다. 플리니우스는 《박물지》에서 또 다른 차이점을 지적했는데, 즉 따뜻한 남부 지방에서는 와인을 점토로 만든 항아리에 담아 숙성시켰지만, 추운 지방에서는 나무로 만든 통 안에서 숙성시켰다는 점이다.[91] 세르는 제대로 된 부유한 가정 살림을 자세히 묘사하면서, 와인은 그것을 마시는 사람에 대응한다는 사실을 분명하게 보여준다. 화이트와인과 밝은 레드와

* 저온 상태로 보관된 와인을 마시기 전에 미리 꺼내두어 마시기에 가장 적당한 온도(보통 18도)에 이르게 하는 과정.

인('뱅 클레레vin clairet')은 가장의 것이었고, 집안 일꾼들은 더 어두운 레드와인을 마시되, 지위와 성별에 따라 알맞은 양의 물을 섞어 마셔야 했다.[92]

'충분하고 합리적이고 정당한' 양(미남왕 필리프)으로 된 '적당한 빵'(샤를 5세)이나, 14세기 레알에서 거래된 생선의 '정당한 가격'(파리 의회)에 대한 왕실 법령들은 중세에 형성되기 시작한 프랑스인들과 음식의 특별한 관계에 대해 말해준다. 법률 문서들과 공식 칙령들에서, 가격과 양은 공정성과 접근성을 고려해 처리되었다. 빵이나 생선을 두고 '합리적' 같은 용어를 사용하는 것이 기이하게 보이기는 한다. 음식 선택에 관여하는 개인적 취향이나 지역적 관습과 식성 같은 인간적 속성은 그 어떤 것도 정량화될 수 없다는 사실을 고려하면 더욱 그러하다. 하지만 프랑스 음식의 역사에서 '적당한'과 '정당한'이라는 말은 '맛있는'과 '건강한'만큼이나 쉽사리 음식에 적용된다. 중세와 르네상스의 법규들이 환기하는 표준 체계는 객관적 조치(정확한 무게, 규정, 벌금)가 일익을 담당했음을 보여준다. 하지만 부정확하고 주관적인 특성, 철학과 신념 또한 음식과 식량 공급에 관한 사고를 침범한다. 프랑크족의 돼지고기는 야만적인 것이었으나, 나중엔 수용 가능한 것이 되었다. 그렌 드 파라디는 그 원산지가 제대로 알려지기 전까지는 기꺼이 받아들여졌다. 프랑스의 기후가 농업을 위한 최고의 기후인 것은 프랑스인들이 그러하다고 믿었기 때문이다. 근대 초기의 프랑스는 사려 깊은 식생활을 영적 구원에 단단히 결부시킨 성 베네딕토의 규칙과, 신체 기질을 주제로 다루는 엄격한 약용 규칙에서 돌아서는 일대 전환점을 맞이했다. 이제 프랑스인들은 맛에 의지하고 향신료가 주는 쾌락에 빠져들었으며, 모든 의미에서 '봉 망죄르', 즉 잘 먹는 사람들의 나라인 프랑스의 천부적 자질을 들먹이기 시작했다. 이제 '봉 망죄르'는 야만인(폭식과 투박함)과 대별되는 문명인(절제와 세련됨)을 분류하는 범주였다. 고전기 로마의 귀족들이 프랑크족을 포함하여 특히 로마제국 바깥의 민족들을 야만인으로 분류했던 것처럼 말이다. 초기 프랑스의 영토에서도 이러한 분류법을 차용해, 그들이 택한 골족 조상을 프랑크족과 비지고트족으로부터 구분했던 것이다. 하지만 봉 망죄르에는 새로운 의미들이 빠르게 추가되었다. 새로이 그리스도교화된 프랑크-골족에서 봉 망죄르는 종교적 칙령을 따르고 과도함을 피하면서 스스로 절제함으로써 하느님을 기쁘게 하는, 간단히 말하자면 고기보다 채소를 택하는 경건한 사람이라는 의미를 갖기 시작했다. 그리고 이와 동시에 봉 망죄르는 공유지 사냥에서 얻은 고기만이 아니라 좋은 빵과 원예 채소를 구할 수 있는 합리적인 사람이었다. 식생활을 절제한 로마 귀족들조차 사교 목적의 만찬을 하며 균형을 맞췄다. 마찬가지로 강력한 권력을 가지고 있었을 게 분명한 프랑스 궁정의 봉 망죄르 또한 호화로운 향신료, 먼 밭에서 따온 신선한 과일과 채소, 급성장하던 와인 산업에서 생산된 최고급 화이트와인과 밝은 레드와인, 그리고 엄청난 양의 고기를 함께 차려낸 진수성찬을 들었다. 음식을 즐길 줄 아는 봉 망죄르는 양질의 테루아르와 잘 어우러지는 풍요의 땅에 사는 행운을 누렸다.

르네상스 시대에 채택된 전문적으로 손질된 신선한 채소라든가

1783년 루이 16세가 베르사유 궁에서 사용할 목적으로 주문한 세브르 도자기* 와인 쿨러. 이런 유형의 와인 쿨러는 물과 얼음을 채워서 사이드보드** 위에 놓아두었다. 아버지 장클로드 뒤플레시Jean-Claude Duplessis ***의 원작을 따라 만든 것이다.

*   루이 15세가 파리 근교의 세브르에 설립한 왕립 도자기제작소에서 시작되어 오늘날까지 이어지는 프랑스 최고급 도자기를 말한다.
**   식당 벽에 놓인 서랍이 달린 좁은 탁자나 찬장을 말한다. 안에는 스푼, 포크, 나이프, 냅킨 등을 보관하고 위에는 꽃병 등 장식물을 놓는 게 일반적이다. 프랑스어로는 뷔페buffet라고 한다.
***   로코코 양식의 조각, 금속 공예, 도예, 장식 미술을 대표하는 인물이다. 같은 분야에서 활동한 동명의 아들과 구분하기 위해 이름에 '아버지'를 붙인다.

심지어 요리법이 문서로 정리되어 실린 초기 요리책들에서 앞으로 등장하게 될 상류층을 위한 세련된 프랑스 요리의 축소판이 보일 수도 있겠다. 프랑스에서 이른 시기에 중앙집권화가 이루어졌다는 사실이 중요하게 작용했다. 덕분에 유럽의 다른 나라들보다 먼저 국민 요리가 발전할 수 있었다. 소비와 유행의 중심으로서 파리를 중시한 것 또한 같은 역할을 했다. 가장 이른 시기에 나온 요리책 가운데 하나인 《비앙디에》가 널리 유통되면서 프랑스 요리가 상류층 고급 요리의 초기 모델로서 유럽 전역에 이식되었다. 이로써 프랑스 요리 기술이 세계를 지배하게 되는 데 맹아가 싹 텄다. 하류층 사람들에게는 적절한 빵과 포타주가 봉건주의 시대에 시작되어 그 이후까지도 계속되었다. 정부의 보호 정책들이 나오면서 초기 형태의 빵과 고기 생산이 발전할 수 있었고, 정확한 용어들이 고안되자 프랑스 영토 전역의 식료품 상인들을 위한 보편적인 틀이 마련되었으며 이들은 공통언어를 통해 결속했다. 허구의 영역에서는 그 땅의 풍요로움에 대한 찬사가 중세와 르네상스 시대의 서사를 지배했다. 프랑스인들이 자신들의 땅이야말로 타의 추종을 불허하는 약속된 테루아르(이 용어는 다음 시대에도 다시 논의할 것이다)의 땅이라고, 자신들은 물론 다른 이들에게도 이야기하기 시작한 것이다. 이렇게 토대를 다진 프랑스인들은 17세기에 들어 수많은 요리 재주를 성문화하는 방향으로 나아갔다.

프랑수아 라블레,《가르강튀아》(1534)[93], 25장

"레르네의 제빵사들[94]과 가르강튀아 나라의 주민들 사이에서 어떻게 커다란 갈등과 논쟁이 일어 결국 전쟁까지 벌어지게 되었나"[95]

그때는 포도를 수확할 때였고, 가을걷이가 시작되던 때였다. 포도나무를 지키고, 찌르레기들이 포도를 먹지 못하도록 막기 위해 시골 목동들이 배치되었다.[96] 그때 레르네의 제빵사들이 빵을 실은 열 마리 혹은 열두 마리의 말을 몰고 넓은 한길을 따라 도시로 들어왔다. 그러자 앞서 말한 목동들이 그 제빵사들에게 돈을 낼 테니 시장에서 결정된 가격에 맞추어 빵을 달라고 정중하게 요청했다.[97] 여기서 말해두어야겠는데, 아침으로 따뜻하고 신선한 빵과 함께 먹는 포도, 특히 연약한 포도송이, 커다란 붉은 포도, 무스카딘 포도, 시큼한 포도, 라스카드 포도는 배 속이 우유 부단한[98] 이 사람들에게는 천상의 음식이 된다. 왜냐면 그것을 먹고 나면 배 속에 있던 것을 마치 커다란 나무통 꼭지마냥 쏟아내고 사냥꾼의 지팡이만 한 길이로 짜내도록 해주기 때문이다. 그리고 종종 폭죽을 터뜨릴[99] 생각을 하면서 온통 철벅거리며 칠갑을 할 것이다.[100] 그 때문에 그들은 흔히 포도 수확기의 사상가들이라 불린다. 빵장수들이나 제빵사들은 그들의 요청에 전혀 마음이 내키지 않았다. 하지만 더 나빴던 것은, 제빵사들이 그들을 마구 지껄이는 수다쟁이… [일련의 저속한 욕설들]… 등의 모욕적인 별칭들로 불러대면서 정말 난폭하게 상처입혔다는 사실이다. 그리고 더 이야기하기를, 그들은 이 앙증맞은 케이크를 먹는다거나 훌륭

가르강튀아의 아들 팡타그뤼엘. 프랑수아 라블레의 《팡타그뤼엘Pantagruel》에 실린 귀스타브 도레Gustave Doré의 삽화.

한 가정용 갈색 빵 덩어리를 먹을 자격이 없고, 그저 거칠고 고르지 못한 빵으로 만족하는 게 당연하다는 것이었다.[101]

화를 돋우는 이런 말들을 듣고 그들 중 포르지에[102]라고 불리는 한 사람이 아주 차분하게 답했는데, 그는 본래 성격이 정직한 친구이며 주목받는 젊은이[103]였다. 자네들은 언제부터 뿔이 생겨서 그렇게 자만하게 되었나? 정말로 이전에는 자네들이 막힘없이 우리에게 돈을 좀 주곤 했는데, 이제 와서는 우리가 우리 돈을 내고도 그에 걸맞은 어떤 것도 갖지 못하게 하려는 것인가? 이건 좋은 이웃의 본분이 아니지. 자네들이 우리의 좋은 곡물[104]을 사서 케이크와 빵[105]을 만들려고 여기에 오더라도 우리는 응대하지 않겠네. 게다가 우리는 자네들에게 우리 포도 중 어떤 것은 좀 더 저렴한 가격에 주려 했었는데 말이야. 제기랄, 자네들은 후회하게 될 거야. 그리고 행여 다음에 자네들이 또 우리를 필요로 하게 될지 모르는데, 그땐 우리도 마찬가지로 자네들을 이용해먹을 게야. 그러니 이걸 기억해두라고.

그러자 제빵사협회[106] 수장인 마르케가 포르지에에게 말했다. 그래, 자네가 오늘 아침 기고만장한 걸 보니, 지난밤에 수수[107]와 여물을 너무 많이 먹었나 보군. 이봐, 이리 와봐. 내가 이 케이크들을 좀 줄 테니까. 이 말을 들은 포르지에는 어떤 해를 입을까 전혀 두려워하지 않고 그저 아주 단순하게 마르케에게 다가가서는 자신의 가죽 가방에서 6펜스를 꺼냈다. 마르케가 자신에게 케이크를 팔 것이라 생각했던 것이다. 하지만 마르케는 케이크를 주는 대신 그에게 채찍을 휘둘렀다. 너무나 갑작스럽고 거칠게 휘둘러진 채찍은 포르지에의 두 다리를 가로지르며 선명한 자국을 남겼다. 마르케는 바로 달아나려고 했다. 하지만 포르지에가 할 수 있는 한 크게 소리를 질렀다. 살인, 살인이다! 사람 살려라! 그러면서 겨드랑이에 끼고 있던 곤봉을 휘둘러 마르케의 정수리를 내리치고, 오른쪽 관자놀이를 지나는 동맥을 내리쳤다. 그러자 마르케는 타고 있던 암말에서 떨어졌는데 산 사람이기보다는 죽은 사람 같았다. 이 와중에 그 근처에서 호두를 지켜보고 있던[108] 농부들과 시골 청년들이 커다란 장대와 기다란 말뚝을 가지고 달려와서, 마치 푸른 호밀을 타작하듯이 제빵사들을 두들겨 팼다.

남아 있던 남녀 목동들도 포르지에의 통탄할 외침을 듣고는 투석기를 들고 와서 마치 우박이 내리듯 제빵사들에게 굵은 돌을 쏟아부었다. 결국 이들은 제빵사들을 제압하고 오륙십 개의 케이크를 빼앗았다. 하지만 제빵사들에게 정상적인 케이크 값[109]을 지불했고, 달걀 백 개와 오디 세 바구니까지 건네주었다. 그제야 제빵사들은 마르케가 다시 일어나 자기 암말에 올라타도록 도왔다. 온몸을 크게 다친 그는 곧장 레르네로 돌아갔다. 제빵사들은 결정을 바꾸어 파레유로 가야 했고, 세비야와 시네이스의 소들과 목동들과 농부들에게 매우 통렬하고 떠들썩하게 위협을 가했다. 이렇게 일이 모두 마무리되자, 남녀 목동들은 케이크와 맛있는 포도를 먹으며 즐겁게 놀았다. 작은 피리에서 나오는 소리에 맞추어 서로 장난을 치고, 자만이 가득했던 제빵사들을 한껏 비웃었다. 제빵사들은 그날 아침에 능숙한 손으로 십자성호를 긋지 않았던 탓에 낭패를 보았던 것이다. 목동들은 포르지에의 다리에 붉은 약용 포도[110]를 바르고 멋지게 붕대를 감아주는 것도 잊지 않았다. 그리하여 포르지에는 빠르게 회복할 수 있었다.

3장

프랑스가 이룬 혁신

요리책, 샴페인, 통조림, 치즈

루이 13세에서 루이 18세Louis XVIII에 이르는 왕정 시대에 프랑스는 패션, 예술, 그리고 무엇보다 음식에서 유행을 선도하면서 유럽의 고급 문화를 압도했다. 혁신, 기술적 우위, 그리고 서사를 통제하는 요령이 프랑스가 상류층 요리를 지배하는 데 성공한 핵심 요소였다. 프랑스인들은 고급 요리를 만들고 비교 불가능한 (그리고 천부적인) 그들의 탁월성을 이야기하는 데 다른 누구보다 뛰어났다. 이모든 요소가 17세기 프랑스 요리를 유명하게 만든 요리 혁신, 즉 요리책 출간(모든 이가 볼 수 있도록 기록된 요리 예술), 샴페인(아주 멋진 우연의 산물), 치즈(왕에게 걸맞은 응고된 우유)라는 혁신이 획기적인 성공을 거두는 데 중요한 부분을 이룬다. 프랑스 음식을 전 세계에 보낼 수있게 한 의미심장한 기술적 진보였던 통조림은 초기 혁신의 시대가 지난 뒤에야 등장했지만, 프랑스인의 요리에 대한 자부심에는 다른 어떤 혁신만큼이나 중요한 의미가 있다. 이러한 발명들은 제각기 고급 음식으로서 프랑스 요리의 명성을 공고히 하는 데 주요한 역할을 했다. 흥미로운 것은 프랑스의 정치적 감수성이 강력한 방식으로 형성된 고전시대에 이 발명들이 시작되었다는 사실이다. 이 시대는 새로운 경향—특히 채소에 대한 선호, 식이요법 지침과의 결별—이 등장한 르네상스부터 프랑스대혁명 전야에 이르는 과도기를 포함하며, 그러한 만큼 프랑스 음식 역사의 중심축이 되는 시기다.

르네상스와 중세의 유산은 상류층을 위한 세련미를 지향하고(골족 이래 세련미는 프랑스 식생활의 전형적 특징이긴 했지만) 가스트로노미를 향해 움직이기 시작했다는 사실이다. 여기서 가스트로노미라는 용어는 중세의 의학적 원칙에 따른 음식 선택보다 쾌락과 개인적 취향을 우선하는 식생활을 의미한다. 앞 장에서 이미 지적했던 대로, 엄격하게 식이요법을 따르는 식생활과의 결별은 앙리 2세의 궁정에서 채소가 유행한 데서 분명하게 드러났고, 이러한 추세는 전혀 수그러들지 않고 17세기까지 지속된다. 음식을 만들고 먹는 일에 대한 르네상스 시대의 관념은 17세기 초까지 "매우 개인화되고 봉건적인 육식 위주 요리 모델"[1]을 제시하는 요리책들에 여전히 분명하게 드러나 있었다. 하지만 결국 이런 요리책들은 출간이 중단되었고, 짧은 휴지기에 이어 1650년대 들어서는 요리 창작과 출간에 새로운 물결이 일었다. 요리에서의 혁신은 (기질에 따른 규칙에 대한 집착이 완화되면서) 쾌락으로서의 음식에 대한 새로운 평가 및 감상과 함께 일어났다. "음식과 건강에 대한 중세적 관념이 쇠퇴함에 따라 새로운 요리를 창조할 수 있는 여지가 마련되고 이것이 프랑스어로 성문화되면서"[2] 프랑스인들을 위한 새로운 영역이 열렸다. 맛있고 혁신적인 요리들에 대한 사회적으로 수용 가능한 평가와 감상은 상류층이 먼저 포용한 뒤에야 확실히 자리를 잡았다. 작지만 주목할 만한 예가 바로 초콜릿이다. 초콜릿은 본래 세비녜 부인Madame de Sévigné[*](과 다른 이들)이 퇴폐적인 음료로서 초콜릿을 찬양하기 전까지는 의학적 약물이며 위험할 수 있다고 여겨졌다. 하지만 그 뒤로 초콜릿은 궁정 사회에서 저항 불가능한 유혹으로 여겨졌다. 고전시대 요리책들은 그 제목과 요리법에서 요리 스타일의 프랑스다움을 새로이 의도적으로 강조했다. 프랑수아 피에르 라 바렌François Pierre La Varenne의 《프랑스 요리사Le Cusinier français》(1651) 출간은 창의적 예술로서의 요리라는 새로운 개념과 이 예술을 프랑스의 예술로 명명하는 새로운 구상의 시작을 알렸다.

요리책

물론 요리책은 어느 시대에든 실제 요리와 식생활을 알게 해주는 증거로서는 충분치 않다. 요리책은 모든 사람이 아니라 일부 사람들만 대변하기 때문이다. 하류층 사람들은 대부분 글을 읽거나

---

[*]   세비녜 부인이라고 널리 알려진 마리 드 라뷔탱샹탈Marie de Rabutin-Chantal 은 17세기 프랑스의 살롱 문화와 여성 문학을 대표한다. 그녀가 프로방스 지방으로 시집간 딸을 비롯해 당시의 유명한 문인들과 주고받은 편지 1,500여 통이 오늘날까지 전해지며 프랑스 문학과 역사의 귀중한 자료로 평가받는다.

쓰지 못했기에 요리와 음식에 관한 관행을 구전으로 전달할 수밖에 없었다. 인쇄되어 출간되는 책은 너무 비싸서 오직 부유한 가정에서만 소유할 수 있었고, 초기에 출간된 요리책들에 제시된 음식들과 재료들 역시 그러했을 것이다. 그럼에도 17세기 프랑스에서 절정에 이른 인쇄된 요리책의 물결은 프랑스인들이 어떻게 여러 세기에 걸쳐 오트 퀴진과 요리 기술을 지배하게 되었는지를 이해하는 데 지극히 중요하다. 요리책들이 모든 프랑스인이 먹은 것을 재현했기 때문이 아니라, 프랑스 요리라는 예술의 요소들을 역사상 처음으로 영구적인 방식으로 기록했고, 그리하여 이 특별한 예술의 확산을 가능하게 했기 때문이다. 프랑스 요리의 기술과 관행이 요리책에 문자로 기록되자, 고급 프랑스 요리는 유럽의 궁정들만이 아니라 귀족사회 바깥에 있는 이들에게까지 동경의 대상이 되었다. 과학과 예술이 거의 연금술처럼 결합되어 이 저작들을 저항할 수 없이 매력적인 것으로 만들어 곳곳에 퍼져나가도록 했고, 결국 요리 자체를 영원히 바꾸어놓았다.

프랑스인들은 17세기부터 요리책 시장에 관심을 기울이기 시작했고, 인쇄된 요리책들은 프랑스 요리의 진미眞味와 기교를 정의하는 규칙과 기술을 정립하기 시작했으며 이는 19세기에 프랑스 요리가 요리 세계를 지배하는 데 매우 중요한 역할을 하게 된다. 요리책 출간이 붐을 이룬 것은 루이 14세 치세의 시작과 맞물렸고, 17세기에 출간된 요리책 전체의 41퍼센트가 1650~1665년에 출간되었으며, 그중에는 이후 거의 50년 동안 국제 요리 세계를 지배한 가장 영향력 있는 요리책도 있었다.[3] 물론 요리에 관련된 용어들이 방대하게 확장된 것은 19세기의 일이지만, 프랑스 요리의 기술을 구성하는 요소들이 기술적 언어의 형태로 등장한 것은 이 탈脫르네상스 시기다. 오트 퀴진에 대한 프랑스어의 지배력은 17세기에 라 바렌과 함께 시작되었다. 라 바렌은 밀가루와 버터로 만든 루roux(그는 리에종liaison이라 불렀다)를 사용해 소스 만드는 법을 처음으로 출간했으며, 후대에 아로마트 프랑세aromates français(샬롯, 케이퍼, 신선한 허브)라고 알려지게 되는 것을 대중화했고, 처음으로 달걀흰자를 사용해 맑은 콩소메consommé*를 만드는 법도 책에 실었다. 피에르 드 륀Pierre de Lune의 《요리사Le Cusinier》(1656)는 (그리고 17세기의 다른 프랑스 요리책들은 모두) 쿨리coulis 요리법을 싣고 있다. 쿨리는 고기와 향이 좋은 채소나 향료를 넣고 불에 졸여서 퓌레나 젤리처럼 만든 것으로 다른 소스나 라구의 바탕 재료로 쓰였고, 그래서 현대 소스 제조법에서는 이른바 퐁 드 퀴진fonds de cuisine(요리의 바탕)이 된다. 라구라는 용어와 그것이 나타내는 요리는 17세기에 처음 도입되었고, 복합적인 맛을 내는 진한 소스로 고기나 채소를 요리한 이른바 '모둠요리'를 의미했다. 이 때문에 프랑스인들은 소스를 덮어 음식을 그럴듯하게 위장하려 한다는 비난이 일기도 했다. 라 바렌은 가장 먼저 61가지 수프의 바탕 재료가 되는 부용의 요리법을 제시하고, 그다음으로 한 절節 전체에 걸쳐 포타주를 다룬다. 포타주는 나중에 레스토랑restaurant**으로 불리게 되고, 이것이 오늘날 식당을 가리키는 단어가 된다.

*　고기를 우린 맑은 육수를 사용해 맑게 끓이는 수프.
**　원기를 회복시킨다는 의미다.

인쇄되어 출간된 요리책들은 말하자면 이러한 방법들을 돌에 새긴 셈이었고, 이전에 없었던 구조와 어휘를 실제 요리 방식에 부여했다. 라 바렌은 이전에 정해진 규칙이나 방법이 전혀 존재하지 않았던 곳에 "규칙과 방법을 부여하는 데서 명성을 얻었다". 적어도 프랑스인들은 그렇게 이야기한다.[4] 하여간 그 효과가 무척이나 대단해서 대중문화에서까지 소재로 쓰였을 정도다. 몰리에르Molière의 희곡《아내들의 학교 비판La Critique de l'école des femmes》(1663)에 등장하는 한 귀족 인물은 아리스토텔레스의 규칙을 따라 희극을 판단해야 한다는 생각을 비웃으며 말한다. "그건 어떤 소스를 먹어보고 그것이 매우 훌륭하다고 생각하는 사람이《프랑스 요리사》의 계율에 따라 그것이 정말 훌륭한 소스인지를 확인하려는 것과 똑같다."[5] 16세기의 관행에서 이러한 혁신에 이르게 된 변화는 저절로 이루어진 것이 아니다. 17세기의 요리책들은 여전히 기름진 날과 메마른 날(이를테면 사순시기와 종교적 축일)의 식사로 신중하게 나뉘어 있었다. 그리고 라 바렌은 예전의 플라티나와 마찬가지로 어떤 음식이 건강에 미치는 상반된 잠재적 영향을 중화하기 위해 양념을 처방하는 길항적 지시를 반복해서 제시했다.《프랑스 요리사》는 옛것과 새것 사이의 경계선에 발끝이 닿아 있었다. 앙트르메는 (이 시대에는 주요리와 부요리가 모두 한꺼번에 제공되었기에) 고기, 샐러드, 채소와 단 음식을 한자리에 섞어놓은 것이었지만, 그럼에도 돼지기름을 바른 소고기를 부용에 넣어 허브와 '온갖 향신료'와 함께 조리는 뵈프 아라모드boeuf à la mode 같은 요리법에서 보듯이 이 요리책은 풍미 쪽으로 기울기도 했다.[6] 라 바렌은 고기 요리에서 향신료를 많이 넣은 퓌레를 배제하고, 고깃덩어리들을 브레제braiser*하는 것을 선호했다. 부용을 브레제한 라 바렌의 '피에스 드 뵈프 아라도브pièce de boeuf à la daube'는 바로 이 시대와 18세기 '누벨 퀴진'의 변주 속에서 등장하게 될 너 가벼운 요리의 효시가 된다.

실제 고급 요리는 사치스러운 재료를 과도할 만큼 많이 구입할 여유가 있던 상류층에 단단히 연결되어 있었다. 그들은 타고난 세련미를 자랑했고, 그 세련미는 탁월한 음식의 진가를 알아차리고 그 발전을 고무하는 방향으로 그들을 이끌었다. 특히 17세기 말에는 이러한 경향이 뚜렷했다. 비록 라 바렌은 이후에 너무나 전통적인 요리법 때문에 비웃음의 대상이 되었을지라도, 그의 '병에 넣어 조리한 뒤 라구에 담근 닭 요리'는 상류층 요리의 전형적인 예가 되었다. 이 요리를 하려면 우선 뼈를 발라낸 닭을 송로버섯, 송아지고기, 아스파라거스로 채운 다음 병에 담아 조리하고, 그동안 라구는 따로 뭉근히 끓여낸다. 그런 다음 요리를 식탁에 낼 때 요리사가 다이아몬드를 가지고 병을 자르는데, 병의 아랫부분은 손상되지 않고 온전히 남도록 해야 한다.7 LSR, 르 시외르 로베르Le Sieur Robert(로베르 경)의 머리글자로 불린 셰프는 《향응의 기술L'Art de bien traiter》(1674)에서 이 책에 실린 세련된 요리들은, 이전 요리사들의 뿌리채소들과 변변찮은 음식들("괴즈리gueuseries")과 달리, 훌륭한 취향을 지닌 이들을 위한 이상적 음식이라고 언급했다. 편집자는 이 책이 "참된 요

---

* 고기나 채소를 높은 온도에서 빠르게 구운 다음 약간의 물을 넣고 뚜껑을 덮어 낮은 온도에서 천천히 익히는 요리법이다. 그러나 이 용어가 정립된 것은 훨씬 이후인 19세기였다.

리학"을 제시하며 "그 이전의 모든 방법을 파괴한다"고 주장한다.[8] 저자는 겨우 23년 전에 책을 냈던 라 바렌을 콕 집어 이제 구식이 된 요리법을 실행한 요리사라고 지적했다. 책 서문에서 LSR은 "넘치도록 많은 라구"와 "산처럼 쌓인 고기구이"를 차려내는 옛 방식을 단호히 거부하고, 세심하게 고른 고기를 요리해 시각에서 미각까지 기쁨을 선사하는 "피네스finesse(섬세함)"를 선호한다고 말했다.[9] 프랑수아 마랭François Marin의 《코모스*의 선물Les Dons de Comus》(1739)에 실린 서문에 따르면, 옛 요리는 복잡하고 과도하게 자세했다. "근대요리"란 과학이나 화학을 의미했고, 고기에서 영양가 있는 육즙을 뽑아낸("캥테상시에quintessencier") 뒤에 이 진액들을 조합하여 조화로운 어떤 것으로 만들어내는, 화가가 색채를 조합하는 기술과 유사했다.[10] 마랭은 프랑스 귀족들의 "예민한 입맛이 탁월한 요리사들을 길러내는 데 크게 기여했다"라고 하면서 그들을 찬양했다. 이는 사실상 오트 퀴진의 발명을 프랑스 귀족들의 세심한 감성에 직접 연결하여 제시한 것이었다. 음식이란 본래 사람의 지위에 단단히 결부되어 있었으므로 귀족으로 살아가는 생활 매뉴얼로서 요리책이 한 역할은 명확했다.

'캥테상스quintessence**'는 또 하나의 발명된 프랑스어 용어로서 전에는 부용이라고 알려졌던 것인데, (마랭의 서문에 따르면) 근대 요

---

*   그리스 신화에 등장하는 축제와 반란의 신이다. 보통 포도주의 신 디오니소스의 아들이라고 이야기된다.

**   프랑스어에서 캥테상스quintessence는 본래 고대 자연철학에서 말하는 '제5원소'를 나타내는 단어였다가, 비유적으로 어떤 것의 정수 혹은 본질을 나타내는 말로 쓰이게 되었고, 이후에 농축된 물질 혹은 진액 등을 뜻하게 되었다.

알렉상드르 프랑수아 데포르트Alexandre-François Desportes, 〈요리용으로 준비된 사냥감과 고기와 과일이 있는 정물〉(1734), 캔버스에 유채. 사냥한 새들(꿩과 메추라기)을 종이처럼 얇 게 편 라드로 감아서 불에 구울 준비를 해두었다. 라 바렌의 요리책에서도 이러한 방식을 볼 수 있다.

리에는 새로운 것으로서, 프랑스 요리의 에센스인 소스들의 본질(마랭이 '소스들의 영혼'이라 부르는 것)을 이루었다. 마랭의 요리책을 구성하는 주제적 골조는 철학적 어휘와 요리 외적인 표상에 기초했으며, 이는 프랑스 귀족 요리사들이 벽돌을 한 장씩 쌓아서 요리라는 건축물의 한 모퉁이를 자신의 것으로 만들고자 기울인 노력을 보여준다. 마랭의 요리책은, (마랭이 주장하는 대로) 세련되고 정제된 요리를 선호하는 대신 반드시 단순성을 추구하지는 않음으로써 누벨 퀴진의 첫 물결을 예고했다. 이 누벨 퀴진의 가장 큰 특징은 소스를 줄이고 다양하게 변주를 가하면서 더 적은 양으로 만들어진, 즉 앙트르메, 오르되브르 혹은 앙트레entrée라고 불리는 요리였다. 마랭은 그의 새로운 아이디어들을 더 잘 드러내는 증명으로서 '오르되브르', '앙트르메', '앙트레'의 구분이 더 이상 중요하지 않다고 선언했다. 소스의 양이 줄어들면서 더 부드러운 소스가 고안되었는데, 이 새로운 소스들은 빵부스러기나 달걀노른자를 사용해 진하고 뻑뻑하게 만들었던 기존의(라 바렌을 비롯한 다른 요리사들의) 쿨리와 뚜렷이 대조를 이루었다. 마랭의 서문은 너무나 큰 반향을 일으켰기에 음식과 철학의 짝을 맞춘다는 개념을 풍자하는 또 다른 책들이 출간되었다. 《영국인 파티시에의 편지Lettre d'un patissier anglois》(1739)는 누벨 퀴진을 옹호하는 주장의 어조를 흉내내어, 계속해서 진행되고 있던 고대 요리와 근대 요리 사이의 신구논쟁*에 참여했다. 이 (첫 번째) 누벨 퀴

---

*   프랑스 역사에서 17세기 말부터 신구논쟁querelle des Anciens et des Modernes 이 일었다. 처음에는 아카데미 프랑세즈Académie Française를 중심으로, 당대의 새로운 시인들과 고대 그리스·로마의 고전 시인들 중 어느 쪽이 더 훌륭한

진은 음식의 본질을 뽑아내 훨씬 더 복잡한 요리들을 조합해내는 데 초점을 맞췄다. 1970년대에 도래한 누벨 퀴진의 두 번째 물결은 '고전적' 프랑스 요리를 새로이 거부하고 훨씬 더 가벼운 쥐jus*와 기본적인 풍미를 선택한 것이었다.

인쇄되어 출간된 요리책들은 왜 17세기에 등장했으며, 왜 그렇게 큰 영향을 끼쳤던 것일까? 엄격하게 식이요법적인 관심에서 벗어나 가스트로노미 감성이라 부를 만한 것으로 이동하면서 (단순히 음식을 만드는 것이 아니라) 요리cuisine에 초점을 맞출 수 있게 되었고, 요리를 즐기는 새로운 종류의 방식들이 번성할 수 있게 되었다. 문화인류학자 아르준 아파두라이Arjun Appadurai는 "전통적인 힌두교의 사고에서 음식이란 도덕적이거나 의학적인 사안이며" 늘 영성에 결부되어 있기에 "자율적인 쾌락주의나 미각을 우선하는 논리의 근간이 되지 못한다"라고 말함으로써 (글로 쓰인) 지배적 힌두 요리가 인도에 부재하는 현실을 설명한다.[11] 게다가 힌두교 신앙 체계에서는 지역 식생활 관습을 포함해 지역적인 차이를 보존할 것을 고집한다. 반면 프랑스인들의 식생활 방식은 기질적인 균형과 의학적 규칙에서 벗어나 쾌락을 지향했으며, 그와 동시에 궁정풍의 기품 있는 요리라고 하는 한 가지 모델을 지지해 그 모델이 인쇄되어 문서로 기록되고 정리될 수 있게 했다. 인쇄기에 대한 접근성이 증가한 것 또한 분명히 한 가지 요인이었다. 그즈음인 1640년 리슐리외Richelieu 추기경

가를 두고 논쟁이 일었지만, 이후 오랜 세월에 걸쳐 논쟁이 계속되면서 18세기 전반에는 역사와 사회 전반의 진보를 둘러싼 신구논쟁으로 확대·발전했다.
* 묽은 육수.

이 앵프리므리 루아얄Imprimerie Royale(왕립 인쇄소)을 설립해 인쇄에 관한 새로운 권위를 국가에 부여하고 프랑스어 활판을 재정립했다. 전반적으로 루이 14세의 궁정에서는 정치적 권력과 귀족들의 활동이 공고해짐에 따라 변화하는 프랑스의 국가적 특성에 초점이 맞춰졌고, 이로부터 상류층은 그들의 지배적인 식생활 모델을 구성할 수 있었다. 궁정 사회는 또한 이들 요리책에 기록된 과도한 가스트로노미를 과시하는 데 충분할 만큼 엄청난 부에 접근할 수 있었다. 마지막으로, 이 요리책들이 과도할 정도로 영향을 끼쳤던 것은 고급 요리를 발명한 프랑스인들의 이야기를 기록하고 이 셰프들의 천재성과 이들이 제공하는 음식의 절묘한 맛을 주장했기 때문이다. 요리사 프랑수아 마시알로François Massialot는 1691년에 이미 《왕과 부르주아의 요리사Cusinier royal et bourgeois》에서 프랑스의 우월성을 공식화했다. 음식과 기후와 예의범절에서 "프랑스인들이 다른 모든 나라를 능가하기" 때문이라는 것이었다.[12]

놀랍게도, 인쇄된 요리책들을 통해 상류층 고급 요리가 의기양양하던 시기는 프랑스 역사에서 가장 심각한 기아가 발생했던 시기와 겹친다. 나쁜 날씨 탓에 곡물 수확이 재난 수준으로 감소했고, 이는 곧 곡물 가격 상승으로 이어져 1630년, 1649년, 1652년에 전국을 초토화하는 심각한 기근이 계속해서 발생한 끝에, 1661년에는 '중세 기근'이 벌어지는 결과를 낳았다.[13] 17세기 중반 왕정에 저항한 일련의 반란이었던 '프롱드의 난La Fronde*'은 곡물 수확과 파리로의 유통을

---

*   17세기 부르봉 왕가의 강화된 왕권에 반하여 귀족 세력이 일으킨 반란이다. 어린 루이 14세가 즉위하자(1643) 귀족들은 이를 기회로 삼아 1차

방해함으로써 곡물 부족을 가중시켰다. 1693년과 1694년에 보통 때와 달리 춥고 습한 봄여름 날씨 때문에 다시 한번 혹독한 기근이 발생했고, 그 뒤로 프랑스는 굶주림으로 만연하게 된 질병과 급감한 출생률로 심각한 인구 감소를 경험했다. 결국 17세기의 곡물 부족은 18세기 혁명의 불길을 일으킨 곡물 부족보다도 더 높은 사망률을 초래했다. 상류층 고급 요리가 엄청난 기아를 배경으로 부상하게 된 우연은 요리책과 궁정 요리의 매우 장식적인 측면을 더욱 적나라하게 드러낸다. 궁정에서 식사하는 이들은 심지어 파산 직전까지 자기 신분을 드러내는 복장을 하고 외모를 꾸미는 데 돈과 시간을 아낌없이 소비하며 과시했고, 그들처럼 요리책들 또한 부를 과시했다. 17세기 요리책들이 창조하고 전시한 프랑스 요리는 파리의 상류층과 나머지 프랑스인 사이의 격차를 두드러지게 보여준다. 파리와 나머지 지역들은 식량 공급 면에서 주인/노예의 관계를 이루었으며, 이런 관계는 교통망이 발전하고 정부가 중앙집권화될수록 더욱 심화되었다. 시골의 농민들은 파리 시민들의 바닥 모를 욕구를 만족시키기 위해 그들의 고된 노동으로 이룬 결실을 사실상 징발당하고 있었다. 이로써 파리는 곧 진정한 수도가 되고, 파리와 지방 사이의 영구적인 격차가 발생했다.

경제가 팽창하고 귀족 권력의 토대에 변화가 일어나면서, 부유

(1648~1649)와 2차(1649~1653)에 걸쳐 반란을 일으켰다. 한때 왕실이 파리를 떠나 피난해야 하는 위기에 처하기도 했으나, 스페인 군대의 지원을 받는 귀족들에 대한 민중의 반감으로 결국 왕당파가 득세하여 절대왕권이 공고히 성립되는 계기가 되었다.

하지만 귀족이 아닌 사람들이 귀족인 척 행세하기 시작했다. 전에는 오직 귀족 집안에서만 요리사와 메트르 도텔(그중에서도 왕실 연회에 생선을 제때 올리지 못했다는 이유로 스스로 목숨을 끊은 프랑수아 바텔 François Vatel이 가장 유명하다*)을 고용해 집안 살림과 식사 메뉴를 관리하도록 했다. 루이 14세 치하에서 최고위 귀족들은 오직 왕의 궁정에 거주함으로써 필사적으로 권력을 유지했고, 노블레스 데페 noblesse d'épée(대검 귀족, 큰 칼을 찬 귀족이라는 뜻으로 대개 무공으로 얻은 토지를 소유한 전통적 귀족을 말한다)의 권력은 봉건세feudal dues**가 감소함에 따라 위축되었다. 이와 동시에 부르주아 출신 집안들이 귀족 계층에 포함되기 시작했고, 귀족이 아니지만 부유했던 이들은 왕이 부여하는 사법이나 행정 관직을 통해 귀족 신분을 '매입'해 노블레스 드 로브noblesse de robe(법복 귀족)라는 지위에 올랐다. 몰리에르의 희곡 《서민귀족Le Bourgeois Gentilhomme》은 귀족 사회의 용어를 익히기는 했지만 그에 상응하는 정신은 획득할 수 없었던 주르댕이라는 우스꽝스러운 인물의 이야기를 다룸으로써 이러한 사회적 현상 앞에서 궁정 귀족들이 경험한 공포와 혐오를 증언한다. 노블레스 캉파

---

*   바텔 이야기는 세비녜 부인의 편지에 전한다. 그는 루이 14세가 참석하는, 파리 근교 샹티이 성에서 열린 성대한 만찬의 책임자였는데 만찬상에 올릴 해산물이 제때 도착하지 않자 크게 낙심해 자살했다고 한다. 바텔은 예기치 못한 작은 사고나 실수에 지나치게 낙담하는 인물의 전형처럼 이야기된다.

** 봉건제도 아래에서 농민이 부담하던 여러 세금을 말한다. 농민은 영주에게 연간 수확물의 일부를 바치는 연공年貢은 물론, 도로나 교량 같은 공공시설, 빵 굽는 가마나 기름 짜는 틀 같은 기물 사용료도 내야 했으며, 때에 따라 영주에게 부역을 제공해야 했다. 중세적 봉건제가 무너지고 절대왕정이 강화되면서부터는 봉건세가 줄어들고 왕실에 직접 바치는 국세가 증가했다.

냐르드noblesse campagnarde(시골 귀족)에 대한 경멸이 만연했지만, 시간이 흘러 17세기가 지나고 18세기로 넘어가면서 귀족 태생이 아닌 부유한 계층이 계속 상류층의 영역을 잠식했고, 그 영역에는 음식을 조리하고 소비하는 방식도 포함되었나. 요리 전문가들의 요리책을 통해 훈련한 재능 있는 셰프의 기술은 부르주아 가정이 귀족의 식생활로 격을 높이게 해주었다. 이에 대응하여, 궁정 귀족들은 음식의 질에 관한 허영과 애착과 기나긴 토론으로 자신들과 자신들의 식사 관습을 차별화하는 데 곱절의 노력을 들였다. 17세기 식생활에서 사회적 구분은 한 사람이 제공할 수 있는 음식의 양만이 아니라, 먹고 싶을 때 손쉽게 먹을 수 있는 음식과 음료의 질에 따라 결정되었다.

동시에, 17세기 말에서 18세기 초에는 출간된 요리책들에서 부르주아 요리 또한 상류층 고급 요리와 나란히 자리를 잡기 시작했다. 향신료는 훨씬 더 널리 사용됨에 따라 사회적 지위의 표지로서 누리던 인기를 잃었다. 네덜란드와 포르투갈의 상인들을 통해 향신료 공급이 늘어나자 한때 이국적이었던 물품들을 부르주아들까지 사용할 수 있게 되었고, 이로써 강한 향신료보다 신선한 허브를 지향하게 된 트렌드의 변화는 라 바렌과 함께 시작되어 한 세기를 관통하여 계속 이어졌다.[14] 마시알로는 1691년에서 1751년까지《왕과 부르주아의 요리사》를 출간하면서 왕실을 위한 메뉴와 함께 그보다 수수한 가정에서도 먹을 수 있는 개별적 요리법을 제공함으로써, 귀족들과 귀족이 아닌 이들이 동일한 방식으로 식사할 수 있게 했다. 18세기 말 요리책 저자들이 비록 부르주아 독자들을 위해 책을 쓰긴 했지만, 그럼에도 "그들의 음식은 궁정 전통의 연속에 매우 가까운 것이었다".[15] 므농Menon*의 《부르주아 여성 요리사**La Cuisinière bougeoise》(1746)는 그 수명과 판본의 수에서 다른 모든 프랑스 요리 책을 능가한다. 1789년 이전에 출간된 요리책들 가운데 1800년 이후에 재출간된 것은 므농의 책이 유일했다. 요리 자체는 물론 장식 측면에서도 왕족처럼 먹기 위한 지침을 모아놓은 LSR의 《향응의 기술》은 지나치게 귀족적이라고 여겨졌기 때문에 인기를 잃었다. 마시알로는 왕족들에게 제공되던 역사적 메뉴들을 다시 만들어내, 왕족의 취향을 모방하고자 했던 부르주아들의 관심을 끌었다. 그 밖에 18세기 초에 나온 다른 요리책들은 세련된 기술과 양념으로 요리의 수준을 높임으로써 평범한 음식을 '귀족적으로' 만들려는 시도를 반영했다. 그 결과 등장한 '퀴진 드 콩프로미cuisine de compromis(타협의 요리)'는 이 요리가 이전 시대의 우아한 단순성을 재현했다는 신화에 의해 그 자체로 귀족화되었고, 예산이 제한된 현실을 눈가림할 수 있었다.[16] 급이 낮은 요리들을 격상시키기 위해 '아 라 도핀à la Dauphine(세자빈)', '오 뒤크au Duc(공작)' 같은 귀족 작위를 이름에 붙였고, 단순하거나 값이 싼 음식들은 총칭해 '아 라 부르주아즈à la bourgeoise'라는 라벨을 붙였다.

요리사들 사이에 문해력 격차가 있었음에도 요리책 시장이 형성되었다. 새로 등장한 기술들이 단시간에 유행했고, "구전으로 훈련받은 요리사들은 배울 기회가 없었던 요리들이 요구되었다".[17] 가계

---

*   므농은 필명이며, 실제 이 필명을 사용한 저자가 누구인지는 알려져 있지 않다.

**   프랑스어 퀴지니에cuisinière는 요리사를 뜻하는 명사의 여성형이기도 하고, 요리용 화덕을 나타내기도 한다.

운영에서 매우 중요한 역할을 했고 문해력도 갖추고 있던 메트르 도텔(가정 살림의 수장)은 요리책을 읽을 수 있었고 요리사들에게 '번역해줄' 수도 있었다. 프리랜서 요리사들은 한때는 엄격하게 길드에 의해 관리되었던 직업적 기술과 기법을 전파하는 데 일조했다. 큰 성공을 거둔《왕과 부르주아의 요리사》의 저자 마시알로는 어떤 귀족 후원자와도 결연하지 않았고, 아마 부유한 여러 고용주를 위해 케이터링 요리사로서 일했을 것이다. 음식과 거래를 통제하는 길드의 권력 쇠퇴는 요리책이 폭발적으로 증가한 이유를 부분적으로 설명해줄 수 있다. 길드가 약화되면서 요리사들은 처벌에 대한 두려움 없이 '직업 비밀'을 글로 써서 출간할 수 있게 되었다. 부잣집에서 일하는 데 필요한 기술을 독립된 요리사들에게 가르쳐주는 요리책 시장을 창출한 것은 길드에 속하지 않아서 도제로서 견습직을 구할 수 없었던 요리사 지망생들이었다는 주장도 있다.[18] 메트르 도텔들조차 이렇게 인쇄된 책을 통해 필요한 지침을 찾아낼 수 있었다. 피에르 드 륀Pierre de Lune은《새롭고 완벽한 왕실 메트르 도텔Le Nouveau et Parfait Maître d'hôtel royal》(1621)에서 메트르 도텔들을 향해 직접 말하고 있으며, 니콜라 드 본퐁Nicolas de Bonnefons이 저서《시골의 진미Délices de la campagne》(1654)에 포함시킨 집사들을 위한 일종의 안내서에는 간단하게 '메트르 도텔에게Aux Maîtres d'hôtel'라는 제목이 붙었다. 메트르 도텔을 직업으로 삼으려는 이들은(혹은 메트르 도텔을 새로 고용한 부르주아 지주들은) 본래 그러한 지위로 태어나지 않았더라도 필요한 기술을 습득할 수 있었다. 본퐁은 한 집안 살림에 메트르 도텔이 매우 중요하다는 사실을 분명히 밝히면서, 요리사를 감독하고(좋은 요리사는 "집안에서 가장 핵심적인 가구" 못지않게 제대로 평가되어야 한다고 본풍은 말한다[19]) 다채로운 식단을 보장해 자신이 모시는 주인을 늘 행복하게 해야 하는 메트르 도텔의 책무를 자세히 기술했다.

요리책의 부상과 관련해 고전시대 요리사들은 이동성을 지닌 전문 직업인으로서 인정받게 되었다. 이전의 오피시에officier는 외견상 군인의 직함을 가지고* 귀족 집안에 묶여 있었지만, 새로이 '셰프 드 퀴진chef de cuisine(주방의 수장)'이라 불리게 된 이들은 부엌을 통제할 권한을 갖게 되었다. 바로 이 무렵 프랑스어에 '셰프 드 퀴진'이라는 용어가 생겼으며, '셰프'라는 말을 통해 새로이 등장한 전문직 요리사는 이전의 퀴지니에cuisinier(요리하는 사람)나 오피시에와 구분되었다. 므농은 이 용어를 《신新요리개론Nouveau Traité de cuisine》(1742) 3권 서문에서 사용했으며, 《휴대용 요리사전 Dictionnaire portatif de cuisine》(1767) 표지에서는 이 책이 부르주아 집안에서 일하는 "퀴지니에"는 물론 가장 재능있는 "셰프 도피스 chefs d'office와 셰프 드 퀴진"에게 유용하다고 주장했다.[20] 가정에서 요리란 계절에 따라 달라지는 성질이 있었는데, 이는 훈련된 요리사들 중 핵심적인 인력이 정기적으로 일에 변화를 주고, 그에 대한 새로운 기술을 배웠으리라는 것을 의미했다. 여성 요리사들 또한 이 시대에 전문 직업인이 되었지만, 남성 요리사들과 비교하자면 덜 부유한 가정에서 일했고 절반밖에 안 되는 급여를 받았으므로, 그들

---

*   오피시에는 군대의 장교를 가리키며, 정부의 관료를 나타내기도 한다. 과거에는 귀족 집안의 관리인을 말하기도 했다. 이를테면 식사를 담당하는 관리인은 '오피시에 드 부슈officier de bouche(입의 장교)'라고 불렸다.

을 고용하는 것은 가용 예산이 더 적은 지방의 가정들에서 훨씬 더 바람직한 일이었다.[21] 므농의 《부르주아 여성 요리사》는 직접 여성 요리사를 향해 말했고, 이 책이 거둔 성공은 요리의 세련미가 여러 계층을 가로실러, 여성들을 포함해 점점 더 많은 사람들에 의해 확산되었음을 나타냈다.

출판을 통해 프랑스의 전문 지식이 지리와 계층의 경계를 가로질러 확산될 수 있었고, 이로써 프랑스 셰프들과 요리에 관한 천재성 사이에 지속 가능한 연결고리가 형성되었다. 프랑스 요리에 관한 텍스트들은 거기에 다리를 달아주었다. 바버라 휘턴Barbara Wheaton은 마시알로의 공을 인정하면서 그가 "근대화된 요리에 종사하는 이들의 범위를 확장함으로써 그 발전을 가속화했다"라고 평했다.[22] 스티븐 메널Stephen Mennell은 책을 통해 출간된 요리법들이 실험을 촉진했다는 데 동의한다. 글로 기록된 요리법을 시험해보고 변화를 가해 보는 것이 가능해졌기 때문이다.[23] 실제로 프랑스 출신으로 해외에서 일하던 요리사 뱅상 라 샤펠Vincen La Chapelle*은 영어로 저술한 《현대 요리사Le Cuisinier moderne》를 1733년에 출간했고, 1735년에 프랑스어판을 냈다. 마시알로의 요리책을 상당 부분 표절하긴 했지만, 에스파뇰 소스를 근본 소스로 사용하고 빵 부스러기 대신 밀가루를 사용해 쿨리를 진하게 만드는 방법 등 새로운 내용도 담겨 있

---

* 18세기 프랑스를 대표하는 요리사다. 루이 15세의 정부였던 퐁파두르 부인을 비롯해 프랑스는 물론 잉글랜드, 네덜란드, 포르투갈 등의 유력 인사들을 위해 일했으며, 영어와 프랑스어로 요리책을 출간해 근대 프랑스 요리에 큰 영향을 끼쳤다.

었다. 18세기에 이르기까지 기초적인 요리책의 저자들은 최초의 아브레제 드 퀴진abrégé de cuisine(요리 개요)을 내놓았는데, 이는 중요한 기술이나 조리법을 모두 짧게 간추린 일종의 요리 편람으로 현대에는 루이 솔리니에Louis Saulinier의 《요리 목록Le Répertoire de la cuisine》(1914)에서 재현된 바 있다. 《휴대용 요리사전Dictionnaire portatif de cuisine》(1767)은 의학적 소견을 요약하고 요리 재료와 절차의 목록을 제시했다. 이는 여러 세기에 걸쳐 발전한 요리법을 전달하기 쉬운 구성으로 모은 것이었다.

파리의 부르주아 계층과 노동계층의 부엌에서는 누구나 사용하게 된 조리 도구들을 통해 요리 방법들이 차츰 하위 계층으로 확산되었다는 사실이 입증되었다. 여전히 조리용 난로와 화덕은 부유한 가정에서만 소유할 수 있었지만, 이제 더 많은 이들이 집 안에 조리할 수 있는 공간을 따로 갖게 되었다. 16세기에 이르면 넓은 주방에서 포타제potager라고 하는 입식 난로가 사용되었는데, 기본적으로 벽돌 화덕에 숯불을 피우고 금속 격자를 얹어 그 위에서 조리하는 방식이었다.[24] 《향응의 기술》에서 LSR은 커다란 아궁이 둘, 각각 네다섯 개의 "가열 기구"를 갖춘 포타제 둘, 아궁이 가까운 곳에 제빵용 화덕 하나, 크레마예르crémaillère(냄비걸이) 셋, 그리고 다수의 금속 식기와 도자기 식기를 갖춘 주방을 "완전한 주방"으로 묘사했다.[25] 루이 14세 치세(1661~1715)에는 대부분의 부르주아 가정에서 마르미트marmite라는 커다란 솥을 가지고 있었으며 부르주아 계층과 노동계층 모두 벽난로 위에 냄비걸이를 두었다. 루이 16세가 왕좌에 있던 동안(1775~1790) 노동계층의 부엌에는 솥이 늘었지만 부르주아 가정에서는 오히려 솥이 줄었고, 노동계층은 냄비걸이를 거의 쓰지 않게 되었다(냄비걸이가 있는 가정의 비율이 60퍼센트에서 2퍼센트까지 떨어졌다).[26] 18세기에 일어난 부엌의 구조 변경은 요리사들이 굴뚝에서 멀리 떨어진 분리된 공간에서 음식 준비를 할 수 있으며 불 앞에 쪼그려 앉지 않고 서서 요리할 수 있게 되었음을 의미했다. 불 위에서 고기를 굽는 데 쓰이는 조리 도구들이 줄어듦에 따라 요리사들은 삶거나 튀기는 요리로 관심을 돌렸다. 이는 가난한 노동계층을 포함한 소비자들이 고기를 더 많이 먹게 되긴 했지만 고기의 질은 더 낮아졌을 가능성을 보여준다. 취사도구의 혁신은 재료를 직접 불 위에서 굽는 방식에서 재료를 용기에 넣고 뚜껑을 닫은 뒤 숯불이나 이동 가능한 화덕 위에 올려두는 방식으로 음식 준비 과정을 바꾸었다. 그 결과 고기를 덩어리째 불에 굽기보다는 브레제하거나 프리카세fricasser*한 음식들이 등장했다. 결국 이러한 변화는 소스에 넣어 조리한 고기 요리의 발달을 촉진했고, 이를 통해 프랑스인들은 전 세계에 이름을 떨치게 된다.

출간된 요리책들은 부유층과 중산층의 식단에서 소고기를 포함해 정육업자가 공급하는 고기가 점차 중요해지고 사냥에서 얻은 고기나 이국적인 고기를 멀리하게 된 경향을 보여준다. 중세 요리책에 소고기가 등장하지 않았던 것은 단지 사람의 기질에 위험한 음식으로 분류되었기 때문만이 아니라, 당시 요리책이 의도한 상류층 요리에서 소고기의 상징적 가치가 낮았기 때문일 것이다. 17세기 요리

---

*   고기와 채소를 소스에 넣고 조리는 식으로 익히는 조리법이다.

책들에 소고기가 광범위하게 포함되었다는 사실은 동물을 그 상징에 따라 엄격하게 분류하던 방식에 대한 상류층의 집착이 이미 약화되기 시작했음을 의미한다.[27] 1660년경에 이르면, 과시하기 위한 호사스러운 고기(고니, 가마우지, 왜가리, 고래 등)는 바로 사용할 수 있도록 잘라놓은 고기에 자리를 내어주고 집안 가계부 목록에서 사라진다.[28] 17세기에 정찬을 들던 사람들은 닭벼슬과 거위 간을 즐기기 시작했다. 일반적으로 이 시대의 주요 요리책들은 소와 송아지, 양과 새끼양, 젖먹이 돼지와 야생 멧돼지, 토끼, 온갖 종류의 새, 그리고 외프 미루아르oeufs miroir(뒤집지 않고 밑면만 익힌 달걀프라이)부터 달걀만 사용한 단순한 오믈렛과 다른 재료를 추가한 복합적인 오믈렛까지 놀랄 만큼 다양한 달걀 요리 등이 광범위하게 사용되었음을 보여준다. 달팽이는 너무 촌스럽게 여겨져 귀족과 부르주아 요리책에서 뒤로 밀렸다가 사라졌다. 달팽이 요리가 귀환하는 것은 19세기에 요리사 카렘이 주도하여 지역 요리가 단단히 자리를 잡고 파리에서 브라스리brasserie*가 부상하던 시기다.[29] 이러한 요리책의 시대에 부유한 이들만 고기를 먹었던 것은 아니지만, 가난한 이들은 주로 잘게 썬 적은 양의 고기를 먹었으며, 수프에 넣어 맛을 내거나 특별한 날에 특식으로 먹는 정도였다. 부유한 가정이 더 많았기에 파리는 탐욕스러운 고기 소비시장으로 부각되었다. 파리 시민 1인의 연간 고기 소비량은 17세기 중반 52킬로그램에서 18세기 말에는 62킬로그램까지 늘었는데, 이는 같은 시기에 평균 25킬로그램에 머물렀던

---

* 본래 맥주양조장을 뜻했으나, 주로 맥주를 마시며 식사가 될 만한 음식도 먹을 수 있는 식당을 일컫는다.

에스카르고 아 라 부르기뇬Escargots à la bourguignonne, 부르고뉴식 달팽이 요리

캉(노르망디 지역)의 경우와 크게 대조된다.[30] 도시의 고객들은 정육점과 시장에서 고기를 살 수 있었지만, 르그라티에regrattier와 르방되즈revendeuse(고기 부위를 되파는 상인)라고 하는 주로 여성인 소매상들의 가게에서 살 수도 있었다. 노동계층의 식단에서는 고기가 아닌 식재료가 우선시되었다. 18세기 한 가구의 부채 기록을 보면 장을 보는 이들이 예산의 가장 큰 부분을 빵 가게인 불랑제에서 썼고, 그 다음으로 과일 가게, 식료품 가게(에피시에épicier), 초콜릿 가게(쇼콜라티에chocolatier)에서 지출했음을 알 수 있다.[31]

요리책 이외에 17세기 독자들에게 요리를 안내했던 또 다른 유형의 인쇄물은 가사 혹은 영농 설명서였다. 올리비에 드 세르의《농업 경영론Le Théâtre D'agriculture Et Mesnage Des Champs》(1600)은

음식과 식생활로 주제를 한정한 농업 설명서로서, 농업이라는 '벨시앙스belle science(훌륭한 학문)'의 자료를 정리한 매우 중요한 문헌인 동시에, 프랑스가 곧 농업 강국으로 발전하리라는 생각을 보여주는 기록이다. 세르의 저서는 프랑스의 음식 생산과 소비에 관한 수많은 이야기들 속으로 흘러드는데, 프랑스인의 식생활에 접근하는 방식이 무척 독특하다. 땅에서부터 위로 올라가는 방식을 취하고 있기 때문이다. 세르의 책은 프랑스 농부들이 길러내고 프랑스 소비자들이 먹은 채소와 고기의 종류를 문서로 기록하고, 고대 문헌에서 유래해 새로이 적용된 과학적 이론을 제시했다. 그리고 작물 재배, 와인 제조, 살림살이 관리를 위한 실질적인 조언을 공유했다. 더 나아가 농업을 "하느님이 입으로 직접 명령하신 유일한 생업"이라 부르고, "사람은 또한 살기 위해 마셔야 하므로" 포도나무를 길러야 한다고 주장하면서, 음식에 관한 농업 철학을 제시했다.[32] 세르는 상류층을 대변하긴 했지만 파리를 대변한 것은 아니었다. 그의 땅과 그가 제시하는 권고는 프로방스 지방, 그중에서도 리옹에서 그리 멀지 않은 님 근처를 기반으로 했다. 특히 세르는 '테루아르'라는 용어를 거의 90번이나 사용해, 토양과 그에 상응하는 적절한 식물에 적용했다. 이로써 그는 프랑스 음식 관련 어휘 목록에 근본적인―이후에 다양한 목적으로 쓰이면서 그 의미가 변하게 될―용어 하나를 도입한 셈이었다. 세르가 보기에, 왕과 제후와 다른 "지체 높은 사람들은" 충분히 공을 들이면 "땅을 복종하도록 만들" 수 있지만, 지주들은 자신의 땅과 기후의 근본적 속성을 거스르지 말고 그에 따라 조화를 이루도록 일해야 한다.[33] 프랑스의 밭에 알맞고 그래서 그 시대 프랑스인의 식탁에 오를 만한 다양한 채소를 표시하면서, 《농업 극장》은 양파에 관해 긴 단락을 할애하고, 약효가 있는 허브들을 포함해 부엌 텃밭에 필수적인 다른 채소 중에서도 양파, 상추, 뿌리채소류, 멜론 기르는 법을 안내한다. 하지만 17세기 초의 인물로서 세르는 여전히 효능 위주의 식생활 지침 영역에 머물러 있었다. 그의 책은 먹을거리를 먹는 것보다는 기르는 것에 좀 더 집중되어 있다. 하지만 그는 식이요법과 풍미 사이의 경계에 놓인 몇몇 요리법을 제시하기도 했다. 그는 주인이 손님들에게 회향을 내놓을 때는 소금과 기름이 "차가운" 푸른 채소를 거스르는 "뜨거운" 해독제로 작용하므로 소금과 기름을 서로 다른 병에 담아 "각자가 자신의 취향을 결정할 수 있는" 방식으로 내놓아야 한다고 가르쳤다.[34]

세르 이후 50년이 지나 등장한 니콜라 드 본퐁(루이 14세의 수석 시종)은 1651년에 《프랑스 원예사 Le Jardinier français》를, 1654년에 《시골의 진미》를 출간했다. 본퐁은 《프랑스 원예사》를 파리의 여성들과 메나제르ménagères(주부들)을 대상으로 제시하면서 우선은 세르에게 경의를 표하지만, 세르의 책이 철두철미하게 시골의 정원에 관한 것인 데 반해 자신의 책은 도시의 정원에 걸맞은 전문지식을 제공한다는 점, 그리고 자신은 랑그도크 지방에 있던 세르의 토지와는 너무나 다른 파리의 기후에 관한 전문가라는 점을 특별히 언급했다. 본퐁은 《프랑스 원예사》의 내용을 '고급' 음식에만 한정하지 않고, 버섯을 기르는 법, 과일을 말리거나 잼으로 만들어 보존하는 법 등에 관한 설명을 포함했다. 《시골의 진미》에서는 제대로 된 좋은 육수로 끓인 '포타주 드 상테potage de santé(건강 포타주)'가 부르주아 가정의 건강을 유지하게 해줄 거라고 제안했다. 양배추로 끓인 포타주는 잘게 썬 고기나 빵 부스러기같이 가벼운 첨가물을 넣지 않고 "전적으로 양배추 맛이 나야" 한다. 본퐁에게 단순하고 정직한 수프란 플라톤의 이데아와 같은 것이었다. 그는 "내가 수프에 대해 말하는 바를 사람이 먹는 모든 것에 하나의 법칙으로 적용하고자 한다"라고 선언할 정도였다.[35] 《시골의 진미》에서는 절약을 규칙으로 삼아, 집에서 빵을 굽는 아홉 가지 방법과 공급량을 늘리는 법에 대한 설명을 제시했다. 본퐁이 이러한 제안을 하게 된 동기는 17세기 중반 프롱드의 난이 일어나 파리가 포위되면서 식량 공급이 불안해지고 기아가 발생했던 상황에서 유발되었다. 세르의 저서처럼, 《시골의 진미》에도 와인과 여타 주류를 제조하고 저장하는 방법에 관한 절과 치즈를 만들어 숙성시키는 방법에 관한 절도 있었고, 특히 뿌리채소에 관한 내용으로만 구성된 절도 있었다. 뿌리채소에 관한 절은 비트로 시작해서, 신대륙에서 건너와 아직 익숙하지 않은 '토피낭부르Topinambours(돼지감자)'와 비트만큼 흔한 듯 보이는 송로버섯에 관한 내용으로 끝났다. 《프랑스 원예사》와 《시골의 진미》의 어조와 대상 독자는 17세기에 일어난 사회적 변화를 암시한다. 귀족은 이전의 귀족이 아니었으며, 부르주아 또한 이전의 부르주아가 아니었다. 본퐁이 《프랑스 원예사》의 대상으로 삼은 독자층은 이중적이었다. 즉 자신이 고용한 원예사들과 상의할 수 있는 "자질을 갖춘" 부유한 사람들과 더불어, "파리 근교에 별장을 가지고 있지만" 원예사까지 고용하지는 못하는 부르주아들도 독자층에 해당했다.[36]

본퐁의《프랑스 원예사》는 17세기 후반에 출간된 원예에 관한 신간 서적 17종 가운데 하나였다. 이러한 사실은 프랑스 귀족들의 식단에 채소가 확실히 수용되었다는 사실을 다시금 확인해준다.《프랑스 원예사》는 유행을 앞서가는 파리의 귀부인들이 그들의 원예사들을 시켜 유행하는 과일을 재배하게 하고 여분의 과일은 팔아서 가외 수입을 얻는 방법을 고려하도록 부추겼다. 새로운 세기에 정원에서 나는 농산물에 대한 인기는 당대의 텍스트에도 스며들었으며, 이는 이전 세기의 염려나 경멸 같은 태도와는 전혀 달랐다. 프랑스문학 연구자 토마스 파커Thomas Parker는 원예 설명서와 교육용 요리책을 사회 계층과 사회 갈등에 연결해, 부르주아 요리사들이 "완벽한 프랑스 정원에서 자연 위에 발휘되는 동일한 기술적 지배력을 이용하면서, 올바른 계량 및 적절한 재료들과 결합하여, 하나의 접시라는 소우주 차원에서 베르사유 궁의 완벽함을 성취할 수 있었다"라고 추론한다.[37] 본퐁은 정원에서 나온 과일의 아름다움과 즐거움을 자세히 설명했다. 과일은 우리의 오감을 모두 만족하게 하는데, 그 색채는 어떠한 화가의 재능도 능가하며, 그 풍미는 너무도 절묘해서 아무리 세련된 미식가조차 과일로 잔치를 끝내지 않는다면 결코 잘 먹었다고 할 수 없을 정도라는 것이다.[38] 한때 두려움의 대상이었던 멜론은 프랑스 귀족 사회의 상징, 즉 교양과 용맹과 기교의 상징이 되었으며, 귀족들은 만찬을 들 때면 "배梨의 물"이나 "아스파라거스의 아삭함"을 묘사할 수 있어야 했다.[39] 사람들은 부드럽고 여린 음식을 선호했고, 버석하거나 신 음식은 투박한 것으로 여겼다. 심지어는 재배 방식이 과일의 지위를 결정하기도 했다. 사과는 나무에서

아브라함 보스Abraham Bosse, 〈맛〉(1635~1638), 석판 인쇄. 아티초크는 식탁 중앙에 놓여 있고, 멜론은 하인이 쟁반에 담아 내오고 있다. 이 음식들이 고급스러운 정찬에서 환영받았음을 시사한다.

자랄 뿐 아니라 복숭아, 배, 무화과 재배에 쓰이는 틀이나 받침 같은 '아르티피스 뒤 자르댕artifices du jardin(정원의 기법)'을 필요로 하지 않아서 인기가 덜했다.[40] 신선한 완두콩은 루이 14세의 궁정에서 큰 인기를 누렸고, 상류층은 제철이 시작되자마자 얻은—제철이 아니면 더 좋은—여린 과일과 채소를 통해 사회적 지위를 드러냈다.

콩피confit 혹은 콩피튀르confiture라고 불린 설탕에 절인 과일이 처음 알려진 것은 16세기였지만, 당과糖菓 즉 콩피즈리confiserie*에

---

*   설탕에 절인 과일이나 잼을 의미하는 콩피튀르와 설탕을 주재료로 사용하는 사탕이나 과자를 말하는 봉봉bonbon을 만들거나 파는 활동, 혹은 그 활동이 일

관한 책들이 출간될 만큼 설탕 소비가 충분히 증가한 것은 이 고전 시대였다. 장 가야르Jean Gaillard의 《프랑스 파티시에Le Pâtissier français》(1653)는 18세기 이전에 제과와 설탕 작업만을 다룬 유일한 책이나. 하지만 이후 17세기 말에 이르면 달콤한 음식에 관한 요리책이 유행하기 시작했다. 마시알로의 《콩피튀르를 만드는 새로운 방법Nouvelle Instruction pour les confitures》(1692)은 이 새로운 명물에 대한 실제 체험을 이야기하면서 독자들에게 설탕에 절여 보존한 과일을 가지고 잼, 음료, 사탕, 샐러드 만드는 법을 알려주었다. 므농은 《당과 전문가의 과학La Science du maître d'hôtel confiseur》(1750)에서 끓는 설탕과 캐러멜 사이를 13단계로 나누고, 순전한 골족의 자신감으로 마시알로의 저작에 비해 자신이 이룬 진보는 고딕 건축과 근대 건축의 차이만큼이나 크다고 선언했다.[41] 상류층 고급 요리의 측면에서 볼 때 18세기에 들어서면 디저트가 별도의 코스로 제공되기 시작했다. 이는 에미Emy의 《빙과 잘 만드는 기술L'Art de bien faire les glaces》(1786) 및 조제프 질리에Joseph Gilliers의 《프랑스 카나멜리스트Cannaméliste français》(1751) 출간과 더불어 이루어졌다. 빵과 과자로 그린 그림이나 밀가루 반죽과 설탕 조각으로 만든 궁전이 18세기 상류층의 식탁을 장식했다. 프랑스 궁정은 최상위 계층 요리의 모범을 설정했고, 이것이 아래로도 퍼져 부르주아의 정찬에까지 영향을 끼쳤는데, 특히 디저트 부분에서 그 영향이 두드

어나는 장소를 가리킨다. (설탕에) '담그다' 혹은 '절이다'라는 뜻을 지닌 프랑스어 동사 콩피르confire에서 파생된 단어다.

러졌다. 예를 들어 궁정풍의 우아한 피에스 몽테piѐce montée*는 오늘날 프랑스 결혼식에 붙박이처럼 놓여 있는 크로캉부슈croquembouche 형태로 재등장한다. 하지만 18세기 프랑스는 유럽의 다른 나라들에 비해 설탕을 덜 소비했다(1인당 1킬로그램 미만). 그럼에도 프랑스대혁명이 일어날 때까지 프랑스는 식민지 생도맹그(오늘날의 아이티) 덕분에 세계 최고 설탕 생산국 자리를 차지했다. 1670년 루이 14세의 재상 장바티스트 콜베르Jean-Baptiste Colbert는 서인도제도에 있는 프랑스의 주재원들에게 생도맹그의 사탕수수에 집중하고 그곳에서 다른 해외 이권 세력을 몰아내라고 명령했다.[42] 프랑스 관리들에 의해 발전된 사탕수수 산업은 노예 노동에 과도하게 의존했고, 이 때문에 프랑스인들은 18세기 삼각무역**의 주요 참가자가 되었다. 1715년 생도맹그의 설탕 생산량은 네 배로 증가해 영국령 서인도제도의 산출량에 맞먹게 되었지만, 그렇게 빠른 성장을 가능하게 했던 학대와 억압은 결국 1804년 노예 반란을 불러왔고 프랑스가 그곳에 건설한 설탕 제국은 종말을 맞았다. 아이티에 대한 프랑스의 개발과 착취는 결국 불행한 결말을 맞이했고, 오늘날까지 아이티가 벗어나지 못하고 있는 중대하고도 지속적인 부정적 결과를 낳았다.

---

*   과자나 빵 혹은 초콜릿이나 사탕을 쌓아 올려서 만든 장식적인 구조물을 가리킨다.
**   쌍방이 아닌 삼자 간에 이루어지는 무역을 가리킨다. 대표적인 것이 16세기 말부터 19세기 초까지 유럽-서아프리카-북아메리카(서인도제도) 사이에서 이루어진 대서양 삼각무역이다. 유럽을 떠난 상선들은 유럽의 무기와 화약 등을 서아프리카 해안 식민지에 공급하고, 그곳의 흑인 노예들을 실어 서인도제도에 공급한 뒤, 그곳에서 설탕 등의 환금작물을 싣고 유럽으로 돌아왔다.

17세기와 18세기 상류층의 새로운 식생활 패턴은 과도한 잔칫상을 경멸하고 섬세한 음식을 선호하면서 우아한 식사 매너를 정착시켰다. 식탁에서 지켜야 할 매너에 대한 안내 책자들이 여럿 나왔는데, 그중에서도 외교관 앙투안 드 쿠르탱Antoine de Courtin의 《신예절론Nouveau Traité de la civilité》(1671)은 궁정 사람들처럼 되고 싶지만 궁정에서 멀리 떨어져 살

크림 퍼프를 쌓은 뒤 설탕 캐러멜을 실처럼 뿌린 크로캉부슈. 크로캉부슈는 프랑스의 결혼식에서 차려내는 전통적인 디저트이며 18세기 대중적 피에스 몽테의 대표적인 예다.

아서 모방을 통해 예법을 배울 수 없는 이들을 위한 책이었다.[43] 당시 요리책들과 마찬가지로 적절한 행동 양식에 관한 책이 출간되자, 그 규칙이 명백하게 궁정에서의 행동 양식에 결부되어 있었음에도, 더욱 광범위한 대중이 그와 관련된 지침에 접근할 수 있게 되었다. 사회학자 노르베르트 엘리아스Norbert Elias는 문명화를 위한 사회 규칙들이 지속적으로 증폭된 결과, 쿠르탱에게서 발견되는 정교한 규칙들이 생겨났음을 보여주었다. 이 규칙들은 후대에 중대한 영향을 끼치고 쿠르탱의 근거가 된 조반니 델라 카사Giovanni Della Casa

의 이탈리아어 소책자 《예법Galateo》(1558)을 비롯한 이전 예법 서적들에 비교하면 훨씬 더 정교했다.[44] 당시 만찬을 위한 규칙은 현대 독자들에겐 기초적인 것으로 보이지만, 17세기 프랑스의 행동 양식에 상당한 변화가 있었음을 보여준다. 델라 카사와 마찬가지로 쿠르탱은 소스가 묻은 손가락을 냅킨에 닦아야지 빵에 닦아서는 안 된다고 가르친다. 그런 "무례한 행동"을 피하기 위한 쿠르탱의 새로운 규칙에서는 음식을 내올 때와 먹을 때 포크를 사용하라고 주장하는데, 이는 델라 카사에게 익숙하지 않은 관습이었다.[45] 16세기 유럽에서 포크는 이미 알려져 있었지만 쓰임이 제한적이었다. 미셸 드 몽테뉴Michel de Montaigne는 《수상록Les Essais》(1588)에서 자신이 포크나 스푼을 거의 사용하지 않는다고 언급했다.[46] 17세기에 이르면 포크는 루이 14세의 궁정에서 충분히 일상적인 물건이 되었으나, 왕은 자신의 면전에서는 포크를 사용하지 못하게 했다.[47] 그럼에도 루이 드 루브루아 생시몽 공작Louis de Rouvroy, duc de Saint-Simon의 《회고록Mémoires》에는 1701년의 한 만찬 자리에서 왕이 정적들 가운데 하나가 죽었음을 축하하는 의미로 포크와 스푼을 접시에 톡톡 두드렸다는 (그리고 다른 궁정 신하들도 똑같이 하게 했다는) 기록이 남아 있다.[48]

쿠르탱의 책은 새로운 규칙들이 실제로 시행되었으며 특히 프랑스 궁정 사회에 적용되었음을 보여준다. 쿠르탱은 독자들이 가스트로노미를 이해하는 능력을 갖추게 되기를 기대했다. 고기를 알맞게 자르고 차려내는 법(이를테면 윗사람들에게 가장 좋은 조각을 내어주는 것)을 알고 귀족의 식탁에서 마주치게 될 요리를 먹는 규칙에 익숙해지기를 바란 것이다. 이를테면 《신예절론》에서는 올리브를 내놓을 땐 포크가 아니라 스푼과 함께 내야 한다고 주장한다. 이런 규칙은 불가해한 것으로 보이지만, 뤼페크 후작Marquis de Ruffec이라는 사람이 귀족의 식탁에서 포크로 올리브를 먹으려다 가짜 후작이라는 게 밝혀져 체포된 일도 있었다. 이 사람은 신분을 속이고 루이 15세의 섭정이었던 오를레앙 공작의 궁정에 끼어들었다고 한다. 당시 만찬을 주재하던 귀족은 뤼페크의 정체가 의심스럽다는 경고를 들었던 터라, 그의 좋지 않은 식탁 매너를 보고 즉각 조치했다.[49] 당시 귀족들은 세르비스 아 라 프랑세즈service à la française(프랑스식 상차림) 방식으로 음식을 차려냈다. 즉 구운 고기 요리와 앙트르메—채소, 고기, 샐러드로 된 더 작은 요리들과 케이크나 과자, 설탕에 절인 과일—를 모두 한꺼번에 내놓았다. 식사하는 사람들은 차려진 음식들을 각자 알아서 먹되, 서로의 서열과 성별을 염두에 두어야 했다. 사람들의 위계를 따라 음식이 배치되었고 가장 좋은 요리는 가장 높은 사람들 가까이에 놓였으며, 한 사람이 팔을 뻗어 음식에 닿을 수 있는 거리는 관습에 따라 정해졌다. 루이 14세는 세르비스 아 라 프랑세즈가 절정에 이르던 시기에 전설적인 진수성찬을 여러 차례 베풀었다. 음식을 차례대로 내오는 세르비스 아 라 뤼스service à la russe(러시아식 상차림)가 세르비스 아 라 프랑세즈를 완전히 대체한 것은 19세기 중반의 일이었다. 변화의 속도는 상당히 빨랐다. 루이 14세 치세에 크게 유행했던 커다란 구운 고기는 루이 15세 치세에는 인기를 잃고 살짝만 익혀 더 작은 분량으로 차려내는 음식들로 대체되었다. 18세기에 누벨 퀴진의 움직임은 수많은 요리를 무질서하게 차려내는 것을 경멸하면서 코스를 구분하고 단 음식과 짠 음식을 분리하기 시작했다. 그리하여 결국 프랑스대혁명 이후에는 오늘날 우리가 알고 있듯이 제각기 독립된 접시에 담겨 나오는 코스 요리가 등장했고, 1880년에 이르면 이러한 방식이 레스토랑의 규범으로 자리 잡았다.[50] 18세기에는 식탁에서의 행동 양식도 상위 계층에서 하위 계층으로 전파되었다. 이를테면 코스마다 (더 가난한 계층에서는 수프를 먹은 뒤에) 식기와 식사도구를 바꾸고, 주머니칼 대신 식탁용 나이프를, 손가락 대신 포크를 사용했다.[51] 폴 아리에스에 따르면, 프랑스에 존재했던 포크에 대한 저항은 손가락으로 우아하게 먹는 솜씨가 귀족을 하층민과 구별되게 한다는 믿음에서 비롯되었는데, 포크를 보편적으로 사용하면서 이 중요한 구분이 사라졌다.[52]

가톨릭 국가인 프랑스에서는 궁정의 사례를 넘어서는 가톨릭교회의 영향력으로 인근 유럽 국가들과는 다른 식습관이 형성되었다. 가톨릭교회는 구체적으로 탐식을 단죄했으나, (중세의 금식일과 금육일 규정을 비롯하여) 용인될 수 있는 음식 소비에 관한 규칙을 정교하게 하여 여러 가지 제약을 두면서도 먹는 즐거움을 제거하지는 않았다. 가톨릭의 관행과 가스트로노미의 즐거움이 양립 불가능한 것은 아니었다. 프랑스의 수도원들은 오랜 세월 동안 밭에서 나는 채소로 금욕적인 식단을 유지한 것으로 유명했지만, 치즈, 맥주, 포도주, 당과, 그리고 화덕에 구운 음식으로 유명하기도 했다. 오늘날에는 '부티크 데 모나스테르Boutique des monastères(수도원 가게)'라는 온라인 상점에서 프랑스의 여러 수도원에서 만든 질 좋은 식품을 계속 판매하고 있다. 18세기에 영국인들은 프랑스인들이 소스를 쓰고 풍미를 복잡하게 한다는 이유로 프랑스 음식을 가리켜 "허위의 예술, 자연의 왜곡"이라고 비난했다.[53] 이는 매우 청빈한 프로테스탄트 북유럽과 가톨릭 남유럽 사이의 차이를 드러내는 것이었다. 플로랑 켈리에의 수상을 따르면, 가톨릭교회는 먹고 마시는 일의 즐거움 자체를 단죄하지 않으면서 적당한 절제를 찬양함으로써 "탐식은 금하지만 미식을 보장하는" 식욕의 문명으로 서구 상류층을 인도했다.[54] 문화적으로 가톨릭 국가인 프랑스에서는 규칙을 지키는 한 좋은 음식이 주는 기쁨을 즐기는 것이 용인되었다. 프랑스식 모델에서, 음식 자체를 악마화하기보다 (식사와 식사 사이에 음식을 먹는 것을 포함한) 과도함을 금지하는 규칙은 오히려 식탁에서 음식을 서로 나누고 좋은 매너를 지키도록 격려함으로써 사람들 사이의 유쾌한 어울림을 촉진했고, 프랑스 스타일의 상징이 되는 식탁의 예술을 낳았다. 식생활 규칙은, 마구잡이처럼 보이는 세르비스 아 라 프랑세즈조차, 국가의 시작 단계부터 프랑스의 식탁을 근본적으로 형성했다. 식사 규칙은 프랑스의 식생활과 요리 방식을 그 안에 보존해 다른 나라에 수출할 수 있게 했지만, 또한 즐거운 식생활에 대한 프랑스인들의 태도를 형성하기도 했다. 역설적인 사실은, 이러한 태도가 규제에 결부되어 있다는 것이다. 먹는 일에도 올바른 방식이 있다. (그리고 그릇된 방식도 있다.) 하지만 프랑스의 식탁 규칙을 따른다면 더 큰 즐거움이 허락되고 가스트로노미를 향한 문이 활짝 열린다.

앙트르메

세르비스 아 라 프랑세즈가 한창이었을 때 앙트르메('요리들 사이'라는 뜻)는 주된 요리를 뜻하는 '메mets' 다음이나 몇 개의 고기 요리 사이에 나오는 추가적인 요리였다. 대체로 구운 고기 요리들과 식사 마지막에 제공되는 과일 사이에 나오는 경우가 많았다. 초기의 앙트르메는 주요리에 부수적인 요리라는 성격 이외에는 지배적인 원칙이 없었던 것 같다. 앙트르메라는 범주에는 짭짤한 것과 달콤한 것은 물론, 뜨거운 것과 차가운 것, 기름진 것과 담백한 것 등이 모두 포함되었으며, 만찬의 시기와 상황에 따라 달라졌다. 14세기 《메나지에 드 파리》에서 앙트르메를 다룬 절에서는 달팽이, 젤리 형태로 만든 생선, '리 앙굴레riz engoulé'라고 하는 일종의 라이스 푸딩, 멧돼지 머리, 속을 채운 통닭의 요리법이 실려 있었다. 17세기의 앙트르메는 튀기거나 구운 페이스트리, 끓는 물이나 크림에 담가 익힌 채소, 스튜, 달걀, 달콤한 후식으로 이루어졌다. 앙투안 퓌르티에르Antoin Furetière[*]

[*] 본래 법관이었으며, 베네딕토 수도회의 수도원장이기도 했다. 시, 소설, 우화를 집필하여 작가로 명성을 얻었고, 아카데미 프랑세즈의 회원이 되었다. 당시 아카데미 프랑세즈에서 진행하던 프랑스어 사전 편찬에 참여했으나 다른 회원들과 의견이 맞지 않아 독자적으로 작업했고 그 때문에 아카데미에서 축출되었다. 그의 사전은 그가 죽고 2년 뒤인 1650년에야 완성되어 출간되었으나 아카데미의 사전보다 4년 앞선 것이었다.

는 《보편 사전Dictionnarie universel》(1690)에서 앙트르메란 소스를 사용해 요리한 음식이라고 구체적으로 정의했다. 라 바렌의 《프랑스 요리사》(1651)에서는 금육일에는 크림으로 요리한 버섯, 기름에 튀긴 아티초크, 아몬드 페이스트리, 소금으로 요리한 송로버섯, 개구리 다리 튀김, 그리고 몇 종류의 달걀 요리를 차려낼 것을 제안했다. 앙트르메와 과일 코스가 끝나면, 향신료를 넣은 와인과 설탕 조림으로 된 '이쉬 드 타블yssue de table(식탁의 출구)'이 나오고, 뒤이어 향신료를 가미한 견과류와 설탕을 입힌 아몬드 '부트오르boute-hors'(축자적 의미는 '퇴출')가 나옴으로써 만찬이 마무리되었다. 앙트르메 코스는 분명히 최고급 요리의 일부로서 상차림 방식과 식탁보 및 냅킨의 변화를 특징적으로 포함했으며, 이는 너무 뻔한 값비싼 고기와 과시하는 듯한 장식을 넘어서 만찬 주최자의 능력을 보여주는 일종의 퍼포먼스였다. 세르비스 아 라 프랑세즈에서는 많은 음식을 한꺼번에 차렸지만, 어떤 앙트르메는 (구운 고기와 마찬가지로) 가장 중요한 손님을 위해 따로 두었다가 전략적으로 그들 가까운 곳에 내놓기도 했다. 18세기에 이르면, 음식을 내는 방식은 변하지 않았지만 만찬 관련 용어들이 변하기 시작했다. 프랑수아 마랭의 요리책 《코모스의 선물》(1739)은 주요리에 곁들여지는 요리를 거의 300가지나 제시하고 있는데, 이들을 가리켜 오르되브르(축자적 의미는 '작품 이외에'), 앙트르메, 혹은 앙트레entrée(개시)라고 부르고, 이러한 요리의 명칭이 가변적이라는 것을 따로 언급했다. 오르되브르가 앙트르메가 되고 앙트르메는 앙트레가 되는 식이었다. 이러한 체계에서 요리의 이름은 반드시 그 재료나 조리 방법에 상응하지는 않았고 오히려 그 요리가 식사에서 차지하는 자리에 상응했다. 마랭은 책을 수월하게 구성하기 위해 앙트르메를 다루는 별도의 절을 두어 일반적인 오믈렛과 송로버섯과 페이스트리는 물론 30가지 크림을 다뤘는데, 뜨거운 크림과 차가운 크림을 아우르며 커피, 타라곤tarragon*, 초콜릿, 파슬리, 시금치 등으로 향을 낸 것까지 있었다. 1762년 아카데미 프랑세즈 사전은 앙트르메라는 용어가 여전히 구운 고기 요리를 먹은 뒤 과일을 먹기 전에 제공되는 음식을 의미한다고 재차 확인해주었다. 1835년에 이르면 앙트르메는 '디저트 전'에 먹는 음식에 속하게 되었는데, 여기서 디저트 전에 먹는 음식이란 과일을 뜻했다. 1878년에는 달콤한 앙트르메라는 뜻의 '앙트르메 드 두쇠르entremets de douceur'라는 새로운 용어가 사전에 편입되었다. 1932년 사전에서는 앙트르메가 '일반적으로 단 음식'이 되었으며, 따라서 정찬이든 아니든 모든 식사에 제공될 수 있었다. 어떤 프랑스 디저트들은 앙트르메라는 용어를 여전히 달고 있지만, 이제는 항상 식사 끝에 먹는 단 음식으로 이해된다.

* 국화과의 여러해살이풀이며 우리말로는 사철쑥이라고도 한다. 허브의 일종으로 고기의 잡내를 제거하거나 음식의 풍미를 좋게 하는 데 사용된다.

샴페인*

우리가 샴페인이라고 알고 있는 발포성 와인은 17세기 혁신의 시대에 등장했다. 샴페인의 등장은 부분석으로 중세에 시작된 수도원의 식품 생산 체계 덕분이었고, 주된 요인은 점점 더 멋스러워지고 박식해지는 대중의 요구에 있었다. 동 페리뇽Dom Pérignon**이라는 수사가 샴페인에 거품을 주입하는 법을 발명했다는 이야기는 이미 사실이 아님이 입증되었다. 하지만 이러한 신화는 여전히 세련된 음식과 우아한 정찬에 대한 프랑스인들의 권리 주장에 매우 중요하게 남아 있다. 하여간 문헌에 기록된 바에 따르면 프랑스인들이 일으킨 혁신에서 샴페인이 기원했다는 것은 명백하다. 참으로 프랑스적인 이 음료의 탄생과 성장은 우아한 식품을 향한 욕구와 숙련된 기술에 좌우되었기 때문이다. 1668년에서 1715년까지 오빌리에의 수도원 물품 관리를 담당한 동 페리뇽 수사가 있었던 것은 사실이며 그는 매우 맑은 정제 화이트와인을 만들어내는 것으로 유명했다. 그가 만든 1694년산 와인은 시장에서 최고가 기록을 세웠을 정도였다.[55] 프랑스인들은 1680년대부터 이미 발포성 와인을 생산했으나, 샹파뉴 지역은 화이트와인보다는 가벼운 레드와인으로 더 잘 알려져 있

---

* Champagne은 프랑스어 표기법에 따라 샹파뉴라고 표기하는 것이 옳지만, 우리나라에서 일반화된 샴페인이라는 영어식 표기를 따랐다.

** 베네딕토회 수사였던 동 페리뇽은 서른 살이 되던 1668년 오빌리에의 생피에르 수도원으로 옮겨간 이후 수도원의 와인 생산을 담당하면서 여러 기술을 발전시켜 와인의 질을 높이고 판매를 늘렸다. 죽은 뒤에는 그 공로를 인정받아 전통적으로 수도원장만이 묻히는 수도원 묘지에 묻힐 수 있었다.

었다. 1650년부터 17세기의 끝으로 향할수록 프랑스의 명망 있는 3대 와인 생산 지역은 기존 가격 범위를 크게 벗어났다. 샹파뉴, 보르도, 부르고뉴의 와인들은 평균보다 서너 배의 가격에 팔려나갔던 것이다.[56] 오빌리에 수도원은 와인을 소량 생산해 병에 담아 판매했다. 하지만 동 페리뇽이 거품이 이는 와인을 생산했다는 문서 기록은 존재하지 않는다. 동 페리뇽 이전, 16세기 샹파뉴 지역의 아이Ay에서 생산된 화이트와인들은 그 명성으로나 본성으로나 궁정 귀족들에게 결부되어 있었다. 아이의 백악질* 토양에서는 포도를 재배하기가 무척 어려웠고 실패할 위험도 높았으므로, 와인의 생산 단가가 더 높았으며, 포도밭은 부유한 귀족들이 소유했을 가능성이 더 크다. 아이에서 생산된 섬세한 와인은 도수가 낮았기 때문에, 맛이 강한 레드와인들을 가지고 관례적으로 하듯이 물을 섞어 양을 늘릴 수 없었고, 이는 단위 용량당 가격이 훨씬 높음을 뜻했다.[57] 파리에 가까운 위치는 아이의 포도밭이 좋은 평판을 얻는 데 도움이 되었으며, 화이트와인이 레드와인보다 건강에 좋다고 주장하는 의학 논문들도 도움을 주었다. 1600년 그와 같은 의학 논문들 가운데 앙리 4세에게 헌정된 한 논문은 샹파뉴 지역 와인 중에서도 아이의 와인을, 섬세하고 미묘하며 "대부호들" 사이에서 정당하게 찬양받는, "영양과 숙성의 최고 등급" 와인으로 보증했다.[58] 귀족들 사이에서 입소문을 타자 샹파뉴 와인은 그 이름만으로 부와 품격을 상기시킬 정도로 명성이 높아졌다. 곧이어 아이의 옆 마을 오빌리에에 있던 동 페리

---

*　백악白堊이란 백색이나 담황색의 부드러운 석회질 암석이나 그것이 부서져 생긴 희고 부드러운 흙을 말한다.

눙의 수도원이 부유한 고객층을 끌어들일 목적으로 질 좋은 와인을 생산하기 시작했다. LSR은 샹파뉴의 와인을 즐기는 이들을 가리켜 "성가신 쾌락주의자들"이라고 야박하게 불렀다. 하지만 그건 단지 그들이 얼음을 넣어 차게 한 와인을 고집했기 때문이었다. 식이요법에 대해 잘 아는 LSR의 의견에 따르면, 얼음은 와인의 맛과 색을 망가뜨리며, 잠재적으로 신체에 치명적인 영향을 끼쳤다. "저명한 주방들에서는 불에 얼음을 녹여" 고객들을 위험에 빠뜨리지 않는다.[59]

와인이나 사과주에 거품이 일도록 설탕을 추가하는 기술은 13세기부터 계속 사용되어왔다.[60] 하지만 거품이 이는 와인의 생산 방법이 주로 의존하는 파이닝fining(불순물이나 침전물 제거를 위해 또 다른 물질을 첨가하여 와인을 맑게 하는 방법)과 래킹racking(완성된 와인을 새 용기에 붓고 침전물은 남겨두어 제거하는 방법) 두 가지 기술은 18세기 이전까지 흔치 않았다. 동 페리뇽을 비롯해 샹파뉴의 와인 생산자들은 17세기 말부터 맑은 와인 수요에 대응해 파이닝 방법을 사용하기 시작했다. 래킹 방법은 1730년경부터 와인에 관한 논문들에 등장하기 시작했다.[61] 두 기술 모두 많은 시간과 추가 비용이 필요했으므로, 거의 최고급 와인 생산에만 사용되었다. 1718년 《샹파뉴의 포도 재배 방식Manière de cultiver la vigne en Champagne》에서는 "샹파뉴보다 더 나은 지하 저장고가 있는 곳은 세상 어디에도 없다"라고 확고하게 주장했다.[62] 샹파뉴 와인에 대한 이와 같은 보증은 16세기 귀족 영주들이 아이의 와인을 찬양했던 것처럼 그 기원부터 샴페인을 따라 한 홍보활동의 일환으로 보인다.

현실적으로 샴페인의 등장을 저지한 제3의 문제가 있었다. 18세

백악질 동굴을 와인 숙성용 저장고로 개조한 모습. 오른편
을 보면 와인병들이 거치대에 진열되어 있다.

기 이전 대부분의 와인은 커다란 나무통에 저장되어 운반되었고, 술
집 주인에 의해 주전자로 잔에 옮겨지거나 소비자에 의해 병에 담겼
다. 나무통에 담긴 와인이 상하기 전에 다 팔 수 있던 술집 주인들에
비해 상류층 구매자들은 더 적은 양을 소비했으므로, 부유한 고객들
은 와인을 병에 담아 팔기를 요구했고, 특히 더 쉽게 변질되는 화이
트와인에 대해서는 반드시 병입을 요구했다.[63] 멋스럽고 부유한 상
류층 소비자들의 요구를 따라, 거품이 이는 와인을 병에 담아 팔기

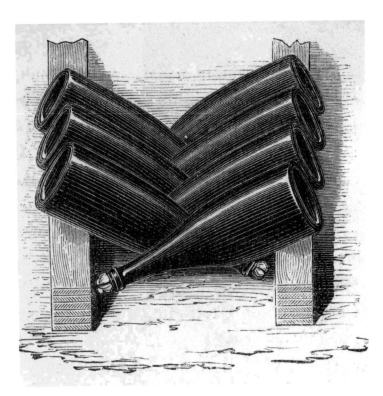

마지막 발효 과정을 위해 거치대에 놓인 샴페인 병들

위한 환경이 완전히 조성되었다. 2차 발효 이전에 와인의 병입이 완료되자 발포성(무쇠mousseux) 와인이 탄생했다. 이처럼 거품이 이는 샴페인은 와인 생산자들이 의도한 결과물이 아니라, 와인을 나눠 담고 보관하는 더 쉬운 방법에 대한 소비자 요구에 따른 부산물이었다. 1728년 샴페인 생산자들은 왕의 칙령에 의해, 그때까지 불법이었던 병입 와인의 운송을 허가받았다. 이 기념비적인 변화로 와인을 인근 항구도시까지 운송하는 것이 가능해졌고, 거기서 다시 영국

해협과 대양을 건널 수도 있게 되었다. 이 법령 하나 덕분에 샴페인이 무역의 세계로 나아갈 수 있는 길이 열렸고, 이로부터 샹파뉴의 와인 생산자들은 "엄청난 가치 증대"를 이끌어냈다.[64] 1730년대 동 페리뇽의 수도원과 주변 지역은 수천 병의 와인을 비축하고 "병입 와인 생산의 중추"가 되었다.[65] 병입된 거품 와인 생산으로의 전향은 유리병 파손에 의한 손실 때문에(혹은 그러한 손실에 대한 두려움 때문에, 와인 유통업자들은 병입 와인에 반대했고 그래서 유리병의 취약성을 과장했으므로) 더디게 진행되었다. 하지만 실제로 발효로 인해 와인병이 파손되는 일은 불규칙하게 일어났고 예상보다 드물었다. 1765년부터 1789년까지 지속된 와인 저장고 기록에 따르면, 와인병 파손이 발생한 해는 다섯 해에 불과했다.[66] 1770년대에 이르면 와인 상인들은 이미 와인 생산자들로부터 직접 와인을 구입해 스스로 병입하기 시작했고, 19세기에는 와인 상인들이 샹파뉴 와인의 병입과 판매를 지배하게 되었다.

와인 구입과 운송에 관해 현실적 권고를 제시하던 무역 일간지 《주르날 뒤 코메르스Journal du commerce》는 1750년대에 부르고뉴 지방의 와인에 초점을 맞추었으나 샴페인에 대해서는 짧게 언급하곤 했는데, 그중에는 나이 든 고객들은 부르고뉴 와인을 선택하는 반면 여성들과 젊은이들은 샴페인을 선호한다는 개괄적 설명도 포함되었다.[67] 18세기에 샹파뉴 지역의 보통 레드와인은 프랑스 전역에서 엄청난 양으로 유통되는 저급 테이블 와인과 경쟁할 수 없었다. 하지만 거품이 이는 화이트와인이 상류층에서 유행했고, 결국 옛것은 새로우면서도 꾸준한 것에 밀려나고 말았다. 라 바렌의《궁정의 저녁식사Soupers de la cour》(1755)에 실린 다섯 가지 요리법에서는 구체적으로 '뱅 드 샹파뉴vin de Champagne(샹파뉴 와인)'를 요구했다. 18세기에 샴페인은 누벨 퀴진에서, 19세기에는 여러 축하 행사에서 널리 사용되었다. 그런 영광된 자리에 이르고자 샴페인 생산자들은 2차 발효 기술을 시용하는 샹파뉴 지역의 천연 제품으로서 와인의 정체성에 법적 지위를 부여하고자 노력했다. 발포성 와인의 발명가라는 동 페리뇽의 신화는 1821년 오빌리에 수도원 출신의 전직 수사에 의한 판촉 활동에서 표면화되었다.* 샴페인 생산자들은 1889년 파리 만국박람회에 참가해 삽화가 들어간 팸플릿을 나누어 주었는데, 여기에 페리뇽의 이야기를 싣고 페리뇽을 "발포성 와인의 아버지"라고 칭했다. 샴페인 생산자조합의 노력으로 1870년대에는 와인 라벨에 각 포도밭의 이름이 아니라 '샹파뉴'가 올라가게 되었다. 이러한 전략은 이 제품에 대한 설명을 지역 특산물로 통일하고, 지역 내 몇몇 포도 재배자들로부터 와인을 구해 사용하는 샴페인 생산자들을 가짜라고 매도하는 비난으로부터 보호했다. 정부의 보호를 얻기 위한 노력에서 동 페리뇽 이야기는 샴페인의 "거룩한 기원"으로서 유용하게 쓰였으며, 본래 귀족적인 경박과 퇴폐에 결부되어 있던 이 음료에 정당성을 부여하는 데 기여했다.[68] 샴페인이 수도원의 금욕주의와 관련 있다는 것은 동 페리뇽 이야기만큼이나 타당하지

---

*　오블리에 수도원의 수사였던 동 그로사르Dom Grossard가 동 페리뇽을 전설적인 인물로 만드는 데 크게 기여했다. 동 그로사르의 글에는 동 페리뇽이 샴페인을 처음 마시고 "나는 지금 별을 마시고 있다"라고 말했다거나, 코르크 마개를 처음 만들었다거나, 이른바 블라인드 테이스팅을 통해 맛본 와인이 어느 밭의 포도로 만든 것인지 맞출 수 있었다는, 확인할 수 없거나 사실과 다른 이야기들이 실려 있다.

루이 토쟁Louis Tauzin이 그린 뤼나르 샴페인 홍보 포스터(1914). 샹파뉴 지역의 백악질 동굴인 와인 저장소를 특징적으로 표현했다

않지만, 19세기 이래 거품이 이는 와인은 사회적 지위의 상징이 되었고, 1893년 개업해 "샴페인의 사원"이라 불린 막심Maxim's* 같은 파리의 레스토랑에서 정찬을 드는 상류층 사람들에게 받아들여졌다.[69]

통조림

좀 더 시간이 지난 후, 발효를 막기 위한 하나의 혁신이 프랑스를 유명하게 만들고 세상에 새로운 기술 용어를 선사했다. 바로 '아페르법'이다. 이 기술로 보존된 음식은 프랑스 탐험가들을 위해 머나먼 북극까지 운송 가능할 만큼 용기 안에 밀봉되어 안전하게 보관되었다. 당과 전문가 니콜라 아페르는 소독한 유리그릇을 물속에 넣고 열을 가해 진공 상태로 만드는 기술을 고안해냈다. 그는 진공 상태를 얻기까지 유리그릇에 열을 가하는 데 필요한 시간을 정확하게 측정했다. 그는 이 새로운 기술을 사용해 파리 근처의 작업실에서 보존용 음식을 조리했고, 1802년부터는 시내에 있는 자기 가게에서 이에 필요한 용품들을 팔았으며 1807년에는 프랑스 해군에도

---

* 1893년 파리 8구에 문을 연 막심은 오늘날까지도 세계에서 가장 유명한 레스토랑으로 통한다. 초기부터 독특한 아르누보 양식의 인테리어 덕분에 이름이 났으며, 파리에서 가장 유명하고 비싼 레스토랑이 되어 문화·예술계의 유명인들이 거쳐가면서 프랑스를 대표하는 최고급 레스토랑이 되었다. 2차대전 이후로는 국제적으로도 알려져 뉴욕, 시카고, 도쿄 등에도 분점을 열었다. 막심이라는 이름 자체가 고급 브랜드가 되어 레스토랑만이 아니라 다른 상품들에도 적용되고 있다.

납품하기 시작했다. 몇 년 동안 자신이 만든 보존 식품들을 시험하고 유통한 후, 아페르는 천연산업장려협회의 추천으로 내무부에서 1만 2,000프랑의 상금과 함께 표창을 받았다. 프랑스 내무부에서는 상금을 준 데 대한 보답으로, 그리고 다른 이들의 유익을 위해서, 아페르에게 그의 기술을 공개하여 다른 이들과 공유할 것을 요청했다. 1810년 아페르는 자신이 발견한 기술을 책으로 출간했고 200부를 정부에 헌납했다.[70] 그리고 그 뒤로는 영국의 경쟁자들과 장기적인 전투를 벌였다.

《보존 기술L'Art de conserver》은 모두 7판까지 나왔는데, 초판에서 아페르는 "사회에 수많은 이점을 제공할 수 있는" 저렴한 음식 보존 방법이라는 자신의 목적을 매력적인 방식으로 펼쳐놓았다.[71] 그가 자랑스레 내세운 이 프랑스 기술은 음식 보존에 혁명을 가져왔다. 아페르법을 통해 보존한 콩은 신선한 콩에 비길 만한 부드러움과 풍미로 인해 미식가 그리모 드 라 레니에르에게 찬사를 받을 정도였다. 아페르에게 내무부의 상을 안겨준 것은 콩소메와 그 유명한 신종 완두콩으로 요리한 포토푀pot-au-feu* 통조림—완벽하게 부르주아적인 오찬—이었음에도, 그는 군대와 민간 병원에 음식을 공급해 해군 항해사들이 겪는 질병을 예방하거나 치료하는 데 도움이 되고 "자연이 각기 다른 나라에 은혜로이 베푼 식품들"을 수입하고 수출하는 세계적 무역이 프랑스 항구에서 용이하게 이루어지는 데 일조하기를 바랐다.[72] 영국 과학자들은 아페르의 기술을 유리보다 훨

---

* 채소를 우려낸 육수에 소고기와 채소를 넣고 오래 끓인 서민풍의 스튜.

씬 더 가볍고 덜 약한 주석 깡통에 적용하는 방법을 재빨리 고안해, 1812년 그에 대한 특허권을 가지고 최초의 통조림 회사를 열었다.[73] 아페르는 이에 대응하여 자신의 기술을 개선하고 프랑스 해군을 위해 주석을 입힌 강철 용기를 주문했다. 1824년 조제프 콜랭Joseph Colin은 아페르의 허가를 받고 그의 기술을 사용하여 정어리통조림 공장을 열었고, 1836년에 이르러 연간 10만 개의 통조림을 생산하게 되었다.[74] 1880년대 프랑스 대서양 연안에서는 매년 5,000만 개의 정어리통조림이 생산되었다.[75] 이전 시대의 라 바렌과 LSR이 여러 다른 소스들의 베이스로 쿨리와 캥테상스를 만들어낸 혁신을 따라, 아페르는 고기나 채소를 작은 알약 형태로 축소하는 방법을 발명했다. 이는 고형固形 부용의 시초 같은 것으로, 육수, 수프, 소스에 대한 프랑스인들의 지속적인 애착을 보여준다.

아페르는 또한 초기 형태의 파스퇴라이제이션pasteurization, 즉 저온살균법을 사용하여 와인, 맥주, 우유를 보존하는 방법을 실험했다. 이 방식은 1864년 루이 파스퇴르Louis Pasteur가 정확한 온도 측정을 통해 완성하는데, 이후 치즈의 세계에 엄청난 영향을 끼쳤다. 그밖에 또 하나의 혁신적인 유제품이 등장했으나 그렇게 성공을 거두지는 못했다. 1866년 나폴레옹 3세Napoleon III는 노동계층도 살 수 있을 만큼 더 싸고 군대의 배식에도 사용될 수 있도록 더 안정적인 새로운 지방 개발을 위한 경진대회를 열었다. 이폴리트 메주무리에Hyppolyte Mêge-Mouriés가 발명한 마가린은 렌더링rendering* 작업

---

*   지방을 정제하는 과정을 말한다.

한 소고기와 물 그리고 카세인*에서 나온 것이었다. 1869년 프랑스에 마가린이 도입되었지만, 소를 키우는 사람들과 버터 생산자들의 압력 때문에 마가린을 차별하는 조치들이 취해져 거의 성공을 거두지 못했다.

프랑스인들이 통조림 음식을 먹게 하는 데는 신중한 교육 캠페인이 필요했다. 그들은 깡통보다 유리병을 더 좋아했기 때문이다. 1871년 독일에게 패배한 뒤에야 나폴레옹 3세는 자신의 군대에 통조림 음식이 유리하다는 것을 이해했다. 통조림을 사용하면 군대는 자신이 먹을 음식을 가지고 다닐 수 있고 야전 식량을 차거나 따뜻하게 먹을 수 있기 때문이다.[76] 하지만 실제적인 이점들과는 상관없이, 통조림 음식이 쓸모가 있으려면 병사들이 그 음식을 먹으려고 해야 했다. 결국 프랑스 병사들이 통조림을 받아들이기 시작한 것은 건강에 이로운 점들에 대한 합동 교육이 이루어지고 그 맛이 조정된 뒤였다. 이를테면 그레이비소스 속 소고기에 당근을 추가해서 통조림 특유의 맛을 가리고 집에서 조리한 것에 가깝게 만드는 식이었다.

1차 세계대전 이전과 대전 기간에 프랑스 병사들을 위해 운영된 "미각 형성 학교"는 프랑스 남성들이 (즐기지는 않더라도) "산업적으로 변형된 식품"을 수용하도록 효과적으로 훈련함으로써 기업가들에게 그들 제품의 소비자 대중을 창출하는 기회를 부여했다.[77] 통조림 음식을 먹는 것이 습관이 된 병사들이 집으로 돌아오자, 알뜰한 주부들은 돈을 아끼려고 통조림 음식을 구매하기 시작했고 가정에

---

* 　포유류의 젖 속에 들어 있는 단백질.

서도 통조림 제품은 일상적인 것이 되었다. 물론 프랑스에서는 보존 식품이 널리 수용되지는 않았다. 강력한 농업 체계와 잘 정립된 운송망 덕분에 남부에서 북부로 농산물 수송이 가능했기 때문이다. 아페르의 가장 열렬한 찬양자 가운데 하나였던 그리모 드 라 레이니에르는 저서 《미식가 연감Almanach des gourmands》에서 아페르의 천재성이 프랑스에서 합당한 평가를 받은 적이 없음을 반복해서 알리고 있다.[78] 현대 프랑스 요리의 아버지 마리앙투안 카렘은 아페르가 과일과 채소를 겨울에도 제철인 것처럼 신선하게 보존할 수 있게 함으로써 요리 예술에 기여한 데 대해 국가 차원의 인정을 받아 마땅하다고 분명하게 말했다.[79] 하지만 아페르의 동포들은 대체로 아페르법으로 보존된 식품을 거부했으며, 이로 인해 아페르의 주된 업적은 군대의 배급 식량 보급과 해외의 프랑스인 식민지 개척자들을 위한 식량 공급 정도에 그쳤다. 1955년 아페르의 초상이 우표에 실린 것 이외에, 아페르의 유산이란 유럽의 식민지 개척에 직접 도움을 준 "제국적 기술"을 창조한 것이었다.[80] 익숙한 프랑스 음식들은 고향을 몹시 그리워하던 19세기 해외 식민지 개척자들의 핵심 관심사가 되어 있었다.

치즈

치즈보다 더 오랫동안 지속적으로 프랑스 음식을 상징해온 것은 없을 것이다. 여기에는 충분한 이유가 있다. 좋은 치즈에 대한 프랑스의 명성은 중세 이전에 이미 시작되었으며, 그때 이후로 치즈의 개량과 홍보는 계속해서 이어졌다. 플리니우스가 언급한 바 있듯이 로마제국 갈리아 속주의 치즈는 매우 성공적이었고, 중세 프랑스의 농민들(그중에서도 보통은 여성들)은 그 기술을 발전시켜 이제 프랑스와 반박할 수 없이 결부된 치즈를 만들어왔다. 외교관 질 르 부비에 Gilles le Bouvier가 1400년대 전반기에 저술한 여행기 형식의 지리 개요서 《제국 편람Livre de la description des pays》에서는 프랑스 각 지방의 특산물을 정리해 나열하면서 특별히 그 지방의 치즈들을 제시하고 있다. 프랑스는 이미 치즈의 종류가 많은 나라로 여겨지던 터였다. 치즈 제조 기술, 치즈를 만들고 먹는 요령, 그리고 최종 생산물을 존중하는 태도는 프랑스 특유의 것이다. 프랑스는 공인된 치즈의 유형만 1,500가지가 넘고, 법적으로 이름이 보호되는 치즈가 45개에 달하는데(이는 다른 어떤 나라보다도 많은 수치다), 그 치즈들의 가짓수보다는 "기술적 다양성" 때문에 더욱 주목할 만하다.[81] 지역주의가 한몫하지만, 프랑스에서 치즈란 기술과 과학과 전통이 함께 작용해 얻어진 결과물이기도 하다.

고전 자료들에서 언급되는 남부의 치즈 생산지들—님, 툴루즈, 마시프 상트랄Massif Central*—은 고대부터 소와 양들이 풀을 뜯던 곳으로 아마도 소젖으로 된 단단한 치즈를 만들었을 테고, 이 치즈가 "마시프 상트랄의 '라욜Laguiole' 치즈**나 '캉탈Cantal' 치즈***의 조상"이

---

*   프랑스 중부에서 남부까지 넓게 퍼져 있는 산맥과 고원

**   프랑스 남부 고산지역의 라욜이라는 마을에서 유래한 치즈. 소젖을 사용해 만드는 반경성 치즈이며 숙성기간은 6~12개월이다. 해당 지역 방언을 따라 라기올이 아닌 라욜이라 부른다.

***   프랑스 중부 오베르뉴 지방의 고산지역인 캉탈에서 소젖을 사용해 만드는 반

치즈 제조 과정을 묘사한 목판화

되었을 것이다.[82] 기후가 더 서늘하고 습도가 높은 북부 지역의 치즈 생산자들은 보관 온도와 통풍, 그리고 돌리거나 문지르는 것과 같은 물리적 처리에 의해 생긴 변화를 통해 수분 함량이 높고 부드럽게 잘 숙성된 몇 가지 유형의 치즈를 생산할 줄 알게 되었다. 습도가 적절하게 유지되면 치즈의 외피에 흰색이나 회색의 곰팡이가 핀다. 응유凝乳 효소로 응고된 염소젖 치즈는 염소가 살기 좋은 루아르 계곡의 환경에서 나왔다. 붉은 주황색 '박테리아층'이 잔디처럼 덮인 세척외피washed-rind 치즈*들은 중세 초기 수도원들에서 기원했다. 이들 수도원은 양과 소를 길러 젖을 얻었고 이를 숙성시키기에 완벽한 돌로 된 저장고를 갖추고 있었

경성 치즈. 보통 1개월 이상 숙성하는데, 숙성기간이 길수록 풍미가 강해지고 단단해진다.

* 숙성과정에서 치즈를 주기적으로 소금물이나, 포도주, 맥주 같은 효소를 지닌 다른 액체에 담금으로써 독특한 맛과 향이 나도록 만든 치즈.

을 뿐 아니라, 수도승들과 프로방디에들로부터 충분한 노동력을 확보할 수 있었다.[83] 수도원 주변의 땅을 경작하는 농민들 또한 자신의 가축들을 이용해 치즈를 만들었고, 그 치즈로 수도승들에게 십일조를 바쳤다. 더욱이 치즈는 베네딕토회 규칙을 고수하던 수도승들과 수도원 방문객들에게는 고기를 줄여야 한다는 식단의 요구사항에도 적합한 음식이었다. 중세 후기에는 치즈가 소화기관에서 음식물을 밀어내는 역할을 해서 고기를 빨리 내려보내기 때문에 고기가 인체에 나쁜 영향을 끼칠 가능성을 줄여준다는 의학적 조언이 나오기도 했다. 플라티나의 15세기 저서 《정직한 탐닉과 건강에 대하여De honesta voluptate et valetudine》에서는 식사의 마지막에 치즈를 먹을 것을 권하고 있으며, 이는 여전히 플라토 드 프로마주plateau de fromages*라는 전통으로 남아 있다.

중세에 등장한 기초적인 치즈들에는 855년 알자스 지방의 수도원에서 만들어진 묑스터Munster 치즈와 960년경 프랑스 최북단 마루알 수도원의 수도승들이 생산한 마루알Maroilles 치즈도 포함되는데, 두 가지 모두 '수도원' 세척외피 치즈로 불린다.[84] 수도원들이 수입원으로서 치즈 생산을 시작하자 수도승들은 이미 완벽하게 만들어내고 있던 신선한 치즈 외에도, 가열법과 압착법을 활용하여 운송 과정을 버틸 수 있는 수분이 적은 치즈들을 생산하기 시작했다.**[85] 마루알 치즈(비가열·비압착 치즈)는 명성이 높았으며, 필리프 오

---

* 　큰 쟁반에 여러 가지 치즈를 함께 내는 것으로 보통 식후 디저트용으로 나온다.
** 　가열과 압착을 통해 치즈의 수분을 제거함으로써 보관 기간을 늘릴 수 있고, 치즈의 경도와 조직에 변화를 줄 수도 있다.

잿가루를 입힌* 투렌의 생모르St. Maure (염소젖) 치즈

마루알 AOP (소젖) 치즈

* 치즈 생산자들은 오래전부터 응유와 치즈가 부패하지 않도록 보호하려는 목적에서 고운 잿가루를 입히곤 했는데, 특정 치즈의 경우 이것이 외피 형성의 한 과정으로 정착되었다.

귀스트, 샤를 6세, 프랑수아 1세, 루이 14세에게 높은 평가를 받았다. 하지만 1789년 마루알 수도원이 파괴된 이후 생산지 밖에서 마루알 치즈의 유통은 극적으로 침체됐다. 한때 왕들의 치즈였던 마루알은 18세기 들어서는 자극적인 풍미 때문에 노동계층과 결부되기에 이르렀고, 그 뒤로 이전의 지위를 회복하지 못했다.[86] 치즈 생산에서 수도원의 역할이 중단된 것을 비롯해 봉건 영지 경작에서 벗어나 소농 위주의 농업이 장기적으로 정착되어간 움직임은 프랑스의 치즈 생산 증대에 영향을 끼쳤다. 결과적으로, 부드럽게 숙성된 프랑스 북부의 치즈들처럼 농민들이 생산한 치즈들이 프랑스 전역으로 퍼져 나갔으며 프랑스 고유의 특산품이 되었다.

17세기로의 전환기에 세르는 프랑스가 아직 치즈를 정복하지 못했다고 말했다. '프로마주 도베르뉴fromages d'Auvergne(오베르뉴 치즈)'가 프랑스 전역에 잘 알려졌고 브르타뉴와 랑그도크는 "우유와 치즈가 풍부"했음에도 밀라노, 튀르키예, 스위스, 네덜란드에서 수입된 치즈들이 넘쳐나고 맷돌만 한 치즈들이 롬바르디아에서 운송되어 왔다.[87] 프랑스 중남부 오베르뉴의 캉탈에서는 응유 자르기 기술*을 사용해 오래가는 압착 치즈를 생산했는데, 이는 지중해 해안의 제염소에서 만들어진 소금이 로마시대에 건설된 도로를 따라 마시프 상트랄 지방까지 운송되어 치즈 생산자들이 소금을 충분히 사용할 수 있었기에 가능했다.[88] 세르는 프랑스를 대표하게 될 것으로 신선 식품이 아니라, 운송이 쉬운 산간지역 치즈 혹은 압착 치즈를

---

* 응유가 형성되면 두부를 자르듯 잘라서 응유 내부의 수분이 잘 빠져나오게 하는 기술

콕 집어서 언급했다. 콩테Comté 치즈와 캉탈 치즈 같은 산간지역 치즈들은 커다란 원통형으로 시장에 나왔던 반면, 연성 치즈들은 피라미드, 북, 통나무, 심지어 하트 모양에 이르기까지 다양한 형태와 크기를 자랑했다. 현실적인 이유들 때문에 산간지역 치즈 생산자들은 오랜 시간에 걸쳐 다수의 생산자에게서 모은 우유를 가지고 커다란 치즈를 만들어냈다. 이 크고 무거운 치즈 덩이들은 (캉탈 치즈는 평균 35~45킬로그램이고, 콩테 치즈는 최대 55킬로그램, 에멘탈Emmental 치즈는 90킬로그램 이상) 신선 식품의 공급이 불안정한 환경에서 장기간 생활을 유지할 수 있는 양식을 제공해주었다. 콩테 치즈는 알자스와 부르고뉴 사이 지역에서 13세기에 기원하였으며 (당시에는 그뤼에르gruyère 치즈라고 불렸다), 콩테 치즈를 홍보하는 이들에 따르면 이 치즈야말로 "의심의 여지 없이 네덜란드와 영국의 상인들을 통해 전 세계에 보급된 매우 다양한 가열 치즈들의 기원"이 되었다.[89] 이는 믿을 만한 이야기일 것이다. 콩테 지역은 1237년 설립되어 2006년에 민영화된 프랑스 최고最古 치즈 협동조합의 본거지였기 때문이다.[90] 하지만 이러한 주장 자체는 프랑스 음식에 관한 이야기에서 신화와 자기 홍보의 중요성을 말해준다. 프랑스 치즈 생산자들은, 그 주장이 사실이든 아니든, 세계 치즈의 출발점으로서 스스로의 위치를 자신 있게 확언한다. 샴페인의 경우와 마찬가지로, 한 이야기가 충분히 자주 이야기되고 나면 진정성의 외피를 쓰게 되는 법이다.

반면 부드럽게 숙성된 치즈들은 프랑스의 평야와 하천 유역에서 나왔으며, 공통의 '사부아르 테크니크savoir technique'*와 지역적 한계(동물 젖의 유형이나 기후 등)를 공유하는 개별 생산자들에 의해 제조되었다. 연성 치즈는 이미 9세기부터 생산되어왔지만, 프랑스에서 연성 치즈는 17세기에 여러 가지 경제적 변화로 인해 결정적인 시기를 맞았다. 이 시기에 개별 치즈 생산자들은, 한 세기 뒤에 장 프록 Jean Froc이 '죄 소시알jeu social(사회적 게임)'이라고 명명한 것에 자극을 받아서, 자신의 치즈에 각기 다른 형태와 이름을 부여함으로써 경쟁자들의 여러 치즈 사이에서 돋보이게 했다.[91] 하트 모양의 뇌프샤텔Neufchâtel 치즈가 대표적인 예다. 이 치즈는 소젖으로 만든 노르망디산 연성 치즈로서 유사한 여러 치즈의 기초가 되긴 하지만, 본래 12세기 노르만족 식민지 개척자들이 거래한 잉글랜드 치즈의 모방품이었던 것이 1700년에 이르러 그 하트 모양 때문에 유명해졌을 가능성이 있다.[92] 돌고래 모양의 마루알 치즈인 도팽dauphin**은 마루알 치즈를 높이 평가한 루이 14세를 기리는 의미에서 의도적으로 그의 후계자(르 도팽le Dauphin***)의 이름을 따서 명명한 것이었다. 이러한 왕실의 지지와 루이 14세 궁정이 일으킨 호경기 덕분에 연성 치즈들은 명성을 얻게 되었다. 부드럽게 숙성된 치즈들은 가정이나

프로방스 지방 쿠스텔레의 야외 시장에 놓여 있는 다양한 치즈. 조합에 의해 생산된 치즈들이 주를 이루는데, 장기간 숙성을 거친 큰 덩어리 형태가 공통적이다.

매우 제한된 지역에서 생산되고 소비되었다. 따라서 저장기한이나 운송에 대해 생각할 필요가 없었으므로 연성 치즈 생산자들은 새로운 영감에 개방되어 있었고, 다양한 치즈 형태가 등장해 급속히 확산될 수 있었다. 18세기 중반 파리 치즈 시장의 가격표에는 단 네 가지 유형의 치즈만이 목록에 올라 있는데, 가격이 높은 것부터 나열하자면 브리Brie*, 퐁 레베크Pont l'Eveque**, 도팽과 쾨르coeur(하트), 마루알 순이다.

* 파리 근교 라브리La Brie에서 이름을 따온 대표적 연성치즈. 외피는 희고 하얀 곰팡이가 가루처럼 묻어 있으며, 내부는 크림처럼 희고 부드럽다.
** 오늘날 노르망디에서 생산되는 가장 오래된 치즈이며, 퐁 레베크 마을의 수도승이 만든 것으로 전해지는 대표적인 외피세척 치즈. 외피는 황토색을 띠며 내부는 크림색으로 매우 부드럽다.

프랑스 북부 피카르디 지방에서 생산되는 도팽 (소젖) 치즈. 루이 14세의 상속자의 호칭을 따서 이름이 붙었다고 전해진다. 파슬리, 에스트라공, 후추, 정향으로 풍미를 더한 외피세척 치즈이다.

혁신적인 기술과 지형적 행운이 모두 작용해 프랑스만의 고유한 치즈들이 성공을 거둘 수 있었다. 우연히, 후대에 페니실리움 로크포르티Penicillium roqueforti라고 알려지는 균류가 로크포르 주변의 자연적으로 통풍이 되는 동굴들에서 자라났다. 그리고 바로 그곳들에서 소금을 많이 넣은 양젖 치즈들이 특징적인 푸른곰팡이를 키우는 데 완벽한 매개체가 된다는 사실이 입증되었다. 로크포르Roqufort 치즈에 관한 기록은 1070년으로까지 거슬러 올라간다. 당시에 이곳의 봉건 영주가 자신의 영지와 동굴을 콩크 수도원에 기부했다. 수도승들이 소작농을 들여오면서 치즈 생산이 확대되었고 1411년 샤를 6세가 내준 특허증 덕분에 치즈 생산자들은 오늘날까지도 유효한 독점권을 갖게 되었다. 철도망이 확장되자 로크

로크포르 AOP (양젖) 치즈

포르 치즈는 프랑스 전국은 물론 국제적인 차원에서 성공의 기반을 마련했다. 1840년 총생산량이 75만 킬로그램이었는데 1900년에는 650만 킬로그램으로 늘었다.[93] 로크포르 치즈는 1925년 원산지 명칭appellation d'origine을 받은 최초의 치즈가 되었으며, 이 지위는 1979년 법령에 의해 확인되었다.[94] 지형과 전통이 차별화된 치즈를 만들어내기에 적합하지 않았던 곳에서는 프랑스만의 새로운 혁신들이 해결책을 찾아냈다. 아키텐 지방은 피레네Pyrénées라고 하는 전통적인 양젖 치즈 한 가지만으로 알려져 있었는데, 1980년대에 대규모 산업 치즈 생산자들의 노력으로, 지역적 정체성과 계절성을 무시하고 산업성을 수용함으로써 광범위한 시장을 향한 새로운 치즈를 창조하는 현장이 되었다. 1984년 봉그렝Bongrain 그룹(사벤시아Savencia로 개명)에서는 경쟁사인 부르쟁Boursin에 맞서 타르타르

Tartare치즈(미국에서는 알루에트Alouette라는 이름으로 판매)와 더불어, 각각 양젖 치즈와 염소젖 치즈에 풍미를 첨가한 세브리놀Cevrinol과 시코탱Chicotin, 그리고 신종 염소젖 치즈 샤브루Chavroux, 이렇게 세 가지 새로운 치즈를 내놓았다. 이 치즈들은 영어로 '크래킹cracking' 이라 불리는 기술을 이용해 우유의 단백질과 지방을 분리함으로써 그 속성들을 조정한 것으로,[95] 이름이 제약회사를 떠올리게 하긴 하지만 기술적 혁신을 수용한 치즈들이었다. 샤브루 치즈는 부드럽고 매끈해, 잘 부서지는 전통적인 염소젖 치즈와 달랐으며 유통기한이 56일이나 되었다. 이들 중 오늘날까지 생산되고 있는 것은 샤브루밖에 없지만, 봉그렝/사벤시아에서는 여전히 산업적인 치즈와 버터를 국제적으로 생산하고 있다.

프랑스 치즈 생산에는 사회적·기술적 사부아르페르, 기량, 기교 모두가 고르게 필요하다. 하지만 프랑스에서는 치즈를 제대로 평가할 줄 아는 대중 또한 결정적인 역할을 한다. 산업적으로 생산되는 치즈가 어떤 이들에겐 '괜찮은지' 몰라도, 프랑스 치즈 생산자들은 현대화의 물결에 힘겹게 맞서 싸우며 비전祕傳의 치즈를 생산하는 전통 기술을 고수하고자 한다. 1,500종에 달하는 치즈 제조를 유지할 구실을 찾기는 실질적으로 불가능하며, 농산물과 식품 품질 기준 인정과 보호를 전담하는 정부 기관을 신설하고 유지하는 나라는 프랑스 말고는 생각하기 어렵다(본래 국립원산지명칭연구소Institut National des Appellations d'Origine로 설립되었고 여전히 INAO로 통칭되지만 2006년 이후 국립 원산지·품질 연구소Institut National de l'Origine et de la Qualité로 개편되었다). 2015년에만 이 기관에 2,300만 유로의 예산을 들였을 정도다. [국립원산지명칭연구소(INAO)와 원산지명칭통제(AOC) 제도에 대해서는 8장에서 자세히 다룬다.] AOC 규정은 세세하고 정확하며 계속해서 진화하고 있다. 1985년에는 '산山' 또한 별도의 보호 범주가 되었다. '산'이라는 라벨이 붙은 모든 제품은 고노 700미터 이상인 산간지역에서 생산된 것이어야 한다. INAO는 그 범위를 EU 국가들로 확대했으며, 다른 나라들 또한 유사한 원산지 표시 제도를 채택했다. 하지만 이 분야에서 첫째가는, 여전히 가장 열정적인 나라는 프랑스다. 프랑스 전역에 흩어져 있는 260개의 INAO 지점들이 전통 기술을 확인하고 보존하기 위해 활동하고 있으며, 이는 궁극적으로 식품 강대국 프랑스의 명성을 입증하고 유지하기 위한 것이다. 프랑스 음식과 서사라는 측면에서, 치즈는 매우 유용한 닻과 같은 역할을 한다. 치즈는 프랑스의 국민 정체성에 연결되어 있기 때문이다. 공유된 치즈의 역사는 (꾸며낸 것이든 아니든) 민족 집단의 구성원들을 하나로 묶는 유대의 끈으로 작용하며, 프랑스에서 "이 제품들을 국민적 유산으로 만드는 한 요소"가 되었다.[96] 모두가 함께 믿고 있는 이야기의 공명은 카망베르 치즈의 경우에 각별한 중요성을 갖는다.

뇌프샤텔 치즈와 리바로Livarot 치즈*는 카망베르 계열의 노르망디 농민들이 생산하는 치즈로서 오랜 역사가 문서로 남아 있다. 리바로 치즈는 1610년에 작성된 문서에서 언급되어 있고, 뇌프샤텔 치즈는 그보다 훨씬 더 이른 시기의 문서에 등장한다. 카망베르 치즈

---

*   소젖을 6~8주가량 숙성시켜 만드는 노르망디 지방의 연성 치즈다. 세척외피 치즈이며 숙성된 치즈의 외피는 주황색을 띤다.

는 토마 코르네유Thomas Corneille(유명한 극작가 피에르 코르네유Pierre Corneille의 동생)가 1708년에 쓴 글에서 처음 언급되었다.[97] 18세기 초에는 카망베르와 비슷한 연성 치즈들이 모두 하나의 포괄적 이름으로 알려졌겠지만, 19세기 중반 철로가 확장되고 과학에 근거해 경제적 결정을 내리게 되는 한편, 노르망디의 주부였던 마리 아렐이 1791년 카망베르 치즈를 만들어냈다는 신화적인 역사에 새로이 관심이 쏠리면서 카망베르 치즈는 산업 치즈에서 국가적 현상이 되었다. 사실 그대로의 역사를 보면 마리 아렐이 1791년에 카망베르를 '발명'했을 가능성은 조금도 없다. 다만 그녀는 지방의 치즈 생산자였는데, 그녀에 관한 이야기가 여러 해에 걸쳐 지역사회에서 유포되었다가 나중에 공식적인 전설이 되었다. 주목할 것 없이 평범했던 치즈에 지역의 역사를 결부시킨 것이 치즈가 넘쳐나는 이 나라에서 카망베르 치즈가 성공을 거두는 데 큰 역할을 했다. 1926년 한 미국인이 노르망디를 방문해 당시 프랑스 대중에게 알려져 있지 않던 마리 아렐의 동상을 세우자고 제안했을 때도 카망베르 치즈의 기원은 그렇게 눈에 띄지 않았다. 가장 널리 소비되는 치즈는 가장 특별할 것 없는 치즈이기도 했다. 카망베르 치즈는 역사라는 기반이 아니라 "상상의 영역"에서, 마리 아렐을 재발명함으로써 "그 나름의 개성을 획득했다."[98] 카망베르가 지배적 지위를 차지하게 된 첫 단계는 1860년대에 시작되었다. 파리-캉을 오가는 철로가 놓이면서 이 연성 치즈가 특히 파리의 레알 같은 대도시의 큰 시장들에서 유통될 수 있었다. 오주 지역에서는 농업 협동조합인 노르망디협회Association Normande의 재정 후원을 받은 과학자들이 우유로 치즈를 생산하는

카망베르 치즈의 숙성, 즉 알라주를 위해 마련된 별도의 공간. 공기 순환을 조절하기 위해 설치된 미늘창이 보인다.

것이 소를 길러 고기를 생산하는 것보다 단위면적당 수입이 더 많다는 것을 증명해 보임으로써 농장주들을 설득하여 목우牧牛에서 우유 생산으로 전환하게 했다.[99] 카망베르 치즈를 만들기 위한 기술적인 혁신은 크고 전문화된 생산 시설에 더 적합했다. 일관된 품질을 유지하기 위해 카망베르 생산에는 대량의 우유가 필요했고, 알라주 hâlage라고 하는 숙성 과정을 위한 별도의 건물도 필요했다. 이 건물에는 공기 순환을 정확하게 조절하기 위한 미늘창이 반드시 설치되

근대 말기의 카망베르 치즈 생산. 프로마제르fromagère(여성 치즈 생산자)가 국자로 직접 응유를 퍼담는 것이 전통적인 방식이었다. 금속 모양틀은 19세기에 이루어진 혁신이었다.

어 있어야 했다. 처음에 마리 아렐의 자손들(페넬Payne1 집안)은 전통 기술에 집착해 나무로 된 모양틀을 사용하고 자르거나 압착하지 않은 응유를 직접 국자로 퍼담았다. 또한 카망베르라는 이름을 오직 자신들의 치즈에만 배타적으로 사용하기 위해 투쟁했다. 결국 페넬 형제들은 더욱 믿을 수 있는 제품을 생산하려는 욕구에 이끌려 금속 모양틀과 목재 선반, 그리고 시판 응유효소를 사용하게 되었는데, 이 응유효소는 1876년 볼Bo11이라는 회사가 프랑스에서 처음 생산한 것이었다.[100] 전통적인 카망베르 치즈 장인들은 시장에서 경쟁할 수 없었고 결국 대부분 사라지고 말았다. 1890년 카망베르 치즈는 상표가 붙은 나무 상자에 포장되어 팔리기 시작했고, 이는 장거리 운송에도 품질을 유지하는 데 더 유리했다.

카망베르의 인기는 치즈 색깔에 변화를 가져오기도 했다. 이 치즈에 대한 수요가 늘어남에 따라 생산자들은 점차 더 멀리 떨어진 낙농장에서 우유를 가져다 써야 했고 운송에 장시간이 소요되면서 우유가 더 산성을 띠게 되었다. 이 때문에 치즈에 (이후에 페니실리움 카멤베르티Penicillium camemberti라고 명명되는) 회녹색이나 청색의 곰팡이가 생겼고, 19세기 내내 전체적으로 청회색을 띠면서 갈색 반점이 있는 것이 카망베르 치즈의 표준이 되었다. 1897년 파스퇴르연구소Institut Pasteur에서 진행한 연구를 길잡이로 삼은 낙농학자들이 숙성되어도 계속 순백색을 유지하는 브리 치즈를 만들기 위해 페니실리움 칸디둠Penicillium candidum을 분리해냈다. 1901년에는 치즈 생산자들이 카망베르 치즈 겉면에 이 곰팡이의 포자를 심기 시작했고 이로써 "현대적인" 카망베르가 탄생했다.[101] 마케팅을 위해 치즈를 시골풍으로 유지하는 것과 과학을 근거로 한 식품 위생 규정을 믿는 대중에게 제공하는 것 사이에서 갈등하던 카망베르 생산자들은 과학과 파스퇴르연구소의 공식 승인을 선택했다. 카망베르 치즈는 그 인기 때문에 산업적 생산이 촉진되었고, 노르망디의 주요 생산자들이 1차 세계대전 중 프랑스 군대에 이 사랑받는 치즈를 공급하기로 정부와 계약을 맺음으로써 더욱더 산업적으로 생산되기에 이르렀다. 수요를 맞추기 위해 브르타뉴, 로렌, 루아르 계곡의 우유 공급자들도 발을 들임에 따라 카망베르 치즈의 지역적 특성은 더욱 더 희석되었다. 하지만 그와 동시에 프랑스 병사들의 정신과 마음에 카망베르 치즈는 진정한 국민 식품으로 남았고, 병사들은 집으로 돌아간 뒤에도 카망베르 치즈를 요구했다.

카망베르 치즈를 어디에나 있는 보편적인 치즈로 만든 기술적 혁신은 지나치게 효과가 좋았다. 가장 산업화된 이 치즈는 지역적 특성을 모두 씻어버리고 프랑스 음식 이야기에서 고유한 자기 자리를 잃고 말았다. 그러자 노르망디 치즈의 대표자들은 마리 아렐을 가지고 카망베르 이야기를 회고적으로 다시 써서 프랑스의 상상계 속으로 밀어 넣고, "프랑스 국민의 근본 신화들 가운데 하나"를 창조할 태세를 갖추었다.[102] 이 이야기에 따르면, 마리 아렐은 오주 지방의 전통 방식으로 치즈를 만들고 있었는데, 마침 대혁명의 참상을 피해 그녀의 아버지 농장에 피신한 한 사제로부터 브리 치즈 만드는 법을 배웠다. 리바로 치즈의 모양틀과 브리 치즈의 기술을 사용해서 마리 아렐은 카망베르를 창조했고 그 방법을 자녀들에게 전수했다. 아렐의 손자 빅토르 페넬Victor Paynel은 1863년 한 기차역에서 나폴레옹 3세에게 카망베르 치즈를 진상했다. 전체가 사실은 아니지만 전적으로 거짓도 아닌 아렐 신화에서 카망베르 치즈는 새로운 국민국가의 탄생 시기에 태어나고, 사제와 황제가 등장하며, 궁극적으로는 구세계의 전통과 "농민 여인의 노하우"가 국가적 통일의 상징인 철도와 함께 통합된다.[103] 여성 치즈 생산자, 즉 프로마제르fromagère는 초기부터 드물지 않았고, 솜씨 좋은 프로마제르의 이미지는 추가적인 향수를 불러일으키기도 했다. 노르망디 치즈 생산자 연합은 카망

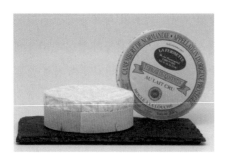

카망베르 드 노르망디 AOP 생우유 치즈

베르라는 상표를 되찾아 오기 위해 부활한 신화를 자신들의 것으로 삼아 마리 아렐을 위한 기념비를 세우고, 진짜 카망베르 치즈는 노르망디에서 만든 것이어야 한다고 홍보했다. 하지만 그들은 실패했다. 이로부터 한 세기가 지난 1983년이 되어서야 노르망디 지방의 우유로 생산된 치즈들에 대한 카망베르 드 노르망디Camembert de Normandie라는 원산지 표시에 AOC 지위가 부여되었다. 프랑스에서 카망베르 치즈의 90퍼센트는 산업적으로 생산되며, 공장에서 생산되는 카망베르 치즈의 경우 응유를 자를 때 기계가 사용된다. AOC 카망베르는, 비록 응유를 만드는 공정이 자동화되었더라도, 국자로 응유를 퍼담는 전통적인 방식으로 생산된 생우유 치즈에 한정적으로 부여된다. 여러 치즈 생산 기술을 도입한 것은 카망베르 치즈에 이롭고 요긴한 일이었지만, 궁극적으로는 후회스러운 일이 되고 말았다. 과거를 그리워하는 프랑스인들은 어린 시절의 카망베르 치즈—살균하지 않은 우유로 만들어 겉이 얼룩덜룩한 카망베르 치즈—가 사라지고 눈처럼 하얗지만 맛이 없는 산업적 카망베르가 그 자리를 차지했음을 애석해한다. 분명히 입증할 수 있는 프랑스 제품으로서 치즈가 인정받기 시작한 것은 17세기였지만, 장인이 만든 수제 치즈(그리고 다른 식품들)에 대한 보호는 명백히 20세기가 되어서야 실시되었다.

루이 14세 치세에는 기술적인 혁신과 그 혁신에 근간이 되는 이야기들을 통해 음식에 관한 프랑스의 우월성을 전면에 내세웠다. 프랑스 요리는 토양의 산물과 도시의 세련미를 동시에 끌어안았으며, 테루아르라는 새로운 개념을 도입했다. 루이 14세 시대에 정원의 기풍은 장엄하고 절묘하여, 예술적인 설정 안에서 유행하는 과일을 생산하고 자연을 군주의 의지에 굴복시켰다. 땅에서 나오는 채소와 과일이 도시 엘리트 계층에게 유행하며 매력을 유지하는 한, 그것들을 소비하는 것이나 직·간접적으로 재배하는 것이 더 이상 상류층이 하지 못할 일로 여겨지지 않았다. 에티켓 책과 식탁 예절은 젊은 이들에게 세련된 식사 자리를 통해 상류 사회 입장권을 획득하는 법을 가르침으로써 촌스러움을 피하려는 노력을 보여주는 징후였다. 출간된 요리책들은 프랑스인들의 요리 재능을 홍보하고, 요리에 관련된 프랑스어 용어들을 새로이 창조했으며, 귀족 집안에 속하지 않은 이들 또한 세련된 식사 습관을 갖출 수 있게 해주었다. 1635년 아카데미 프랑세즈가 설립되면서 지식인들은 파리 언어를 모범으로 삼아 프랑스어를 정화함으로써 지방 방언들과 달갑지 않은 시골의 영향을 없애려 했다. 세르는 파리에서 멀리 떨어진 시골에서 식물과 토양의 조화로서 테루아르 개념을 이끌어냈지만, 1690년 앙투안 퓌르티에르의 《보편 사전》이 출간되자 테루아르는 식물에 스며든 토양의 특성을 의미하게 되었고, 이는 세르로부터 멀어진 변화였으며 프랑스 찬가를 노래할 추가적인 계기였다.[104] 과학과 기술에 의해 추진된 혁신 덕분에 프랑스는 미식의 세계에서 이름을 날렸다. 치즈와 샴페인, 통조림으로 보존된 음식들은 프랑스 영토와 끊을 수 없는 끈으로 연결되었으며, 또한 프랑스인들의 사부아르페르를 확정하는, 일반적으로 수용된 신화들에 결부되었다. 프랑스가 탁월한 음식과 와인을 생산할 수 있는 흔치 않게 온화한 기후 덕분에 큰 이익을 보고 있다는 생각이 수용되었고, 이러한 생각은 음식을 만들고 차리는 프랑스인들의 탁월한 재능에 대한 강렬한 믿음과 짝을 이루어 프랑스 국민의 긍정적 자질들을 프랑스 토양에 연결시켰다. 테루아르의 새로운 수사적 용법은 프랑스의 풍요로움을 그 토양에 연결했을 뿐 아니라, 지상의 어느 민족보다 우월하다는 프랑스 국민과 이어주었다.

몰리에르, 《서민귀족》(1670)[105] 4막 1장

도리멘[106]: 우와! 도랑트, 정말 대단한 식사로군요!

주르댕: 부인, 지금 농담을 하시는군요. 부인께 대접할 만한 것이 못 되어 아쉬울 따름입니다. [모두가 식탁에 앉는다.]

도랑트: 주르댕의 말이 옳습니다, 부인. 주르댕은 집안의 주인 노릇을 아주 잘함으로써 제가 깊은 의무를 짊어지게 한답니다. 저는 이 식사가 부인께 대접할 만한 게 못된다는 그의 말에 동의합니다. 식사를 이렇게 차리도록 명한 이가 바로 저이고, 이에 관해 우리 친구들에게 있는 세련됨이 저에게는 없는 탓에, 부인에서는 여기에서 요리의 교향곡을 찾지는 못할 것이며[107] 어쩌면 미식의 부조화와 적절치 못한 맛을 느끼시게 될 겁니다.[108] 다미스가 관여했더라면 법칙들을 엄격히 준수했을 테지요.[109] 부인께서는 우아함과 박식함의 절묘한 조합을 알아보셨을 테고요. 다미스라면 자신이 내놓을 음식들에 부인께서 주목하시도록 하는 데 실패하지 않았을 겁니다. 요리라는 과학에서 그가 지닌 높은 역량에 부인께서 갈채를 보내시도록 했을 겁니다.[110] 또 다미스라면 화덕의 가장자리에서 갈색으로 구워져 껍질이 균일하고, 그래서 치아 아래에서 섬세하게 바스러지는 것[빵][111]을 거론했을 겁니다. 벨벳 같은 풍미를 지닌, 약간은 덜 성숙하고 스스럼없지만 건방지지 않은 듯한 와인[112], 파슬리로 장식한[113] 양고기 한 짝, 그것보다 길지는 않지만, 희고 앙증맞고, 마치 혀 위에 놓인 아몬드 페이스트 같은 노르망디의 강변 송아지고기[114] 한 덩이, 놀랍도록 풍미가 좋은 소스[115]로 보완한 자고새[116], 그리고 최고의 승리를

위해 치커리와 섞은 흰 양파로 볏을 달고 진주 부용[117]에서 헤엄치는 새끼 새들[118]을 측면에 배치한[119] 어리고 살진 칠면조를 이야기했겠지요. 하지만 저로서는 제 무지를 인정할 수밖에 없습니다. 주르댕이 이미 아주 잘 말했듯이, 이 식사가 부인께 대접할 만한 것이 되었더라면 좋겠다고 바랄 뿐입니다.[120]

도리멘: 그럼 나는 내가 하는 대로 이 만찬을 꿀꺽꿀꺽 삼켜버림으로써 이 찬사에 응답하겠어요.

주르댕: 오! 정말 아름다운 손이로군요!

도리멘: 이 손은 보통 손이에요, 주르댕. 다이아몬드를 보신 거로군요. 그건 정말 아름답지요.

주르댕: 제가요, 부인? 제가 그것을 언급하는 일은 절대 일어나지 않기를 바랍니다. 그건 세상의 남자가 취할 행동이 아니겠지요.[121] 다이아몬드는 별것이 아닙니다.

도리멘: 당신은 기분을 맞춰드리기가 퍽 까다로운 분이시로군요.

주르댕: 당신은 너무도 친절하시고요…

도랑트: 자, 주르댕을 위해 와인을 듭시다. 또 권주가를 불러주어 우리에게 기쁨을 선사할 악사들을 위해서도.

도리멘: 훌륭한 음식에 음악만큼 곁들이기 좋은 양념이 없지요. 게다가 나는 지금 정말 훌륭하게 융숭한 대접을 받는 중이고요.

4장

프랑스대혁명과 그 결과

와인, 제빵, 정육

1790년 파리에서 국민의회는 '생존을 위한 네 가지 기본 필수품에 관한 협정'을 제정했다. 여기서 네 가지 필수품이란 밀, 정육, 목재, 와인이었다. 이 네 가지 품목을 둘러싼 이야기와, 정부가 그것들을 제공하리라는 관념이 대혁명 시대 프랑스 음식에 관한 이야기를 이룬다. 17세기에서 18세기 초까지 세련된 정찬을 완성하고 그것에 프랑스라는 이름을 붙여 전 세계가 동경하게 하는 단계가 지나고, 18세기 말에 이르자 프랑스 국민은 식품 공급과 공정한 분배 문제를 파고들기 시작했다. 우리가 상상하는 프랑스대혁명은 하나의 편리한 이미지, 일종의 가주어 같은 것이 된다. 하지만 혁명 중에 음식과 관련되어 일어난 사건들은 오래 지속된 갈등이나 전통에 그 뿌리가 있었거나, 1789년의 충돌 당시 여전히 변화를 겪고 있었다. 굶주린 농민들이 베르사유 궁을 습격해 빵을 요구했다는 기록은 역사적으로 확증된 어떠한 극적인 에피소드에도 남아 있지 않다. 피에 목마른 파리 시민들이 몰려나와 모든 백성이 닭고기를 먹을 수 있게 해주겠다는 앙리 4세의 약속*을 지키라고 요구했다는 내용 또한 어떠한 이야기에도 없다. 오히려 불안은 일련의 형편없는 정치적 선택, 홍수나 가뭄 같은 자연환경의 위기, 그리고 어떤 상황에서도 정부에서 충분한 음식을 정당한 가격에 제공하리라 기대했던 서민들과 결부되어 있었다. 적어도 《백과전서Encyclopédie》의 계몽사상가들에 따르면 이성이 그 시대를 지배했다. 그러나 (누벨 퀴진을 선보인 셰프들이 라구를 구식이라고 생각했듯이 계몽사상가들은 라구를 비논리적이라고 생각했음에도) 논의의 초점은 더 이상 식사의 논리에 맞추어지지 않고, 민중에게 식량을 조달하는 합리적 체계에 맞추어졌다. 이후에 더욱 명백해지겠지만, 프랑스 음식은 이성과 감정에 좌우되는데, 때로는 동시에 둘 모두에 좌우된다.

대혁명 시기는 프랑스 식생활에 심각하고 중요한 변화를 일으켰다. 1715년 이후 프랑스에서는 인구가 전체적으로 크게 늘었고, 특히 도시 인구는 전례 없이 빠르게 증가했다. 따라서 비농업 지역들에서 식량 수요가 생겨났으며 이는 지역 농장과 지역 소비를 기반으로 형성된 프랑스 식량 체계를 압박했다. 와인 생산 지역의 시골 농민들이 곡물 생산에서 포도 재배로 돌아서자, 최종적인 곡물 생산량이 줄어 곡물 부족 사태가 주기적으로 발생했다. 그 밖에 다른 지역에 든 흉

---

* 신·구교 분열을 봉합하며 부르봉 왕가를 연 앙리 4세는 종교전쟁으로 피폐해진 백성에게 적어도 일요일에는 모두가 닭고기를 먹을 수 있게 하겠다고 약속했다고 한다.

년 때문에 국가 전체에서 생계가 위태로워졌다. 사실 17세기에는 기아가 더 만연했고 더 파괴적이었다. 하지만 18세기 프랑스에서는 인구학적 요소와 농업적 요소가 대혁명의 불길을 타오르게 할 철학적 위기를 일으켰다. 파리는 식량 분배와 소비의 중력重力으로 작용했으며, 그 배후지들을 수도에 봉사하는 곡물과 와인 공장으로 바꾸고 프랑스 농업의 근대화를 원거리에서 빚어냈다. 빵 산업의 규제에 낯설지 않은 프랑스 관료들은 프랑스 사람들이 질 좋은 빵을 정당한 가격에 구할 권리가 있다는 중세의 신조를 유지하고자 애를 쓰면서, 소비자와 생산자를 보호하는 규정에 대한 상충되는 새로운 요구도 다루도록 요청받았다. 그런데 사람들은 빵만으로 살지 않으려 했다. 식량에 대한 동등한 접근권을 보존해야 한다는 주장들이 일면서 고기와 와인에 대한 규제가 형성되었고, 이는 파리의 발명이기도 한 레스토랑들이 자리를 잡는 데도 영향을 끼쳤다. 빵반죽을 만들기 위한 밀가루, 빵을 굽기 위한 장작, 생활을 위한 와인, 수프를 끓일 고기. 바로 이것이 18세기 말 프랑스 시민들이 요구한 것이었다. 이러한 요리 재료들은 전원적이고 분열되어 있던 프랑스가 도시 성향의 근대 국가로 이행하는 과도기에 프랑스 국민 개개인의 일과 여가의 형태를 구성했다.

도시화는 지방에서 농업의 변화를 강제했고 결국엔 대규모 개방 경작지를 개발하게 했다. 잉글랜드에 비하면 프랑스에서는 농장 체계의 근대화가 늦었다. 하지만 나무가 우거지고 울타리가 쳐진 목양지에서 벗어나 넓게 트인 경작지를 선호하게 되는 변화로 인해 프랑스는 증가하는 도시 인구의 욕구를 충족시킬 수 있었다. 브르타뉴의 생말로에서 스위스의 제네바를 잇는 사선을 기준으로 프랑스 북동부 지역은 수목을 제거하고 새로 개간한 땅 덕분에 대량 생산과 단일 곡물 생산 방식으로 이동하면서 프랑스의 주요한 농업 생산지가 되었다. 18세기의 프랑스 군주정은 개방 경작지 개념이 널리 퍼져 있던 북동부에 우편 도로를 빽빽하게 건설함으로써 이러한 변화를 뒷받침했다. 농업 경작지가 여전히 수풀과 울타리로 둘러싸인 목양지로 나뉘어 있던 남부에 비해, 프랑스 북부는 상업적으로나 경제적으로 훨씬 더 유리해졌다.[1] 기존의 와인 생산 지역들은 특히 대규모 곡물 생산에 저항했다. 프랑스 농업은 북동부의 광대하고 도시화된 곡물 지역들과 남부와 서부의 산업화되지 않은 와인 지역들로 지속적으로 나뉘어 발전했다.

와인 생산 지역들에서는 포도 재배로 얻는 수입이 곡물 재배로 얻는 수입을 능가했다. 18세기에는 더 많은 농민 생산자들이 소규모 토지에서 농사를 지었다. 포도밭이 엄청나게 증가하자 프랑스 정부에서는 1725년과 1731년에 신설 포도밭을 불법화했다. 너무 많은 토지가 포도밭으로 변하면서 곡물 부족 사태가 초래되었기 때문이다. 샹파뉴 포도밭은 대부분 상당히 최근까지도 소규모 생산자들이 소유했는데 포도밭이 지나치게 세분된 것 또한 18세기로 거슬러 올라간다. 당시에는 "프랑스 전역의 농민들과 마찬가지로 샹파뉴의 농민들에게도 가장 작은 땅이라 하더라도 땅을 소유하는 것이 집안의 최우선 사안이었다."[2] 이미 17세기 말에 전국의 와인 생산량은 적어도 25퍼센트 증대되었다. 이는 도시들의 성장과 그에 따른 와인 수요의 증가에 따른 것이었으며, 그 과정에서 이전에 금욕적이었던 하층 노동자들도 와인을 마시게 되었다. 남부 와인 지역의 주민들은 도시 주민들보다 더 많은 와인을 마셨다. 보통의 파리 시민이 1년에 와인을 155리터 마시고 앙제의 가난한 주민이 1년에 40리터를 마셨던 데 반해, 랑그도크의 농민은 하루에 1~2리터를 마셨으니 1년에 550리 터에 달하는 와인을 마신 셈이었다.[3] 그보다 생산성이 떨어지는 와 인 지역의 농민들은 아마도 자신이 와인을 마셔 없애버리기보다는 내다 팔기를 더 좋아했을 것이다. 루이 14세 시대에 도시 하층민들 은 와인을 정기적으로 마셨지만 시골 농민들은 거의 마시지 못했다. 그러나 18세기가 진행되는 동안 이러한 차이는 차츰 흐릿해졌고 19 세기에 이르러서는 완전히 지워졌다. 대혁명 이전에 도시화가 확대 되고 도시의 생활 수준이 향상되면서 한편으로 시골에서 토지에 포 도나무를 심기가 더 쉬워졌다는 사실은 이전에 배제되었던 인구집 단들이 "막대한 와인 소비"에 참여하기 시작했음을 의미했다.[4] 새로 운 소비자들과 다른 나라들의 수요는 기성 와인들에도 변화를 가져 왔고, 부르고뉴(코트 드 본Côte de Beaune)는 단순하고 가벼운 레드와인 에서 더욱 잘 숙성된 깊은 와인으로 이동했다.[5]

　도시인의 음주가 모두에게 개방되는 문화적 변환의 산물로서 갱 게트guinguette라는 술집이 있었다. 도시 변두리에 있던 이 술집들은 와인 판매상들이 상대적으로 질 낮은 와인을 팔 수 있고 노동자들은 몇 푼 안 되는 돈으로 음식을 먹고 와인을 마실 수 있는 공공 장소가 되었으며, 모든 계층이 공공재에 접근할 수 있는 지점으로서 대혁명 의 수사修辭에서 일부를 이루었다. 1790년경 포위된 파리의 교외 지 역에서는 적당한 가격의 "뱅 드 비뉴롱vin de vigneron(포도 재배자의 와인)"이 사람들에게 위안을 주었다. 빵과 음식이 부족할 때 노동자 는 "와인으로 벌충한다. 그는 와인을 양분으로 삼고 와인은 그를 위로한다"고 했다.[6] 18세기에는 공정한 식량 공급이라는 철학이 와인과 빵에 관한 규제를 물들였지만 그 방식은 이전과 조금 달랐다. 중세 이래로 빵 가격을 책정하는 논거는 언제나 빵과 곡물이 공공재이기 때문에 상인들과 공급자들의 시장 조작을 막는 보호책을 통해 정부가 공급해주어야 한다는 것이었다. 18세기에 프랑스 정부는 식량 부족에 따른 폭동을 피하고자 했으며 도시 소비자들을 보호하는 데 법적 강제력을 동원했다. 자유주의 정치인들(혹은 중농주의자들)은 열린 시장에서 일어나는 상거래는 투명해야 하며 어떠한 규제도 필요하지 않다고 주장하면서 보호주의 모델에 반대했다. '먹을 권리'에 대한 주장은 와인에는 적용되지 않았고 와인 부족에 따른 폭동은 전혀 기록된 바 없다. 하지만 와인 생산자들은 오래도록 구호가 되어 왔던 "정당한 가격"을 들먹이며 네고시앙négociant(교섭자)이라 불린 와인 브로커들에 맞선 법적 개입을 요청했다. 이 브로커들은 파리 내 와인 공급의 숨통을 쥐고서 (와인 생산자들에 따르면) "시장에서 생산자들의 지위를 위태롭게 했다".[7] 질 좋은 음식에 대한 공정한 접근이라는, 시민과 종교와 정치에 근거한 이상은 대혁명 시대에 계속해서 크게 울리는 외침이 되었고, 프랑스 시민들에 의해 간섭주의적이고 분배적인 경제 관념에 광범위한 영향을 끼쳤다.

대혁명 직후 당국에서는 수도원과 왕실 그리고 외국인 이주민이 소유하고 있던 포도밭들을 국가에 속하는 '국유 재산biens nationaux*'으로 삼아 모두 매각했다. 이렇게 해서 이 광대한 토지들

---

* 국가가 소유한 재산이라는 일반적 개념이 아니라, 프랑스대혁명 기간에 정부가 교회와 왕실을 비롯한 반혁명 세력으로부터 몰수해 국가에 귀속시킨 재산

이 개인 소유가 될 수 있었다. 지리학자이자 역사학자인 로제 디옹 Roger Dion은 19세기 중반 프랑스 포도나무들이 포도나무뿌리진디에 감염됨으로써 발생한 엄청난 재난이 대혁명 이후 프랑스 와인을 약화시킨 일련의 변화와 관련이 있다고 보았다. 교회의 포도밭들이 농민들에게로 넘어가자 와인 산업에서 "가장 완벽한 문화와 와인 제조 방법의 충실한 보존자들"인 일군의 엘리트 실무자들이 제거되었다.[8] 오스트리아, 잉글랜드, 네덜란드와 연이어 전쟁을 벌이면서 해외 무역은 붕괴했고 고급 와인 구매자들은 프랑스에서 멀어져갔다 (조건이 가장 좋은 해에도 생산이 어렵고 비용이 많이 들었기 때문이다). 뒤이어 성립된 입헌군주정에서는 처음 포도나무를 재배하는 곳에 저급한 포도 품종을 심지 못하게 하는 이전의 금지법을 다시 도입하지 않았다. 포도나무들이 포도나무뿌리진디에 감염되기 시작했을 때 최고급 프랑스 와인 생산은 이미 두 세기 동안 어려움을 겪은 상태였으며, 다만 "그 오랜 영광의 역사 때문에 정신력으로 유지될 가치가 있는 것이 되었기에" 이 재난을 견디게 된다.[9] 프랑스 와인이 어떻게 살아남았는지를 논하는 맥락에서 지리학 연구자가 정신력을 언급하는 것이 이례적으로 보일 수도 있겠지만, 프랑스 음식의 신화는 그 현실만큼이나 중요하다. (아비뇽의 교황들로부터 동 페리뇽에 이르기까지 음식에 결부된 이야기들로 뒷받침되는) 프랑스 와인의 긴 역사는 문서로 기록된 고급 프랑스 와인의 품질만큼이나 프랑스 와인이 살아남을 가치가 있었음을 입증한다.

을 말한다.

우리가 아는 간추린 프랑스 혁명사에서는 절박한 식량 공급 문제 중에서도 빵에 관한 우려가 중심을 차지한다. 도시 빈민층의 식단에서 빵은 너무도 중요한 자리를 차지했으므로, 정치와 식량이 중첩되었던 당시 수도에서 '빵 문제'는 마땅히 최우선 정치적 이슈가 되었다. 1789년 파리에서는 빵이 평균적인 개인이 섭취하는 열량의 절반과 식비의 6분의 1을 차지했다. 고기와 생선은 섭취하는 열량의 20퍼센트밖에 안 되었지만 남은 식비 6분의 5를 거의 다 차지했다.[10] 프랑스에서 생계에 반드시 필요한 것으로 여겨진 물품들(밀, 육류, 장작, 와인) 중에서 공포와 불안을 야기한 것은 불충분한 빵이 아니라 곡물 부족이었다. 도덕경제*의 전통, 곧 생계에 필요한 식량을 공정한 가격에 공급하겠다는 정부의 굳은 약속은 국민에게 적절한 공급 수준을 요구할 권한을 부여했다. 프랑스대혁명 시기에 발생한 곡물 파동들은 단지 식량에 대한 요구가 아니었다. 가장 기본적이고 필수적인 이 물품을 정부가 공정하게 분배하지 못한다는 것을 깨닫자 민중이 직접 곡물 분배에 나선 것이었다. 곡물 생산자부터 제빵사 그리고 부족 사태를 막지 못했다고 비난받는 정부 관료에 이르기까지, 불안이 이 체제 안에서 활동하는 모든 이를 건드렸다. 가부장주의를 기대하도록 훈련된 프랑스 시민들은 그들을 제대로 보호하지 못한 데 대해 정부를 크게 질책하고, '공정한 가격' 체계를 유지하는 책임을 스스로 짊어졌다. 그들은 '민중의 가격결정taxation popularie'이라는 방식에 따라 곡물이나 빵을 몰수해서 공정한 가격에 팔고 수익

---

* 단지 물질적인 측면에서가 아니라 도덕적·정신적인 측면에서 바라본 경제, 혹은 도덕적·정신적인 요인이 중요하게 작용하는 경제를 말한다.

금을 본래 소유주에게 돌려주었다. 17세기 말(1693~1694, 1698) 참담한 기아가 발생한 뒤에 식량 폭동이 일어났고, 이러한 사건들은 18세기에도 정기적으로 계속 이어졌다. 식량 폭동은 두 가지 형태로 발생했다. 하나는 도시에서 일어나는 시장 폭동으로, 빵에 높은 가격을 매기는 제빵사들이나 공급 조절을 제대로 하지 못한 정부 관료들을 겨냥했다. 다른 하나는 시골 지역에서 일어나는 앙트라브 entrave(족쇄)라는 폭동으로, 비축된 곡물을 탈취해 판매함으로써 지역 차원에서 곡물 공급을 유지했다.[11] 1775년에 일어난 폭동들은 대체로 앙트라브에 해당했으며, 이후 수년 동안 이런 형태의 폭동이 점점 더 흔해졌다.

빵 폭동들과 1775년의 밀가루전쟁은 당시의 정치적 격변과 불가분의 관계였지만 대체로 도시에 국한된 현상이었다. 18세기 중반의 급격한 인구 증가는 곡물 공급에 압력을 가했고, 파리는 "괴물 같은 밀 포식자"가 되어 있었다.[12] 와인과 고기가 그러했듯이, 곡물 가격 조정이 실패한 데는 지리적 요인이 있었다. 파리는 절대 충족되지 않는 식욕을 지녔고, 나머지 나라 전체의 자원들을 빨아들이는 배수관처럼 작용했다. 레날도 아바드Reynald Abad가 앙시앵 레짐Ancien Régime에 대한 방대한 연구서에서 결론 내렸듯이, "왕국 내에 파리에 대한 식량 공급에 참여하지 않는 지방은 하나도 없었다".[13] 파리는 곡물 가격을 결정했고 수도를 위해 내부 시장을 개방하도록 강하게 요구했다. 시골 지역들에서 파리로 향하는 곡물 유통이 늘어나면서 지방 경제에서 국가 경제로의 이행에 대한 반감도 늘어났으며, 농민들이 조세 부담을 감당하느라 수확한 곡물 대부분을 팔고 빵(과 다른 농산물들)

을 사기 시작하면서 지방에서도 빵 수요가 더욱 늘었다. 더 많은 곡물이 파리로 향하고, (살 수 있는 곡물이 줄고 쓸 수 있는 밀가루도 줄어든) 지방 제빵사에게 몰리는 빵 수요는 더 늘어난데다, 예측 불가능한 흉작이 닥쳐오자 빵과 곡물에 관한 시스템 자체가 붕괴했다. 두 가지 변화가 충돌을 부추겼다. 첫째, 당국에서는 빵 가격이 정해지는 방식과 곡물이 시장에 도달하는 방식에 대한 규칙을 개정했다. 빵의 무게를 고정해 가격을 세밀하게 조정하던 체계가 중세부터 발전되어 16세기에는 전국적으로 채택되었으나, 곡물 가격이 치솟는 시기의 파리에서는 이 체계가 유지되지 않았다. 1693년 기아가 발생했을 때 제빵사들은 빵을 더 작게 만듦으로써 그만큼 가격을 인상했다는 사실을 숨겼다.[14] 이후 파리 제빵사 길드의 압력으로 빵 가격은 상인들이 직접 결정하게 되었으며 일정한 한계 내에서 등락이 허용되었다. 소비자들은 노천 시장에서 일주일에 두 번 나오는 6리브르나 8리브르, 또는 12리브르 무게의 커다란 빵들을 기대할 수 있었다. 제빵사의 가게는 항상 좀 더 높은 가격에 빵을 팔았지만 보통 빵 종류가 더 다양하고 품질도 더 좋았다. 곡물의 공급 및 분배 메커니즘과 그것을 지배하는 정책들 또한 중세 시장 체계에서 기원했다. 18세기까지 곡물 판매자들이 공공 시장 밖의 다른 곳에서 곡물을 판매하는 것은 법으로 금지되었다. 곡물 판매는 우선 지역 내 개인 구매자들에게 이루어졌고, 그다음은 제빵사들과 상인들에게, 그리고 마지막으로 외부 상인들과 제분업자들에게 이루어졌다. 모든 곡물 거래가 공공 시장에서 이루어질 것을 요구하는 정책이 1723년 국왕의 선언으로 확정되었다. 하지만 이러한 정책은 시장을 자유화하려는 노력에 따라 1763년 철회되었고, (곧이어 복구되었다가) 1775년 빵 공급을 혼란에 빠뜨리게 된 일련의 정책 변화의 일환으로 완전히 폐지되었다.

이러한 '빵 문제'가 프랑스의 모든 부분을 동일하게 건드렸던 것은 아니다. 봉건제도에서 사유지 체계로 이행하던 초반에 농민들은 다른 지주들보다 훨씬 더 높은 비율로 자신들의 소유지에 집을 짓고 밭을 일구고 헛간을 마련했으며, 그 결과 매우 흥미롭게도 지주들보다 유리한 위치에 서게 되었다. 농민들은 곡물이 부족해지는 시기를 대비해 곡물을 비축할 수단을 갖게 되었고, 이는 18세기에 곡물 분배를 둘러싼 긴장을 가중시켰다.[15] 1789년 프랑스 전체 인구의 80퍼센트 이상이 농촌에 살고 있었고 농촌 인구는 계속해서 증가했다. 하지만 19세기 중반 제3공화국 시기에 이농離農 현상이 시작되면서 농업 생산은 심각하게 제한되었다. 하지만 시골 지역이 반드시 혁명 활동의 온상이 된 것은 아니었다. 시골 지역의 봉기들이 늘 영주 체제를 겨냥한 것도 아니었다. 때로는 세금이나 병역에 대한 항의이기도 했고, 곡물 부족 상황에 대한 반발이기도 했으며, 그 밖에 식량이 부족한 시기에도 교회에 바쳐야 하는 십일조에 대한 일반적인 저항이기도 했다. 1789~1790년, 개발이 크게 이루어진 프랑스 북서부와 동부(노르망디와 브르타뉴, 그리고 곡창지대)에서는 귀족에 대항하는 폭동들이 발생했다. 이 지역들은 국내 무역을 용이하게 하는 더 나은 교통 수단과 곡물 재배를 위한 더 많은 개활지로 이득을 보았다. 개활지는 성장과 다양화를 가능하게 해 코트도르의 와인, 노르망디의 소고기, 브리의 밀 같은 프랑스의 지역 특산물을 유명하게 만들었다. 하지만 편리한 교통 덕분에 먼저 이득을 본 지역들은 바로 그 편리한 교통으로 인해 지역 농산물에 대한 파리의 수요가 점점 더 늘어나, 다가올 곡물 위기에 휘말리게 되었다.

이 시기에 당국은 때때로 빵 가격 설정에 직접 관여하곤 했으나 곡물 가격에 대해서는 그러지 않았다. 이미 100여 년 동안 관리들은 곡물이 부족한 시기에 곡물을 사서 시장가격 이하로 팔거나 비축된 곡식이 시장에 풀리도록 명령하는 식으로 개입한 터였다. 따라서 곡물의 원활한 공급을 유지하기 위해 정부가 조치하리라고 기대했던 프랑스 국민은 18세기 들어 당국이 자유무역을 옹호하며 시장에 대한 개입을 철회하고, 특히 지역적 수요를 보장하기를 거부하자 폭력으로 대응했다. 1715년에서 1770년 사이에 일어난 곡물 폭동 중 절반 이상이 수도의 주요 곡물 공급 지역인 브르타뉴와 노르망디에서 일어났으며, 리옹, 샹파뉴, 알자스, 랑그도크에서도 비교적 규모가 작은 봉기가 발발했는데, 이들 지역은 모두 인구가 밀집되고 산업화가 두드러진 곳으로 경쟁적인 해외수출 수요와 끊이지 않는 파리의 곡물 수요를 떠안아야 했다.[16] 1760년대에 이르러 프랑스의 특정한 여러 '빵길breadways'(스티븐 캐플런Steven Kaplan의 용어)은 정당하고 합리적인 빵 공급을 기대하는 대중과 자유주의 경제 정책을 실행하려는 정부의 중농주의자들 사이에 충돌을 일으켰다. 중농주의자들(혹은 경제학자들économistes)*은 모든 시장 수수료와 길드의 특권에 반대했다. 그들은 자유경쟁을 통해 가격은 더 높아지지만 안정될 테고, 곡물 상인들이 이윤을 다시 땅에 투자할 터이므로 수확은 더 일정해지

---

*　　중농주의자들은 스스로를 경제학자라고 칭했다.

리라고 믿었다. 그 한가운데에는 길드원들, 즉 1271년 이래 정부 법령에 의해 보호받던 숙련 제빵사들이 있었다. 이들은 이제 공공연한 복수의 표적이 되었는데, 우선 그들의 가게와 시장 가판대가 (법에 의해) 누구나 쉽게 접근할 수 있었기 때문이고, 다음으로는 그들 자신이 생계에 가장 중요한 필수 품목의 공급을 조작하고 있는 듯 보였기 때문이다. 경제적 특권의 수혜자인 숙련 제빵사들은 혁명정신을 지닌 시민들과 자유주의 경제학자들 모두의 표적이 되었지만 그들의 특권은 난공불락의 철옹성이 아니었다.

제빵사들은 길드원이 아닌 행상들(포렝forain) 때문에 자주 손해를 봤으며, 국가에 의한 더욱 엄격하고 더욱 가시적인 통제 장치들에 종속되어 있었다. 하지만 상당한 경제적 권력을 지닌 제분업자들이나, 파리의 포부르 생앙투안Faubourg Saint-Antoine*에 있어 길드 규칙을 적용받지 않는 제빵사들은 그렇지 않았다. 18세기 후반 자유주의 개혁 이전에도 제빵사들의 길드는 "독점을 실행하는 데 있어 비참할 만큼 성공적이지 못했고" 길드 출신이 아닌 새로운 제빵사들과 길드에 속하지 않은 상인들 대다수가 숙련 제빵사들보다 더 많은 빵을 파리로 가져왔다.[17] 파리의 공인된 제빵사들에게는 중앙시장에 판매대가 하나씩 배정되었고, 그래서 제빵사들은 장이 열리는 날 충분한 양의 빵을 매대에 공급해야 한다는 공적 의무에 동의

---

* 옛 파리의 바스티유 성채 바깥 변두리 지역으로, 1657년 루이 14세는 이 지역에 거주하는 상인들과 장인들에게 요구되던 자격 요건을 면제하는 등 특혜를 베풀었다.

힐L. Hill, 〈알 오 블레* 내부〉(1809). 나트J.-C. Nattes의 원화를 모사했다.

했다. 아침 종소리를 듣고 제빵사들은 공통 가격(가격은 위기 상황에서
만 경찰**에 의해 고정되었다)으로 빵을 팔았으며, 고객들과 흥정을 하기
도 했지만 정오 이후에는 가격을 올리지 못했고 4시 이후에는 당일
최저 가격보다 낮은 가격으로 할인해서 팔아야 했다. 장날이 끝난
뒤에 판매상들이 빵을 집으로 가져가는 것은 허용되지 않았다. 빵의
비축을 막고 할인율을 높여 극빈층 사람들도 빵을 사 먹을 수 있게
하려는 것이었다. 하지만 이러한 제약의 배후에 있는 더 큰 철학은

---

*   파리의 밀 거래소.
**   대혁명 이전 프랑스에 오늘날과 같은 경찰 기관은 존재하지 않았지만, 절대왕
    정 시기부터 치안과 관련하여 오늘날 경찰보다 광범위한 업무를 수행하는 관
    리들이 대도시를 중심으로 존재했다.

빵이란 공공재라는 것, 그리고 일단 시장에 도착한 빵은 "더 이상 제빵사의 유보조건 없는 소유물이 아니라" 그것을 공정한 가격에 구매할 권한을 부여받은 소비자에게 속한다는 것이었다.[18] 제빵사가 시장 판매대를 양도하고자 할 경우에는 해당 사실을 2주 전에 당국에 고지해야 하고, 한 번 내려진 양도 결정은 영구적이었다. 빵 조사관들이 규정을 어기는 이들에게서 빵을 몰수할 권한을 지닌 것은 중세와 같았지만, 제빵사들이 빵의 양이나 무게 혹은 유형에 관한 기준을 지키지 못할 경우 받아야 하는 처벌은 훨씬 더 무거워졌다. 제빵사들은 길드에서 추방되거나 벌금을 내야 했고, 심지어 체벌을 당할 때도 있었다. 생필품 위기가 닥치면 왕의 군대가 빵 시장에 정기적으로 배치되었는데, 이는 빵 공급자보다는 빵 공급 자체를 보호하려는 것이었다. 하지만 상대적으로 풍요로운 시기에는 경찰의 권한 행사가 느슨해졌고, 좋은 빵들이 판매대를 채우고 있는 한 제빵사들에게 가격 결정 권한이 있었다. 정부 관리들이 보기에 빵은 경제적 상황이나 개인적인 형편에 상관없이 공급되어야만 했다.

위기가 닥쳤을 때 정부 관리들은, 1726년과 1740년대 그리고 1760년대 곡물 부족 사태에 했던 것처럼, 제조와 판매가 가능한 빵의 종류들을 지시하고 제빵사들에게 더 무거운 비-블랑bis-blanc(갈색-흰색 혼합)이나 비bis(갈색) 빵을 공급하도록 요구했으며 흰 빵은 불법화했다. 한편으로 정부 당국에선 빵이 유일한 영양공급원인 처지라 가격이 공정하고 소비기간이 긴 빵을 필요로 하는 가난한 이들을 보호하고자 했다. 하지만 다른 한편으로 자유시장 옹호자들은, 제빵사들은 소비자들이 원하는 빵을 공급해야 하며 웃돈을 주고 부드러운 빵을 사는 부자들은 덜 비싼 빵이 필요한 가난한 이들에게 사실상 보조금을 주는 격이라고 주장했다. 풍족한 고객들의 부드러운 빵에 대한 수요는 제빵사들이 일상적으로 규칙을 거스르게 했고, 행상들은 그러한 제약을 무시했다. 제빵사들은 갈색 빵에 대한 수요가 없다고 주장했고, 이윤이 남지 않으므로 갈색 빵을 만드는 데 공을 들이지 않았다. 구매자들은 시장에 나와 있는 팽 비는 형편없이 만들어져서 먹음직스럽지 않다며 불평했고, 그렇게 악순환이 거듭되었다. 빵이 없으면 케이크를 먹으라고 했다는 왕비 마리 앙투아네트의 (허구적인) 이야기는 아마도 갈색 빵을 만들길 거부한 파리 제빵사들에 의해 설명될 수 있을 것이다. 가난한 이들이 시장에서 팽 비를 찾을 수 없었다 해도, 마리 앙투아네트가 확실히 알았듯이, 희고 부드러운 팽 드 팡테지pain de fantaisie(환상의 빵)는 분명히 찾을 수 있었을 것이다. 빵이란 무겁고 거무스름하고 크고 단단한 줄만 알던 이들에게 희고 부드러운 빵은 케이크와 다를 바 없었을 것이다. 경찰은 제빵사 길드에 대해 무제한적인 권력을 행사하지는 못했으므로, 대혁명 이전 시기에는 관리 불가능한 체계를 관리하기 위해 당국과 전문 직업인들(제빵사, 제분업자, 곡물 상인) 사이에 밀고 당기는 협상이 이어졌다.

곡물 제분업자들은 제빵업계에서 제빵사만큼 중요한 역할을 했지만 세밀한 감찰을 덜 받았다. 이들은 파리의 밀가루 시장을 장악하고 18세기 파리의 1차상품 거래를 주도했다.[19] 파리의 중앙시장에서는 밀가루 거래를 위한 별관 건축 공사가 1762년에 시작되어 1766년에 완성되었고 1782년에는 건물 위에 돔 지붕이 추가되었다. 파리에서는 다른 도시나 나라들에 비해 이른 시기에 밀가루 거래가 이루어졌다. 18세기에 제분소들은 개인들과 계약을 맺고 곡식을 제분하던 데서 벗어나, 수요를 예측해 곡식을 제분한 뒤 개인 구매자를 배제하고 제빵사들에게만 판매하는 상업용 제분에 몰두하게 되었다. 그래서 1775년 벌어진 위기의 절정은 곡물전쟁이나 빵전쟁이 아니라 밀가루전쟁이라고 알려지게 된다.[20] 18세기 중반까지 프랑스의 대부분 지역에서는 개인들이 필요한 만큼 밀(또는 호밀이나 보리)을 사서 제분한 뒤 공동 화덕에서 빵을 굽거나 팡코시에 혹은 탈믈리에에게 맡겨 굽도록 했다. 그러다 곡물 거래가 급증하자, 도시 지역 시장에서 개인들은 점차 곡물 대신 빵을 구입했다. 가격이 높은 시기에는 이에 불만이 있는 고객들이 빵가게를 습격하기도 했고, 비축된 곡물을 훔치거나 파괴하고 질이 나쁜 밀가루를 불평하기도 했다. 중농주의자들이 완성품이 아닌 원재료에 초점을 맞춘 것은 패착으로 드러났다. 규제받지 않는 밀가루 거래상들이 빵 가격을 더욱더 높게 책정하도록 제빵사들을 밀어붙였기 때문이다. 곡물 가격이 높아지면 시장이 안정되고 빵의 질이 더 좋아지는 결과를 가져오리라 희망했으나, 그런 일은 실제로 일어나지 않았다. 제빵사들이 가장 크게 공격받았던 것은 사실이지만, 여론은 정부를 비난했고 곡물 투기꾼들은 그러한 여론이 퍼져나가도록 부추겼다. 막후에서 정부는 자유시장을 일으켜 세우기를 희망하며 차분한 태도를 유지하고자 했다. 예를 들어 1772년 노르망디의 루앙에서는 정부의 중개인들이 빵 가격을 낮출 수 있기를 바라며 길드에 속한 제빵사들과 상인들에게 직접 시장가격으로 비밀리에 곡물을 판매했다. 관리들은 일반 대중에게 곡물을 파는 것도 고려했으나 결국 거부했다. 더 많은 도시 소비자들이 빵을 직접 만들어 먹기보다 사 먹었으므로, 빵을 파는 이들에게 곡물을 공급하는 것이 경제적으로 더 큰 이득을 가져올 터였기 때문이다. 이러한 '모의 판매'는 대중의 분노를 일으킨 곡물 공급에 대한 직접적 조작과 그다지 자유롭지 않은 시장에서 곡물 조달자들의 불충분한 참여 사이에 생긴 구멍을 메꾸려는 시도였다.[21] 이 비밀스러운 곡물 공급은 공공의 이익을 추구했으나, 그럼에도 곡물 부족에 대비해 곡물을 비축하는 관행은 이후에 정부가 곡물을 쌓아둔 채 일부러 가격을 올리고 있다는 대중의 의심을 부추겼다.

1774년 루이 15세가 죽은 뒤 루이 16세에 의해 재정총감으로 임명된 자유주의적 개혁가 안 로베르 자크 튀르고Anne Robert Jacques Turgot는 1763년의 자유무역 정책을 복구하기로 결정했다. 하지만 그해에 곡물은 흉작이었고, 이전에 보호주의적인 곡물거래법이 해체되었을 때 발생했던 혼란에 대한 기억은 여전히 생생하게 남아 있었다. 당시 외부 상인들이 곡물을 비축해 곡물 가격이 치솟았던 것이다. 1774년 튀르고가 극적인 자유화 정책을 펼치면서 시장 외적인 간섭은 모두 한동안 정지되었다. (때로는 곡물로 지불하던) 시장 수수료와 시장 진입료가 폐지되자 정부는 비상 공급 물량에 접근할 수단을 전혀 갖지 못했고, 곡물 거래상들을 유인하기 위한 면세 혜택이 없어지자 단시간에 여러 지역에서 곡물이 부족해졌다. 1775년 봄, 곡물은 부족했고 가격은 높았다. 그 결과 수많은 저항이 일어났는데, 이를 촉발한 것은 파리 분지에 위치한 보몽쉬르우아즈에서 그해 4월에 한 상인과 그의 혼합 밀가루 가격에 반발한 지역 주민들이 충돌한 사건이었다. 주민들은 지역 정부 관리의 개입을 요청했으나 그는 자유무역 정책을 언급하면서 거부했고, 이에 따라 과격한 충돌이 발생했으며 이를 계기로 22일 동안 300건의 폭동이 일어났다.[22] 밀가루전생이라 불린 일련의 충돌에는 수도원에 대한 기습 시도들도 포함되었다. 수도원은 곡물과 밀가루를 비축하고 있다고 알려졌고, 법으로 보호되는 여러 가지 특권을 지니고 있었다. 하지만 이런 보호는 프랑스대혁명 이후 모두 소실된다.

수많은 곡물 폭동에서 참가자들은 '민중의 가격결정'을 실행해 밀가루나 곡물의 가격을 (파리에서 공정한 가격이라고 합의한) 1세티에 setier*에 12리브르livres**로 결정했다. 폭동 참가자 중에는 이 가격을 지불하는 이들도 있었고 시장가격을 지불하는 이들도 있었으며, 아예 돈을 지불하지 않고 물품을 몰수하는 이들도 있었다. 5월이 되자 노르망디와 피카르디에서도 폭동이 일어났지만 이들 지역에서 일어난 폭동은 덜 일관적이었다. 폭동에 참여한 이들은 시골 지역에서 '민중의 가격결정'으로 파리 시내보다 더 높은 가격을 곡물에 매겼는데(1세티에에 32리브르), 이는 아마도 이들 지역에서 곡물의 시장가격이 더 높고 더 유동적이었기 때문일 것이다.[23] 폭동이 진압되고 사면이 선언된 뒤에 폭동에 가담한 이들은 약탈한 곡물 중 상당 부분을 다시 농부들에게 돌려줌으로써 곡물을 몰수한 동기가 개인적

---

*   세티에는 곡식의 양을 재는 옛 단위. 1세티에의 양은 지역에 따라 변동 폭이 컸는데 파리에서 1세티에는 대략 152리터에 해당했다.

**   리브르는 대혁명 이전에 사용된 동전으로 시대에 따라 변동이 있었으나 대략 금 0.3그램 정도의 가치가 있었다.

인 탐욕이 아니라 공정한 곡물 유통 체계를 가동하려는 시도였음을
보여주었다. 도시 지역의 밀가루전쟁에서 체포된 이들에 관한 연구
를 보면 극도로 가난한 이들은 거의 폭동에 참여하지 않았음을 알
수 있다. 그 대신 식량 위기를 견디고 살아남을 준비가 되어 있지 않
던 "식품을 구매하는 보통 사람들"이 폭동 참여자의 대다수를 이루
었다. 숙련 노동자들과 미숙련 노동자들, 장인들, 특히 부양해야 할
자녀가 있는 부모들이 남녀 구분 없이 나섰다.[24] 파리 근교에서는 대
규모 군중이 베르사유에 가까운 밀가루 시장을 습격했다. 전해지는
소문대로 이 군중이 베르사유 궁에 접근했거나 루이 16세에게 직접
말을 했던 것은 아니지만, 정부 관리들은 빵 가격의 인하를 명령했
다.[25] 하지만 다음 날인 1775년 5월 3일, 튀르고는 얼마가 되었든 제
빵사들이 원하는 가격에 빵을 판매할 수 있도록 허가하는 법령을
승인했다. 그러자 곧 파리에서는 6리브르 빵 덩어리 하나가 14수까
지 가격이 올랐으며, 이로 인해 다시 여러 곳에서 폭동이 일었고 파
리에서만 1,200개 이상의 제빵소가 습격당했다. 파리의 치안감독관
lieutenant général de police* 조제프 달베르Joseph d'Albert는 튀르고
의 지침을 따르되 폭동에 대응하기 위해 빵 가격 상한선을 설정하고
이전에 시장 빵과 빵가게 빵 사이에 인정되었던 가격 차이를 제거
했다. 이에 대한 반발로 길드에서 가격 상한선을 준수키길 거절하고
정부에서 공급하는 '나쁜 밀가루'도 거부하자, 조제프 달베르는 시장
에서 판매할 빵의 생산을 거부하는 제빵사들을 교수형에 처함으로

---

*   17세기부터 국왕에 의해 임명되어 파리의 경찰 업무 전반을 담당하는 정부 관리.

써 위협을 가했다.[26] 1776년 튀르고는 재정총감직에서 해임되었고 자유주의 역시 그와 함께 떠나갔다. 하지만 빵과 곡물 공급을 둘러싼 소란은 그치지 않았다.

곡물 가격을 둘러싼 이 모든 곤경 속에서 어떤 이들은 빵 문제를 해결하기 위해 과학에 관심을 기울였다. 백과전서파에서부터 빵 과학자들과 경찰들에 이르기까지 모두가 표현한 공통의 이해와 주도적인 철학은 빵이 프랑스인의 식사에서 필수적인 부분이며 가난한 이들에게는 때로 유일한 끼니가 된다는 것이었다. (물론 시골의 가난한 이들에겐 빵조차 부족했지만, 밀가루전쟁은 의문의 여지 없이 파리에 관한 이야기였다.) 그러므로 프랑스의 과학을 최대로 이용해 영양이 풍부하고 가격이 적당한 빵을 누구나 먹을 수 있게 만들어야만 했다. 화학자 폴자크 말루앵Paul-Jacques Malouin은 1767년 곡물 제분에서 빵을 완성하기까지 제빵 기술에 관한 논문을 작성해 프랑스 왕립 과학한림원에 제출하고, 1779년에 개정판을 썼다. 그의 논문은 제빵과 제분 기술을 완전하게 할 수 있는 방법에 관한 제안으로 가득하다.

기술에 대한 관심의 물결은 1760년대 제분업자들이 밀에서 밀기울을 분리해 더욱 정제된 밀가루를 생산하는 새로운 방식을 채택하도록 이끌었다. 파리의 제빵사 피에르시몽 말리세Pierre-Simon Malisset가 1760년과 1761년에 시험한 '경제적 제분' 방식으로 제조된 밀가루를 통해 더 싸고 영양가가 많으며 "모든 부유층 가정에서 먹는 것만큼이나 하얀" 빵이 만들어졌다.[27] 《백과전서》 저자들이 가난한 이들을 먹여 살릴 돌파구라고 찬양한 이 기술은 이미 브르타뉴 지방의 보스에선 잘 알려져 있었다. 이 기술을 홍보하던 이들은 파리의 제분업자들이 이전 기술을 버리고 이 전도유망한 기술을 사용하게 되기를 바랐고, 그런 면에서 충분한 성공을 거두었다. 그리하여 이 경제적 제분 방식은 '파리지엔parisienne'(파리식)이라 불렸고, 이전 방식은 '리오네즈lyonnaise'(리용식)로(혹은 '가난한 이들의 제분'이라는 뜻의 '무튀르 데 포브르mouture des pauvres'라고) 불렸다. 이전 방식은 둘째 단계에서 밀과 밀기울을 함께 제분하기 때문에 더 어두운 색 밀가루를 만들어냈고, 이런 밀가루는 팽 비, 곧 갈색 빵에만 적합했기 때문이다.[28] 1765년판《백과전서》에 정확히 기술된 바에 따르면, 전통적인 방식으로 제분할 경우 밀 480리브르에서 밀가루 325리브르를 얻었다. 대략 그 절반(170리브르)이 '플뢰르 드 파린fleur de farine(밀가루의 꽃)'이라는 곱고 부드러운 밀가루였고, 나머지 절반은 질이 낮은 두 종류의 밀가루와 '그랭 그리grain gris(회색 곡식)', 그리고 125리브르의 밀기울로 이루어졌다. 전통적인 제분 방식에서는 처음 나온 곱고 부드러운 밀가루만 질이 좋은 빵을 만드는 데 적합했다. 그보다 질이 나쁜 밀가루들은 같이 섞어서 더 어두운 비-블랑 빵을 만드는 데 쓰일 수 있었지만, 그랭 그리로 만든 빵은 색이 너무 짙고 썩 좋지 않아서 "파리에서는 먹을 수 없는" 빵이 되었다. 경제적 제분 방식은 같은 양의 밀을 가지고 품질이 더 나은 사용 가능한 밀가루를 더 많이 만들어냈다. 총 340리브르의 고운 밀가루와 155리브르의 2등급 밀가루, 그리고 15리브르의 3등급 밀가루가 나오고 120리브르의 밀기울이 남았다. 경제적 제분 방식으로 얻은 세 가지 밀가루를 섞어서 만든 빵은 전체 밀가루의 총합보다 더 훌륭했다. 색은 더 희고 맛도 더 좋았으며, 심지어 전통 제분 방식에서 얻은 고운 밀가루로 만든 빵보다 훨씬 뛰어났다.

　18세기가 진행되는 동안에 업계에 들어오는 제빵사는 적었지만 생산성은 향상되었다. 제빵사들은 자원을 더 효과적으로 사용했을 뿐, 경제적 제분 방식을 도입하고 효모를 광범위하게 사용하게 된 것을 제외하면 실제적으로 기술을 바꾸지는 않았다. 빵의 무게는 계속해서 경찰과 대중의 끊임없는 단속의 대상이 되었다. 무게가 부족한 빵이 발견되면 제빵사는 벌금을 물고 공개적으로 모욕을 당했다. 하지만 그들은 통제할 수 없는 요인들 때문에 빵의 무게를 일정하게 유지할 수 없노라고 주장했다. 제빵사들은 공식적인 규제를 위해 가게에 저울을 준비해두어야 했지만, 그럼에도 빵을 판매할 때 저울을 사용하는 것은 금지되었다. 1778년 파르망티에는 판매하는 시점에 빵의 무게를 재서 무게가 덜 나가는 빵은 가격을 할인하겠다는 제빵사들의 제안을 옹호했다. 그는 과학이 분쟁을 해결할 수 있다고 믿었으며, 그의 동료 빵 과학자 말루앵도 이에 동의했다. 1781년 제빵사 길드에서 저울 사용을 허가해달라는 청원을 내자 파리 치안감독관은 전문가들을 임명해 빵 굽기 시험을 수행했고, 저울을 사용하는 것이 소비자의 이익을 가장 잘 보장한다는 데 관련자들이 모두 동의하게 되었다. 경찰의 보호주의가 수십 년 동안 계속된 뒤였으므로 전면적인 변화가 즉각 일어나지는 않았다. 관련 법령이 채택된 것은 1840년이었으나, 이 법령은 1867년에 또 다른 법령이 나와 저울 사용을 제도화한 다음에야 충실하게 시행되었다. 이를 통해 마침내 빵을 구매하는 시점에 판매자와 구매자가 빵의 무게를 정확히 확인할 수 있게 되었다.[30]

감자로 만든 빵

약학자였던 앙투안 오귀스틴 파르망티에는 빵을 '가장 필수적인 음식'이라고 불렀다. 그는 1773년에 감자가 식량 부족 사태의 해결책이 될 수 있음을 시사하는 논문을 출간했다. 그의 연구는 이후에 과학한림원Académie des sciences의 인정을 받았고, 오랜 노력 끝에 감자로 적당한 빵을 만들 수 있음이 입증되었다. 1772년 의학한림원Académie de médicine에서는 파르망티에의 설득력 있는 연구 결과를 따라서 사람의 식단에 감자를 올리지 못하게 한 1748년의 금지법을 폐지했다. 하지만 감자는 이미 프랑스를 비롯해 다른 지역에서도 농민들이 먹는 음식이 되어 있었다. 파르망티에 이전에도 감자를 가지고 식량 위기를 해결하고자 했던 다른 과학자들이 있었고, 그중에서 페게M. Faiguet는 1761년에 감자를 기본 재료로 하는 빵의 초기 형태를 과학한림원에 제시하기도 했다. 1778년 파르망티에는 논문 〈완벽한 제빵사Le Parfait Boulanger〉에서 체념하듯이 감자만 가지고는 먹을 만한 빵을 만들기가 불가능하다는 사실을 인정하고, 빵 반죽의 양을 늘리는 보조적인 용도로 조리한 감자를 사용할 것을 추천했다. 프랑스의 한 정부 기관에서는 감자가 '빵의 원료가 될 수 있다'고 판단했지만, 마치 20세기에 쌀가루로 빵을 만들 수 있느냐는 문제를 다룰 때처럼 약간의 망설임이 있었다. 밀가루와 감자를 반반씩 사용해서 만드는 파르망티에의 빵 제조법은 페게가 노력해서 얻은 결과를 복제한 것이었다. 동시대 화학자 폴자크 말루앵은 그 맛을 '포르 봉fort bon(상당히 좋다)'이라고 평가하긴 했으나, 이 혼합 빵 역시 가난한 이들에게는 너무 비싸다고 결론 내렸다.[29] 다른 한편으로, 파르망티에의 감자에 관한 이야기는 그의 실험이 지닌 유용성을 크게 넘어섰다. 그가 가난한 이들에게 감자를 선사하여 굶주림을 해결하게 해주었다는 신화는 그의 이름이 붙은 파리 시내의 지하철역과, 역설적이게도 고전적인 19세기 프랑스 요리 가운데 감자가 기본이 되는 몇몇 요리를 통해 영광스럽게 기념되고 있다. 결국 안전할 뿐 아니라 유행하는 식재료로서 감자 소비를 촉진한 파르망티에의 활동은 감자를 동물 사료에서 우아한 상류층의 음식으로 격상시켰다. 하지만 이후로도 줄곧 프랑스인들이 생각할 수 있는 유일한 빵의 기본 재료는 밀이고, 그러한 밀의 자리를 감자가 차지하는 일은 절대 일어나지 않는다.

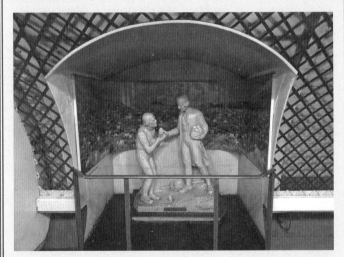

파리 지하철 파르망티에 역에 있는 앙투안 오귀스틴 파르망티에 동상.

말루앵의 빵에 관한 논문(1767)에 삽입된 18세기 제방소 모습. 왼쪽과 오른쪽에 보이는 저울은 빵이 아니라 판매용 밀가루의 무게를 재기 위한 것이었다.

18세기 파리의 상류층은 흰색의 부드러운 빵인 팽 몰레pain mollet를 요구했으며 거친 밀가루로 만든 크고 둥근 덩어리 빵 그로 팽은 거부했다. 이 커다란 빵은 가난한 이들에겐 경제적이고 필수적인 것이었지만 전혀 인기가 없었다. 파리의 제빵사들은 기근이 닥쳤을 때 제한된 양의 곡물을 가장 효율적인 방식으로 분배하기 위해 팽 몰레 생산을 중단하고 오직 완전히 갈색이거나 중간 정도 갈색인 빵만 공급하라는 법령을 번번이 위반했다. 파르망티에는 집에서 빵을 굽지 않는 경향이 1770년대에 이미 단단히 자리 잡았음을 입증하면서 직접 빵을 만들기보다 사는 것이 더 낫다는 경제적인 논거를 제시했다. 파르망티에가 평가한 바에 따르면, 시장에서 파는 빵은 일관되게 좋은 품질을 유지하며, 빵을 더 많이 파는 제빵사는 이미 온종일 화덕에 불을 때고 있으므로 같은 양의 장작과 노동으로 더 많은 빵을 생산한다. 제분업자들은 개인 구매자가 주문하는 각기 다른 양의 곡식을 빻는 비효율적인 일을 그만두고 오직 기업 고객들의 대량 주문을 처리하는 데 집중할 수 있다. 그러면 제빵사들은 밀가루에 들어가는 비용을 절약하고 빵을 더 효율적으로 굽게 되고, 궁극적으로는 빵값이 떨어질 터였다. 산업적으로 생산되는 빵에 대한 파르망티에의 전폭적인 지지는 이전의 건강 기준에서 멀어지고 있던 수도 파리의 다른 경향과 맥을 같이했다. 의학 전문가들은 부드러운 빵이 영양가는 더 적다고 발표했고, 당국에서는 부드러운 빵이 뻑뻑한 그로 팽만큼 오래 두고 먹을 수 없다고 지적했다. 가난한 노동자들은 그들이 살 수 없는 비싼 흰 빵으로 가득 채워진 시장에 분개했다. 그러나 주된 흐름을 주도하는 것은 도시의 상류층이었고, 결국 팽 몰레는 예외가 아니라 표준이 되었다.

제빵사들이 효모 발효를 재발견하면서 더 가볍고 더 부드러운 빵이 가능해졌다. 사실 효모 발효는 아주 오래된 방법이었지만 프랑스에서는 인간 건강에 위험한 것으로 여겨져 거부되었다. 1670년 프랑스 고등법원*이 제정한 법령에 따라, 파리에서는 효모 자체가 파리에서 만들어진 것이고 천연 발효제와 섞어 쓴다면 빵을 구울 때 효모를 사용하는 것이 허락되었다. 1779년 말루앵은 로마인들이 들어오기 이전에 갈리아에서 이미 효모를 넣은 빵이 잘 알려져 있었고 그 기술이 프랑스에서 완성되었다고 주장함으로써 프랑스의 탁월

* 대혁명 이전의 고등법원Parlement은 왕권을 견제하는 귀족들의 기관으로서 사법권만 관할하는 것이 아니라 입법권에도 관여했다.

한 제빵 역사를 분명히 했다. 그는 반박 불가능한 논리로 이렇게 선언했다. "프랑스에서는 빵을 더 많이 먹는다. 우리가 다른 어떤 나라보다 이곳에서 빵을 더 잘 만들기 때문이다. 우리가 빵을 더 잘 만드는 것은 부분적으로 우리가 빵을 더 많이 먹기 때문이다."[31] 계몽의 시대에도 파리에서는—논리나 경제적 현실이 아니라—패션이 빵의 스타일을 이끌었다. 파리의 빵은 다른 어느 곳의 빵보다 하얬고, 파리의 노동자들조차 영양분이나 효율성에 관한 주장은 상관하지 않고 고운 흰 빵을 요구했다. 프랑스의 밀이 매우 뛰어났던 덕분에, 근대에 "사회적으로 평가절하되고 지리적으로 주변화된" 시골 지역의 곡물 포리지에 대비되어 빵이 사회적으로 바람직한 음식이 되었다.[32] 그러나 1779년에 발표한 과학적 매뉴얼에서 말루앵이 곡물 포리지를 폄하하지는 않았던 것 같다. 그는 "프랑스처럼 빵 만드는 법을 가장 잘 알고 있는" 빵을 많이 먹는 여러 나라에서도 곡물은 여전히 낟알이나 거친 가루나 포리지 형태를 취한다고 설명했다.[33] 도시이외 지역의 식생활 관습은 근본적으로 유행과 상관없이 구할 수 있는 식재료에 좌우되었다. 18세기 프랑스 중부 산간지방 오베르뉴에서 주민들은 기껏해야 호밀빵을 먹었으며, 곤궁할 때는 말린 콩이나 보리를 섞은 호밀빵을 먹었다. 무게가 23~27킬로그램이나 나가는 무거운 갈색 빵은 기름과 소금을 넣고 만든 일상적인 수프의 기초를 이루었다. 사람들은 종종 매 끼니 이러한 수프만 먹기도 했으며, 밤이나 메밀을 이용해 포리지를 만들거나 그들에겐 빵과 다름없는 크레프를 만들어 먹었다.[34] 오베르뉴를 비롯한 시골 지역에서 감자는 오직 동물이나 매우 가난한 이들에게 적합한 것으로 여겨졌다. 마찬가지로 프랑스의 북쪽 중앙부에 자리한 니베르네에서는 흰 빵이 드물었고 호밀과 보리, 때로는 귀리로 만든 빵이 일반적이었다. 가정에서는 여전히 직접 반죽을 만들었지만, 빵을 굽는 것은 마을 제빵사들에게 의존하고 밀가루를 사는 것은 마을 제분업자들에게 의존했는데, 둘 다 품질이나 무게를 속일 수 있다는 잠재적 위험이 있긴 했다.[35] 19세기 후반에 이를 때까지도 밀로 만든 빵(혹은 적어도 빵이라는 것)을 먹는 관습이 시골 지역에서는 미더운 것이 못 되었다. 이러한 사실은 (빵을) 먹는 모든 프랑스인의 이름으로 거둔 보편적 승리라는, 프랑스대혁명에 관한 용인된 관념에도 도전이 된다.

팽 몰레의 기술적 특징은 어디서나 흔했던 둥근 빵의 형태가 오늘날 우리가 프랑스 빵에 대해 가지고 있는 이미지같이 폭이 좁고 긴 형태로 바뀌는 동기가 되었다. 18세기에 진한 갈색이거나 중간 갈색인 빵은 모두 둥글었다. 하지만 효모로 발효시킨 반죽을 사용한 팽 몰레와 다른 '환상의 빵들'은 크기와 형태가 다양했다. 말루앵은 더 부드러운 빵일수록 껍질의 비율이 더 커져야 한다고 설명했다. 효모로 발효시킨 빵은 전통적인 진한 갈색 빵보다 풍미가 적었기 때문에 제빵사들에게 빵 껍질에 초점을 맞추도록 한 것이다. 파르망티에는 기다란 빵을 굽는 것이 둥그런 빵을 굽는 것보다 효율적이라고 생각했다. 하지만 새로운 플루트 모양 빵의 경우 빵 껍질을 늘리려는 시도가 너무 지나쳐서 "더 이상 빵이 아니라 빵 껍질에 지나지 않는 것"이 되었다고 비판했다.[36] 근대적인 빵의 시대에는 가볍고 부드러운 빵이 결국 제빵계를 재패했다. 18세기 파리에서는 빵의 "부드러운 변이를 돌이킬 수 없다는 것이 분명해졌기" 때문이다.[37] 이

말루앵의 저술에 실린 18세기 빵가게에서 파는 다양한 빵의 형태. 흔한 둥근 빵과 기다란 팽 몰레가 함께 섞여 있다. C는 수프용 빵(팽아수프)이고 D는 12리브르짜리 갈색 빵(팽 비)이다. K와 R은 부드러운 흰 빵이다.

제 도래할 새로운 형태의 빵과 최신 유행의 멋진 파리 음식은 모두 덜 만족스럽지만 더 아름답다고 묘사되었다. 하지만 팽 몰레에 관한 그 모든 논쟁에도 불구하고, 수프를 위한 빵이 잊힌 적은 전혀 없었다. 말루앵과 파르망티에 두 사람 모두 그들의 편람에 팽아수프pain-à-soupe(오직 육수에 적셔 먹기에 좋은, 두 번 구운 빵 껍질)와 팽아포타주 pain-à-potage(수프와 함께 먹기 위한 빵 껍질과 부스러기)에 관한 절을 포함했다. 이는 파리조차 부드러운 빵 쪽으로 완전히 전향한 것은 아님을 보여준다.

튀르고의 몰락 이후 정부 관리들은 빵의 판매 장소를 시장으로 한정하고 빵의 최고 가격을 제한하는 것을 포함해 빵과 곡물의 가격 및 공급에 관여할 권한을 회복했다. 식량을 공급하는 수장이라는 왕의 이미지는 이제 식량을 쌓아놓고 풀지 않는 우두머리 이미지로 바뀌었다. 곡물 가격에 관해 상인들을 대상으로 시행한 '민중의 가격결정'을 정당화하고자 왕의 이름을 들먹이던 이들은, 이제 부과금과 십일조를 마을 사람들로부터 걷어간다는 점에서 봉건 영주를 대신해 자리를 차지한 대규모 토지 소유주, 종교 기관, 왕족을 포함하는 '권력의 성채'에 등을 돌렸다.[38] 1789년 바스티유 감옥 함락은 궁극적으로 대규모 토지 보유자(지주와 차지인)들에게 유리한 경제정책의 변화를 일으켰고, 이로 인해 노동자들은 혁명정부에 등을 돌리게 되었다. 1789년에서 1793년 사이에 정부는 우선 가톨릭교회의 재산을, 다음으로는 왕실 재산과 이민자, 탈주자 및 혁명의 적들에게 속한 재산을 '국유재산'으로 몰수해 매도하는 것을 인가함으로써 경제 위기를 해결하고자 했다. 이로써 기존의 성당과 수도원은 곡물 저장고로 바뀌었다. 이를테면 툴루즈에서는 도시 관리들이 전국적으로 시행된 미터법 도량형과 열흘을 1주로 하는 달력을 수용했으며 시청의 시계 또한 십진법 체계로 만들었다.[39] 1793년 5월 4일 지속적으로 상승하는 물가에 대응하고자 파리의 관리들은 전국에서 곡물 가격의 최고 한도를 설정했고, 같은 해 9월에는 '막시멈 제네랄 maximum général(일반 최고 한도)'을 설정해 임금을 동결하고 고기, 버터, 와인, 장작 같은 필수품의 가격을 고정했다. 하지만 지방 정부들은 이 법령을 무시했고, 곡물 유통이 거의 정지되면서 프랑스 전체가 더 큰 혼돈으로 빠져들었다. 1793년 1월 21일 루이 16세가 단두대에서 처형되고, 10월 16일에는 마리 앙투아네트가, 그리고 이듬해 7월 28일에는 자코뱅당의 지도자 막시밀리앙 로베스피에르Maximilien Robespierre가 처형되었다. 명목상의 상징적인 국가 원수가 사라졌지만, 어떠한 개인이나 기관도 나서서 그 자리를 대신하지 못했다. 혁명가들은 낡은 옛 체제를 쓸어버리고 이성과 자연법 그리고 이상화된 로마와 그리스의 모델을 토대로 새로운 사회를 세웠으나 민중은 따르기를 주저했다. 좌파운동은 경제가 근대화되지 못한 상태로 침체된 중부와 남서부 지역에 호소해 지지를 얻었다. 하지만 산업화되고 번창한 북부의 곡물 재배 지역에서는 혁명이 실패했다. 이들 지역에서는 토지 통제에 대한 잠재적 위협이 가장 컸다.

파리는 곡물 거래를 주도했지만 "전국적인 정치를 위한, 적어도 지속적인 좌익 정치를 위한 본보기가 되지 못했다."[40] 1793년 중반에 이르자 해안과 주요 하천에 면해 있어 수익성이 좋은 와인 및 곡물 무역에 접근할 수 있는 도시들은 혁명에서 이탈했다. 좌익 자코뱅당이 패배한 뒤에는 잠시나마 자유주의가 회귀했다. 1794년 12월 24일 음식 가격에 대한 '막시멈 제네랄'이 폐기된 뒤 임금보다 음식 가격이 더 빠르게 상승했고, 그 결과 1795년 5월 "빵 아니면 죽음을"이라는 구호 아래 봉기가 일었다. 이로써 프랑스대혁명은 사실상 붕괴했다. 1796년 이후 '국유재산' 분배로 소농들이 토지에 대한 접근성을 획득함에 따라 농업 생산이 증대되었고 더 많은 시골 주민들에게 쓸 수 있는 돈이 생겼다. 1804년과 1811~1812년의 경우처럼 여전히 기근이 발생하곤 했지만 그 영향은 이전보다 덜 심각했으며, 19세기에 들어오면서 단지 대규모 토지 소유주나 번창한 곡물 재배 지역만이 아니라 농민들의 생활이 전반적으로 향상되었다.[41] 결국 19세기 중반 진정한 자유시장이 발전하고 하류층이 경제체제에 통합된 뒤에야 곡물 폭동과 민중 봉기가 안정된 결말을 맞게 된다.

프랑스대혁명 이전에 그러했듯이, 하류층의 경우 도시와 시골의 식생활은 여전히 서로 달랐다. 1789년 피레네 지역의 생활을 자세히 묘사한 한 문헌에서는 주민들이 빵에 끓는 물을 부은 '빵 수프'나, 베이컨에서 나온 기름을 넣어 곤죽 상태로 만든 옥수수가루(크뤼샤드cruchade), 또는 빵과 양배추에 라드를 넣고 끓인 수프(가르뷔르garbure)를 먹는다고 언급했다.[42] 니콜라 레티프 드 라 브르톤Nicolas Rétif de la Bretonne은《내 아버지의 삶La Vie de mon père》(1779)에서 부르고뉴 시골 지방의 일상적인 식사를 자세히 기록해놓았는데, 라드로 조리한 양배추에 보통은 소금에 절인 돼지고기, 금육일에는 버터를 넣어 수프를 끓였고, 빵은 호밀빵이나 보리빵을 먹었으며, 고기는 거의 먹지 않았다고 한다. 고기는 도시의 음식이었다. 다만 시골의 부엌에서도 동물 지방을 사용해 수프의 맛을 냈고, 1년에 한 번은 돼지 한 마리를 잡았다. 프랑크족의 유산인 돼지의 고기와 비계가 시골 식단을 지배했던 반면, 소고기는 도시의 식탁에서 더 큰 자리를 차지했다. 18세기 끝 무렵 파리 사람들은 정육을 농장에서 꾸준히 생산해 파리 시장에 공급하는 노르망디의 캉 주민들보다 1인당 두 배의 고기를 소비했다.[43] 와인 생산 지역과 마찬가지로 고기 생산 지역에서도 생산자들은 수도의 큰 시장에 내다 팔기 위해 자신이 생산한 농산물의 소비를 자제했다. 파리에서는 고기 가격을 정부가 규제해 모든 가정이 약간의 고기를 소비할 수 있게 보장했다. 고기는 부족해질 경우 정치적 불안을 야기할 수 있는 중대한 품목이었기 때문이다. 빵의 종류가 그러했듯이 고기의 부위도 사회적 지위를 반영했다. 내장육은 최하층의 몫이었고 소고기와 송아지고기의 질이 좋은 고급 부위는 최상층이 차지했다. 프랑스 전역에서 도시화가 진행됨에 따라 금방 조리해 먹을 수 있게 고기를 부위별로 미리 잘라두는 방식이 채택되었는데 이는 영국의 관행을 차용한 것이었다. 마시알로의 1698년판 《왕과 부르주아의 요리사》에는 '로스 드 비프 ros de bif'(로스트 비프), 라 샤펠의 1735년판 《현대 요리사》에는 알로요aloyau(등심)와 '비프 스텍 아 랑글레즈beeft steks à l'Anglaise(영국식 비프스테이크)', 그리고 1805년의 한 여행 회고록에는 '비프텍 biffteck(비프스테이크)'이 등장한다. 여기에서도 부유한 이들과 가난한 이들 사이의 간극만이 아니라 파리와 지방 사이의 격차가 보이는데, 파리가 지방의 비옥한 땅에 의존해 곡식과 고기를 비롯한 농산물을 얻었다는 것을 생각하면 무척이나 역설적이었다.

육류 가격에 대한 규제는 중세에 시작되었다. 중세에 정부가 처음으로 빵과 정육에 간섭하기 시작했고 음식에 관한 국가의 가부장적인 성격을 확립했다. 식량 공급에 대한 감시와 통제는 직종별로 이루어졌지만 완연하게 드러난 것은 13세기 이래 파리 음식의 얼굴이 된 공공 시장에서였다. 16세기에 성왕 루이 9세는 처음으로 지붕이 덮인 시장을 열어 물건을 팔 수 있게 했다. 그중 두 곳은 바닷물고기를 파는 시장이었고 한 곳은 동물 가죽과 신발을 파는 시장이었다. 성왕 루이의 생선 시장은 공익과는 상관없이 노골적으로 왕실의 특권을 확고히 하려는 사업이었다. 왕의 칙령에 의해 파리에서 모든 생선은 이 생선 시장으로 운송되어야 했고, 왕실 요리사들이 생선을 먼저 고른 뒤 남은 생선이 구매할 권리가 있는 이들에게 판매되었다. 14세기에 이르면 왕의 시장(마르셰 르 루아marché le roy) 간섭 때문에 상인들은 물건을 화요일, 금요일, 토요일에 이 지붕 덮인 시장(레알Les Halles이라고 알려진)에서 팔아야 했을뿐더러 이때 자신의 가게는 닫아야 했다. 레알에서 장사하는 상인들은 왕에게 세금을 내야 했지만, 중심 지역 한 곳에서 이루어지는 집중된 상거래는 상인들에게도 이득이 되었고, 프뤼돔이라 불린 경비들이 외지 상인을 감시해 수도에 속한 상인들이 우위를 점하게 했다. 이러한 이유로 상인들은 성가신 의무 장날을 기꺼이 수용했지만, 그에 대한 저항이 주기적으로 끓어오르자 1400년과 1408년에는 의무 장날을 하루 또는 이틀로 줄이도록 법규가 개정되었다.[44] 1499년 고등법원의 칙령은 식품 판매를 상품과 장소에 따라 정리했다. 예를 들면 사냥물과 고기는 지정된 두 곳에서, 민물고기는 세 곳, 달걀과 유제품은 다른 두 곳에서 판매하도록 한 것이다. 레알은 식품 판매에서 배제되었으며, 이는 1413년에서 1600년 사이에 푸아르 생라자르Foire Saint-Lazare에서 식품 판매상들의 참여를 강제할 때까지 지속되었다.[45] 다른 상품 시장들은 도시 주변에서 열렸는데 그중에서 마르셰 데 이노상Marché des Innocents(이노상 시장)이 유명해졌다. 이 시장은 퐁텐 데 이노상 Fontaine des Innocents (이노상 분수)을 둘러싸고 있던 묘지에 들어섰고, 분수는 시장의 중심이 되었다. 1785년 분수를 개축하는 공사가

알퐁스 라모트Alphonse Lamotte(1878~?), 〈퐁텐 데 이노상이 있는 시장〉. 18세기 모습이 묘사되었다. 1791년 바로 이곳 광장에서 프랑스 헌법이 공포되었다.

시작되었고 1789년 허브와 채소 판매상을 보호하는 가지각색의 파라솔 아래에서 새로운 시장이 열렸다.

식량 공급을 감시하고 감독하는 전통은 중세 프랑스로 거슬러 올라가지만, 이러한 감시와 감독의 대상이 되는 사람들은 마지못해 응할 뿐 충실히 따르지 않았다. 생선은 수도에서도 구할 수 있었지만 운송 비용과 진입 세금 때문에 가격이 매우 높았고 그래서 이에 대해 불평하는 것이 파리의 전통이 되었을 정도였다. 루이 16세 치세에는 보통 사람들의 식탁에 오르는 청어에까지 53퍼센트의 세금을 붙였고, 1775년 튀르고의 정책에 따라 세금이 절반으로 줄어든 뒤에도 대부분의 사람들은 여전히 신선한 생선을 먹을 수 없었다.[46] 빵의 경우와 마찬가지로, 육류 가격 규제를 뒷받침하는 '공공재' 논거는 마침내 더 자유로운 시장을 향한 길드 외부 상인들의 경쟁적 요구와 직면하게 되었다. 정부의 서한들과 선언들은 생계에 필수인 음식에 대한 접근 권한과 건강을 보호하려는 욕구를 입증했지만, 이러한 논리를 추종하는 이들은 같은 말을 그럴듯하게 반복할 따름이었다. 파리에서 판매되는 육류의 원산지와 관련해서, 1722년 니콜라 들라마르Nicolas Delamare*는 도시의 고기 공급이 정육업자들이나 외부 판매자들의 재량에 맡겨지지 않도록 하고, 경찰은 "고기의 진짜 양을 정확히 알고, 나쁜 의도를 가진 이들이 잉여분을 숨기고 가격을 올리고자 계획하는 어떠한 독점이나 탈법 행위도 막을 준비를 할 수

---

* 파리의 치안감독관을 지낸 인물이며 처음으로 경찰에 관한 이론을 정립한 《경찰론Traité de la police》(1707)을 저술한 것으로 유명하다.

장프랑수아 자니네Jean-François Janinet(1752~1814), 〈마르셰 데 이노상의 분수〉, 판화. 지붕이 덮인 채소 시장이 분수 주변에 늘어서 있다.

있게" 가축의 공급처가 되는 곳을 모두 알고 있어야 한다고 주장했다.[47] 들라마르는 식량 부족에 대한 공포만이 아니라 집단적인 탐욕과 위법에 대한 확실한 의혹을 전달했고, 그렇게 생각한 사람이 들라마르 한 사람만은 아니었다. 1877년 레옹 비올레Léon Biollay는 13세기에 레알에서의 의무 장날을 재부과한 것에 대해 이야기하면서 시장의 무질서는 "시장에 식량 공급을 보장하기 위해 당국의 개입을 필요로 한다"고 인정했다. 하지만 같은 텍스트 안에서 식품 공급에 대한 규제가 아니라 재정적 동기가 의무 시장의 기본 동기이고 "파리의 상업이 레알로 회귀한 것은 통제에 의한 것이며 그것을 유지하려면 통제가 계속 필요할 것"이라고 확언했다.[48] 이러한 논평은 국가가 그 시민들을 위해 식량을 제공해야 하며 시민들은 모두의 유익을 위해 국가의 개입을 수용해야 한다는 근본적인 믿음을 증언한다. 그리고 나아가서는, 많은 경우 다른 지역들의 희생을 대가로 하는 수도를 위한 엄청난 자원 소비를 설명하고 옹호한다. 당국의 개입이란 결국 "과도하게 성장한 도시에 내한 적절한 식량 공급을 보장해야 하는 파리의 전매특허 같은 것"이기 때문이다.[49] 그 이야기는 너무나 자주 너무나 잘 이야기되어서 전설이라기보다는 진실에 가깝지만, 그렇다고 프랑스인들이 그 이야기를 결연히 받아들인다는 것은 아니다. 가부장적 정부에 맞선 저항 또한 오래 계속되어온 프랑스의 전통이다.

4세기에 걸쳐 정부와 정육업계 사이에서 고기를 둘러싼 공식적인 법령, 칙령, 명령이 통과되고 철회되면서 양측이 서로 이기기도 하고 지기도 했다. 정육업자는 프랑스에서 다면적인 역할을 맡고 있었다. 그들은 단지 고기를 팔기만 한 것이 아니라 짐승을 도살하고, 짐승 가죽은 무두장이에게, 내장은 트리피에(내장 장수)와 끈 제작자에게, 지방은 양초 제작자에게 팔 수 있는 배타적 권리를 가졌다. 정육업자들은 수많은 다른 직종과 연결되어 있었고 수익을 올릴 잠재력이 매우 컸으므로, 파리의 정육업자협회에서는 정육업 관행에 관한 제약을 따르고 허가된 가게 수를 고수했다. 한편 파리시 공무원들은 이 잠재 소득 일부를 수도를 위해 보유하고자 했다. 샤를 6세는 1416년에서 1418년 사이에 그랑드 부슈리를 허물고 다시 짓게 하는 등 정부가 직접적이고 폭력적으로 관리에 개입했고, 16세기에는 왕을 길드들의 '최고 중재자'로 지명함으로써 새로운 도축장을 개설할 단독 권리를 왕에게 부여했다. 그럼에도 루이 13세는 1637년 특허증

장시메옹 샤르댕Jean-Siméon Chardin, 〈탁자 위에 놓인 물고기, 채소, 구제르Gougères *, 단지, 주수병** 정물화〉(1769), 캔버스에 유채.

* 보통 생크림을 넣어 만드는 슈 아라크렘chou à la crème과 비슷한데, 생크림 대신 그뤼에르 치즈나 콩테 치즈를 넣어 짭조름한 맛이 나도록 만든 부르고뉴 지방의 전통음식이다.
** 가톨릭교회의 미사 중 성체성사 때 사용하기 위해 물과 포도주를 담아놓는 작은 병 한 쌍.

을 발급해 파리의 정육업자들 가운데 왕조와도 같은 네 집안에 재산에 대한 납세 의무 없는 영속적인 특허 소유권을 인정하고 다른 정육업자들에게 임대할 권리를 부여했다.[50] 1577년부터 파리 외곽 푸아시에 있는 살아 있는 동물 시장이 정육 거래의 중심지가 되었다. 파리의 정육업자들은 (동물의 사체가 아니라) 오직 살아 있는 동물만 처리하라는 요구를 받았으며 파리에서 7리외lieues(28킬로미터) 이상 떨어진 곳에서 동물을 사는 것이 허용되지 않았기 때문이다. 푸아시는 6리외밖에 떨어져 있지 않았다. 소Sceaux의 가축시장은 1667년에 공식 지위를 얻어 또 하나의 지역에서 이송된 동물들을 팔 수 있는 배타적 권리를 얻었다. 해당 지역의 대표들은 법원에서 격렬하게 싸웠으나 1673년 결국 패소하고 말았다. 1694년의 칙령은 "고대부터" 존재했으나 중단되었던 파리의 가축시장을 재건하고 일주일에 두 번, 수요일과 토요일에 시장을 열도록 명령했는데, 이는 아무 때나 자의적으로 육류시장을 열면 고기 공급이 제한되고 어쩌면 너무 오래 보관돼 있다가 상한 고기가 들어올 수 있다는 공공의 "불편과 위험"에 대한 우려에 대응하려는 것이었다.[51] 푸아시와 소 역시 각각 1주일에 하루씩(1791년의 경우, 각각 목요일과 월요일) 문을 열었다. 18세기에는 다시금 정육 처리 과정을 시내에서 멀리 떨어진 곳으로 보냈지만, 샤를 6세가 영구적 건축물로 설립한 왕립 정육시장 네 곳은 시장들을 제한하고 통제하기 위해 그대로 유지되었다. 이 울타리들이 "교환 장소들의 물리적 경계를 설정하고 선택된 지역들에 거래를 집중시켰기" 때문이다.[52] 네 건축물이 지어졌던 장소들은 도시 경계의 바깥쪽 가장자리에 있었으며 오늘날 남아 있는 필리프 오귀스트의

17세기의 정육업자

성벽Enceinte de Philippe Auguste*에 의해 경계가 뚜렷하게 구분되었다. 도시가 성장함에 따라 이 경계는 무너졌고 도시가 경계 너머로까지 물밀듯이 확장되자, 결국 부유하고 멋스러운 주민들에게는 실망스럽게도, 정육점들과 도축장들이 (전혀 이동하지 않았음에도) 다시금 도시 안에 자리 잡게 되었다.

정부 입장에서 이러한 조치를 법적으로 관철할 가치가 있었던 것은 정육업자들이 조합에 등록하기 위해 지불하는 수수료에 더해 푸아시와 소의 시장에서 판매되고 수용되는 각 동물에 부과되는 세금 때문이었다. 그럼에도 정부는 공공선이라는 말로 이러한 시장 개입을 변호했다. 파리 가축시장에서 고기 구매를 강제하는 정책은 결과적으로 "공정하고 합리적인 가격"을 가져온다는 것이 정부의 주장이었다. 대규모의 판매자와 구매자가 같은 날 같은 상품을 한꺼번에 팔고 산다면 개인마다 다른 가격을 피할 것이라는 게 이유였다. 1867년 철도가 부설되어 중앙집중화된 가축시장들을 쓸모없는 낡은 것으로 만들 때까지 거의 300년 동안 도시 외부의 어디에서 온 것이든 파리에서 팔릴 모든 가축은 세 곳의 파리 지역 시장 가운데 하나를 반드시 거쳐야 했다. 정육업자들이 길드에 내는 회비로 자금을 댄 케스 드 푸아시Caisse de Possy(푸아시 금고)는 그곳에서 짐승을 파는 목축업자들에게 대금 지불을 보장했고 현금이 부족한 정육업자들에게는 외상을 허락했는데, 이는 동물 판매자들의 충성을 확보

---

* 12세기 말부터 13세기 초 필리프 오귀스트가 잉글랜드와 교전 중에 파리를 방어하고자 시테섬을 중심으로 센강의 좌안과 우안의 좁은 지역을 둘러싸는 형태로 건설한 성벽이다.

하는 또 하나의 보호주의적 조치였다. 1741년 루이 15세는 정육업자들에게 짐승을 도살하고 고기를 준비해 판매할 배타적인 권리를 확인해주었으며, 다른 상인들(선술집, 고깃집, 제과점)이 판매하는 육류는 모두 공인된 정육업자의 판매대에서 구입한 것이어야 한다고 명령했다.[53] 1776년 2월 튀르고는 정육업자들의 직업적 특권은 물론 케스 드 푸아시와 법에 의한 의무 시장들을 제거했다. 그러다 1776년 8월 정육업자들은 특권을 되찾았으며, 1779년에는 케스 드 푸아시 또한 다시 운영되었다. 하지만 1791년의 알라르Allard 법과 르 샤플리에Le Chapelier 법을 통해 정육업자들은 짐승을 사고 고기를 팔 배타적 권리를 상실했고, 정육업은 잠시나마 자유화되었다. 1791년 노동자협회들이 법률로 폐지되자 면허 없는 육류 판매상들이 넘쳐났다.[54] 하지만 정육 거래 보호의 토대는 수백 년이 되었던 터라 그렇게 쉽게 떨어져 나가지 않았다. 프랑스대혁명 초기에는 시골 지역의 불안과 동요 때문에 노르망디와 브르타뉴에서 수도로 오는 신뢰할 수 있던 고기 공급이 완전히 중단되었고, 갈등이 고조된 탓에 해외에서 오던 공급도 차단되었다.[55] 혁명정부는 순진하게도 자발적인 금육을 하자고 '카렘 시비크carême civique(시민 사순시기)'를 도입했다. 이러한 시도가 실패하자 1793년 배급 카드가 등장했다. 1794년에는 정부에서 정말로 개입주의적 정육 모델인 부슈리 제네랄Boucherie générale을 시행했다. 장바티스트 소브그랭Jean-Baptiste Sauvegrain이 주도한 부슈리 제네랄은 자유로운 고기 판매를 모두 중단시키고, 모든 고기는 군수물자 관리 기관Administration des Subsistances Militaires의 방식을 따라 코뮌 물자 관리 기관Administration des

Subsistances de la Commune이 분배할 것을 명령했다. 프랑스대혁명은 시장을 자유화하고 왕정의 간섭을 쓸어버렸다고 생각되지만, 정육 거래에서는 즉각적이거나 오래 지속되는 변화를 실행하지 못했다. 부분석으로는 혁명기의 권력자들 또한 여전히 국가에 의한 규제를 믿었고 동업 집단을 신뢰했기 때문이다.

18세기 정육업자 길드는 상당한 권력이 있었지만 변동이 심했다. 길드에 속하지 않은 정육업자들이 밀려드는 데다 파리 주민과 군인의 고기 수요가 꾸준히 늘었기 때문이다. 하지만 정육업자 조합들은 여성들이 접근할 수 있는 좁은 문을 열어두고 있었다. 정육업자의 아내는 남편이 죽은 뒤 남성 가족 구성원의 동의를 얻으면 남편의 정육업자 직함을 그대로 유지할 수 있었다. 18세기 파리의 고기 판매대 가운데 여성의 이름으로 등록된 것은 12퍼센트가 되지 않았다. 하지만 정육업자 길드가 파리 정육시장을 완전히 장악하지 못했고 구멍이 많았던 것을 고려한다면, 면허 없이 고기 판매대와 시장 변두리에서 일하는 여성들도 있었을 것이다. 모든 이에게 고기에 대한 접근성을 제공하려는 정부의 규제에 도움을 받아, 정육업자들은 고기 부위 중 가치가 떨어지는 (통칭 트리프tripes라고 불리는) 부위를 2차상인들에게 팔았다. 샤르퀴티에라 불린 이 2차상인들은 육수용으로 우족과 염통을 샀고, 소의 혀를 사서 훈제했다. 트리피에는 (남성도 있고 여성도 있었으며) 그 명칭대로 트리프라고 하는 소의 위장을 비롯한 남은 부위를 사서 세척한 다음 조리해서 상인들에게 팔았고, 대부분 여성으로 이루어진 이 상인들은 조리된 음식을 길거리 판매대에서 매우 가난한 이들에게 다시 팔았다.[56] 그럼에도 나폴레옹 1세

Napoléon I는 1802년 정육업자 조합, 자금 대출을 위한 케스 드 푸아시, 푸아시와 소의 의무적 가축시장을 복구하는 법률을 통과시켜 정육업자의 예전 지위를 회복시켰다. 그러나 1811년 케스 드 푸아시는 정부 관청이 관리하게 되었고, 가축시장에서의 거래에 부과되는 세금은 공정한 가격을 조성하려는 본래의 목적보다는 파리의 재정을 위한 자금 마련을 목표로 했다. 정육업자들의 독점이 복구되었고 위생 관리조차 정육업자에게 맡겨졌다.

대혁명 이후 다시 등장한 조합주의가 의미하는 바는 무엇일까? 아마도 행정 당국에서는 "규율적 조치의 실행을 업계에 위임하는 것"을 미숙한 정부 관리들에게 맡기는 것보다 선호했을 것이다.[57] 자유주의를 옹호하는 예견되는 주장보다 업계에 대한 존중을 택한 셈이다. 보호주의에서 개방된 통상으로 옮겨가는 것을 어떤 이들은 철학적 변화와 동일시했다. 이 변화된 철학에서는 통상 자체를 사부아르페르보다 우선시한다. 이 경우 자유주의 체제에서 정육업자는 더 이상 대중에게 "사회적 필수품"을 제공하거나 안전한 고기를 제공할 도덕적 의무를 지지 않고, 그의 직업은 다만 경제적 기능만을 수행할 뿐이라는 것이다.[58] 하지만 전문 직종에 대한 공식화된 존중은 프랑스 음식문화를 관통한다(메트르 우브리에 드 프랑스Maître Ouvrier de France(프랑스의 거장) 선발대회는 한 가지 예일 뿐이다). 그리고 정육업자들은 여전히 특별한 지위를 차지하고 있는 듯싶다. 정육업자 길드는, 예를 들면 제빵업자 길드보다 엄중한 간섭을 덜 경험했으며, 대혁명 기간과 그 이후에 상실했던 입지를 빠르게 회복했다. 시장에서 이루어지는 고기 판매를 군대가 감시하지 않았고, 정육업자들은 시장에 고기를 내놓지 않고 유보한다고 해서 교수형에 처할 위협에 직면하지도 않았다. 제빵업자들은 시장과 가게들의 중앙과 전면에서 일했던 탓에 폭동을 일으키는 소비자 무리나 칼을 든 정육업자들에 비해 훨씬 더 다루기가 쉬웠다. 어둡고 피가 튀는 정육 기술은 아마도 상징적으로나마 관리들을 저지하기도 했을 것이고, 피를 묻힌 정육업자들은 밀가루로 뒤덮인 제빵사들보다 훨씬 불길해 보였을 것이다. 단순하게, 국가는 누군가 살아 있는 짐승을 죽이고 그 사체를 잘라 파리 시민들의 필수품인 고기를 부위별로 점잖게 내어 놓는 일을 기꺼이 맡아서 해준다는 사실에 감사했을 것이다.

　도축장들을 파리 바깥으로 이전하는 문제를 둘러싼 논쟁에서 정육업자들의 권력과 대중의 약한 비위가 첨예하게 부딪쳤다. 19세기까지 시장의 정육 판매대들은 고기를 자르고 파는 구역과 거기에 덧붙은 튀리tuerie(도축장)로 구성되었다. 당연히 늘어나는 인구와 살아 있는 동물들이 한 도시 안에서 함께 산다는 것은 (동물들을 도살하는 데서 나오는 부산물은 말하지 않더라도) 점점 더 많은 문제를 일으켰고, 이로 인해 대중의 불평이 쏟아져 나왔다. 정육업자협회들은 짐승을 죽이는 일과 그 사체를 손질하는 일이 분리될 수 없다고 주장했다. 왜냐면 두 가지 일 모두 정육업자의 전문기술이 필요했기 때문이다. 정육업자들은 그들이 주의 깊게 지켜보지 못하는 다른 곳에서 도살된 고기가 장거리 운송을 거쳐 파리에 도달한다면 품질 저하와 오염이 발생하리라는 의혹을 제기했다. 그럼에도 1810년 나폴레옹 1세는 파리 시내 도축장들의 폐쇄를 명령하고 파리 외곽 다섯 곳에 새로운 중앙 도축장을 건설하게 했다. 센강 우안에서는 룰, 몽마르트르, 메닐

몽탕, 좌안에서는 그르넬과 빌주이프에 새로운 도축장이 들어섰다. 자금 부족으로 건축 공사가 잠시 중단되기도 했으나, 결국 1818년 루이 18세에 의해 새로운 도축장들이 문을 열었다. 국가가 운영하는 도축장에 대한 반감과 그곳에서 벌어질 충돌에 의한 폭력사태까지 예견되었으나 아무도 귀 기울이지 않았다. 일단 파리의 정육업자들이 짐승을 공동 도축장으로 데려오길 거부하면 파리의 시장들은 버려지고 아주 먼 곳으로부터 수상쩍은 고기가 수입되리라는 끔찍한 예측도 마찬가지였다. 결과적으로 시장들이 텅 비지는 않았지만, 도매 정육업이 도입되었다. 이는 공식적으로는 금지되었으나 사실상 수용되었고 결국 1849년 레알에서 공인되었다. 그리하여 레알에서는 소매 정육업 종사자들(부셰 데타이양bouchers détaillants)과 외식업 종사자들이 고기를 경매로 구입할 수 있게 되었다. 이후에 파리의 도축장들은 라빌레트와 보지라르에 있는 도축장 두 곳으로 통합되었다. 1858년 황제의 칙령에 따라 정육업에서 조합주의의 이점은 모두 제거되었다. 그리고 정육업은 소매, 도매, 지역(행상) 정육업, 이렇게 세 갈래로 나뉘었고, 자유시장 체제 아래에서 셋 모두 수적으로 증가했지만 여전히 구체제의 잔재가 두드러졌다. 정육업자들은 여전히 스스로 위생을 감독했고 파리 정육업자조합 회의소의 지배 아래 업계 내부의 충돌을 감시했다. 그럼에도 이러한 관행이 공식적으로 인정된 것이 1884년이었고 수의사들이 위생을 관리하기 시작한 것도 겨우 1878년이었으니, 이는 정육업계가 지닌 특권의 잔재와 19세기 말까지 그대로 남아 있던 "조합주의 체제에 대한 향수"의 증거였다.[59]

정부의 가부장주의와 상인들의 보호 요구라는 쌍둥이 같은 두 힘이 파리의 시장 체계를 형성했다. 시장은 소비자들이 물품을 구매하는 방식을 형성하고 궁극적으로는 그 도시가 식량 공급을 위해 정렬되는 방식을 결정했다. 시장 체계의 구축은 누가 어떤 종류의 고기를 먹을지를 결정했다. 적절한 가격에 질 낮은 고기를 파는 노천 시장들이 고급 부위에 웃돈을 받고 파는 개별 가게들과 공존했으며, 상인들은 질 낮은 고기에 고정된 가격을 매기는 정찰제를 수용했다. 어차피 부유한 도시 고객들이 이윤을 보장해주었기 때문이다. 도시적 세련됨이 고기에 대한 선호에도 큰 영향을 끼쳤다. 염장하거나 훈제한 돼지고기는 오랫동안 하층민과 시골생활에 결부되었다. 하지만 부댕boudin*, 갈랑틴galantine**, 파테pâté***의 재료로 쓰이면서 돼지고기에 대한 "사회적 낙인"은 도시의 전문화된 우아한 조리법에 의해 상쇄되었다.[60] 어떠한 고기든 그것에 찍힌 "사회적 낙인"을 이야기하는 것은 음식에 대한 프랑스의 범주화에 참여하는 것이다. 이 범주화에서 사회적 중요성이 고려되지만, 음식의 평판과 평가는 누군가 선택하는 음식들로 조성되거나 음식과 조리법의 결합으로 부과될 수 있다. 특정한 종류의 고기를 파는 시장과 파리의 멋스러운 도시 생활이 한데 어우러져 레스토랑을 만들어냈는데, 레스토랑은 19세기 중반까지 전적으로 수도에만 해당하는 현상이었다.

---

*   돼지의 피와 비계 따위를 다진 고기 및 다른 재료들과 섞어서 내장에 넣어 만든 일종의 순대.

**   잘게 썰거나 다진 고기에 양념을 넣고 일정한 모양으로 만들어 찌거나 구워서 굳힌 음식.

***   고기나 생선살에 몇 가지 채소와 향신료를 넣고 간 다음 직육면체 틀에 넣고 페이스트리 반죽으로 감싸서 화덕에 구운 일종의 파이를 말한다.

1867년에 설립된 라빌레트 가축시장과 도축장

    (레스토랑이라는 단어를 포함하여) 레스토랑 자체는 일반적으로 프랑스적인 것이며 프랑스와 불가분의 관계가 있다. 18세기 파리에서 어떤 가게들은 ('원기를 회복시켜준다'는 의미에서 '레스토랑restaurant'이라 불린) 따뜻한 고기 부용을 그릇에 담아 팔도록 허가를 받았다. 이 음식은 외식으로 고를 수 있는 아주 적은 엄선된 선택지 중 하나였다. 뜨거운 음식으로 식사를 하고 싶은 여행자들은 중세 이래로 선술집과 여관을 찾았는데, 미리 준비해둔 음식을 팔고 만찬 자리에 음식을 공급하는 트레퇴르traiteur(대접하는 사람)들은 1599년 이래 왕의 특권으로 보호를 받았으며, 집에서 먹을 수 있게 이미 조리된 음식을 파는 구이 요리사들과 제과점들의 도움을 받았다. 많은 사람이 찾았던 '레스토랑'이라는 부용은 18세기 누벨 퀴진의 산물이었

다. 육수가 아주 잘 우러나서 사실상 고기를 액상 형태로 마시는 것과 같은 이 부용은 새로운 셰프들의 요리 기술에 의해 태어났고, 올리비에 드 세르와 니콜라 드 본퐁이 진정으로 옹호했던 시골 수프의 농민 같은 성격은 전혀 없었다. 르네상스 이후로 의학 당국과 민정 당국에서는 각기 다른 위장에 걸맞은 각기 다른 식단을 옹호하면서, 가난하지만 튼튼한 사람들은 질 낮은 부위의 고기와 갈색 빵으로 영양분을 더 잘 섭취할 수 있고, 부유하거나 교육을 많이 받은 사람들은 더 세련된 음식을 필요로 한다고 주장했다. 파리에서 팔리는 원기회복 육수는 이러한 원칙의 정점이었으며, 요리책들과 디드로 Denis Diderot의 《백과전서》에서 인기를 잃어버린 라구와 갈리마프레galimafrée*의 대책이었다. 그러나 레스토랑이라는 수프가 하나의 현상이 되는 데는, 과식을 삼가도록 하는 의학적 유행에 민감한 도시의 대중이 밀어주고 파리의 대로들 위에서 이루어지는 사교 생활이 끌어주는 힘이 필요했다.

　　도시에 사는 이들은 도덕적·예술적·육체적 민감성 때문에 도시병을 앓았다. 허약함은 세련됨의 상징이었고 그에 상응하는 세련된 치료를 요했으며, 이는 의학적으로 동기 부여된 식단 선택이라는 프랑스의 긴 역사에서 또 다른 사례가 되었다. 고기 부용은 한동안 건강을 위한 보양식이었으며, 환자들의 영양결핍을 방지하는 음식이었다. 아마도 이러한 이유로 니콜라 아페르가 처음 보존 처리한 음식으로 고기 부용을 선택했을 것이다. 수도회 공동체에서 운영하는 자

---

*　　고기와 다른 여러 재료를 넣고 끓인 일종의 스튜.

선 병원들은 가난하고 아픈 이들에게 부용을 공급했다. 하지만 파리의 레스토라퇴르restaurateur(레스토랑이라는 부용을 팔던 이들)는 진하게 농축한 고기 육수를 고상한 고객들에게 판매했으며, 공공의 사회적 공간과 건강을 위한 보약을 결합했다. 일반적으로 용인된 서사에 따르면 초기 레스토라퇴르들은 트레퇴르 길드에 대해 법률적 승리를 거둔 뒤에 요식업을 할 수 있게 되었다. 불랑제Boulanger라는 이름의 한 레스토라퇴르가 육수만 팔아야 한다는 규칙을 어기고 화이트소스로 요리한 양다리羊足를 팔자 트레퇴르들이 그를 법정에 고발(했으나 패소)했다.[61] 레베카 스팽Rebecca Spang은 불랑제 이야기와 관련하여 문서 기록으로 남은 증거는 전혀 없으나, 현대적인 공공 레스토랑의 창조자들은 앙시앵 레짐에서 왕이 인정한 특권의 수혜자였다고 말한다. 마튀랭 로즈 드 샹투아조Mathurin Roze de Chantoiseau는 정육시장에 대한 접근권을 얻었고 1768년 "궁정을 따르는 요리사-요리조달자"로서 베르사유 요리사 길드에 대한 접근권을 구입함으로써, 그의 부용으로 명성을 얻었다. 그것을 시작으로 파리에서 유용한 사업을 소개하는 《일반연감Almanach général》을 출간해 자신을 홍보하는 데 몰두했고, 여기서 "최초의 레스토라퇴르"를 자칭했다.[62] 로즈 드 샹투아조 같은 레스토라퇴르들은 만찬 장소에 음식을 조달하는 서비스를 확장하면서 허약한 파리 사람들에게 마치 "사교의 즐거움을 만끽하면서 카페에서 바바루아bavarois*를 먹는 것처

* 바바루아 하면 흔히 과일이나 시럽을 첨가한 크림 푸딩을 떠올리지만 이는 정확하게는 크렘 바바루아crème bavarois이다. 본문에서 말하는 바바루아는 홍차에 우유와 시럽, 럼과 같은 술을 섞어서 보통 뜨겁게 마시는 음료다.

럼" 육수 한 그릇을 즐길 것을 권장했다.[63]

팽 몰레와 마찬가지로 매우 정제된 레스토랑 육수는 파리에서만 특징적으로 나타난 현상이었을 뿐, 수십 년 동안 파리 이외 지역에서는 찾을 수 없있다. 레스토랑 육수는 단순한 음식일수록 사람이 소비하기에 더 좋다고 하는 《백과전서》의 개념과는 잘 맞지 않았다. 《백과전서》에서 이 레스토랑 육수는 수프가 아니라 병아리콩, 초콜릿, 허브, 루콜라와 같이 원기를 회복시켜주는 음식이었다.[64] 반면 누벨 퀴진의 정신에서 원기를 회복시키는 육수란 "다시 얻은 생기 못지않게 혁신적인 예술적 기교를 상징했으며" 부유한 도시 상류층에게 속했다.[65] 파리의 레스토라퇴르들은 이 고객들의 관심을 끌기를 희망하면서 곧이어 다른 요리들과 더불어 더 나아간 혁신, 곧 개별 식탁과 개별 방을 선보였다. 부용을 파는 시설들이 생기기 이전에 외식을 한다는 것은 공동 식탁을 둘러싸고 앉은 시끌벅적한 사람들 무리에 끼어서 고정된 메뉴인 타블 도트table d'hôte(주인의 식탁)를 먹는 것이었다. 1770년대에 이르자 레스토랑의 고객들은 인쇄된 메뉴판에서 개별적으로 음식을 골라 자신의 식사 경험을 원하는 대로 조정할 수 있었으며, 원한다면 따로 분리된 개별 방에서 식사할 수도 있게 되었다. 레스토랑들이 법적으로 공인된 식사 장소이자 유행하는 세련된 장소로서 자리매김하고, 레스토랑이라는 단어 자체가 수프가 아닌 장소를 의미하게 되자, 파리의 다른 요식업 시설들도 간판에 수식어구를 추가했다. 1780년대부터 그 이후로 요리사-요리 조달자들과 선술집 주인들은 공동 식사와 개별 식탁을 둘 다 제공했지만, 스스로를 레스토랑 혹은 트레퇴르-레스토라퇴르(때로는 레스토라퇴르-트레퇴르)라고 불렀다.[66] 1804년 독일 작가 아우구스트 폰 코체부August von Kotzebue가 파리 여행기에서 레스토라퇴르들을 묘사했는데, 그들이 식탁들을 너무 가깝게 배치해서 손님들이 몸을 기울이기만 하면 옆에 있는 다른 손님들과 대화를 나눌 수도 있을 정도였다고 한다. 이러한 묘사는 이렇게 대중을 위한 장소에서 식사하는 것이 새로운 일이었고 규칙이 분명하지 않았음을 보여준다. 코체부는 더 나아가서 자신에게는 매우 낯설었던 것이 분명한 "라 카르트la carte(메뉴판)"라는 참신한 물건에 대해서도 언급하며 "그날 제공되는 음식과 와인이 가격과 함께 제시되어 있는 목록"이라고 애써 설명했다.[67] 사상 처음으로, 공공장소에서 식사를 하면서는 타블 도트에서 그랬던 것처럼 다른 사람들과 음식을 함께 나눌 필요가 없어졌다. 손님 각자는 다른 사람들이 지켜보는 가운데 훌륭한 식사를 하는 왕의 그랑 쿠베르(공식 만찬)를 민주적 형태로 즐길 수 있게 된 셈이었다.[68] 각 손님이 동등하게 대접받는다는 것 역시 무척 흔치 않은 일이었다. 그것은 한 사람이 많이 먹든 적게 먹든, 좋은 와인을 마시든 나쁜 와인을 마시든, 가장 비싼 음식을 주문하든 가장 싼 음식을 주문하든, 레스토라퇴르들에 의해 "덜 신속하거나 덜 친절하게 응대받지 않는다"는 것을 의미했기 때문이다.[69] 하지만 분열되고 고통을 겪고 있던 수도에서 어떤 이들은 왕처럼 먹는다는 것을 혁명적 가치와 함께 나란히 받아들이기 어려워했고, 레스토라퇴르들은 애국심이 없다는 비난이 번져나갔다. 그럼에도 프랑스대혁명 기간에 수도로서 파리가 갖는 중심성 덕분에 레스토랑은 계속 전진할 수 있었다. 여러 지방에서 올라온 혁명 대표들이 파리에서 묵었고 레스토랑에서 함께 식사하며 브랑다드 드 모뤼brandade de morue(염장 대구와 감자를 함께 다져서 화덕에 구워낸 요리)*와 부야베스bouillabaisse**를 주문했기 때문이다.

레스토랑은 빠르게 파리 문화생활의 아이콘이 되었고, 여행 안내책자들과 매우 대중적인 저널리즘 형식의 연감에서도 파리의 레스토랑들을 특집으로 다루었다. 이러한 연감은 알렉상드르 발타자르 로랑 그리모 드 라 레니에르가 1803~1812년 출간한 《미식가 연감》에 의해 대중화된 것으로 유명하다. 미식에 관한 글쓰기의 아버지로 알려진 그리모 드 라 레니에르는 식사와 식품점, 그리고 요리 장면에 등장하는 드라마티스 페르소나이dramatis personae(극중 등장인물들)를 과장되게 묘사했으며, 궁극적으로는 레스토랑 리뷰를 발명해냈다. 그의 연감에서 파리는 요리의 원재료들이 재배되거나 생산되지 않음에도 모든 음식이 완벽해지는 지점이었다. 초기 안내서들은 도보 여행 형식을 취했으며 독자들에게 (물론 오직 그들의 마음속에서) 파리 구석구석의 모든 음식을 경험할 수 있게 해주었다. 생계를 둘러싼 오랜 갈등 끝에, 나폴레옹의 쿠데타 이후 짧은 기간 동안 공화국의 관리들은 파리 사람들이 정치적 토론과 잠재하는 봉기로 회귀하는 것을 막고자 가스트로노미 같은 미적 쾌락과 말초적 주제들에 관한 논쟁을 부추겼다. 1805년에서 1815년까지는 전쟁과 파리 봉

---

* 프랑스 남부 지방 음식이다.
** 마르세유를 중심으로 프랑스 남부 지중해 해안에서 주로 먹는 전통적인 생선 스튜다. 오늘날에는 지역을 대표하는 고급 요리가 되었으나, 본래는 어부들이 팔리지 않는 물고기와 해산물을 모아 감자와 채소 등을 넣고 끓여서 먹는 서민 음식이었다.

쇄가 레스토랑 업계에 도움을 주었다. 프로이센, 러시아, 오스트리아, 영국의 군인들이 프랑스의 수도에서 실컷 먹어댔고, 레스토랑이라는 파리만의 예외적인 현상을 다른 나라들에도 알렸다. 전쟁 이후 파리를 찾은 방문객들은 프랑스가 정치적 격변을 끝내고 예술과 패션, 그리고 고급 음식이라는 가벼운 오락거리로 복귀했노라고 전했다.[70] 19세기 중반까지도 수도 바깥 지역에는 음식을 소비하기 위한 공공/사적 공간이 거의 없었다. 하지만 파리에서는 19세기로 넘어오던 무렵에 이미 분명하게 현대적인 형태의 레스토랑이 완전히 자리를 잡았다.

가스트로노미가 적절한 시기에 도래함으로써 레스토랑은 시민들의 반감을 누그러뜨리고 쉽게 받아들여질 수 있었다. 혁명의 축제에서는, 비록 모든 계층이 함께하는 것은 아니더라도, 공유하는 식탁에서 간소하게 식사하거나 시민들이 각자 가져온 음식을 함께 나누어 먹었다. 공화국 정부는 미식 문학과 식사의 도락을 인정했으며 프랑스 대중은 생계를 위한 도덕경제로부터 멀어져 요리의 낙수효과 모델로 이동했다. 그리고 이 모델을 따라 "대혁명 이후 시대 최초의 위대한 셰프들은 이미 더 낮은 사회 계층에서 모방해야 할 본보기로서 위신을 확립한 궁정풍 음식을 바탕으로 훨씬 더 정성 들인 요리를 발전시켰다".[71] 그리모 드 라 레니에르 이후 사람들은 레스토랑에서 으레 호화로운 시설과 우아한 식기류를 기대하고 찬탄했다. 메뉴에는 신기한 언어로 쓰인 무한에 가까운 선택지가 올라 있었고 장소와 사람에 대한 언급이 가득했지만, 사용된 재료나 조리 방법에 대한 정보는 거의 제공되지 않았다. 이렇게 크고 무거운 메뉴판들이 지닌 신비와 매력은 레스토랑들이 새로운 요리를 발명했다는 것이 아니라 "이러한 목록을 요리사가 아니라 식사하러 온 손님 앞에 내놓았다"는 것이었다.[72] 레스토랑에 가는 파리 사람은 요리사의 숨겨신 사부아르페르를 잠깐이나마 엿볼 수 있게 되었다. 그것은 본래 길드들이 봉인해놓은 것이었고 셰프들이 귀족 가정 안에 간직해둔 것이었다. 민주주의 관점에서 보자면, 높은 가격, 잘 차려입은 고객들이 주는 위압감, 이해하기 어려운 언어, 요구되는 매너를 통해 고급 레스토랑들이 일반 대중을 배제한 것이 사실이다. 하지만 방대한 파리의 경제는 시내 중심에 자리한 가스트로노미의 성지들에서 가르고트gargote(작고 지저분한 음식 상점)와 노동계층이 자주 드나드는 선술집에 이르기까지 모든 가격대의 취식 시설을 발전시켰다. 가스트로노미 레스토랑에서 만들어내는 절묘한 음식은 고가의 장비와 완벽하게 구성된 직원들을 필요로 했으므로 가장 부유한 가정들을 제외한 모든 이들에게 터무니없이 비싼 것이 되고 말았다. 하지만 그보다 낮은 계층의 사람들은 레스토랑에서 식사할 수 있게 되었기 때문에 완전한 주방을 갖출 필요가 없어졌다. 프랑스인들이 레스토랑을 포용한 것이 욕망에 의해서였는지 아니면 필요에 의해서였는지는 논쟁의 대상이다. 스티븐 메널은 프랑스 요리의 세련미는 경제적 효율성에서 나왔다고 주장한다. "상당히 잘사는 이들이나 그보다 못사는 이들 모두 집에서 직접 만들 수 있는 것보다 조금 더 공을 들여 잘 만든 요리를 원하게 되었다."[73] 스팽은 프랑스인이 외식을 하는 것은 가정적이지 않기 때문이라면서 영국인은 집에서 잘 먹기 때문에 레스토랑이 필요 없다고 한 영국 관광객들의 의견

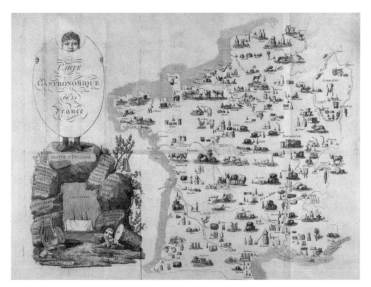

장 프랑수아 투르카티Jean François Tourcaty, 〈프랑스 가스트로노미 지도〉(1808).
출처: 샤를 루이 카데 드 가시쿠르, 《가스트로노미 강좌Cours gastronomique》(1809).

을 기록하고 있다.[74]

레스토랑과 가스트로노미는 모두 프랑스에서 발명되었으며 가스트로노미는 파리의 거리들을 황금으로 포장했다. 샤를 루이 카데 드 가시쿠르Charles Louis Cadet de Gassicourt가 1808년 처음으로 프랑스의 특산물 그림지도를 출간한 이후 가스트로노미는 정말로 프랑스 전국 지도에 그려졌다. 이후에 그림으로 묘사된 프랑스 음식들이 모두 멋스러운 레스토랑과 거기에서 제공되는 최고급 요리를 다루고, 주로 파리에 초점을 맞추게 된 것은 당연했다. 대혁명 기간에는 (장기적 부작용을 낳은) 식량 공급 때문이었지만 다음 세기에는 오트 퀴진 때문에 음식에 관한 논의가 파리에 집중되었다. 오트 퀴진은 전적으로 파리에 관한 것이었다. 루이세바스티앵 메르시에Louis-Sébastien Mercier의 1770년작 소설에서 한 영국인 화자는 프랑스인들이 여러 도시와 전체 지방을 수도를 위해 희생시켜 "다이아몬드를 거름에 둘러싸인 채로" 남겨두었다고 주장했다.[75] 이후의 작가들은 오직 이 다이아몬드에만 초점을 맞추는 듯 보인다. 레스토랑 자체는 프랑스대혁명 이전에 생겼지만 파리 레스토랑의 영광스러운 날들은 프랑스 작가들이 절묘한 정찬에 관한 이야기를 지어서 프랑스의 이미지를 만들어낸 19세기에 있었다. 오노레 드 발자크Honoré de Balzac는 1825년에서 1850년에 이르는 기간에 18개의 각기 다른 텍스트에서, 완전히 자격을 갖춘 최초의 가스트로노미 레스토랑들 가운데 하나로서 1804년 개업한 '로셰 드 캉칼Rocher de Cancale'에 찬사를 아끼지 않았다. 이 레스토랑에 대한 언급은 덜 알려진 초기 소설에 이미 등장하지만, 발자크의 기념비적 소설 《인간희극Comédie humaine》에서 가장 많이 나온다. 여러 차례 반복된, 규칙을 깨는 화이트소스 양다리 요리에 관한 이야기도 가스트로노미 신화에 일조했다. 프랑스인들이 그들의 발명인 레스토랑에 관해 듣기 원하는 이야기에는 세련된 창작 요리(소스로 만든 요리)가 그 근원에 있어야 한다. 그렇다면 왜 레스토랑 자체로는 충분하지 않을까 하는 의문이 든다. 19세기 초 전설적인 셰프 마리앙투안 카렘은 분명히 레스토랑의 셰프는 아니었지만 그 피라미드의 정점에 서 있는 인물이다. 프랑스대혁명은 그를 길드나 귀족 집안에 대한 의무에서 풀어주지 못했다(실제로 그는 그 둘 중 어느 쪽에도 속하지 않았다). 하지만 레스토랑의 탄생은 파리 사람들이 정치로부터 주의를 돌리게 했으며, 자기가 사는 곳

파리 몽토르게유 거리의 유명한 레스토랑 '로셰 드 캉칼'. 오노레 드 발자크의 작품에서 자주 언급되었다. 1804년에 처음 문을 열었고, 1846년에 현재 위치로 이전했다.

에는 그와 같은 것이 전혀 없어서 음식을 주문함으로써만 멋스러운 부유층의 생활에 참여할 수 있었던 방문객들의 관심을 사로잡았다. 1820년대와 1830년대 상류층의 활동을 대체하던 레스토랑 문화에 참여하는 데 필요한 것은 전문화된 지식이나 집안의 혈통이 아니라 오직 돈이었다. 레스토랑에서 떠는 수다는 오늘날의 유명인들에 대한 한담처럼 더 크고 중요한 이슈로부터 대중의 주의를 흩어놓았고 쉽게 반복 재생되는 이야기가 되었다. 신기하게도 이 단계에서 초점이 맞춰진 것은 음식이 아니라 보고 보이는 장식과 경험이었다. 카렘과 그의 휘하 요리사들은 그러한 요리의 토대를 카렘이 선택한 장소인 사적인 개인의 가정에서 되찾을 것이었다. 18세기 말의 혼돈이 지난 뒤 19세기 초의 수십 년은 멋스러운 최고급 요리의 새로운 시대, 또 다른 대혁명의 도래를 알렸다.

루이세바스티앵 메르시에,《서기 2440년》[76](1770)[77]
23장 "빵, 와인, 기타 등등"[78]

—◆—

[소설의 화자는 1768년에 잠이 들었는데 깨어보니 2440년이었다. 그는 이제 낯설어진 파리에서 길을 찾는 데 도움을 줄 안내자를 고용했다.]

나는 안내자가 마음에 들었다. 그가 나를 버려두고 떠나지는 않을까 매 순간 두려울 정도였다. 저녁 시간이 되었다. 나는 숙소에서 멀리 떨어져 있었고, 내가 아는 모든 이가 죽은 터라, 나는 그를 정중하게 초대해서 저녁을 들며 그의 친절에 감사를 표할 만한 술집[79]을 찾고 있었다. 하지만 계속해서 난감해질 수밖에 없었는데, 벌써 몇몇 거리를 지나왔지만 즐길 만한 장소[80]는 하나도 보지 못했기 때문이다. 내가 말했다. "그 술집들이며 식당들은[81] 모두 어떻게 된 건가요? 같은 업종 안에서 뭉치기도 하고 나뉘기도 하면서 계속 서로 충돌하기도 했었는데.[82] 구석구석에 무리 지어 있으면서 이 도시를 가득 채웠지요."

"그건 당신 시대에 사람들이 근근이 살아가기 위해 겪은 폐해 가운데 하나였어요. 그들은 완벽하게 건강한 시민들을 죽이는 치명적인 세련됨을 용인했지요. 도시의 [4분의] 3에 해당하는 가난한 이들은 천연 와인을 구할 수가 없었는데, 노동 후에는 갈증도 나고 소진된 힘을 회복해야 할 필요도 있어서 그 가증스러운 술[83] 속에 든 더디게 퍼지는 독을 마셨던 겁니다. 그 술을 매일 마시면 배신감이 감추어졌으니까요… 우리의 와인은 자연이 만들어낸 그대로 공공 시장에 도착합니다.[84] 그리고 파리 시민은 가난하든 부유하든 이 건강에 좋은 술을 마시며 왕의 건강을 위해 건배합니다. 자신이 사랑하는, 또 자신을 사랑해주고 존중해주는 바로 그 왕을 위해서 말입니다."

"그렇다면 빵은요? 빵은 비싼가요?"

"빵은 가격이 늘 똑같습니다. 우리가 지혜롭게 공공 곡식 저장고[85]를 마련해놓았거든요. 필요할 때를 대비해 저장고는 언제나 곡식으로 가득 차 있지요. 우리는 낯선 이들에게 곡물을 섣불리 팔았다가 석 달 후에 두 배나 비싼 가격으로 되사는 일은 하지 않아요. 그 저장고들이 권력과 소비자가 얻는 이익의 균형을 잡아왔습니다. 양쪽 모두에게 수지가 맞는 일이었죠.[86] 수출이 금지되어 있지는 않습니다.[87] 수출은 매우 유용하기 때문이죠. 하지만 합당한 테두리 내로 한정됩니다. 능력 있고 성실한 사람이 이 평형 상태를 지켜보다가 어느 한쪽으로 너무 많이 기울면 항구들을 폐쇄합니다…

우리 시장을 보면 생활에 필수적인 것들이 모두 풍부하다는 걸 알게 될 겁니다. 콩, 과일, 가금, 생선, 기타 등등.[88] 부자들이 사치해서 가난한 이들을 기 죽이는 일도 없습니다. 넉넉하지 못할까 봐 걱정하는 일도 우리하고는 거리가 멉니다. 우리는 자신이 소비할 수 있는 것보다 세 배나 많이 확보하려는, 그런 만족을 모르는 욕망은 절대 품지 않습니다. 우리는 낭비[89]를 끔찍하게 여기지요.

만약 자연[90]이 1년 동안 우리를 가혹하게 대한다고 해도 식량 부족 때문에 수천 명이 목숨을 잃는 일은 없습니다.[91] 곡식 저장고를 열고, 인간의 지혜로운 예비 조치로 대기의 무자비와 하늘의 진노를 누그러뜨리는 겁니다.[92] 빈약하고 메마르고 형편없이 조리되고 유해한 액즙이 들어 있는 음식은 힘든 노동에 익숙한 사람의 위장에는 들어오지 못합니다. 부자들이라고 해서 가장 고운 밀가루를 분리한 다음 다른 사람들에게는 밀기울만 남겨놓지는 않습니다.[93] 그런 천인공노할 일은 수치스러운 범죄 행위로 여겨질 테니까요. 혹시라도 단 한 사람이라도 먹을 게 부족해서 쇠약해졌다는 걸 알게 된다면 우리 모두는 스스로를 죄인으로 여겨야 하겠지요. 모두가 그 범죄를 눈물로 애통해할 겁니다." …

안내인이 말했다. "당신이 성찰해볼 만한 다른 주제도 있을 겁니다. (당신이 두 눈으로 땅바닥만 보고 있으니 하는 말인데) 이제 짐승들의 피가 거리에 흘러 살육에 대한 생각을 일깨우지 않는다는 사실을 유념하십시오.[94] 대기는 수많은 질병을 낳는 죽음의 냄새로부터 자유로워졌습니다. 깨끗한 외관이야말로 공공의 질서와 조화를 드러내는 가장 확실한 표지입니다. 이제 그것이 모든 부분을 지배하고 있습니다. 감히 말하자면, 유익하고 도덕적인 예방책으로 우리는 도축장을 도시 바깥에 세웠습니다.[95] 자연은 우리를 짐승의 살을 먹어야 하는 운명으로 만들어놓았지만, 우리는 적어도 죽음의 광경만큼은 피해야 할 것입니다. 자기 나라에서 쫓겨난 외국인들이 정육업을 이어받았습니다. 그들은 법의 보호를 받긴 하지만 우리는 그들을 시민 계층으로 받아들이지 않습니다.[96] 우리 중 누구도 피 흘리는 잔인한 기술을 행하지 않습니다. 우리는 그런 기술이 우리의 형제들을 부지불식간에 길들여 자연스러운 연민의 느낌을 잃게 할까 두렵습니다. 아시다시피 연민이란 자연이 우리에게 준 가장 정감 있고 가치 있는 선물이니까요."

5장

19세기와 카렘
프랑스 음식이 세계를 정복하다

오늘날 프랑스 요리가 곧 오트 퀴진으로 이해된다면 그 공은 19세기의 사건들에 돌아간다. "근대적 사회 현상으로서 가스토로노미가 19세기 초 프랑스에서 시작되었기" 때문이다.[1] 프랑스 요리의 우월성을 가장 큰 목소리로 자랑스레 알린 인물들은 최상위 계층에 속했으며, 우리에게 익숙한 삼총사를 이루었다. 마리앙투안 카렘, 장앙텔름 브리야사바랭, 알렉상드르 발타자르 로랑 그리모 드 라 레니에르가 바로 그들이다. 이러한 공식에서 가스트로노미는 프랑스에 속한다. 그리고 고급 요리는 프랑스를 근대로 이끌었다. 흔히 알려진 프랑스 요리에 대한 지식은 19세기의 음식과 그 기술에 한정되는 경우가 많다. 왜냐면 이들 세 사람이 가스트로노미의 복음을 강력한 엘리트 계층과 독서하는 대중에게 오래 지속되도록 널리 퍼뜨리며 지울 수 없는 프랑스 음식의 초상을 창조했기 때문이다. 19세기는 프랑스 요리의 전부이며 핵심이 되었다. 이러한 관점은 이 시기가 또한 셰프이자 요리책 저자인 마리앙투안 카렘을 통해 법칙이 만들어지고 그 법칙들이 체계적으로 정리되는 과정의 정점이었음을 고려하면 이해된다. 카렘은 매우 철저하게 프랑스 요리를 정의했고, 그를 따르던 이들은 그 기술을 매우 널리 퍼뜨려서 프랑스 요리는 유럽의 궁정들과 전 세계 국가 만찬을 위한 고급 요리의 유일한 본보기가 되었다. 오늘날 미슐랭 별점을 받은 레스토랑들의 '고전' 프랑스 요리는 대체로 이러한 근본에 충실하다. 그러나 그래서는 안 되는 것이었다. 카렘과 그의 가스트로노미 형제들을 환영했던 시대는 격동의 1789년 대혁명 직후에 찾아왔고 1830년 혁명과 1848년 혁명을 겪고 세 번의 공화국은 물론 나폴레옹이라는 이름의 서로 다른 두 황제와 함께 두 번의 제국을 거쳤으며 금세 끝난 두 번의 반란(나폴레옹의 백일천하와 1871년 파리 코뮌)을 지켜보았다.

카렘의 기념비는 하루 만에 세워지지 않았고, 프랑스 음식은 프랑스 안에서 그 정체성을 새겼던 것과 똑같은 방식으로, 곧 이미지와 믿음으로 세계를 정복했다. 프랑스인들은 군사적 전투에서는 거의 이기지 못했지만 심리적인 승리를 거두었다. 그때나 지금이나 세상 사람들은 고급 음식을 생각할 때면 프랑스 음식을 떠올린다. 19세기 프랑스 음식은 오직 프랑스 요리만이 정통 고급 요리라고 세상을 향해 가르쳤고, 혁명 이후 엘리트 귀족들과 레스토랑에 가는 부르주아들부터 가정주부와 노동계층에 이르기까지 모두가 이 가르침을 습득했다. 대혁명 이후 새로이 떠오르던 요리 모델은 대중적인 요리가 아니라 지적으로 설명하고 글로 풀이되는 요리였으며, 그래서 오래 유지되고 쉽게 전해질 수 있게 되었다. 새로운 어휘가 이런 요리와 이것을 먹는 이들을 묘사했고, 가스트로노미 작가라는 새로운 직업이 국제적인 추종자를 얻었다. 통일된 프랑스(파리) 오트 퀴진의 이미지가 퍼져나가면서 도시화된 파리의 실거리 음식은 노동 계층의 욕구를 충족시켰고, 프랑스의 여러 지방은 파리에서 멀리 떨어져 있지만 수도의 가스트로노미에 없어서는 안 될 섬들이 되어 관심을 끌었다. 궁정 요리도 복귀했고, 이제는 모두에게, 적어도 거의 모두에게 받아들여졌다. 하지만 19세기 프랑스의 가스트로노미에 관한 읽을거리에서 식민지들은 완전히 누락되었다. 그럼에도 이전 세기부터 광대하게 확장된 식민지들은 제국으로서의 프랑스라는 구상은 물론 수많은 물품의 원천이라는 점에서 매우 중요했다. 이 주제는 다음 장에서 자세하게 다룬다.

파리가 전 세계에 음식을 공급하기에 앞서, 프랑스의 나머지 지방이 파리에 음식을 공급해야 했다. 프랑스대혁명의 유산과 제1제정의 정치적 격변은 식량 공급에 영향을 끼쳤다. 파리의 인구는 꾸준히 늘었고 이 때문에 광대한 도시 전체에 식량을 공급하기 위해서는 극단적인 조치를 해야 했다. 1859년 나폴레옹 3세Napolén III는 주택 공급을 늘리기 위해 이웃한 코뮌들을 파리에 통합했다. 이렇게 해서 파리의 아롱디스망arrondissement(구區)도 전체 12개에서 20개로 늘어났다. 이렇게 파리가 확장되자, 파리 시내에서 인구가 과밀한 주거 지역들을 깨끗이 밀어버리고 넓은 대로와 거대한 레알 드 발타르Les Halles de Baltard를 비롯한 기념비적 건축물을 세운 오스만George-Eugène Haussmann 남작의 프로젝트*에 의해 초래된 위기가 완화되었다. 중세 이래 단속적으로 성장했던 파리의 시장 체계는 19세기에 들어서는 계속해서 발전했다. 1819년에는 신설 청과물시장에서 채소, 버터, 과일, 치즈를 팔았다. 1823년에는 알 오 뵈르halle aux beurres(버터시장)가 문을 열었지만 1836년이 되자 벌써 너무 작게 느껴졌다. 치즈를 포함한 낙농 제품 판매는 1858년 새로 지어진 거대한 레알의 한 부속 건물로 이동했으며, 그 곁에는 이전 해인 1857년에 설립된 채소 판매를 위한 부속 건물이 자리 잡고 있었다. 레알 드 발타르 건설 공사는 1811년 나폴레옹의 명령으로 설계 원안이 나온 뒤 30년 이상 지연되다가 1854년에야 마침내 시작되었다. 1854~1874년 최종 열두 채의 부속 건물 중 열 채가 아르데코 양식의 철제 구조로 지어졌다. 에밀 졸라Emile Zola가 《파리의 배腹 Le Ventre de Paris》에서 묘사한 이 시장은 광대하고, 살짝 지저분하다. 주인공 플로랑은 걸어 다니다가 레알의 혼돈 속에서 길을 잃는다. 그는 생오노레 거리 근처에서 미끄러운 길 위로 수레를 끌고 가는 상인을 따라가는데 "아티초크의 줄기와 잎, 당근 줄기가 보도를 정말 위험하게 만들어놓은 터였다"[2] 마지막 부속 건물 두 곳은 1936년에야 문을 열었다. 1857년에 120만이던 파리의 인구는 두 배 이상 늘어나 1901년에는 260만에 이르렀다.[3] 레알 시장은 1960년대에는 사용되지 않게 되었고, 1971년에 철거되어 그 자리에 쇼핑몰이 들어섰다.

* 오스만 남작은 나폴레옹 3세에게 발탁되어 1853부터 1870년까지 야심찬 파리 개조 프로젝트를 책임지고 대대적으로 실행한 인물이다. 이 프로젝트의 일환으로 파리의 유서 깊은 중앙시장인 레알을 건축가 빅토르 발타르Victor Baltard가 개조해 완전히 근대적인 대규모 시장으로 재탄생한 것이 레알 드 발타르다.

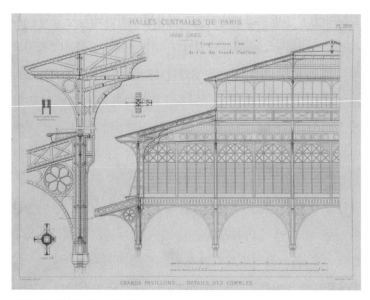

레알의 장식적인 철골구조(1863)

옛 시장에 대한 묘사들은 흐르는 시간과 낭만적 이상에 의해 윤색되었다. 레알은 이제 더 이상 레알이 아니다. 식품시장은 파리와 파리 사람들의 심장으로부터 멀찍이 떨어진 룅지스로 이전했고 1979년에 차가워 보이는 현대적인 시설이 문을 열었다.

궁극적으로 프랑스의 나머지 지역들은 계속해서 파리와 파리의 채워질 수 없는 위장을 위해 봉사했다. 파리에 인근 지역들이 새로이 통합되자 라빌레트, 벨빌, 그리고 센강 좌안과 우안의 새로운 도축장들이 파리 안으로 편입되었다. 1858년 파리의 정육업계를 자유화하는 칙령에 따라 수많은 신규 정육업자들이 파리에 몰려들었고, 이미 혼돈 상태인 체계를 더욱 혼잡스럽게 했다. 이에 대한 대응으로 오스만 남작은 1859년 기존 도축장들을 모두 폐쇄하고 (나중에 레알의 건축도 맡게 되는 빅토르 발타르Victor Baltard의 설계하에 라빌레트라고 불리는) 중앙 도축장 하나를 파리 외부에 푸아시와 소의 가축시장 가까운 곳에 건설하자고 제안했다. 이 새로운 시설은 1867년에야 문을 열었지만 1977년까지 사용되었다. 라빌레트 개장과 더불어 파리 시내에 남아 있던 기존 도축장들은 세 곳을 제외하고 모두 문을 닫았으며, 새로운 철도 운송 덕분에 파리 안에 가축시장을 둘 필요도 사라졌다. 중앙집중화된 정육 시설과 수백 명의 신규 정육업자 덕분에 파리는 늘어나기만 하는 고기 수요를 충족시킬 준비가 되었다. 아르망 위송Armand Husson*은 《파리의 소비Les Consommations de Paris》(1875)에서 놀랄 만큼 많은 동물이 프랑스의 나머지 지역들과 다른 나라들로부터 파리에 들어오는 상황에 대한 해설을 거의 실시간으로 제공했다. "파리에 대한 식량 공급량 상한이 상당히 증가했다"는 증거로서 위송은 파리 가축시장에서 거래된 동물이 1812년 65만 5,000마리에서 1873년에 190만 마리로 늘었다는 사실과, 이 동물들이 (당시 총 89개의 데파르트망département도道 가운데) 73개 데파르트망과 식민지 알제리를 비롯한 14개의 다른 나라에서 들어왔다는 사실을 문서로 기록해두었다.[4] 육우 떼가 노르망디와 앙주에서 파리로 이동했고, 독일과 프로이센은 파리의 양고기 대부분을 공급했으며

---

* 　19세기 프랑스의 경제학자이자 정부 관리였다. 경제통계에서 뛰어난 학문적 성과를 이룬 것으로 평가받는다. 1845년 정부에 의해 파견되어 건축가 빅토르 발타르와 함께 독일과 네덜란드의 공공 시장들을 조사해 파리의 레알 개조 사업에 일조했으며 파리의 공공 의료기관 아시스탕스 퓌블리크Assistance Publique의 책임자로 임명되어 파리 의료시설들의 통계 체계를 확립했다.

샹파뉴와 오를레앙은 송아지고기를 공급했다. 1870년 파리가 포위되어* 외부와의 상거래가 끊겼을 때 파리 사람들은 1866년 이래 파리에 알려진 말 도축업자들에게서 말고기를 얻고 동물원의 동물들까지 찾아내 먹을 수 있는 고기는 무엇이든 다 먹는 처지가 되었다.

19세기 말 파리에서는 더욱 섬세하고 미묘한 고기들이 유행했다. 그중에는 곡물 사료를 먹여 인공적으로 살을 찌운 거위와 오리의 간도 포함되었다. 1870년대에는 스트라스부르에서 온 푸아그라 foie gras가 화려한 고급 식탁을 우아하게 꾸몄다. 10월에서 3월까지가 간 전체와 파테 요리가 시장에 나오는 기간으로, 값이 아무리 높아도 상관없었다. 제철이 아닐 때도 '아페르 방식'을 따라 깡통에 보존된 푸아그라를 즐기는 것이 가능했다.[5] 파리 사람들은 생선에 대한 입맛도 폭이 넓어졌다. 민물고기보다는 바다 생선을 더 선호하게 되었지만, 다양한 종류의 물고기를 요리한 다양한 메뉴가 있었다. 1804년 아우구스트 폰 코체부는 한 레스토랑의 메뉴에서 스물여덟 가지 서로 다른 생선 요리와 열다섯 가지 가금류 요리, 그리고 서른한 가지 디저트가 있는 것을 보았다.[6] 프랑스대혁명 이후 금육이나 금식을 지키는 관행은 시들해졌고, 도시의 프랑스인들은 참회와 빈곤에 결부된 염장·훈제·건조한 생선을 거부하고 도시의 시장에서 구할 수 있는 신선한 생선을 선택했는데, 고기 대신 할 수 없이 선택하는 것이 아니라 생선 자체를 즐겼다. 파리의 생선 소비량은 1789

---

* 　1870년 7월 프랑스-프로이센 전쟁이 발발하자 프로이센 군대는 빠른 속도로 진군해 9월에 파리를 포위했다. 포위는 이듬해 1월까지 계속되었고 결국 프랑스 군대가 항복함으로써 프랑스는 전쟁에 패했다.

장 프랑수아 드 트루아Jean François de Troy, 〈굴 점심〉(1735), 캔버스에 유채. 베르사유 궁을 장식하기 위해 루이 15세가 의뢰한 그림으로, 차갑게 해둔 샴페인 병이 특징적으로 포함되어 있다.

년에서 1873년 사이에 네 배로 증가했으며 바다 생선 소비량은 열 배로 늘었다. 이는 아마도 철도망 건설 덕분에 신선한 생선을 내륙에서도 먹을 수 있게 되었기 때문일 것이다. 굴은 수백 개씩 파리로 들어왔고 1845년에는 연간 445만 개로(또는 1인당 4킬로그램 이상으로) 정점을 찍었다가 결국 바다에서 자취를 감추기 시작했다.[7] 해수에 양분이 풍부해 굴이 잘 자라는 캉칼 해안은 굴 축제로 유명한 로셰 드 캉칼이라는 레스토랑에 이름을 남겼다.

파리 사람들은 로셰 드 캉칼과 그 밖의 식당들에서 제공되는 굴을 수십 개씩 먹으며 입가심을 하느라 샹파뉴산 발포성 와인의 전국 최대 소비자가 되었다. 당시 샴페인은 샹파뉴 지역의 명성이 시작되게 한 비발포성 와인과 구분하기 위해 여전히 '샹파뉴 무쇠 Champagne mousseux(발포성 샹파뉴 와인)'라 불렸다. 19세기 말 발포성 와인은 새로운 잔의 발명을 촉진했고, 그 결과 금속 대신 유리로 기다란 형태의 샴페인 잔이 만들어졌다. 사람들은 이런 잔이 옛날의 금속잔보다 발포성 와인의 매력을 더해준다고 생각했다. (물론 금속잔이 원하는 거품을 더 활발하게 일으킬 뿐 아니라 주둥이가 넓어 모제moser라는 거품기로 휘저어 가스를 빼낼 수 있으므로 원치 않는 분출을 방지할 수 있다고 주장하는 이들도 있었다.)[8] 거품이 이는 샴페인의 이점은, 부인할 수 없는 우아함은 차치하더라도, 취하지 않고도 흥을 낼 수 있는 데다 의문의 여지 없이 젊음과 연결된다는 점이었다. 파리에서는 이제 샴페인을 본보기로 하여 수많은 와인가게에서 더욱더 많은 와인을 병으로 팔게 되었다. 하지만 노동자들은 일하기 전이나 일한 뒤에 여전히 카바레나 마르샹 드 뱅을 찾아 와인을 잔으로 사서 마셨다.

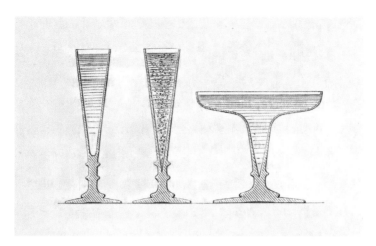

두 가지 형태의 샴페인 잔.
출처: 에드므 쥘 모므네Edme Jules Maumené, 《와인 작업의 이론과 실제에 관한 개론: 와인의 속성, 제조, 병폐, 발포성 와인 제조Traité théorique et pratique du travail des vins leurs propriétés, leur fabrication, leurs maladies, fabrication des vins mousseux》(1874). 모므네는 오른쪽 잔에서 거품이 더 활발하게 올라온다고 밝혔다. 금속으로 된 받침을 제외한 전체가 유리로 만들어졌다. 잔 전체를 금속으로 만들던 오랜 관행에 변화가 생긴 지 얼마 되지 않았을 때였다.

19세기 말 이러한 곳에서 판 잔술 뱅 드 쿠프vin de coupe는 여러 가지 와인을 섞은 것으로, 미디 지방*(바르, 가르, 에로)에서 나온 와인이 점점 더 많이 사용되었다. 이렇게 풍부하고 값싼 와인이 밀려오면서, 이전에 시장을 지배했으나 포도나무들이 포도나무뿌리진디에 감염되어 뽑혀나간 중부 지방(앙주, 오를레앙, 투르) 와인을 대체했다. 부르주아 가정에서는 주로 프랑스 남서부의 마콩과 보졸레에서 나오는 와인을 구입했고, 더 적은 양이긴 하지만 보르도 와인도 구입했다.

*　　미디피레네Midi-Pyrénées 지방을 줄여서 미디라고 부른다. 프랑스 남서부 지역으로 남쪽으로는 스페인과 국경을 접하고 있다. 중심 도시는 툴루즈다.

부르고뉴와 보르들레에서 나오는 고급 와인은 일반적으로 해외 시장으로 팔려나갔고, 특히 러시아는 아이와 부지에서 나온 최고급 샴페인을 거의 모두 주문했다.[9] 중산층은 일반적으로 2등급이나 3등급 포도밭에서 나오는 보통 와인을 마시고 예산이 허락하면 이따금 최고급 와인을 마시는 데 만족했다. 하지만 이런 2등급 와인조차 프랑스 와인 생산자들의 보살핌과 전문기술로 품질이 향상되었고 와인 감정가들도 적합하다고 평가했다. 포도나무뿌리진디 감염이 번지면서 프랑스 와인에 대재난을 초래하기 전까지는 노동계층 소비자도 천연(불순물을 섞지 않은) 와인에 물을 타지 않고 마실 수 있었다.

근무시간이 정해져 있고 집과 일터가 멀었기 때문에 파리의 노동자들은 출근하는 길에 아침을 먹었고 그 때문에 노동자, 여성, 어린이까지 익숙하게 된 카페오레café au lait를 만들기 위한 신선한 우유의 수요가 크게 늘었다. 제2제정의 노동계층은 점차 카페나 레스토랑에서 점심을 먹는 일이 늘었다. 일터가 집에서 너무 멀었거나, 집에 음식을 조리할 도구나 보관할 공간이 부족했기 때문이다. 작은 빵과 기발한 모양의 팽 드 팡테지(위송이 파나스리panasserie라고 부른 범주의 빵들)가 파리에서 연간 소비되는 빵의 3분의 1을 차지했고, 대혁명 이후 시기에는 이 부드러운 빵들도 더 이상 부유층에게만 한정되지 않고 노동자들의 카페오레와 모든 레스토랑 식사에—심지어 가장 수수한 식사에도—수반되었다.[10] 외젠 브리포Eugène Briffault는 《식탁 앞에 앉은 파리Paris à table》(1846)에서 상인들은 손님이 없을 때 가게 뒤편에서 빠르게 식사한다고 말했다. 노동계층 남녀는 저렴한 레스토랑에서 점심을 먹었는데, 상류층의 레스토랑 및 카페와는 달리 성별에 따라 나뉘었다. 남자들은 마르샹 드 뱅이나 가르고트에서 먹었던 반면, 여자들은 임금이 남자들보다 낮기도 했고 자신의 안전과 평판에 위협이 될 수도 있어서 이들 장소를 피했다. 여자들에게 더 친근한 곳은 새로이 늘어나고 있던 크레므리crèmerie*였는데, 크레므리에서는 커피와 함께 우유, 달걀프라이, 구운 고기 등을 팔았지만 독한 술은 없었고 때로는 와인조차 취급하지 않았다.[11]

  돈을 더 아끼려는 노동자들은 정찰제 레스토랑이나 구내식당에서 삶은 돼지고기와 부용으로 된 '오르디네르ordinaire'를 시켰다. 1880년대에 이르면 이 간단한 통상적 식사에는 수프, 채소를 넣은 고기 요리, 디저트용 과일이라는 세 가지 코스가 포함되었다. 노점상에서 파는 포장 음식들은 더욱 간단했다. 노점상의 홍합이나 가공된 돼지고기, 또는 '프리트 클라시크frite classique**'를 두고 1899년의 한 텍스트는 "전형적인 민중의 음식: 정찬이자 간식이며, 주요리이자 특식"이라고 묘사했다.[12] 에밀 졸라의 《목로주점L'Assommoir》(1877)에는 시계가 정오를 치자 함께 일하는 노동자 무리가 점심을 주문하는 장면이 등장한다. 한 사람은 2상팀centime***짜리 새우를 시키고, 다른 한 사람은 고깔 모양 봉투에 담아주는 감자튀김 하나를, 그리고 나머지 사람들은 작은 무 한 묶음과 종이에 싼 소시지 하나를 시켰다.[13] 노점상들은 (여자인 경우가 많았고) 휴대용 조리대

---

*　유제품이나 유제품 판매점을 가리키지만, 저렴한 간이식당을 의미하기도 한다.
**　'고전적 튀김'이라는 뜻으로, 감자를 길고 가늘게 썰어 튀긴 것을 말한다. 보통 영어권에서는 프렌치 프라이French fries라고 하는 것으로 오늘날 프랑스에서는 간단히 프리트frites라고 한다.
***　1상팀centime은 100분의 1 프랑franc.

에서 요리한 고기를 한 조각씩 팔았는데, 이는 브리포가 분명히 말한 바에 따르면 "파리에서만 흔한" 관행이었다.[14] 노동자들의 이야기꾼인 에밀 졸라는 주목할 만한 한 단락에서 파리 사람들의 점심을 충실하게 묘사했다. 어떤 여성 노동자는 삶은 소고기를 먹고, 고깔 모양 봉투에 담긴 감자튀김과 컵에 담긴 홍합을 먹는 우브리에르ouvriere(여성 노동자)들의 행렬이 끝도 없이 이어지며, 아이들은 바로 먹을 수 있게 준비된 뜨거운 부댕이나 빵가루를 입힌 고기튀김을 종이에 싸서 손에 들고 가게를 나서고, 이른 점심을 먹은 손님들은 무거워진 몸으로 가르고트를 나와 식사를 하려고 몰려드는 사람들 틈으로 천천히 걸어간다.[15]

중산층의 경우, 집에서 점심을 먹을 때는 물론 사업상 회의나 정치적 회합 때 레스토랑이나 카페에서 제공되는 점심을 들 때도 정장이나 격식이 전혀 요구되지 않았다. 하지만 이후에는 파리의 부르주아들이 옛 귀족들을 모방할 수 있도록 살롱에서 벌이는 밤놀이와 공연과 게임을 하는 파티까지 디네dîner(만찬)에 포함되었다. 제2제정 시기 디네가 부유한 상류층의 하루 중 주된 (때로는 유일한) 식사가 됨에 따라 파리의 레스토랑들은 6시에서 8시 사이에 손님이 몰려 가장 바빴다.[16] 만찬 이전에 식사를 하려는 이들에게는 데죄네 아 라 푸르세트déjeuner à la fourchette(포크로 먹는 점심)라고 불리며 달걀, 구운 고기, 치즈 등으로 구성된 가벼운 점심이 무난하게 받아들여졌다. 1825년 우연하게도 지명과 이름이 같은 페리고르Périgord라는 가스트로노미 작가가 1825년작 《새로운 미식가 연감Nouvel Almanach des goumands》에서 새로운 식사 관행들이 낯설다는 사실을 증언했으며,

6시 전에는 절대 시작되지 않는 "웅장한 만찬" 이전에 배 바닥에 짐을 싣듯 위장에 음식을 넣어 "안정시키기" 위해 고형 음식과 충분한 와인을 넉넉히 먹어둘 것을 주장했다.[17] 만약 점심을 충분히 먹는 것이 도시화된 섬세한 위장을 불편하게 할 위협이 된다면, 적당하면서도 든든한 초콜릿 한 잔이 해결책이었다. 17세기에 궁정 여성들 사이에서 유행하던 뜨거운 초콜릿이 다시 돌아온 것이었다. 가스트로노미 요리를 수반한 최상류층의 이러한 관행은, 파리의 부르주아들이 문명화된 사회에 필수라고 믿었던 여가 활동에 참여하기 시작하면서 궁정 문화를 직접 모방한 것이었다.[18] 가스트로노미를 즐기는 이들은 왕실의 본보기를 뒤에 버려두지 않았으며 나라 자체를 놓아주지도 않았다. 결국 프랑스에는 왕정복고 후에 군주가 복귀했고, 이어서 두 번째 황제가 등장했다.

노동계층의 점심을 가스트로노미라고 부를 수는 없었지만, 오르디네르와 데죄네 아 라 푸르셰트의 공통점은 바로 레스토랑이었다. 파리는 누구나 가진 돈에 맞게 따뜻한 음식을 집 밖에서도 먹을 수 있도록 제공했던 것이다. 가스트로노미는 명실상부하게 이 역사적 순간에 파리에서 일어난 현상이었다. 공공장소에서 식사를 한다는 것은 식생활 습관을 하나의 사회적 행위로서 다른 사람들 앞에 공공연히 드러낸다는 것을 의미했다. 직접 음식을 먹지 않는다면 글을 읽어서라도, 고급 음식이 주는 즐거움에 참여하기에 19세기의 파리보다 더 좋은 곳은 없었다. 졸라의 묘사는 파리 노동계층의 길러리 음식을 승격시켰다. 그 음식은 지방 사람들이 먹는 수프 오 라르 soupe au lard(돼지비계를 넣어 끓인 수프)와는 완전히 다른 세상의 음식

새로운 점심 이론

여러 음식이 코스로 제공되는 점심식사는 쉽게 알아볼 수 있는 프랑스의 관행이 되었다. 하지만 데죄네déjeuner라고 하는 점심식사는 19세기 파리에서 유행한 토론 주제였다. 가스트로노미의 시대에 파리에서는 식사시간이 달라졌다. 음식을 먹는 시간이 계층적 지위와 관련되기 시작한 탓이다. 18세기에는 대부분의 주민이 아침 8시 이전에 (데죄네라고 불렀던) 간단한 아침을 먹었고, 낮 12시경에 디네dîner라는 점심을 먹었으며, 계절과 개인의 지위에 따라 저녁 5시에서 10시 사이에 수페souper라는 저녁을 먹었다. 상인들이 저녁을 가장 일찍 먹었고, 다음은 부르주아였으며, 귀족들은 가장 늦게 먹었다. 프랑스대혁명 이후 유행을 앞서가는 부유층에게 저녁식사는 이따금 공연을 본 뒤에 먹는 식사가 되었다. 상류층 도시 주민들의 디네 또한 점점 더 늦어졌다. 제1제정 시기에는 오후 2시, 왕정복고 시기에는 4시~6시, 7월 왕정 시기에는 저녁 6시~7시까지 늦춰졌는데, 사회 계층에 따른 편차가 컸다.[19] 수페는 시골의 전통으로 남았으며, 파리의 상류층에게는 상징적으로 바람직하지 않은 것이었다. 하지만 (파리 인구의 일부를 포함해) 프랑스인 대부분은 거의 19세기 말까지, 어떤 지역들에서는 20세기까지도, 데죄네, 디네, 수페라는 하루 세 끼 식사의 전통적인 틀을 유지했다. 파리의 부르주아와 지방의 가정에서는 여전히 한낮에 데죄네(혹은 디네)를 거하게 차려 먹곤 했지만, 저녁식사 이전에 뭐라도 먹는 도시의 상위 계층에게는 가볍게 먹는 데죄네 아 라 푸르셰트가 빠르게 돌아가는 도시 생활에 더욱 잘 맞았다. 이 새로운 관행은 소설가 오노레 드 발자크의 관심을 끌었고, 그는 1830년작 에세이 〈새로운 점심 이론Nouvelle Théorie du déjeuner〉에서 이 관행을 조롱했다. 발자크는 낮 동안 식사를 거하게 할 경우 감각이 짓눌려서 의욕이 꺾인다는 주장에 이의를 제기하며, 식사에 대한 이러한 경멸이 프랑스 요리에 끼칠 영향을 염려했다. 발자크는 한낮에 하는 제대로 된 식사를 포기하는 데 경멸을 표시하면서, 모든 영양학적 책임을 저녁식사에 지우는 이 "치명적인 체계"야말로 옛 방식의 "완전한 파괴"라며 통탄했다. 하루에 한 끼만 제대로 먹게 되면서 저녁식사에서 폭식을 하게 되자, 식탁에는 대화가 사라지고 우중충한 침묵만이 감돌며, 함께 식사하는 사람들은 생기 없는 모습으로 오직 소화에만 집중한다는 것이었다. 발자크는 분투하는 계층들에서 점심에 카페오레를 마시는 것이 용납할 수 없을 만큼 흔해졌음을 발견하고, 와인은 석공들 또는 퇴직한 교수들에게나 속한다고 생각했다. 유행 중인 것은 물밖에 없었다.[20] 하지만 디네 한 끼만 먹는 움직임은 오래가지 못했다. 온종일 양분을 섭취하지 않고 시간을 보내기란 쉽지 않은 일이었으므로, 때로 첫째 데죄네와 둘째 데죄네라고 불린 보다 작은 식사들이 생겨났다. 19세기 말에 이르자 첫째 데죄네는 프티 데죄네petit déjeuner(아침식사)가 되었고[21] 미리 정해진 시간에 규칙적으로 하는 식사들이라는 엄격한 구조 속으로 정오의 점심식사가 되돌아와 자리 잡았다. 부유한 상류층에 속하지 못하거나 파리 외부에 사는 사람들은 이전에도 늘 그러했듯이 계속해서 하루에 서너 끼를 먹었다.

프랑수아 부셰François Boucher, 〈데죄네〉(1739), 캔버스에 유채. 18세기에 데죄네는 아침식사를 의미했다. 벽난로 옆에 선 남자가 들고 있는 것은 초콜릿 음료가 담긴 주전자다.

이었다. 그리모 드 라 레니에르와 그를 모방한 이들은 파리의 요리가 주는 기쁨을 묘사해 식자층 대중에게 제시했다. 그리고 "식탁에서보다 지면에서 훨씬 더 기꺼이" 프랑스 요리를 소비할 수 있는 일군의 사람들이 새로 등장했다.[22] 대단히 인기가 많았던 《미식 예찬》(1825)의 저자 브리야사바랭은 원칙적으로 모든 계층을 포괄하는 훌륭한 식생활의 과학에 관한 자신의 '명상'에서 좋은 취향 일반을 향한 송가를 지었다. 그의 글은 전체적으로 음식의 생산이나 기술 혹은 셰프들의 기교가 아니라, 식사를 하는 사람이 느끼는 즐거움에 초점을 맞추었다. 그 결과로 탄생한 것이 가스트로노미 문학이었고,

이는 19세기 프랑스에 아주 잘 맞는 새로운 문화적 산물이었다.

증거를 고려해보자면 프랑스 고급 요리의 승리는 우리를 어리둥절하게 만든다. 18세기에 만연했던 식량 부족 사태가 모두 지나갔음에도, 프랑스는 (특히 파리는) 나폴레옹전쟁과 프랑스-프로이센전쟁(1870~1871)으로 외국 군대에 점령된 기간 동안 여전히 식량이 충분하지 않았다. 백과전서파는 복잡하고 비합리적으로 과도한 요리에 반대하는 입장을 전혀 굽히지 않다. 《백과전서》에서는 '요리'를 "필요한 것 이상으로 먹는 학습된 방법"이라고 정의했으며 조리 기술이란 단지 음식을 "훼손"하는 데 기여할 뿐이라고 보았는데, 이는 음식의 자연스러운 단순성을 옹호하는 주장을 드러낸다.[23] 1606년 《프랑스어의 보물*Trésor de la langue française*》이라는 사전에서 '구르망gourmand'이란 대식가를 뜻했고, 1694년 《아카데미 프랑세즈 사전》에서는 15세기부터 탐식 즉 구르망디즈gourmandise의 죄와 관련된 용례로서 먹는 일만 생각하는 사람이라고 정의했다. 그러나 프랑스어는 음식에 관한 정교한 기술과 세련된 애정을 끌어안은 여론을 충족시키는 쪽으로 나아갔다. 1787년 《아카데미 프랑세즈 사전》은 구르망디즈를 여전히 일곱 가지 대죄 가운데 하나로 정의했으나 1825년 《프랑스어의 보물》 사전에서는 (브리야사바랭의 글에 등장하는) 음식에 대한 감상을 이 단어의 용례로 표시해놓았고, 1835년 가산명사로서 '하나의 구르망디즈une gourmandise'는 사탕같이 단 음식을 가리키게 되었다. 1801년 시인 조제프 베르슈는 〈가스트로노미La Gastronomie〉라는 장시長詩를 발표했는데 이 시를 통해 가스트로노미라는 용어가 처음 만들어진 것으로 여겨진다. 1826년 베르슈는 레지옹 도뇌르Légion d'honneur 훈장을 받았다. 1835년 아카데미 프랑세즈에서는 (그 이전부터 이미 확실하게 사용되고 있던) 가스트로노미라는 용어를 사전에 올리고 "훌륭한 음식을 만드는 기술"이라고 정의했다. 1866년에서 1879년 사이에 《라루스Larousse》 백과사전에서는 여전히 구르망을 경멸적인 의미로 사용하고 있으나 가스트로노미는 어떠한 부정적인 함의 없이 훌륭한 음식을 감상하는 법을 알고 좋아하는 사람에게 적용했다. 1873년 《리트레Littré》 사전은 구르망(먹기를 좋아하는 사람)과 구앵프르goinfre(저열하고 혐오스러운 성질의 구르망디즈를 지닌 구르망)를 구분했다. 마지막으로, 1932년 《아카데미 프랑세즈 사전》은 부인할 수 없이 프랑스적인 개념인 가스트로노미를 "훌륭한 고급 음식의 요리 기술을 구성하는 규칙들의 집합"이라고 언명했다.[24] 프랑스어에 나타난 이 같은 변화는 사회적 변화와, 필요충족에서 미식으로 옮겨간 초점을 반영했다. 이러한 초점의 이동은 단지 물질적인 식생활만이 아니라 프랑스 음식의 이미지와 프랑스 음식에 의해 정의되는 사람들에 대한 판단에서도 이루어졌다.

가스트로노미는 단 하나의 요리도 아니고 궁정이나 개인 가정의 폐쇄된 공간 안에 한정된 것도 아니었기 때문에 이제 널리 확산되어 더 많은 사람이 가스트로노미에 접근할 수 있게 되었다. 가스트로노미에 관한 글과 레스토랑에 대한 접근성 덕분에 최상위 계층의 기준에 관한 지식이 다른 계층들에도 퍼져나갔다. 가스트로놈이라 불린 미식가들은 세련된 취향을 전시했으며 그에 관한 글을 써서 다른 이들도 따르게 했다.[25] 소박한 식당들과 노점상들은 상대적으로 낮은 수준에서 유행 중인 정찬을 맛볼 기회를 제공했고, 그 덕분에 모든 사회적 지위나 계층의 사람들이 형편에 따라 공공장소에서 즐겁게 외식을 할 수 있었다. 프리실라 파크허스트 퍼거슨Priscilla Parkhurst Ferguson은 "사적인 모임이 아니라 공공의 레스토랑이 가스트로노미를 사회적·문화적 관행으로 제도화하는 주된 매개체가 되었다"는 사실에 주목한다.[26] 하지만 다른 사람들의 눈에 보이는 레스토랑의 반半공적 공간 안에서 식사하는 사람들은 여전히 스스로를 상류층으로 여겼다. 19세기 파리의 레스토랑은 단 하나의 실체는 아니었다. 크레므리는 가격 면에서는 레스토랑 '베리Véry*'와 거리가 멀었지만 개념 면에서는 그렇지 않았다. 손님들에게 따로 떨어진 식탁과 개인용 그릇에 담은 음식을 제공했기 때문이다. 레베카 스팽은 레스토랑이 모든 손님에게 작은 그랑 쿠베르, 즉 왕의 공적인 식사 기회를 제공했다고 말하면서 가스트로노미가 사실상 옛 궁정 요리의 위계를 민주화하기보다는 복귀시켰음을 암시했다.[27] 브리야사바랭은 가스트로노미가 사적인 연회나 만찬에 더 잘 어울린다고 생각했으며 30개의 장으로 구성된 저서에서 한 장만 레스토랑에 할애했다. 하지만 그는 레스토랑이 훌륭한 고급 음식을 집이라는 사적 공간으로부터 공공의 영역으로 끄집어내는 데 중요한 역할을 했다고 확언했다. 그리하여 누구라도 15프랑만 있으면 "왕자의 식탁에서" 식사를 할 수 있게 되었다는 것이다. 이 문구는 고급스러운 식생활의 귀족적 지위를 보존하게 된 19세기의 수많은 레스토랑 지지자들에 의해 되풀이되었다. 1846년 브리포는 가난한 사람이라도 레스

---

*   소설가 발자크가 《인간희극》에서 로셰 드 캉칼과 함께 언급하며 높게 평가하는 또 다른 고급 레스토랑이다.

앙리 브리스포Henri Brispot(1846~1928), 〈구르망〉, 19세기 말, 캔버스에 유채. 19세기 셰프 들이 매우 높게 평가한 가재 요리가 큰 그릇에 수북이 담겨 레스토랑 손님에게 제공되고 있다.

토랑에서 "궁궐에서처럼 멋지고 화려하게" 대접받고 부자와 똑같은 지위를 누리므로, 레스토랑이야말로 "사회적 평등을 향한 큰 발걸 음을 내디뎠다"며 칭송했다.[28] 다소 축소된 방식이긴 하지만, 여하튼 파리에서는 누구나 왕처럼 먹을 수가 있었다.

브리야사바랭의 《미식 예찬》은 프랑스에서 식생활의 철학과 그 것을 표현하는 데 사용된 언어에 전환점을 이루었다. 레스토랑이 고 급 요리를 대중에게 제공하자 브리야사바랭은 탐식을 미식으로 바 꾸었으며 악덕을 합리적인 미덕으로 돌려놓았다. 《미식 예찬》에서 그가 노린 목적은 가스트로노미의 과학을 구축하고 구르망디즈라는 말을 탐식으로부터 분리해 다시 정의하는 것이었다. 그는 좋은 음식과 식생활의 즐거움은 도덕적 판단에서 분리될 수 있으며, 구르망디즈는 실제적인 이득을 가져다준다고 주장했다. 새로운 형태의 구르망디즈는 이제 먹는 이에게 즐거움을 선사하는 음식을 잘 알고 선호하는 것을 의미했으며, 살기 위해 음식을 먹도록 정하신 창조주께서 "식욕으로 우리를 초대하시고 풍미로 우리를 존속시키시며 즐거움으로 우리에게 보상하시므로" 구르망디즈는 도덕적으로도 옹호할 수 있는 것이었다.[29] 브리야사바랭은 더 나아가 구르망디즈를 경제성장을 위한 기제로서 옹호했다. 고급 음식에 대한 수요는 무역을 증대하고, 징수된 세금으로 국고를 풍성하게 하며, 농부들과 어부들이 땀 흘려 얻은 성과물을 최고의 주방으로 가져와 수많은 요리사, 제빵사, 여타 식품 상인에게 일자리를 제공하고 그들이 또 다른 노동자들을 고용하게 한다는 것이었다. 구르망디즈의 도덕적 적절성(그리고 음식에 관련된 종교적 제약의 완화)의 증거로서 브리야사바랭은 한 교구 사제관에서 되는 대로 차린 사순절 저녁식사를 언급했다. 이 사제관에서는 금육을 실천하긴 했지만 가재 수프, 소스로 요리한 갈색 송어, 참치와 잉어 곤이를 가득 넣은 커다란 오믈렛, 풍부한 버터로 구성된 저녁식사를 했는데, 이 모습은 중세에 과도할 정도로 많은 생선과 달걀 요리 때문에 비난받았던 클뤼니 수도원의 수도승들을 떠올리게 했다. 《미식 예찬》은 평등 선언문이 아니었으며, 종종 귀족적 식사에 근간했음을 무심코 드러내곤 한다. 브리야사바랭은 1789년 삼부회États généraux에 의원으로 참석했으며, 1793년 공포정치를 피해 미국으로 자진 망명했다가 1796년에 판사로 돌아온 터였다. 그는 귀족들과의 관계를 끊은 적도 없고 집에서 즐기는 호화로운 식사에 대한 기호를 포기한 적도 없다. 가스트로노미는 궁극적으로 상위 계층에 속한 것이며, 최상위 계층의 음식 관련 관행이야말로 프랑스가 요리 분야를 지배하게 된 열쇠였다. 적절히 프랑스적인 관점에서 브리야사바랭은 빵과 채소만 먹고 사는 사회는 살아남지 못할 것이라고, 더 강인한 이웃들로부터 공격당할 것이며 결국 굴복하게 될 것이라고 결론 내렸다. 이러한 결론은 대혁명 이후 프랑스에서 격동의 세월을 살아내며 겪은 경험에 대한 한탄에서 비롯한 것이지만, 브리야사바랭은 패배를 향해 행복한 표정을 지어 보일 줄 알았다. 그가 다시 만들어낸 이야기에서 1815년 나폴레옹이 워털루에서 패배한 뒤 찾아온 경제적 재난으로부터 프랑스를 구한 것은 구르망디즈와 레스토랑이었다. 잉글랜드와 프로이센에 막대한 보상금을 지불해야 했던 프랑스는 몰락 직전까지 내몰렸다. 하지만 바로 그때 굶주린 배를 움켜쥔 외국 병사들이 프랑스를 침공해 수도의 레스토랑, 술집, 카바레, 노점상에 들이닥쳤고 먹은 음식의 값을 치름으로써 자기도 모르게 프랑스가 내놓아야 했던 모든 것을 갚아주었다.[30]

가스트로노미의 황태자라고 할 수 있는 카렘은 과자류 제조 설명서(1815)와 메트르 도텔 안내서(1822)에 이어 나온 《파리의 요리사*Le Cuisinier parisien*》(1828)와 《19세기 프랑스 요리의 예술*L'Art de la cuisine française au XIX siècle*》(1833)을 통해 프랑스 오트 퀴진을 영속적으로 정의했다. 카렘은 스스로를 '현대' 프랑스 요리의 창시자로 여겼지만, 그것은 '고전' 요리, 혹은 철학자 르벨Jean-François Revel

외젠 브리포의 《식탁 앞에 앉은 파리》(1846) 권두 삽화. 현대적인 요리사 복장을 갖춰 입은 셰프가 파리 위에 우뚝 서 있다. 센강의 좌안에는 포크가, 우안에는 와인 병이 세워져 있고, 셰프가 든 냄비에서 넘친 부용이 센강으로 떨어지고 있다.

의 정형화된 표현을 따르자면 "국제적인 그랑드 퀴진grande cuisine internationale"이라고 알려지게 된 파리의 고급 요리였다.³¹ 카렘은 최고급 요리는 파리에 존재함을 확정하는 언명으로서 첫 저서의 제목에 '파리지앵parisien(파리의)'이라는 표식을 달았다. 두 세기 전에 나온 라 바렌의 《프랑스 요리사》가 프랑스 요리가 존재함을 선언한데 반해, 카렘은 파리의 오트 퀴진을 전국을 아우르는 새로운 프랑스 요리로 만들고자 했다. 프랑스는 계속해서 파리 주변으로 중앙집중화되었고, 레스토랑 같은 문화 시설과 가스트로노미에 관한 글쓰기가 정립되자 프랑스 국민 전체와 최고급 요리 사이의 연결고리가 강화되었다. 이민을 떠난 프랑스 요리사들 덕분에 세계 어디에서나 고급 요리란 프랑스 요리가 되었으며 지방 고유의 요리들은 가스트로노미에서 배제되었다. 파리가 프랑스의 지역 요리들을 수도의 요리로 흡수했으므로 프랑스의 국가적 음식 정체성은 최고급 요리와 정통성 있는 지방 요리를 모두 향유할 수 있었다. 마침내 19세기 프랑스 셰프들은 이중으로 강화된 명성을 프랑스에 선사한 "유명한 토착 요리 전통 안에서" 일할 수 있게 되었다.³²

카렘에 의한 체계적인 프랑스 요리의 진흥은 옛 모델을 버리고 과학을 사용할 것을 요구했지만, 그의 새로운 요리는 바로 옛 요리가 시작되었던 곳, 즉 최상위 부유층 가정들에서 시작되었다. 그는 과자류 셰프로 명성을 얻기 시작했고 로스차일드Rothchild 남작, 러시아의 차르 알렉산드르 1세Aleksandr I, 그리고 쾌락주의자 정치가로 유명했던 샤를모리스 드 탈레랑Charles-Maurice de Talleyrand의 개인 요리사로서 이름을 날렸다. 카렘은 혁명 이전 구체제 프랑스

자크 노엘 마리 프레미Jacques Noël Marie Frémy, 〈마리앙투안 카렘 초상화〉, 판화(19세기 중반)

에 대한 감상적 애착을 유지했다. 이는 그가 연회를 좋아했고, 과자류로 만드는 기념비적인 구조물로 고전적 형태를 모방했다는 사실에서 잘 드러난다. 그가 프랑스 가스트로노미의 품격을 높인 방식은 군주적이고 제국적이며 공화적이었다. 이를 입증하는 증거는 바로 카렘이 출간한 책 제목이 시기에 따라 변했다는 사실이다. 그의 첫 책은 제1제정 시기에 《국민 파티시에*Pâtissier national*》라는 제목으로 나왔으나 루이 18세가 왕좌를 되찾았던 왕정복고기에는 《왕실 파티시에*Pâtissier royal*》(1815)로 바뀌었다. 카렘은 《왕실 파티시에》 서문에서 셰프를 귀족 집안의 적절한 자리로 돌려놓고 프랑스 요리를 이전의 영예로 복귀시킬 "적법한 주인"으로서 국왕의 귀환을 환영했다.[33] 카렘에게 웅대한 프랑스 요리의 탁월함은 "세련되고 완벽한 음식들"을 제대로 즐길 줄 아는 훌륭한 취향의 귀족에게서 비롯한 것이었다.[34] 근대 요리에 실체를 부여한 것은 카렘이 동시대인 미식가로서 존경했던 레니에르의 《미식가 연감》이 아니라 카렘의 후견인 탈레랑이 주재한 유명한 연회들이었다.[35] 카렘은 자신이 출간한 책들 여기저기에서 오트 퀴진을 귀족적인 도락으로 유지하고, 책이 길거리로 빠져나가 아무나 읽고 소비하게 되는 일을 막고자 하는 포부를 명확히 밝혔다. (포토푀에 대한 찬사 외에도) 그의 요리책들에 담긴 부르주아적인 요소조차 사실은 최고급 요리의 하위 버전이었다. 프랑스의 국가적 자신감이 흔들리고 있던 순간에 카렘이 성공할 수 있었던 핵심 요인은 프랑스 요리의 위계를 다시 세우고 동경의 대상으로 만든 능력이었다. 프랑스의 하류층만이 아니라, 프랑스 요리를 유일하게 적법한 고급 요리로 확정해줄 국제적 대중까지 열망하도록 한 것이다. 정신적인 면에서나 실제적인 면에서나 카렘의 근대 요리는 프랑스대혁명의 공동체적 저녁식사와 팽 비스를 저 멀리 버려두고, 절정에 이르렀던 전설적인 프랑스 궁정의 세련미를 복구시켰다.

카렘의 출발점은 공공에 개방된 근대의 레스토랑이 아니라 사적인 가정이었다. 카렘의 근대 요리는 앞을 내다보는 것이 아니라, 오히려 17세기 고전기에 처음 체계적으로 정리된 누벨 퀴진의 입증된 본보기를 수정해 내놓은 것이었다. 새로이 정의된 탈脫귀족적인 최상위 계층을 위해 개정된 귀족 요리는 옛 궁정 모델을 모방하되, 한 번에 제공되는 요리의 수나 희귀한 재료들이 아니라(백조나 왜가리가 메뉴에 등장하는 일은 더 이상 없었다) 한편으로 드러나는 과잉과 다른 한편으로 감추어지는 사치를 모방했다. 카렘이 되살린 프랑스 요리가 최고급 요리를 지배하게 된 것은 그가 다른 누구보다도 훌륭하게 장식과 기술을 조합했기 때문이었다. 식용 재료(소스, 고명, '모양을 낸' 채소)와 비식용 재료(장식용 받침, 설탕 조각, 요리 자체와 상관없는 건축적 솜씨)를 모두 활용해 만든 고상하지만 잉여적인 요소들, 아름답지만 불가해한 어휘, 그리고 기본 재료들을 상상 이상의 우아한 요리로 변화시키고 조리에 필요한 비용과 기술은 감추는 일종의 연금술에 기초하여 카렘의 프랑스 요리는 음식과 패션에 관한 훌륭한 취향의 전형을 선보였다. 그것은 전 세계가 동경하고 질투하던 베르사유 궁을 요리로 재현해낸 것이었다. 재료에 들어가는 비용을 아끼지 않았던 궁정 요리가 소스와 페이스트리의 혁신적인 기술과 결합한 덕분에 프랑스 요리는 고급 요리 분야에서 탁월한 지위를 차지했다. 또한 귀족 집안에서 일하던 숙달된 셰프들이 대혁명을 피해 피신하거나 부유한 후견인들의 유혹에 넘어가면서 프랑스 요리는 유럽과 그 너머에까지 퍼져나가 하나의 모범이 되었다.

대혁명 시기에 프랑스 내부에서는 요리가 위축되었다. 재료가 부족했고 사치와 낭비를 전시할 상황도 아니었다. 공화정에서는 레스토랑과 레스토랑에서 식사하는 손님들이 비애국적인 존재로 판단되었으니 오트 퀴진과 오트 퀴진에 반드시 필요한 식사 문화의 위계에 여지가 없었다. 그런데 프랑스가 요리의 빈곤을 경험하는 동안에 프랑스 요리는 그 장인들에 의해 다른 나라들로 옮겨져 발전을 계속했다. 카렘의 제자인 위르뱅 뒤부아Urbain Dubois는 스승의 직업적 궤적을 따라 로스차일드 집안에서 견습생활을 시작해 '카페 앙글레Café Anglais'*와 로셰 드 캉칼 등의 레스토랑으로 옮겼다가 마침내 왕실 셰프로서 가장 큰 찬사를 받았다. 처음에는 러시아 귀족 오를로프Orlov 집안에서 일했고, 프로이센 왕이자 독일 황제인 빌헬름 1세Wilhelm I의 요리사로 일하게 되었다. 오트 퀴진의 기술을 해외에 전수한 수천 명의 프랑스인 셰프 가운데 한 사람으로서 뒤부아는 프로이센 왕궁에서 20년을 보냈고, 《고전 요리La Cuisine classique》(1856)와 《예술 요리La Cuisine artistique》(1872)를 비롯해 '프랑스

---

* 1802년에 마부들과 가정 하인들을 위한 식당으로 파리 시내에 문을 열었으나 1822년 새 주인에 의해 고급 레스토랑으로 탈바꿈해 명성을 쌓기 시작했고, 1866년 카렘의 제자인 아돌프 뒤글레레Adolphe Dugléré가 셰프를 맡으면서 19세기 파리에서 가장 유명한 최고급 레스토랑 가운데 하나가 되었다. 1867년 만국박람회 참관을 위해 파리를 방문 중이던 프로이센의 빌헬름 1세가 러시아의 알렉산드르 2세와 그의 아들(미래의 알렉산드르 3세)을 초대해 8시간에 걸쳐 16코스를 먹은 이른바 '3황제의 만찬Dîner des trois empereurs'이 특히 유명했다.

학파'의 매우 장식적인 요리를 수용한 몇 권의 요리책을 출간했다. 1837년부터 1850년까지 런던의 회원제 클럽인 리폼 클럽Reform Club*의 유명한 셰프로 일했던 알렉시스 수아예Alexis Soyer는 프랑스에서 훈련을 받고 프랑스 총리의 주방에서 일하다가 1830년 국왕에 반대하는 혁명가들의 난폭한 공격을 받고 급히 잉글랜드로 피신해 몇몇 귀족 집안에서 일했다. 국제적인 왕가들은 새로운 궁정 요리가 탄생하는 데 인큐베이터 역할을 해주었다. 이 새로운 궁정 요리는 프랑스 가스트로노미의 절정이었으나 파도가 일렁이는 프랑스 정치의 바다에 빠진 대중은 그로부터 배제되어 있었다. 극도로 퇴폐적이고 사치스러운 연회 요리는 결국 본토로 돌아올 수 있게 되기까지 러시아와 유럽 여러 나라의 수도들을 전초 기지로 삼고 카렘이 있는 본거지를 통해 계속 발전해나갔고, 그러는 동안 프랑스의 오트 퀴진은 언제나 가장 탁월한 본보기로서 명성을 쌓았다. 카렘의 최고급 요리가 재능과 테루아르를 결합하는 순간에 이르기까지는 시간이 필요했지만, 때가 되자 그는 합리적이고 절묘하게 아름다운 궁정 음식의 체계를 제공했다.

첫째, 카렘은 요리 예술을 완성하기 위해 과학에 호소했다. 《프랑스 요리의 예술》은 중세의 향신료들을 거부하고 허브와 식물을 선호했는데, 생강, 고수, 계피는 "현대" 요리에 속하지 않으나, 신선한

---

*   1836년에 창립되어 오늘날까지 이어지고 있는 런던의 유명한 회원 전용 클럽이다. 오늘날에는 완전히 사교클럽 역할만 하고 있지만, 초기에는 진보적인 정치사상을 지닌 인물들을 위한 클럽이어서 회원들이 모두 급진주의자나 휘그당원이었다.

왼쪽 위는 식용 가토 브르통gâteau breton(브르타뉴의 케이크), 오른쪽 위는 장식용 머랭 앙 뤼슈meringue en ruche(벌집 모양 머랭), 왼쪽 아래 가토 드 브로슈gâteau de broche(꼬챙이 케이크), 오른쪽 하단은 4등분한 오렌지로 만든 크로캉부슈.

허브, 마늘, 샬롯, 양파는 식욕을 돋우며 과학적으로 보증되었다고 선언했다. 카렘은 요리를 단순화해, 요리법들이 서로를 토대로 형성하는 합리적 틀 안에서만 복잡함을 허용했다. 요리의 과학은 정확성을 강조하면서 기술로까지 확장되었다. 카렘은 초창기 저서들에서 칼질, 요리 스타일, 장식에 관한 (프랑스식) 고전적인 훈련법으로서 오래 지속된 요리 용어와 기술을 제시했다.《프랑스 요리의 예술》은 고기를 육수나 소스에 넣어 조리하는 방식을 가리키는 새로운 어휘 브레제를 소개하고, 브뤼누아즈brunoise(깍둑썰기)와 쥘리엔julienne(채썰기)이라는 칼질 방식을 정의했으며, 퓌메fumet라는 용어를 쥐 드 비앙드jus de viande라는 의미로 재정의했다.* 마지막으로, 카렘은 자신이 의문의 여지 없는 요리 예술의 달인이라고 선언했다. (그가 말하길) 그의 작품은 독창적이어서 이전에 나온 요리책들은 모두 구식이고 유치하므로 내던져버려야 하며, 만일 그가 다른 이들에게서 빌려온 것이 있다면 그건 단지 그들의 작품을 개선하기 위해서였다. 스스로 인정했듯이, 그는 뱅상 라 샤펠의《현대 요리사》과 라 바렌의《궁정의 저녁식사》에 나오는 요리법들을 복제하고 개정했지만, 자신이 존경해 모범으로 삼은 요리사들(이 두 셰프와, 세 권의 책에서 언급되는 바텔) 또한 자신의 작업이 우아한 프랑스 근대 요리를 그 영예의 정점에 올려놓았다며 감탄하리라고 독자들에게 확언했다. 프랑스 요리가 보편적 지배력을 획득하도록 카렘은 저술들에서

---

*   본래 '퓌메'는 음식이나 사람에게서 나는 독특한 향취를 말한다. '쥐 드 비앙드'는 육즙이라는 뜻이지만 보통은 소고기 육즙으로 만든 향긋한 묽은 소스를 가리킨다.

모든 대중에게 말을 걸고 부르주아 요리를 향해 손짓했다. 《파리의 요리사》는 오트 퀴진에 관한 한 권과 다소 저렴한 메뉴를 위한 다른 한 권으로 나누어 두 권으로 늘린 확장판에서 "모든 계층의 요리사들이 이득을 얻을 수 있도록" 했다면서 부르주아 요리를 인정했다.[36] 《19세기 프랑스 요리의 예술》은 이 책이 프랑스의 위대한 가문들을 위해서만 배타적으로 쓰인 것이 아니며, "일반 대중에게 도움이 될 것"이라고 명확히 밝히는 것으로 시작했다.[37]

카렘은 그 스타일과 복잡함과 까다로움 때문에 유럽의 다른 음식문화는 감히 건드릴 수도 없는 프랑스 오트 퀴진의 연약한 본성을 받아들여 활용하는 데 성공했다. 《19세기 프랑스 요리의 예술》은 (다시 한번 자기 홍보의 절묘한 솜씨를 발휘하여) 카렘의 작업이 지닌 중요성에 관한 장으로 끝나며, 근면한 학생들에게 "크로캉부슈의 비밀과 볼로방vol-au-vent의 신비"를 공개한다.[38] 가운데가 뚫린 페이스트리 형태의 볼로방은 카렘이 발명한 것으로 전해진다. 같은 책에서 카렘은 다른 모든 소스를 만들 수 있는 프랑스 요리의 기본 소스 네 가지(에스파뇰, 블루테velouté, 베샤멜béchamel, 알망드allemande)를 정립하고, 프랑스 고급 요리의 영광과 명성이 걸려 있는 유명한 소스들의 분류 체계를 정리했다. 중대한 영향력을 가진 카렘의 요리책 대부분은 우아한 소스와 세련된 수프, 그리고 당시 파리와 프랑스 대부분 지역에서 가장 값비싼 단백질 공급원이었던 생선을 조리하는 끝없이 이어지는 방법들을 다루는 데 할애되었다. 카렘은 근대 요리에서는 굴, 가재, 닭벼슬 등을 따로 분리된 앙트르메로서가 아니라 절묘하게 장식된 요리의 고명 같은 것으로 사용한다고 했다. 샤르트뢰즈

마리앙투안 카렘의 저작 《왕실 파티시에》(1815)에 실린 샤르트뢰즈의 여러 가지 예. 5와 6이 '샤르트뢰즈 아 라 파리지엔chartreuse à la parisienne(파리식 샤르트뢰즈)'이다.

chartreuse(일종의 채소 케이크)는 《왕실 파티시에》에서 "모든 앙트레의 여왕"이라 불렸으며 그 요리법에는 건축과 예술적 기교와 맛이 결합되었다. 샤르트뢰즈를 만들려면 채소를 긴 띠 모양으로 정확하게 잘라서 패턴을 이루도록 정렬하고, 자고새와 에스파뇰 소스로 속을 채운 뒤 틀을 씌워 형태를 잡은 다음 중탕용 이중 냄비인 뱅마리 bain-marie에 익히고 조심스레 틀을 제거해 장식 패턴을 그대로 유지해야 한다. 장식 패턴은 채소를 자른 모양에 따라 변형될 수 있다. 이러한 원칙과 요리법 각각이 프랑스 요리를 일상적인 음식을 만들거나 먹는 사람들의 영역으로부터 더욱 멀리 떼어내 특별한 지식과 기술을 갖춘 전문가와 전문화된 장비, 그리고 특별한 행사를 전제조건으로 하는 전문 직업의 맥락 속에 자리 잡게 했다.

　부유한 고객을 위한 사적인 연회들 덕분에 카렘이 선호한 세르비스 아 라 프랑세즈 방식이 계속해서 실행될 수 있었다. 이 방식은 모든 음식을 한 번에 내놓되 더 비싼 음식을 가장 중요한 인물들 곁에 배치했다. 반면 레스토랑들은 (거의 틀림없이) 더 민주적인 세르비스 아 라 뤼스 방식을 따라 각각의 요리를 순차적으로 내놓되 식사하는 모든 손님에게 동등하게 제공했다. 이 방식이 관습화된 것은 19세기 중반인데, 우연히도 루이 필리프Louis Philippe*를 퇴위시킨 1848년 혁명 이후였다. 위르뱅 뒤부아는 우아한 식탁에서 손님에게 음식을 따뜻하게 낼 수 있는 방법을 찾다가 세르비스 아 라 뤼스를 대중화한 것으로 인정된다. 《메트르 도텔》에서 카렘은 파리에서나 해외에서 러시아 귀족들에게 음식을 내놓을 때 요구되었을 러시아 방식에서 이 용어가 유래했을 것이라고 설명했는데, 이러한 설명은 후대에 이 방식을 옹호했던 이들이 부여했던 민주적 광채와는 모순되는 것이었다. 세르비스 아 라 뤼스가 더 빠르다는 것을 카렘도 인정하긴 했지만, 이 방식을 쓸 경우 고기구이를 포함한 모든 요리를 1인분씩 미리 나누어야 했으므로, 식탁 예식을 치를 수 없게 되었다. 카렘은 초기 저작에서는 프랑스 모델을 고수했는데, 핵심적인 이유는 그것이 프랑스식이고, 따라서 더 우월하기 때문이었다. 러시아 방식은 "좋은 음식에 알맞지만" 프랑스 방식은 "더 우아하고 더 호화로우며"

---

*　부르봉 왕조의 방계인 오를레앙 가문 출신으로 대혁명을 지지하여 민중에게 인기가 많았고 1830년 7월 혁명의 결과로 왕위에 올랐다. 1848년 2월 혁명으로 퇴위한 후 제2공화국이 수립됨에 따라 프랑스 역사의 마지막 왕이 되었다.

모든 유럽 궁정의 표준이었다.³⁹ 19세기 초 요리의 예술이 오로지 프랑스인들에게만 속한다는 생각의 대표자로서 카렘은 세르비스 아 라 프랑세즈만이 "광휘와 위엄"을 갖추고 군주에게 음식을 내놓을 수 있는 유일한 방식이라고 믿었다.⁴⁰ 가장 좋은 음식을 가장 높은 손님들 곁에 둘 수 있으므로 프랑스 방식에는 카렘 자신이 보존하고자 한 위계가 내재해 있다고 이해했던 것이다. 《19세기 프랑스 요리의 예술》에서 카렘은 더 나아가서, 그로스 피에스grosses pièces(장식된 큰 요리들)가 합리적으로 개선된다면 근대화될 수도 있다고 선언함으로써 프랑스 방식을 옹호했다. 예를 들어 다른 생선과 해물을 곁들여 정교하게 만든 생선 요리는 가금류와 생선과 그 밖의 육류를 마구 섞어서 곁들인 18세기 스타일의 고기 라구가 엄청나게 개선되었음을 보여주는 것이었다.⁴¹

외부인의 시각을 살펴보자면, 독일인 여행자 코체부는 파리의 레스토랑들에서 식사했던 경험에 경탄하기는 했지만, 개인 가정에서 행하는 세르비스 아 라 프랑세즈에 관해서는 칭송할 거리를 찾지 못했다. 코체부는 혀를 델 정도로 뜨거운 수프와 "번역 불가능한" 이름의 첫 번째 코스 요리를 먹은 뒤에 구운 고기가 나오는 코스에서 난관에 봉착했다. 왜냐면 원하는 음식이 나왔지만 자기가 먹을 몫을 받게 되지는 그 음식에 가장 가까운 손님의 재량에 달렸기 때문이다. 독일어 원서가 출간되고 겨우 1년이 지난 뒤에 그의 책을 프랑스어로 옮긴 번역자는 이에 분개해 곧바로 각주를 달아 코체부의 모욕에 응답했다. 그는 이 각주에서 (감탄 부호를 네 개나 사용해) 만약 50명의 손님이 각자 자기가 좋아하는 요리에 달려들어서 마음대로 먹고자 한다면 얼마나 큰 혼란이 야기되겠느냐고("켈 데조르드르quel désordre!(얼마나 혼란스러울지!)") 호통을 치고, 프랑스의 이러한 관습은 30~40가지 요리가 한 번에 나오는 연회에서 아주 다양한 음식을 맛볼 수 있는 이점을 미식가들에게 선사한다고 덧붙였다.[42] 브리야사바랭은 그 나름대로, 레스토랑에서 러시아 방식으로 하는 식사에서는 손님들이 함께 식사하는 일행에게 음식을 떠주는 관습을 잃게 되므로 식사 매너에 부정적인 영향을 끼친다고 주장했다. 사적인 연회에서 얇게 자른 고기 요리가 나오면 손님들은 각자 알아서 자

테트 드 보 앙 토르튀Tête de veau en tortue(토르튀 소스*와 장식을 곁들인 송아지머리 요리). 장식용 재료로는 가재, 송로버섯, 닭벼슬이 사용되었다.

* 　토르튀tortue는 거북이를 뜻하며, 토르튀 소스는 본래 거북이 요리에 사용되도록 고안된 소스였으나, 보통은 송아지머리 요리에 사용된다. 소스의 재료는 토마토, 마데이라 와인(증류 포도주의 일종), 허브, 송로버섯 에센스, 약간의 홍고추 등이다.

기 몫을 먹고는 다른 손님들에게 봉사하기를 소홀히 한다는 것이었다.[43] 반면 레스토랑의 지지자들은 세르비스 아 라 프랑세즈에서 벗어나 각자가 같은 요리를 동등하게 받는다는 점에서 민주화의 효과를 보았다. 물론 카렘이 셰프를 근대 요리의 주인으로 정의했고, 이로써 주방에 숨겨져 있던 이 예술가가 식사하는 손님에 대한 권력을 부여받아 인쇄된 메뉴에서 장식된 접시에 이르기까지 모든 선택 사항들을 강제하게 된 것도 사실이다. 동시대의 비평가들은 프랑스 방식이 궁정 요리에서 기원했다는 사실은 잊고 식사하는 이가 여러 가지 요리 중에서 자신이 먹을 것을 고를 수 있는 힘을 상실한다는 데 초점을 맞춘다.

프랑스 요리의 부상은 내셔널리즘과 밀접하게 관련되어 있었다. 프랑스 요리는 외래 음식과 기술을 동화시켜 프랑스 음식이 아닌 것들을 "완벽하게 만들어" 프랑스인의 구미에 적합하게 바꾸는 데 아주 능숙하다는 것이 입증되었다. 셰프들은 프랑스에서 나는 재료들을 선호했다. 카렘은 스위스, 독일, 벨기에, 네덜란드에서 소와 양을 들여와야 한다는 사실을 통탄했는데, 관세가 붙기 때문에 파리에서는 고기가 매우 비쌀 수밖에 없었다.[44] 《파리의 요리사》에서는 프랑스 요리들에 "프랑스 귀족의 가장 걸출한 칭호들"(렌Reine(여왕), 도핀(세자빈), 레장스Régence(섭정))을 의도적으로 붙였으며, 프랑스 이외 지역에서 기원해서 프랑스 것이 된 필수적인 소스들에 대해서는 외국 이름을 사용하는 것을 옹호했다. 카렘의 이야기에 따르면, 에스파뇰 소스는 프랑스 애국주의에 상처가 되는 것이 아니라 오히려 루이 14세의 첫 아내인 스페인 공주를 기념하는 것이었다. 당시 요

파리의 오텔 드 빌Hôtel de Ville에서 상속자 탄생 축하연을 주재하는 루이 14세(1729). 음식 들이 세르비스 아 라 프랑세즈 방식으로 놓인 것을 볼 수 있다.

리사들은 스페인에서 갈색 소스를 들여와서 프랑스의 기술로 완벽한 소스를 만들어냈다. 알망드(독일) 소스 또한 그 이름에 역사적 배경이 있긴 하지만, 아주 매끈하고 부드럽게 만들어졌기 때문에 사실상 본래 독일 소스의 색깔만 모방한 것이었다. 에스파뇰 소스와 알망드 소스는 모두 완벽해졌고, 따라서 프랑스에 "귀화되었다".[45] 다른 소스들은 앞서 언급한 소스들보다 우월했다. 쉬프렘suprême, 라비고트ravigote, 샹파뉴, 푸아브라드poivrade, 토마토 소스, 마뇨네즈magnonnaise(마요네즈)는 새로운 (혹은 개량된) 소스들이었다. 카렘이 묘사한 근대 요리에서 프랑스의 소스와 수프는 세계를 정복했는데, 그 이름들은 이탈리엔italienne(이탈리아), 올랑데즈hollandaise(네덜란드), 뤼스russe(러시아), 폴로네즈polonaise(폴란드), 포르튀게즈portugaise(포르투갈), 앵디엔indienne(인도) 같은 것이거나, 콜베르Colbert, 수비즈Soubise, 콩티Conti, 퐁파두르Pompadour, 세비녜Sévigné 등 유명 인물을 기리는 것이었다. 어떤 작가들은, 특히 1870~1871년 프로이센인들이 파리를 포위 공격한 뒤에, 프랑스에 대한 자부심에서 더 멀리 나아가기도 했다. 1874년 타브네A. Tavenet라는 작가는 가스트로노미에 사용되는 이름에서 확인되는 다른 나라의 영향에 반대해 에스파뇰 소스는 소스 프랑세즈sauce française로 바꾸고, 알망드 소스는 소스 파리지엔sauce parisienne으로 바꾸자고 제안했다.⁴⁶ 카렘의 프로젝트에 내재한 민족주의는 그가 살았던 특정한 역사적 순간에서 비롯되었다. 프랑스대혁명과 그 뒤에 이어진 정치적 격변은 귀족 집안들을 해외로 몰아냈다. (카렘 자신과 같은) 최고의 셰프들은 프랑스를 떠나 잉글랜드와 그 밖의 지역에서 부유한 외국인 후견인들을 위해 일해 달라는 유혹을 받았다. 더욱이 프랑스는 연이은 외국 군대의 침공과 군사적 패배를 겪으며 식량 공급이 끊겼고 요리의 진보는 중단되었다. 카렘은 프랑스 요리에 닥친 충격을 한탄했다. 탁월한 국민 요리는 위대한 요리사들을 흩어버린 대혁명의 재판들과 경제적 필요에 의해 단순화되었으나, 부르봉 왕가가 권좌에 복귀하자 예전의 영광을 되찾았다.⁴⁷ 그러므로 근대 요리는 프랑스대혁명에서 시작되었으나, 귀족 가문과 파리의 명성의 귀환과 더불어 완벽에 이르렀다. 데죄네 아 라 푸르셰트의 유행조차 카렘이 보기에는 프랑스를 홍보하는 데 쓰일 수 있었다. 유행하는 점심 샐러드, 쇼프루아chauds-froids*, 차가운 생선 요리도 "세상 사람들이 찾았으며" 카렘은 "유럽의 모든 궁정에서 식탁의 즐거움을 주는 위대한 예술의 비할 데 없는 본보기로서 우리의 파리 숙녀들을 꼽게 될 것이다"라는 말로 희망을 표현했다.[48]

카렘이 프랑스 요리에서 지배적 위치를 차지한 것은 고급스러운 정찬에만 집중하지 않았기 때문이다. 그는 부르주아 요리사들도 끌어들여 모든 프랑스 요리를 하나의 모델 아래에서 종합했다. 《19세기 프랑스 요리의 예술》은 최초로 출간된 포토피 요리법과 "부르주아의 포토피에 대한 분석"으로 시작했으며 그 뒤 세 장에 걸쳐 부용을 다루고 수프에 대한 내용은 책 전체에 계속 나온다. 카렘의 체계에서 15인을 위한 적절한 식사는 "좋은 포타주"로 시작해서, 빵과 수프가 아니라 채소로 끓인 육수와 파스타, 삶거나 구운 소고기 필레나 브레제한 소고기, 시럽 등으로 윤이 나게 조리한 채소, 그리고 곁에 따로 내는 쥐 드 비앙드로 이루어졌다. 브리포는 파리와 프랑스 전역에서 저녁식사의 근본 요소로서 부용과 함께 먹는 소고기(포토피)가 으뜸이라는 사실을 확인하며, "수프와 소고기를 먹는 관습은 전국적인 것"이라고 말했다.[49] 소고기는 이전의 무시당하던 처지에서 벗어나 프랑스다움의 정점에 이르렀다. 수프는 고급 요리든 아니든 프랑스 요리의 주춧돌이 되어 돌아왔다. 카렘은 《메트르 도텔》에서 루이 15세와 루이 16세 밑에서 일하다가 대혁명 이후 해외로 이

---

* 뜨겁고 차갑다는 뜻인데, 뜨겁게 구운 고기(보통은 닭고기)에 소스를 끼얹었고 바로 차가운 젤라틴에 넣어 굳힌 요리를 말한다.

주한 셰프들에 의해 완벽해진 프랑스 수프들이 마침내 다시 발견되어 고향으로 돌아왔음을 자랑스레 회상했다.[50] 《19세기 프랑스 요리의 예술》에서 수프는 제대로 된 저녁식사에서 식욕을 '돋우는 동인 agent provocateur'이다.[51] (노동자들을 위한) 수프와 (부자들을 위한) 포타주는 노동계층과 가스트로노미 식사 모두에 필수적이었다.

부르주아 요리에서 포토푀가 갖는 중요성을 드러내는 한 예로, 부르주아 대중 일반을 위한 최초의 요리 잡지 가운데 하나인 《포토푀Pot-au-feu》가 1893년에 창간되었다. 게다가 요리학교 코르동 블뢰Le Cordon Bleu의 요리 잡지로 1895년 창간된 《퀴지니에르 코르동 블뢰La Cuisinière cordon bleu》에 실린 첫 번째 요리법은 브레제 방식으로 조리한 소고기(뵈프 아라모드)였다. 실제적인 요리 방법을 전문 요식업계와 일반 가정의 대중에게 (그러므로 남성과 여성 모두에게) 전수함으로써 프랑스 요리는 프랑스 사회 전역의 모든 층위에서 기반을 구축했다. 전문 셰프들은 도제 제도를 통해 일을 익혔다. 오늘날까지 남아 있는 이 도제 제도는 청소년을 위한 훈련 프로그램으로 십대 시기에 시작하며 무급 노동에 기초한다. 1891년에 최초의 직업 요리학교가 문을 열었다가 2년도 안 되어 문을 닫았던 것은 도제 제도보다 더 좋은 모델을 제공하지 못했기 때문이었다. 여성들은 직업 훈련에서 배제되었지만, 샤를 드리상Charles Driessens이 이끈 《포토푀》와 앙리 펠라프라Henri Pellaprat에 이어 1890년대에 마르트 디스텔Marthe Distel이 편집한 《코르동 블뢰》 저널을 비롯해 19세기 말 우후죽순 생겨난 요리 잡지들을 읽을 수 있었다. 이러한 출판물들은 여성 가정 요리사들을 겨냥해 프랑스 고전 요리를 보급했고 훌륭한 취향을 형성하도록 도왔다. 1882년 쥘 페리Jules Ferry*는 가정학 과목을 프랑스 초등학교 교과과정에 도입해 이 두 가지 목적 달성에 이바지했다. 앞서 언급한 가스트로노미 작가와 셰프의 이름에서 명확히 드러나듯이 프랑스에서 오트 퀴진으로 영업을 한 사람들은 거의 모두 남자였으며, 이는 아마도 여성에게는 창조적인 요리를 만들 능력이 없다거나 여성은 가정 안에서 요리해야 한다는 믿음에서 나온 결과였을 것이다. 요리사의 전문 직업화는 카렘 시대 파리의 고급 요식업계에서 여성을 배제했다. 하지만 다음 세기에는 리옹의 외제니 브라지에Eugénie Brazier를 필두로 중요한 여성 인물들이 등장했다. 브라지에는 서로 다른 두 레스토랑에서 미슐랭 별점 세 개를 받은 (남녀를 불문하고) 최초의 셰프였다. 카렘이 이끈 프랑스학파가 고전적인 오트 퀴진의 장벽을 세웠으므로 저명한 셰프들은 오트 퀴진과 부르주아 (가정) 요리 사이에 뚜렷한 선을 긋고 각 영역의 대중을 구분했다.

카렘의 이력은 상당히 짧았다. 그는 《19세기 프랑스 요리의 예술》이 출간되던 해에 죽었으나, 도시적 오트 퀴진의 패러다임을 너무나 잘 정립해두었기에 그를 따르는 이들이 그의 틀을 계승하고 발전시켜 확장했다. 아마도 그의 제자들 중 가장 유명한 이는 쥘 구페Jules Gouffé일 것이다. 그가 쓴 《요리책Livre de cuisine》(1867)은 가정 요리를 다룬 부분과 오트 퀴진을 다룬 부분으로 나뉘는데, 이는

---

* 프랑스의 정치가로서 제3공화국 총리를 두 차례 역임하면서 가톨릭교회가 좌우하던 프랑스 교육제도를 개혁하고 세계 최초로 의무교육을 실시해 공교육 개념을 확립한 인물이다.

"가정 요리와 전문 요리를 분명히 구분되는 두 개의 분과로 정립하려는 시도"였다.[52] 이와 유사하게 뒤부아 역시 전문 직업인을 대상으로 "매우 논리 정연한" 고전 요리에 관한 책을 몇 권 집필하고 "도시와 시골을 위한" 부르주아 요리책 《부르주아의 누벨 퀴진*Nouvelle Cuisine bourgeoise*》(1878)과 더불어 "기초적이고 경제적인 방법"을 다룬 여성 요리사용 책 《여성 요리사 학교*Ecole des cuisinières*》(1876)를 출간했으며 이후 재판再版을 낼 때는 아동용 요리 및 환자용 요리에 관한 장을 추가했다. 20세기에 들어 오귀스트 에스코피에는 카렘의 본보기를 바탕으로 전문가를 위한 프랑스 요리의 성경이라 할 만한 《요리 안내서*Le Guide culinaire*》(1903)를 집필했다. 에스코피에는 많은 혁신을 이루었는데, 전문화된 주방을 특화된 구역들로 나누어 한 요리사가 하나의 음식을 처음부터 끝까지 모두 요리하는 일이 없도록 했다. 카렘에게 그러했듯이 에스코피에에게도 음식이란 고립된 상황에서 단독으로 만들어질 수 없는 것이었으며, 요리법 또한 서로를 참조하거나 다른 기본 요리법을 바탕으로 성립되는 것이었다. 고급 요리에 프랑스 모델이 너무도 단단히 자리 잡았으므로 프랑스 방식만이 유일한 길이 되었으며 오늘날에는 총체적으로 수용되고 있다. 요리라는 직업 세계의 근본적인 가정은 프랑스 오트 퀴진의 기술과 방법이야말로 표준적인 전문 지식이라는 것이며, 이러한 지배력은 대혁명 이후 19세기 프랑스에 그 뿌리가 있다.

시장 체계를 형성하고 대량의 농산물을 지방에서 파리로 수송하는 일종의 내부 식민화가 프랑스 가스트로노미라는 개념에서 계속 중요한 역할을 했다. 지방 요리들이 파리의 레스토랑들에서 채택되었고 이는 파리가 나라 전체를 대표한다는 관념에 이바지했다. 19세기에 프랑스 국민은 지역 영토를 얻기도 하고 잃기도 했다. 1860년에 사부아와 니스를 병합한 반면 1871년에는 프랑스-프로이센 전쟁에서 패한 뒤 알자스로렌을 상실했으며, 이로써 새로운 식량 공급처를 열고 다른 곳은 닫아야 했다. 18세기가 끝날 때는 님의 브랑다드 드 모뤼와 마르세유의 부야베스 같은 지방 요리들이 파리의 '트루아 프레르 프로방소Les Trois Frères Provençaux(프로방스의 삼형제)' 레스토랑에서 인기를 끌었고, 뒤이어 19세기에는 지방 음식에 관한 요리책들이 처음으로 출간되었다. 1808년 샤를 루이 카데 드 가시쿠르가 만든 최초의 프랑스 가스트로노미 지도가 나와서 프랑스 전체가 국가적인 가스트로노미의 동질성 안에서 공식적으로 인식되고 있음을 보여주었다. 1825년 페리고르의 《새로운 미식가 연감》 첫 면에 실린 우화적인 미식가의 초상 또한 그러했다. 페리고르는 그리모 드 레니에르가 설정해놓은 모델을 따라 좋은 식생활을 위한 안내를 제시하면서 저서 첫 권을 별미들로 채워진 '도서관'에서 공부하는 미식가를 묘사한 판화로 시작했다. 그 도서관에서는 르망의 풀라르드poularde*, 마인츠의 햄, 에트르타의 굴, 페리고르의 칠면조를 비롯해 지방의 특색 있는 음식들이 모두 이 시대 프랑스의 국가적 보물로 여겨졌다. 《새로운 미식가 연감》에는 레스토랑 베리와 트루아 프레르 프로방소 방문으로 완결되는 파리의 도보 미식 투어가 포함되었

---

* 난소를 제거해 살찌운 어린 암탉이나 그 암탉을 가지고 요리한 음식을 말한다.

고, 마지막에는 프랑스 각 지역의 미식 투어가 지도와 함께 실렸다. 재판에는 각 도시의 특색 있는 음식 목록이 실렸고, 3판에서는 독자들이 "국민적 자긍심을 가지고" 이러한 별미를 경험하며 여행하리라고 상정하고 각 지역의 훌륭한 업소들의 주소를 싣겠노라고 약속했다.[53] 하지만 진정한 의미에서 지역 요리책들이 나오고 나서야 파리에 초점을 맞춘 글쓰기에서 실종되었던 지방 요리들이 현존하게 되었다. 1830년 님에서 나온 《요리사 뒤랑Cusinier Durand》은 이전의 모든 요리책이 북부 요리만을 대변했으며 이제야 마침내 "남부 요리"에 관한 저서가 나온 것이라고 주장했다.[54] 이후 19세기 내내 《가스코뉴의 요리사Le Cuisinier gascon》(1858), 《부르고뉴의 요리사Le Cuisinier bourguignon》(1891), 《랑드의 요리사Le Cuisinier landais》(1893) 같은 요리책들이 봇물 터지듯 쏟아져 나왔으며, 이 책들은 파리에서 온 방문객의 피상적인 시각이 아니라 그곳 주민의 관점에서 프랑스의 지역들을 개별적으로 칭송했다. 지역 요리를 홍보하는 요리책들은 "하나의 지방 요리문화 안에 있는 부유한 지역 부르주아지의 세련됨과 농민들의 소박함"을, 파리가 지닌 배타적인 오트 퀴진의 명성에 반하는 일종의 "지리적 연대성" 안에서 통합했다.[55]

파리는 의문의 여지 없이 가스트로노미의 중심이었지만, 19세기로부터 어느 정도 떨어진 작가들은 요리 관행이라는 측면에서 파리는 곧 프랑스라고 환유적으로 읽어내는 경우가 많았다. 이들은 지방의 산물과 요리는 단지 "비교할 수 없을 만큼 더 큰 전체를 구성하는 종속적 부분"으로서 전국적 요리에 중요할 뿐이라고 강하게 주장했다.[56] 카렘이 "정화된" 지방 요리들을 통합하는 귀족적 모델을 바탕

〈미식가의 영감〉. 페리고르의 《새로운 미식가 연감》(1825)에 권두 삽화로 실린 판화. 책상 앞에 앉아 있는 남성은 19세기의 가스트로노미와 글쓰기의 연결 관계를 명확히 보여준다. 유리잔에 담긴 샴페인이 그의 잉크가 되어주고 파테 드 샤르트르pâté de Chartres*는 필기용 받침대로 쓰이고 있으며, 주변에는 여러 가지 별미가 널려 있다.

*   고기와 푸아그라를 넣은 일종의 고기 파이.

으로 체계를 세운 것은 사실이지만, 중심이 그 가치를 변방에 강요했다고 하는 주장은 20세기까지 지역적 관습을 잘 유지해온 지방의 탄탄한 음식 전통을 폄하하는 것이다. 예를 들어 "고전 요리"에서 마늘을 거부했다고 해서 남부 요리사들이 프로방스식 생선 요리나 아이올리를 포기한 것은 절대 아니다. 전형적인 버터 중심의 고전 프랑스 요리와 달리, 프랑스 남부에서는 올리브오일과 라드를 줄곧 선호해왔다. 18세기까지 브르타뉴와 루아르 계곡 지역들에서 버터는 부자들만 먹을 수 있는 사치스러운 음식이었으며 어떤 봉건 영주들은 십일조 세금으로 버터를 요구하기도 했다. 어떤 지역들에서는 1차 세계대전이 끝나고 나서야 신선한 버터를 먹는 것에 익숙해졌다.[57] 잘 알려진 가스트로노미 작가들은 거의 배타적으로 파리만을 다루었으나, 지방의 특별한 별미 요리들은 파리 사람들의 식생활 관습만큼이나 프랑스 가스트로노미의 초상을 형성했으며, 어떻게 보면 파리 음식보다 더 많이 기여했을 것이다. 사실 파리는 모든 식재료를 소비했으나 생산하는 것은 거의 없었기 때문이다. 다만 초콜릿은 예외였다. 보통 파리는 재화를 가장 많이 수입하는 지역이었지만 1870년대에는 프랑스 본토와 해외에 초콜릿을 수출하는 주요 도시가 되어 있었다. 파리의 초콜릿 제조업자들은 식민지 영토들과 인도에서 들여온 원재료를 가지고 1874년 한 해에만 초콜릿 음료와 초콜릿 바를 비롯한 온갖 형태의 초콜릿 제품을 700만 킬로그램이나 생산했으며, 그중 280만 킬로그램은 파리에 남았고 나머지는 국내와 해외 시장에서 유통되었다.[58] 파리에 있는 여섯 곳의 설탕 정제 공장에서 사탕수수와 사탕무를 사용해 2억 킬로그램의 설탕을 생산했으며, 이 중 3분의 1만 수출되고 나머지는 모두 프랑스 국내에서 판매되었다.

육류와 와인 소비에서 몇몇 경우에 지방은 파리에 필적하거나 파리를 넘어서기도 했다. 19세기에 실시된 여러 조사 결과에 따르면 프랑스 영토 전역에 걸쳐 편차가 있긴 했지만 시골과 도시의 식단 모두에 고기가 규칙적으로 포함되었다. 다만 고기의 종류는 달랐다. 도시 지역에서는 시골 지역보다 고기를 더 많이 소비했다. 역사학자 유진 웨버Eugen Weber는 "도시는 초식 동물의 땅에 있는 육식 동물의 군락지였다"는 사실을 확인했다.[59] 그러나 시골 지역 대부분에서는 농가에서 1년 정도 길러서 잡는 포르크 파밀리알을 포함해 고기를 어느 정도 생산하고 소비했다. 육류 소비가 가장 많은 지역은 근대화된 북부 지방에 있었는데, 리옹과 보르도 같은 도시들은 예외였다. 하지만 육류 가격, 평균소득, 육류 소비량이 언제나 직접적으로 상응하지는 않았다. 19세기 중반, 와인이 풍부한 랑그도크 지역은 고기가 가장 비싼 지역이었지만, 고기 가격이 세 번째로 낮았던 중서부 대서양 연안 지역보다 고기를 두 배나 더 소비했다.[60] 1840년과 1852년에 실시된 농업 조사에서는 시골 가정의 식단에서 고기가 대략 11퍼센트를 차지한 것으로 추산하는데, 이는 빵이나 곡물이 64퍼센트를 차지한 것에 비하면 매우 적은 양이었다(식단의 나머지는 채소와 음료로 구성되었다).[61] 정확한 양을 추산하기는 어렵지만 1850년 무렵 파리에서는 1인당 연간 평균 고기 소비량이 50킬로그램까지 늘었으며, 이는 랑크도크의 32킬로그램이나 브르타뉴의 17킬로그램과 확연히 대조되는 양이었다.[62] 1860년대에 신뢰할 만한 철도

필리프 루소Philippe Rousseau, 〈햄이 있는 정물〉(1870), 캔버스에 유채.

망이 개설되기 전, 파리 이외 지역에서 고기는 여전히 지역 상품으로 남아 있었으며, 고기 소비량은 해당 지역의 생산량을 따랐다. 꼴을 모을 수 있는 땅이 있는 북부와 중부의 산업화 지역에서는 소고기가 지배적이었다. 나무가 무성한 들과 감자나 옥수수를 재배하는 경작지가 있고 근대화가 덜 된 지역에서는 주민들이 고기를 얻기 위해 돼지를 길렀다. 예외적으로 샹파뉴 지방과 라인강 주변 지역에서는 돼지고기가, 알자스 지방과 루아르 지방에서는 소고기가 지배적이었는데, 이는 지역 관습 때문이거나 대체로 시골인 지역 내부에서 이례적으로 산업화된 경제 때문이었다.[63] 1790년에 그러했듯이, 고기는 프랑스인들에게 계속해서 일차적인 (적어도 부차적인) 상징적 중요성을 지닌 음식이었다. 하지만 19세기에는 다른 고기보다 소고기를 더 선호하게 되는 뚜렷한 변화가 나타났다. 돼지고기는 여전히 시골 음식이라는 성격을 지니고 있었지만 파리에 도착한 뒤로 고급 햄, 소시지, 기타 가공육 형태로 도시의 상품으로 전환되었다. 스티븐 메널은 19세기 파리 노동계층의 식단이 주로 빵, 채소, 감자, 돼지 가공육으로 한정되었다고 기록했지만, 아르망 위송은 노동자들이 햄과 빵으로 점심을 먹고 저녁에는 정육과 채소, 그리고 건강에 좋은 수프로 균형을 맞추기만 한다면 도시 환경에서 돼지 가공육은 효율적이고 저렴한 음식이었다고 옹호한다.[64] 돼지 가공육은 아주 깊은 시골 촌락에서는 거의 알려져 있지 않았으며, 정육은 19세기 말까지도 축일에나 마음껏 먹을 수 있는 음식이었다.

시골 지역에서는 도시보다 오랫동안 식단이 제한되었다. 더 많은 고기가 프랑스인의 식단에 유입되면서 번성한 북부 지역에서는 빵의 소비량과 중요성이 감소했다. 변화는 산업화된 곡식 재배 지대로부터 멀리 떨어진 지역일수록 더 천천히 찾아왔다. 19세기 중반부터 시골 지역에서도 빵 공급을 전문 제빵사에게 의지하는 경우가 더 많아졌지만, 알프마리팀* 지방의 가정에서는 1905년까지 계속해서 공동 화덕을 사용해 빵을 구웠다.[65] 1875년에서 1900년 사이에 남서부의 호두나무들이 심한 병충해에 시달렸고 그 결과 호두 생산이 절반 이상 줄어들면서 빵과 죽의 기본적인 주요 재료로 호두를 사용할 여지가 크게 줄었다. 웨버는 프랑스 시골 지역에서 호두 생산이 급

---

* 프랑스 본토의 남동부에서 알프스산맥의 서쪽 끝자락이 지중해 해안과 맞닿는 지역이다. 오늘날에는 니스를 비롯한 수많은 휴양지로 유명하다.

감한 것이 농민 경제가 탈바꿈하게 된 전환점이라고 이야기한다. 환경의 변화가 동화와 통일에 가장 저항적이었던 지역들에 압력을 가해 시장에 참여하도록 했다는 것이다. 코르시카, 페리고르, 오베르뉴를 비롯해 이전에 호두에 의존해 빵을 만들던 지역들은 더 이상 자급자족을 하지 못하게 되었고, 결국 밀로 만든 빵을 사기 위해 다른 농산물을 기르고 팔아서 돈을 벌어야 했다.[66] 가장 마지막에 현대적 식단으로 전환한 지역 중 하나인 피레네 지방의 시골 주민들은 19세기 말까지도 줄곧 축제일을 제외하고는 언제나 옥수수나 귀리로 끓인 포리지로 빵을 대체했으며, 1890년대 부르고뉴 지방 마콩 사람들의 주요 식단에는 여전히 감자 팬케이크와 메밀로 만든 납작한 케이크가 포함되었다.[67] 중세에 그러했듯이, 남부와 서부의 시골 가정들은 그 지역에서 키운 채소에 주로 의존했으며 치즈를 비롯한 유제품으로 식단을 보충했다. 도로망과 철도망이 확장되자 시골 농부들은 자신이 생산한 상품을 시장에 내다 팔 수 있게 되었고, 달팽이, 토끼, 개구리, 생선, 버섯 같은 야생 식품이 시골보다 오히려 파리와 도시의 식탁에서 더 흔해지게 되었다. 이런 식품을 생산한 시골 농부들이 가능한 한 많이 팔고 자신이 소비할 것은 거의 남겨두지 않았기 때문이다. 전국적인 철도망은 생산 활동에 극적인 영향을 끼쳤다. 새로 철도가 건설될 때마다 "지역의 경제적 혁명"과 새로운 수입원들이 촉진되었으며 이로써 특화 농업의 발전과 기계화가 가능해졌다.[68]

19세기 중반, 프랑스 북부의 농경지에 일어난 변화는 작은 구획을 더 큰 농장으로 통합하고, 기계화를 도입하며, 비료 사용을 늘린 것이다. 중부와 서부 프랑스에서는 석회를 사용해 척박한 땅을 비옥하게 만들었고, 이를 통해 브르타뉴 지방에서만 6,000제곱킬로미터가 넘는 농지가 조성되었다.[69] 곡식에서 멀어져 가축과 사탕무를 향해 가는 움직임이 프랑스 농업을 천천히 근대화시켰으며, 의도하지 않게 곡물 공급을 압박하게 되었다. 하지만 농업이 덜 발전한 지역에서는 농부들이 여전히 여러 작물의 혼합 재배와 소규모 농장에 집착했다. 이러한 전통은 올곧은 농민의 이미지를 유지했으나 궁극적으로는 1870년대 곡물 위기의 원인이 되었다. 당시 프랑스의 단위면적당 곡물 생산량과 농업기술은 다른 유럽 국가들보다 훨씬 뒤처졌으며 곡물 가격 또한 극적으로 떨어졌다.[70] 실제 운영 중인 농장 수는 대혁명 이후 꾸준히 늘어나 1880년대에 정점에 이르렀다.[71] 농업 보호 정책 또한 프랑스 농부들이 근대적 방법을 수용하지 못하게 막는 원인이 되었다. 1892년의 멜린세*는 프랑스 직물 생산자들과 농부들에게 방어막을 제공했지만, 이 세금 자체는 본래 미국, 러시아, 오스트레일리아에서 오는 수입 물량의 위협을 받고 있던 프랑스 북동부의 대규모 곡물 생산자들에게 유리한 것이었다. 멜린세는 인위적인 가격보호 정책을 제공함으로써 농부들이 기계화와 작물 다양화라는 근대적 경향을 무시할 수 있게 해주었으며, 어떤 이들이 시사하듯이 "프랑스의 농장 경영을 19세기의 틀 안에서 돌처럼 굳게 만드는" 데 기여했거나, 적어도 옛 관습을 유지하는 구실을 제공했다.[72] 후속 정책들 또한 농업 개혁을 위한 지원이나 지휘라고 할 만

---

* 　프랑스 제3공화국의 보호주의 경제정책을 대표하는 관세였다. 65대 총리였던 쥘 멜린Jules Méline의 이름을 딴 것으로 산업 부르주아지와 대형 지주 및 농민을 보호하기 위한 조치를 반영했다.

공식 연회에 사용되었던 버들가지 문양의 밤 그릇(마로니에르 아 오지에marronnières à ozier), 1760년경 세브르 도자기 공장에서 제조된 것이다. 18세기 부자들의 식사에는 마지막에 입가심으로 먹는 단 음식으로 설탕을 입힌 군밤이 나왔다. 세브르에서는 몇 가지 디자인의 밤 그릇을 생산했는데 이 사진 속 그릇처럼 투각기법으로 만들어진 것은 가격이 두 배였다.

한 것을 거의 제공하지 못했다.

시골 주민들도 현대적인 도시 식단으로 서서히 옮겨가면서 와인 소비가 늘었으며, 경작 유형과 관습에 따라 예상된 편차가 있긴 했지만 다른 주류들도 전국으로 확산되었다. 프랑스인들은 계속해서 여러 지역의 다양한 와인을 즐겼는데 이들 와인은 1874년까지도 작은 포도밭 주인들이 지역 내에서 생산하는 경우가 많았다. 보르도 지방은 1인당 연평균 와인 소비량이 233리터로 전국 1위였던 데 반해, 캉은 27리터에 불과했고 중간 정도인 랭스(샹파뉴 지방)는 142리터였으며 파리 주민은 보르도 주민보다 조금 적은 210리터를 마셨다.[73] 사과주와 맥주, 그 밖의 다른 술들에 대해서도 지역별로 선호도가 달랐다. 노르망디의 사과 재배 지대에 위치한 캉에서는 1인당 연

평균 264리터의 사과주를 마셨다. 벨기에에 이웃한 릴에서는 1869년 한 해 동안 1인 평균 300리터에 가까운 맥주를 소비한 반면, 맥주를 파는 식당인 브라스리가 유행하기 시작한 1860년대 파리 사람은 13리터도 안 되게 마셨다. 1860년 전국 철도망이 완성되자 남부의 값싼 와인이 수도로 들어왔고, 19세기 중반 파리에서는 와인 소비가 네 배 가까이 늘었는데, 1840년대에 대략 450개에 불과했다가 1889년 공식 집계에서는 3만 개에 이를 만큼 폭발적으로 증가한 카페 역시 와인 소비 증가에 일조했다.[74] 파리의 어떤 노동자들은 아침에 식사 대신 브랜디나 와인 한 잔을 마셨는데, 술이 음식보다 싸기 때문이었다.

파리 오트 퀴진의 발전에 중요한 역할을 한 내셔널리즘은 19세기에 프랑스 와인을 절멸시킬 뻔했던 포도나무뿌리진디 감염사태에도 큰 역할을 했다. 포도나무뿌리진디 감염으로 인한 증상들이 보르도에서는 1850년대에, 부르고뉴에서는 1860년대 말에 표면으로 드러나기 시작했고, 이후 급속히 남부 지방으로 확산되었으며 샹파뉴 지방에는 1890년대에 당도했다. 포도밭 주인들은 이런 전염병을 경험한 적이 없었으므로 처음에는 감염된 포도나무를 뽑고 태우거나 유황을 뿌려 치료하고자 했으나 아무런 효과도 없었다. 포도밭들이 황폐해지자 프랑스의 토양과 그에 수반되는 테루아르가 최고의 농산물을 낸다는 믿음이 흔들렸고, 이로 인한 방어적 자세는 오히려 위기를 키웠다. 입법자들은 두려움에 빠져 유일하게 실행 가능한 해결책을 거부하고 10년이 넘는 기간 동안 전염병의 확산을 방치했다. 포도나무의 뿌리를 공격하는 포도나무뿌리진디는 1860년대에 아메

폴 고갱Paul Gauguin, 〈브르타뉴의 건초더미〉(1890), 캔버스에 유채. 시골 생활을 기리는 이 그림은 석회를 사용해 토양을 되살린 뒤 비옥해진 브르타뉴 지방 농장의 발전을 두드러지게 표현하고 있기도 하다.

리카에서 들여온 포도나무에 붙어서 프랑스에 유입되었다. 여러 해 동안 별다른 문제 없이 해왔던 관행대로 이들 포도나무도 프랑스 포도밭에 심겼다. 그런데 증기선을 통해 운송 속도가 빨라지자, 아메리카에서 유럽으로 오는 긴 여정 동안 죽었어야 할 벌레들이 살아남아서 취약한 프랑스 포도밭에 창궐했던 것이다. 유일하게 성공할 법한 해결책은 프랑스인들에겐 이단적인 것으로 보였다. 아메리카에서 침입한 전염병의 위협을 받았으나 살아남은 프랑스 포도나무 가지에 건강한 아메리카 포도나무 가지를 접붙이는 것이었다. 프랑스인들의 국민 정서는 아메리카 포도나무 접붙이기를 옹호하는 '아메

폴 가바르니(Paul Gavarni, 〈아침식사〉(1835). 그림 속 상류층 가정에서 하루 중 처음 섭취하는
음식은 한 잔의 와인이다.

리카니스트américanistes'에 반대하고 유황 사용을 주장하는 '쉴퀴리스트sulfuristes'를 지지했다. 이런 상황이 너무 오래 지속되면서 포도나무뿌리진디가 와인 생산 지역들을 휩쓸었고 10년 이내에 부르고뉴의 포도나무들이 거의 모두 파괴되었다. 1888년까지 법률을 통해 아메리카의 묘목들을 프랑스 땅에 도입하는 것이 금지되었으며, 1890년대까지 대부분의 농부들은 프랑스 포도나무에 새로운 가지를 접붙이는 것이 너무 위험하다고 믿었다.[75] 병충해와 그 결과는 "평범한 레드와인을 여전히 생산하고 있던 얼마 되지 않는 포도 재배자들의 운명을 결정해버렸으니" 이들은 포도나무를 치료하거나 새로 심는 데 필요한 자금이 없었고 팔 수 있는 포도가 없으니 수입도 없었다.[76]

프랑스 포도밭에서 행해지던 농업 관행은 두 세기 동안이나 변치 않고 그대로였으며 노동자들은 경기가 좋은 해에도 경제적으로 취약한 환경에서 살았다. 포도나무뿌리진디가 몰고 온 충격은 소규모 생산자들과 노동자들에게는 경제적·사회적 참사였다. 샹파뉴 지방의 와인 중개상들은 와인 생산자들의 취약함을 이용해 광대한 토지를 사들였다. 그 결과 몇 명의 대규모 생산자가 샹파뉴의 포도밭을 대부분 소유하게 되었고, 사실상 이 지역에서 평범한 와인 생산은 끝났다. 부르고뉴의 코트도르 지역은 포도나무의 26퍼센트를 잃었고, 결국 가메gamay 포도가 퇴출되고 피노pinot 포도가 이 지역을 장악했다. 고급 와인들은 위기를 견디고 살아남았다. 부유한 포도밭 주인들은 몇 해 동안 소출이 적어도 이겨낼 여력이 있었기 때문에 접목 포도나무의 온실 식재 시험에 비용을 댈 수 있었다. 다행스럽게도, 본의 '부샤르 페르 에 피스Bouchard Père et Fils' 같은 그랑 크뤼grand cru* 와인 관리자들은 본래의 프랑스 토종 포도나무가 존재하지 않게 되는 것을 감수하고 접붙이기를 실험해 포도밭들을 구했다. 포도 재배자들과 과학사들이 협동해 아메리카 포도늘과 프랑스의 토양 및 기후를 가장 적절하게 짝지었고, 와인조합들이 정보와 기술을 확산하기 위해 노력했다. 경험 많은 포도 재배자들에게 그들의 생계를 구해줄 새로운 기술을 가르치는 데는 접붙이기에 숙달된 식물학자들이 필요했다. 이 새로운 기술은 사실상 와인의 역사에 새로운 시대를 열게 된다. 변화는 거의 30년에 걸쳐 일어났다. 유황과 살충제를 가지고 쓸모없는 치료법을 시도하는 데 10년이 걸렸고(어떤 지역에서는 20년이 걸렸다), 실험과 시험 식재에 10년이 걸렸으며, 전체 포도밭을 재구성하고 새로운 양조용 포도를 산출하는 데 10년이 걸렸다.

그러는 동안 와인 산업은 거대한 변화를 겪었다. 기술이 근본적으로 변했고 대규모 인력 이동이 발생했다. 이에 영향을 받은 포도밭들은 포도나무를 무리 지어 심는 오래된 앙풀en foule 방식을 버리고 격자 구조물에 맞춰 줄지어 심는 앙리뉴en ligne 방식을 채택했다. 이 현대적인 방식을 따를 경우 짐승과 기계가 열을 맞추어 심어진 포도나무 사이를 오가며 경작과 수확을 할 수 있었고, 농약과 비

---

* 크뤼cru는 양질의 포도밭(지역)과 그 포도밭의 포도로 제조된 고급 와인을 표시하는 용어다. '기르다'라는 뜻을 지닌 프랑스어 동사 크루아트르croître의 과거분사형 크뤼crû에서 비롯했다. 일반적으로 그랑 크뤼는 최고급 와인을 나타내고 그 바로 아래 단계의 와인은 프르미에 크뤼premier cru라고 표시한다.

료를 주기가 더 쉬워졌으며, 그 결과 소출이 늘고 생산량에 역점을 두게 되었다.[77] 하지만 규모가 작고 덜 부유한 포도밭 주인들은 재정 위기를 겪었고, 어떤 이들은 스스로 목숨을 끊기도 했다. 다수의 비뉴롱vigneron(포도 재배자)이 일을 포기했고, 현대 와인으로 변화하는 과정에서 이전에 축적되었던 옛 지혜는 완전히 소실되었다. 이를 지켜본 과거의 관찰자들이 아쉬워했고 현재의 관찰자들도 아쉬워하는 것은, 포도나무뿌리진디 사태 이후에 접목 포도나무로 이루어진 포도밭과 와인 생산이 "19세기와 아무런 공통점이 없다"는 사실이다. 적지 않은 슬픔 속에 "전통적인 재배 방식은 현대성과 새로운 기술에 자리를 내주었고" 현대의 와인 제조업자들은 일을 다시 배워야만 했다.[78] 포도나무뿌리진디가 일으킨 위기는 또한 파리 카페들의 관행에도 명확한 변화를 가져왔다. 병충해로 인한 물량 부족으로 와인 가격이(특히 돈이 별로 없는 이들이 찾는 저급 와인 가격이) 인상되었기 때문이다. 노동자들이 자주 드나드는 카페에서는 저렴한 와인의 소비가 (완전히 사라지지는 않았지만) 크게 줄었다. 그 대신 1880년대에는 본래 유행을 앞서가는 예술가들과 문인들만 주로 마셨던 압생트absinthe*가 부상했다. 사과주와 배를 주재료로 하는 음료들도 인기

---

* 알코올도수 45~75도의 저렴한 초록빛 증류주이다. 19세기 말 화가들과 문인들의 작품에 자주 등장할 만큼 인기가 있었고, 가난한 예술가들에게 영감의 원천이 된다고 알려지기도 했다. 한때는 원료로 첨가되는 향쑥의 성분이 정신착란을 일으킨다고 알려져 에밀 졸라 같은 작가들이 압생트 근절 운동을 벌였고 20세기 초 여러 나라 정부에서 법률로 금지하기도 했다. 하지만 이에 대한 과학적 근거가 없다는 사실이 밝혀지면서 1990년대 이후 유럽 여러 나라에서 생산이 재개되었다.

를 잃었고, 압생트는 브랜디와 맥주를 제치고 파리의 노동계층에서 와인 다음 두 번째로 인기가 많은 술이 되었다. 당국에서는 압생트 소비를 줄이고자 캠페인을 벌이면서 와인을 "위생적인 음료"라고 부르고, 1901년에는 파리의 와인 반입세를 폐지해 와인 가격을 압생트 수준으로 내렸다.[79] 포도나무뿌리진디 사태가 지나가자, 다시 더 많은 와인이 유통되었고 압생트는 노동자들 사이에서 그 지위를 잃었다.

19세기 프랑스 요리는 공화주의를 향한 변화보다는 도시적 배경에서 궁정 요리의 위계를 향한 자발적 귀환을 나타냈다. 지방은 지속적으로 고립되었고, 단지 수도의 식량 공급처로서만 고립에서 벗어났다. 카렘은 이미 프랑스가 해외에서 획득한 명성으로부터 전국적인 국민 요리를 합성해냈고, 마침 파리의 레스토랑이라는 우연한 배경은 셰프들이 재주를 선보이고 발전시킬 공공의 공간을 마련해주었으며 프랑스 가스트로노미의 복음을 세상에 전파할 외국인들을 끌어들였다. 이러한 미식의 즐거움이 부유한 개인 가정 안에 계속 머물렀다면, 부르주아가 수적으로나 경제적 권력으로나 귀족 계층을 앞지름에 따라 오트 퀴진은 열매를 맺지 못하고 시들었을 것이다. 고급 음식은 귀족만 배타적으로 누릴 수 있는 사치였다가, 돈을 지불할 수 있는 이들이라면 누구나 먹을 수 있는 공공재가 되었다. 이러한 변화는 카렘과 군주정의 귀환을 바라는 이들에겐 실망스러운 일이었겠지만, 궁극적으로 프랑스에 큰 이득이 되었다. 19세기 프랑스는 경제적으로나 군사적으로 깊은 절망의 구덩이에 빠졌다

샹젤리제 대로의 레스토랑(1846). 이폴리트 바야르Hippolyte Bayard의 사진.

가 아름다움과 훌륭한 취향에 근거한 문화 상품을 통해 다시 부상했다. 브리야사바랭의 설명에 따르면, "참된 프랑스인들"은 외국의 침략자들이 프랑스 음식의 마력에 무릎을 꿇고 프랑스의 전쟁 배상금을 레스토랑에서 되갚아주는 것을 자랑스럽게 지켜보았다. 평화로운 시절이 찾아오자 이 침략자들은 정기적인 방문객이 되었다. 프랑스가 세계를 지배하게 된 핵심 요인은 군사적 정복이 아니라 미학과 예술, 특히 요리 예술에서 나타나는 이해 불가능한 전문용어들과 정의할 수 없지만 저항할 수도 없는 프랑스만의 스타일이었다. 프랑스는 다시 한번 상상의 승리를 획득했으며 그 목적에 맞게 이야기를 다시 써내려갔다. 가스트로노미는 확실히 프랑스에 속한 것이다. 가스트로노미는 주로 파리에서 실현되긴 했지만, 요리 재료와 전통의 연결망이 통합된 전체를 창조했기에 가능했다. 카렘이 도달했고, 글을 써서 프랑스 음식을 세상에 알린 이들이 칭송한 가스트로노미의 절정이 가능했던 것은 오직 여러 시방이 다양한 식재료와 지역적 창조물을 수도에 공급했기 때문이며 프랑스 셰프들이 잠시 프랑스를 떠나 외국인 주인들을 위해 일하며 기술을 연마했기 때문이다. 19세기에 프랑스가 이룬 가스트로노미의 승리는 운이 좋았던 시기와 프랑스 테루아르의 선물 덕분이었으며, 잘 먹는 일에 과도할 만큼 진심이었던 일반 대중의 존재가 일조했다. 지방의 장인들은 거의 눈에 띄지 않았으나 그들 역시 영원히 침묵 속에 묻혀 있지만은 않았다. 20세기에 접어들면서 지방 요리는 물론, 19세기에 크게 확장되었던 프랑스의 식민지 제국을 구성한 해외 영토들의 기여에도 관심을 기울일 것이 요구되었다.

델핀 드 지라르댕Delphine de Girardin,
《파리의 우체부Courrier de Paris》(1839년 9월 6일)[80]

그러므로 우리가 분명히 말하건대, 파리에서는 고독이 극심하며, 지금 그곳에서 용감하게 삶을 사는 사람은 아무도 없습니다. 일요일은 모두들 파리를 버리는 날이지요. 그날 파리에 남아 있는 사람은 더 이상 아무도 없을뿐더러, 당신을 싣고 파리에서 멀리 떠나줄 마차도 전혀 찾을 수 없을 것입니다. 승합마차, 카브리올레cabriolet*, 셰즈chaise**, 밀로드milord***, 역마차 모두 사라지고 없습니다. 당신은 사방으로 도시를 뒤져보겠지만 헛수고일 겁니다. 가장 빠른 전령을 보내겠지만 역시 헛수고일 테고, 역마차의 정류소를 묻겠지만 그저 헛수고일 뿐이어서, 아침부터 밤이 되도록 계속 걸어 다니겠지요. 기차의 객차들 앞에서 당신은 발걸음을 돌려야 할 겁니다.[81] 자, 보세요. 오천 명이나 되는 사람들이 승차장 입구에서 표를 사려고 기다립니다. 어떤 이들은 4파운드나 나가는 빵 덩이[82]를, 다른 이들은 멜론을 겨드랑이에 끼고 있습니다. 이쪽에는 냅킨에 싼 파테[83]를 달랑달랑 들고 있는 사람들이 있고, 저쪽에는 기름종이로 싼 변변찮은 통닭을 경건하게 들고 있는 사람들이 있네요. 그들 중 많은 이들이 복숭아 한 바구니를 가지고 교외로 나가고 있습니다. 파리에서 나는 복숭아[84]는 정말 좋지요! 그 사람들이 옳습니다.

---

*   2인용 2륜 유개有蓋 마차.
**   카브리올레보다 작은 2륜 유개 마차.
***   마부석이 앞에 따로 있는 4륜 마차.

939. MONTREUIL-sous-BOIS - Le Clos des Pêches   E. M.

파리 인근 몽트뢰유의 담장을 두른 복숭아 과수원. 20세기 초

어떤 이들은 은매화[85]나 제라늄[86]을 들고 갑니다. 생루이 축일은 모두의 축일이지요. 그들의 이름 중에는 루이도 있고 때로는 루이즈도 있지만, 알프레드, 아킬레스, 멜키오르, 팔미라, 파멜라가 가장 많습니다.[87] 더욱 허세를 부린 이름을 고집해야 할수록 비밀리에 루이나 루이즈로 통하는 경우가 많습니다. 그날 철도는 수도의 모든 주민은 물론 파리의 음식과 신선한 생화들까지 수송해야 했지요. 일요일에 베르사유의 정원에서 먹을 수 있는 음식은 파테밖에 없습니다! 대리석 뜰[88]은 가스트로노미[89]의 잔해들로 더럽혀졌지요. 햄을 쌌던 포장지[90], 소금 고깔[91], 사탕 껍질, 양고기에서 나온 뼈[92], 닭뼈, 칠면조 사체 등등[93]. 사람들이 얼마나 많은지! 또 소음은 얼마나 심한지! 정령이여, 당신은 국민의 왕[94]의 시선을 유혹하려고 자부심을 가지고 당신의 물결을 흩었군요. 이 새로운 주인에 비하자면 루이 14세는 대체 무엇이었을까요? 루이 14세의 의지는 하루 만에 이 경이들을 창조할 수 있었습니다. 하지만 이 새 주인의 의지는 한 시간 만에 그것들을 파괴할 수 있을 테

지요. 당신의 고풍스러운 우아함, 대리석으로 된 당신의 발, 요염하게 토실토실한 당신의 팔을 너무도 자랑스러워하는 아름다운 조각상들이 이 무시무시한 군주 앞에서 몸을 떨고 그의 거친 열정을 두려워합니다. 그는 감탄이 나올 정도로 서둘러, 당신을 더 가까이에서 감탄하며 바라보고자 당신을 잘라버리고 부술 수도 있는 능력이 있습니다… 우리의 흥청대는 파티는 언제나 폭동과 살짝 닮았고, 그 닮은 점이 바로 우리의 파티에 커다란 매력을 더합니다. 프랑스에서는 반란이 모든 축하 행사의 기본입니다.

조르주 상드George Sand,[95] 《마의 늪La Mare au Diable》, 7장, 〈커다란 오크나무들 아래〉(1846)[96]

───────◆◆◆───────

"사실 여기가 그렇게 나쁘지는 않아." 그녀 곁에 앉으며 제르맹이 말했다. "난 단지 다시 배가 고플 뿐이야. 9시가 다 됐고, 이 불쾌한 길을 따라 너무 힘들게 걸어왔으니 이젠 거의 기진맥진하단 말이지. 마리, 너도 배고프지 않아?"

"나? 전혀. 난 너처럼 하루에 네 끼를 먹는 게 버릇이 되진 않았거든.[97] 게다가 저녁을 먹지 않고 잠자리에 드는 일도 많아서 한 번 더 저녁을 먹지 않는다고 문제가 될 건 없어."

"너 같은 여자는 정말 편하구나. 비용도 들지 않고." 제르맹이 빙긋 웃으며 말했다.

"난 여자가 아니라고." 마리는 이 농부의 생각이 택한 방향을 알아채지 못한 채, 순진하게, 소리쳤다. "넌 꿈이라도 꾸는 거니?"

"그래, 나도 내가 꿈꾸고 있는 게 틀림없다고 생각해." 제르맹이 답했다. "아마 배가 고파서 정신이 길을 잃었나 봐."

"너 정말 먹는 걸 좋아하는구나."[98] 그녀는 다시 환한 얼굴로 대꾸했다. "음, 대여섯 시간 동안 밥을 먹지 않고 살 수 없다면, 가방 안에 사냥한 고기랑 요리할 때 쓸 불을 지피고 다녀야 하는 거 아니야?"

"아, 그거 정말 좋은 생각이다! 내 장래의 장인어른께 선물로 드리면 어떨까?"

"지금 너한텐 자고새 여섯 마리랑 산토끼 한 마리가 있잖아![99] 네 식욕을 채우는 데 이것들이 다 필요할 거 같진 않은데."

"하지만 꼬챙이나 받침쇠가 없으면 이것들을 어떻게 요리하겠어. 다 타서 숯이 될 걸!"

"아니, 절대 그렇지 않아." 마리가 말했다. "내가 보장하는데, 잉걸불 아래 넣으면 연기를 마시지 않고도 요리할 수 있어. 너는 들판에 나가서 종다리를 잡아다가 돌 두 개 사이에 놓고 요리해본 적 없지? 아, 참 그렇지. 네가 양을 쳐본 일도 없다는 걸 자꾸 잊어버린단 말이야. 자, 이리 와서 자고새[100] 깃털 좀 뜯어봐. 너무 세게 하지는 말고! 그렇게 하다간 껍질까지 다 찢어놓겠어."

"그럼 네가 다른 한 마리를 가져다가 어떻게 하는지 보여주면 되잖아."

"그럼 자고새 두 마리를 먹겠다는 거야? 너 정말 괴물이구나! 털이 다 뽑혔네. 요리는 내가 할게."

"넌 정말 완벽한 종군 상인[101]의 딸이 될 거야, 마리. 하지만 불행하게도 너에겐 수통이 없으니, 나는 여기[연못]에서 물이나 마셔야겠다!"

"와인을 마시고 싶은 거지? 어쩌면 커피를 더 좋아할지도 모르겠네. 장날에 장터 나무들 아래 있다고 상상해봐. 주인장[102]을 부르는 거야. 벨레르의 훌륭한 농부에게 와인을 주게!"

"이 작은 마녀야, 너 지금 나를 놀리고 있구나! 와인이 좀 있으면 마시지 않겠니?"

조르주 상드(1865년경), 나다르Nadar가 촬영한 사진

"내가? 메르 레벡에서 오늘 밤에 너랑 같이 마신 게 내 인생에서 두 번째로 와인을
마신 거였어. 그렇긴 하지만, 네가 착하게 군다면, 거의 가득 차 있는 훌륭한 와인
한 병을 줄게."

"뭐라고? 마리, 난 정말 네가 마녀라고 생각해!"

"네가 정말 멍청하게도 여관에서 와인을 두 병이나 주문하지 않았니? 한 병은 너
와 네 아들이 마셨고,[103] 다른 한 병은 내 앞에 놓아두었잖아. 나는 거의 세 방울도
마시지 않았지만, 네가 보지도 않고 두 병 값을 모두 지불했지."

"그런 다음엔?"

"뭐, 내가 아직 가득 차 있는 병을 내 바구니에 넣었지. 여행을 하다보면 너나 네
아이가 목이 마를 거라고 생각했거든. 자, 여기 있어."

"넌 정말 내가 이제껏 보았던 여자들 중에 가장 생각이 깊어. 우리가 여관에서 나

왔을 때 그 불쌍한 녀석이 울고 있긴 했지만, 너는 너 자신이 아니라 다른 사람들에 대해 더 많이 생각하기를 멈추지 않았구나. 마리, 너랑 결혼하는 남자는 절대 바보가 아닐 거야."

"그래 그러길 바라. 난 바보를 안 좋아하거든. 이제 이리 와서 자고새나 다 먹어치워. 이제 뒤집어도 되겠다. 빵이 없으니까 밤[104]으로 만족해야 돼."

"도대체 밤은 또 어디에서 찾은 거야?"

"대단하지! 계속 걸어오는 동안에 길가 나뭇가지에서 따서 주머니에 모아뒀어."

"근데 그거 익힌 거야?"

"불이 붙자마자 밤을 던져넣을 정신도 없었다면, 내 기지라는 건 다 어디로 간 거겠니? 우린 늘 들판에서 그렇게 한단다."

"그러니까 우린 이렇게 서로를 뒷받침해줄 거야, 마리. 너의 건강을 위해 건배하고, 네가 좋은 남편을 만나게 되기를 기원하고 싶다. 너한테 아주 잘 맞는 그런 남자로 말이야. 어떤 남자를 원하는지 말해봐."

"그런 남자를 찾기는 정말 쉽지 않을 거야, 제르맹. 왜냐면 아직 생각을 안 해봤거든."

"뭐? 전혀 생각을 안 해본 건 아니겠지?" 제르맹이 말했다. 이제 그는 노동자의 식욕으로 먹어대기 시작했다. 하지만 더 부드러운 조각들을 잘라내서 일행에게 내어주느라 먹는 일을 멈추기도 했다. 그 동행인은 한사코 거절하며 밤을 몇 개 집어먹는 것으로 만족했다.

6장

문학적 시금석

문학에서 프랑스 음식이 등장한 부분을 묻는다면, 마르셀 프루스트의 마들렌이나 장앙텔름 브리야사바랭의 "당신이 무엇을 먹는지 내게 말해보라. 그러면 나는 당신이 누구인지 말해주겠다"라는 경구에 관해 듣게 될 것이다. 프랑스 음식을 다룬 영화를 묻는다면? 아마도 〈바베트의 만찬Le Festin de Babette〉(1987)을 답으로 얻게 될 것이다. 프랑스 요리는 레스토랑 문화와 최고급 메뉴를 지배할 뿐 아니라, 문학과 영화 안에서 요리에 관한 우리의 의식, 곧 어떤 시간과 장소에서 먹을 수 있는, 그 순간을 보존하는 음식에 관한 상상의 구현을 점유한다. 문학과 영화에 담긴 음식 이미지는 현실적일 수는 있지만 진짜 현실은 아니다. 이러한 재현물은 우리가 어떻게, 어디에서, 누구와 함께 먹는지에 관한 선택적인 이미지를 전달한다. 그리고 반복의 힘을 통해 오래 지속되는 이미지는 음식에 관한 그 특정한 순간을 대중이 집단적으로 수용하는 것에 대해 무언가를 알려준다. 프랑스 음식 이야기는 프랑스 요리와 결부된 세련됨과 엘리트 계층에 대한 선망에 의존한다. 따라서 음식에 관한 프랑스 문학의 손꼽히는 구절들은 귀족적인 식생활, 또는 귀족적인 식생활의 모방에 관한 기록이다. 시골 농민의 끼니는 루소의 솔직담백함 때문에 동경의 대상이 되어 열렬한 지지를 받기도 하고 문학에서 작게나마 역할을 하기도 하지만, 가스트로노미의 정점에까지 오르지는 못한다. 반면 우리는 《미식 예찬》에 등장하는 브리야사바랭의 경구를 암기할 만큼 잘 알고 있으며, 《스완네 집 쪽으로 *Du côté de Swann*》(1913)에서 프루스트가 했던 것만큼이나 선명하게 그의 마들렌을 떠올릴 수 있다. 사실 해당 구절은 너무나 자주 인용되어 가스트로노미 관련 읽기 자료의 "피할 수 없는 주춧돌"이라 불려왔다. 우아한 프랑스 요리가 접시 위에서는 물론 종이 위에서도 세계를 사로잡았던 19세기의 유산으로, 프랑스 음식을 언급하는 문학작품의 가장 유명한 구절들은 이 시기로 거슬러 올라가거나 이 시대의 관습을 복제한다. 프랑스 요리의 시각적 걸작들에 관한 프루스트의 정교한 묘사와 환기는 기념비적인 카렘의 예술을 향해 말을 건넨다. 카렘의 요리는 당대 요리에는 뒤처졌지만 잊히지는 않았으며, 특히 잃어버린 시간 찾기에 몰두하는 소설 속에서 기억되고 있다. 영화 〈바베트의 만찬〉에 등장하는 여성 셰프는 과묵한 북유럽 손님들에게 19세기 레스토랑 요리 중에서도 가장 인기 있던 것들을 내놓는데, 이 셰프는 비프랑스권 관객들에게 프랑스 요리의 아이콘이 되었다. 프랑스 요리는 신화의 기초 위에 확고히 자리 잡았다. 프랑스 음식이라는 허구 안에서 옛 신화는 현대의 이야기에서 새로운 의미를 발견하고 새로운 음식은 옛 신화에 참여한다. 문학과 영화는 또한 주변화된 음식 전통을 위해 식탁의 한 자리를 마련해주기도 한다. 프랑스에 들어온 이주민 요리와 프랑스 식민지의 토속 요리에 관한 이야기들이 스크린과 지면을 통해 사람들의 시야에 들어온다. 이들 요리는 문학과 영화 작가들에 의해 프랑스 요리라는 다중문서에 새겨진다. 그렇지 않다면 프랑스 요리는 1차원적이고 제한된 동일성으로 기울고 만다. 문학을 통해 재현되는 다의적인 프랑스 요리는 음식을 통해 보이는 프랑스인 정체성의 두께를 말해준다.

마르셀 프루스트가 프랑스 작가들 중 가장 '음식에 관심이 많다'는 데는 의심의 여지가 없다. 적어도 대중의 상상 속에서는 그러하다. 일곱 권으로 구성된 그의 대작 소설 《잃어버린 시간을 찾아서A la Recherche du temps perdu》는 1913~1927년 출간되었으며 책장 한 칸에다 꽂지 못할 정도로 방대하다. 이 작품은 화려하고 과장된 식사와 개별적인 음식 및 별난 식사 손님을 많이 언급한다는 점에서도 두드러진다. 무엇보다도 프루스트는 차 한 잔에 어린 시절 기억을 불러내는 바로 그 마들렌을 불멸의 존재로 만들었다.[1] 이 소설에서 사람들이 가장 많이 언급하는 구절은 첫 권 앞부분에 나오는데, 오늘날 음식이나 기억 혹은 프랑스 문화에 관한 온갖 종류의 텍스트에서 메타포로서 놀라울 만큼 자주 반복해서 등장한다. 마들렌이 유일한 시금석인 것은 절대 아니다. 프루스트의 작품에는 프랑스 음식의 고전을 떠올리게 하는 장면이 가득하다. 집안 친구인 샤를 스완은 시럽을 입혀 군힌 밤을 선물로 가져오고 그리비슈grbiche 소스*나 파인애플 샐러드 만드는 법을 알려줄 만큼 신뢰할 만한 미식가이다.² 게르망트의 집에서 먹는 식사 자리에는 무슬린mousseline 소스**를 뿌린 아스파라거스가 나오고 베아르네즈béarnaise 소스***를 끼얹은 양고기에 대한 기억이 소환된다. 베르뒤랭 부인의 집에서는 손님들이 화이트소스에 요리한 완벽하게 신선한 가자미를, 훌륭한 버터와 중국의 진주단추만큼 아름다운 감자를 곁들여 먹는다.³ 알베르틴과 함께 한 식사 자리에는 방돔 광장에 우뚝 선 기둥 모양의 아이스크림이 나왔고, 질베르트와의 식사 자리에는 탑처럼 세운 초콜릿케이크가 있었으며, 마르셀의 시골집에서는 가정 요리사 프랑수아즈가 만든 크렘 오 쇼콜라 crème au chocolat****가 등장하는데 이는 오직 천박한 시골뜨기나 거부할 "영감"의 원천이었다.⁴ 호화로운 이미지들 속에서 적어도 마들렌만큼 호소력 있는 음식은 프루스트의 도브 드 뵈프 아라젤레daube de boeuf à la gelée*****인데 "수정처럼 투명한 아스픽 크리스탈"을 곁들인 이 요리는 소설 속 화자의 우아한 집안에서 "우리 주방의 미켈

---

* 달걀노른자와 겨자에 기름을 섞어서 만드는 소스.
** 달걀노른자, 버터, 레몬즙을 섞어 만드는 소스.
*** 화이트와인 식초, 다진 샬롯, 후추, 달걀노른자, 버터 등을 섞어서 약하게 중탕해 만드는 소스. 에스트라공 잎이나 레몬즙을 섞기도 한다. 스테이크나 다른 구운 고기와 함께 먹는다.
**** 우유에 녹인 초콜릿이나 카카오가루, 크림, 설탕을 섞어 걸쭉하게 만들어 먹는 디저트의 일종. 점성을 내기 위해 전분을 섞기도 한다.
***** 도브 드 뵈프는 몇 가지 채소와 소스를 넣고 국물이 자작하게 만든 프랑스의 대표적인 소고기찜 요리인데, 도브 드 뵈프 아라젤레는 육즙을 사용해 젤리처럼 만든 아스픽을 곁들인 것이다.

란젤로"라 불리는 전문가 셰프가 차려 내온다.[5] 무엇보다도 프루스트의 소설 속 음식은 과도함이 그 특징이다. 프랑수아즈가 작성한 끝도 없는 메뉴들, 때마다 있는 식사 초대, 알베르틴의 상상에 영감을 더하는 노점상들의 소음까지도 그러하다. 독자들은 프루스트의 작품에 등장하는 가정 식당들에서 예술적으로 전시되고 절묘하게 조리된 요리들과 "막대한 식사들에서, 많은 경우에 터무니없을 만큼 음식들을 곱절로 늘리고 축적하려는" 작가의 욕망을 마주치게 된다.[6]

마르셀 프루스트의 소설에서 기억할 만한 식사를 창조하는 허구의 셰프는 여성이다. 당시 프랑스 오트 퀴진에서 여성 셰프가 대중에게 얼굴을 알리는 경우는 드물었지만, 17세기 이래로 개인 가정에서 일하는 여성 셰프는 흔했다. 18세기로의 전환기에 지방에서는 오직 최상층 집안에서만 남성 셰프를 끌어들일 수 있었고, 나머지 다른 집안에서는 예외 없이 여성 요리사를 고용했다.[7] 므농이 여성 요리사를 위해 1746년에 출간한 《부르주아 여성 요리사》는 43년 동안 32판이 나올 정도로 당시의 경향을 분명하게 보여주었다. 19세기에 부르주아 요리는 궁정 요리를 병합하고 전유했으며, 이로 인해 유행을 앞서가는 프랑스 요리가 프랑스 전역은 물론 유럽과 그 너머까지 확산된다. 부르주아들이 특출한 식사에 접근할 수 있게 되면서 고급 프랑스 요리의 지배력이 확장되었다. 더 많은 인구가 이러한 스타일의 식생활을 요구하게 되자, 비전문가들(주로 여성 가정 요리사들)의 교육을 목표로 한 요리 잡지들이 창간되었다. 14세기 생활 안내서인 《메나지에 드 파리》가 부르주아 주부에게 가사를 돌보는 법을 가르친 이래로 가정 요리는 줄곧 여성에게 맡겨진 영역이었다. 셰프 드 퀴진chef de cuisine(주방장)이 아니라 퀴지니에르cuisinière*라고 불린 여성 요리사들은 가족을 위해 집안 부엌일을 담당한 어머니들과 할머니들이 그러했듯이 문화의 화롯가에서 소박하지만 근본적인 요리를 보존하는 데 중요하고도 명확한 역할을 했다. 출간된 요리책들을 통해 18세기 부르주아 요리는 절약과 자연의 결합으로서 공식적으로 승인되었다. 절약과 자연은 첫 누벨 퀴진을 대표하는 상징이었고 누벨 퀴진은 곧 여성의 영역과 결부되었다. 19세기에는 뚜렷한 위계가 (남성이 지배하는) 고전 요리와 (여성이 지배하는) 가정 요리 사이의 격차를 더욱 벌려놓았다. 카렘은 《19세기 프랑스 요리의 예술》을 감탄스러운 부르주아 음식인 포토푀 요리법으로 시작했고, 《메트르 도텔》에서는 대혁명 이후 예산이 한정된 여성 요리사들[그의 용어로는 '피유 드 퀴진filles de cuisine(주방 아가씨들)']이 필요에 의해서 별것 아닌 재료를 가지고도 영양가 있고 균형 잡힌 식사를 만들어냄으로써, 당대 요리의 우아함과 단순함에 기여했다고 설명했다. 뛰어난 남성 셰프들이 주방의 과학에 통달하고 주방 인력들 사이에서 체계를 잡고 질서를 유지하느라 분투한 반면, 여성 요리사들은 실제로나 상징적으로나 계속해서 불 위에 포토푀를 올려놓고 있었다.

상징이 풍부해 프랑스 가정 음식에서 문화와 요리의 시금석이 된 것은 소고기다. 카렘은 《19세기 프랑스 요리의 예술》에서 (포토푀 같은) 삶은 소고기를 축성했으며, 뵈프 아라모드는 1895년 창간된 가정

---

*   '여성 요리사'라는 뜻과 함께 '요리용 화덕'이라는 의미를 지닌다.

요리 잡지 《퀴지니에르 코르동 블뢰》에 첫 번째로 실린 요리법이었다. 채소를 넣고 뭉근히 끓인 소고기는 고급 요리에 속할 때도 있었고 저급 요리에 속할 때도 있었다. 하지만 소고기가 건강에 좋지 않고 엘리트 계층의 식탁에 올리기에 격이 떨어진다고 보던 더 이른 시기의 망설임이 극복된 것은 17세기 이후였다. 중세의 《비앙디에》에는 소고기가 포함되어 있지만, 고기의 건조한 성질을 극복하기 위해 삶아서 요리해야 한다고 권고한다. 의료 당국에서는 소고기 구이(건조한 방식으로 요리한 건조한 고기)가 침울한 기분을 유발할 수 있다고 경고했다. 하지만 하류층에서는 소고기와 돼지고기를 규칙적으로 소비했으며 부르주아적인 《메나지에 드 파리》에서는 장 보기를 위한 참고 자료로서 부위별 소고기를 자세히 안내했다. 영국식으로 구운 소고기가 대혁명 시대에 (특히 뱅상 라 샤펠의 1735년 요리책을 통해) 크게 유행했다. 당시에 소고기 알로요(등심)가 수많은 메뉴에 등장하긴 했지만, 뭉근히 오래 끓이는 것이 프랑스적인 방식이 된 순간부터 그렇게 삶은 소고기가 프랑스 요리에 단단히 자리 잡았다. 프랑수아 피에르 라 바렌의 《프랑스 요리사》(1651)는 그러한 소고기 요리 두 가지를 제시했다. 그중 뵈프 아라모드는 중세 스타일에 가깝게 라드를 바른 쇠고기를 여러 가지 허브 및 "갖은양념"과 함께 부용에 넣고 삶은 것이다. 피에스 드 뵈프 아라도브 역시 소고기를 부용에 넣고 끓인 것인데 중간에 라드를 넣고 요리하는 것으로 더욱 잘 알아볼 수 있는 근대적인 조리법을 따라 "푹 익고 양념이 잘 밴 상태로, 잊지 않고 와인과 함께" 서빙되었다.[8]

브레제 방식으로 조리한 쇠고기는 그 자체의 육즙과 와인에 조려 저서 롤랑 바르트Roland Barthes가 《신화론Mythologies》에서 원용했던 "황소의 정수taurine essence"를 함유하고 보존하며, 프랑스인의 상상 안에서 공명한다.[9] 장앙텔름 브리야사바랭은 저서에서 삶은 소고기와 그 장점들에 관한 확장된 설명을 시도하면서, 끓인 소고기는 풍부한 육수나 즙이 많은 고기를 산출하지만 둘 다 산출하는 것은 아니며 분별 있는 사람들은 "육즙이 빠진 살코기"이기 때문에 끓인 소고기를 피해야 한다고 경고했다.[10] 포토푀와 그 사촌뻘 요리들은 18세기와 19세기 문학에서 가정 저녁식사의 기본 요리로 등장하는 경우가 많다. 예를 들어 기 드 모파상Guy de Maupassant은 《콩트와 단편소설Contes et Nouvelles》(1882)에서 "일요일에 먹는 포토푀의 고기는 모두를 위한 잔치 음식이었다"라고 썼다. 플로베르Gustave Flaubert의 《보바리 부인Madame Bovary》에서는 약사 오메가 파리의 위험한 음식들에 대해 경고하면서 포토푀를 부르주아 요리와 결부시킨다. 여전히 파리의 가장 좋은 레스토랑들조차 훌륭한 포토푀만한 가치는 없다는 것이었다.[11] 20세기의 《라루스 가스트로노미크Larousse gastronomique》에서는 포토푀를 기발하게도 하나의 그릇 안에 수프(육수)와 삶은 고기와 채소를 제공하는 "분명히 프랑스적인 요리"로 선언했다.[12] 마르셀 루프Marcel Rouff는 《도댕부팡의 삶과 열정La Vie et la passion de Dodin-Bouffant》(1924)에서 포토푀를 오트 퀴진으로 끌어올린다. 작품 속 화자인 도댕부팡은 요리 경연대회에서, 차별화된 기품이 있으면서도 동시에 현세적인 요리를 가지고 도전자인 유라시아의 왕자에게 깊은 인상을 남기는 데 성공했다. 온전히 카렘의 시대였던 1830년대를 시간적 배경으로 하되 파리가 아닌 프랑스 동

포토푀(채소와 육수를 넣고 끓인 소고기)

부를 공간적 배경으로 삼은 이 소설은 브리야사바랭의 삶에서 영감을 받았다. 소설 속 화자가 새로 고용한 요리사 아델 피두는 주방의 여성 미켈란젤로로서, 소고기 포토푀와 약간의 베이컨, 송아지고기에 돼지고기와 허브를 섞어 만든 소시지, 송아지 뼈와 따로 삶아낸 치킨 필레, 고기 육수에 익힌 채소로 이루어진 코스 요리를 만들어냈다. 서빙을 할 때는 얇게 썬 소고기와 소시지를 거위 간 위에 여러 겹으로 올리고 주변에 채소를 둘러서, 필수적인 소고기와 명예로운 농민의 돼지고기와 더욱 세련된 가금류를 통합하고 프랑스 가스트로노미의 또 다른 대표 음식인 푸아그라로 귀족적인 호화로움을 더했다. 이 요리는 귀족적 미각을 위해 의도된 것이기는 하지만 대중적인 기원에서 완전히 벗어나지도 않았다. 한 냄비에 모든 음식을 끓여내는 정찬의 경제적 이점은 적당하게 궁정풍이라는 인상을 풍기는 고기의 양과 유형에 의해 더욱 고양되었다.

프루스트의 소설에서 프랑수아즈의 절묘한 창조물은 가정 요리인 포토푀와 최고급 요리인 밀푀유 드 뵈프millefeuille de boeuf* 사이에 놓여 있다. 프랑수아즈의 요리는 처음에 도브 드 뵈프로 등장해서 마지막에 뵈프 모드boeuf mode로 끝나는데, 이는 마치 프랑스 요리에 너무도 근본적인 브레제 방식으로 요리한 소고기의 범주를 더욱 완전하게 아우르려는 시도 같다. 프랑수아즈는 특별한 손님인 외교관 노르푸아 후작을 위해 식사 한중간에 놀랄 만한 요리—당근을 곁들인 소고기—를 새로이 만들어내야 하는 도전에 잘 대처한다. 식사에는 분홍빛 대리석 같은 햄 그리고 파인애플과 송로버섯 샐러드가 포함되었다. 이 식사에는 우아함을 더하는 소스도 없고, 대리석 같은 햄과 크리스탈 같은 아스픽 블록을 방해하는 부드러운 테두리도 전혀 없었다. 소고기에 곁들인 젤리화된 고기 진액이 "소스의 저열한 비겁함"을 응결시켜 정화했다.[13] 노르푸아 후작은 소고기를 가리켜 "감탄할 만하다"고 말하며, 비프 스트로가노프** 같은 다른 음식으로 그 집에 거주하는 바텔***을 판단해보고 싶다고 외쳤다.[14] (노르푸아 후작은 바텔을 셰프라고 착각하긴 했지만, 이와 상관없이 프랑수아즈를 칭찬하는 의미에서 바텔이라고 부른 것이다.) 서술자 마르셀의 글쓰기는 프랑수아즈의 뵈프 모드와 직접 연결되어 있다. 그는 프랑수아즈

---

* 얇게 저민 소고기와 치즈, 푸아그라, 버섯 등을 번갈아 겹겹이 쌓아 육면체 형태로 고정하여 화덕에 구워내는 요리다.
** 러시아식 소고기 스튜. 길쭉하게 썬 쇠고기를 볶고 러시아식 사워크림인 스메타나로 만든 소스와 함께 낸다.
*** 이 책의 3장과 6장에서 다룬 프랑수아 바텔, 즉 메트르 도텔을 말한다.

베르사유의 뵈프 아라모드 레스토랑의 엠블럼

가 요리를 창조해낸 것과 같은 방식으로 자신의 책을 창조하겠다고 말한다. "선별되어 결합된 수많은 소고기 조각들이 아스픽을 더 풍요롭게 한" 것이 바로 프랑스아즈의 요리라는 것이다.[15] 각 요소들이 더 크고 훌륭한 전체를 만들어내고 마르셀만큼 재능이 많은 예술가 프랑수아즈의 기술을 드러내 보여주므로, 다른 곳에서라면 그저 집에서 끓인 스튜처럼 보일 것도 아름다운 대상이 된다. 이름이 드 뵈프에서 뵈프 모드로 바뀐 것을 고려해보면, 이 요리 특유의 구체적인 사항들은 오랫동안 뭉근히 끓인 소고기라는 넓은 범주보다 덜 중요하다. 마르셀 또한 그처럼 오랫동안 숙고해서 소설을 창조해낸다. 눈에 띄게 아름답고 요리 유산이 풍부하며 프랑스인들의 마음과 위장에 모두 소중한 프루스트의 뵈프 모드는 오래 지속되는 문학적 상징의 전형적인 특징을 모두 갖추고 있다. 하지만 프루스트의 마들렌은 그러한 명예를 지닐 뿐 아니라, 마리 앙투아네트가 빵이 없으면

뵈프 아라젤레(소고기 옆에 아스픽을 곁들인 것)

먹으라고 했다는 케이크만큼이나 유명하다. 홍차에 곁들여 먹는 작은 케이크가, 황소의 정수라든가 흠잡을 데 없이 고급스럽고 우아한 소고기 요리를 제치고 프랑스 요리와 관련된 메타포들 가운데 최고의 자리에 오른 까닭은 무엇일까?

프루스트의 기억을 떠오르게 하는 바로 그 계기는 인류학, 기억 연구, 인지심리학, 기호학, 모더니즘 문학, 재산법, 후각 화학 등의 학술 논문에 (현재까지) 1만 번 이상 인용되었다. 프루스트의 마들렌은 국민적 상징으로서 프랑스 요리의 중요성을 논하는 출발점으로 쓰이며, 음식이나 기억 혹은 프루스트에 관한 재담에 도움이 되는 참조 사항이기도 하다. 그러나 마들렌은 프랑스 요리에서 핵심적이지 않다. 마들렌을 적셔 먹는 라임꽃 차도 마찬가지다. 프루스트의 비망록을 보면 마르셀이 차에 적셔 먹는 것은 원래 꿀을 바른 토스트와 비스코티biscotti였는데 마지막 교정본에서 결국 마들렌이 채택

프랑스 너머의 도브 드 뵈프

와인에 담가 푹 끓인 소고기는 프랑스 사람들 사이에서 깊은 반향을 일으켰을 뿐 아니라 해외에서도 프랑스를 대표한다. 버지니아 울프Virginia Woolf의 1927년작 소설 《등대로To the Lighthouse》의 중심에서, 주인공 램지 부인은 뵈프 앙 도브boeuf en daube를 주요리로 한 성공적인 저녁식사를 통해 서로 잘 맞지 않는 손님들을 응집력 있는 전체로 통합해 모두가 일치되는 찰나를 창조해낸다. 손님들이 이 요리를 대성공이라며 칭송하자 램지 부인은 할머니에게 전수받은 프랑스 요리법을 따른 것이라고 자랑스레 외치며 영국 요리보다 뛰어난 프랑스 요리의 우월성을 확고히 드러낸다. 사실 뵈프 앙 도브는 제대로 된 진짜 이름이 아니지만 바로 그 이름이 프루스트에 의해 원용된 본래 프랑스 요리 도브 드 뵈프의 해외 모방작으로서 램지 부인이 창조한 요리에 성공을 가져다주었다. 울프의 소설에 등장하는 이 소고기 요리에는 월계수 잎과 올리브가 들어가기 때문에, 오귀스트 에스코피에의 《요리 안내서》(1903)에 나오는 좀 더 소박한 도브 아 라 프로방살daube à la provençale과 비슷하다. 줄리아 차일드Julia child와 시몬 벡Simone Beck이 공동 집필한 요리책 《프랑스 요리 정복Mastering the Art of French Cooking》은 뵈프 앙 도브 아 라 프로방살boeuf en daube à la provençale과 도브 드 뵈프를 모두 포함시켰다. 이 요리책은 고전 프랑스 요리에서 차츰 미국화된 요리법으로 나아가는 방식으로 구성되었기에, 비교적 전통적인 도브 드 뵈프는 1권(1961)에 등장하고 뵈프 앙 도브는 2권(1970)에 등장한다. 차일드는 뵈프 아라모드 역시 1권에 실었는데, 채소, 마늘, 허브를 넣은 레드와인에 담가 숙성시킨 소고기를 사용하고, 식탁에 낼 때는 소고기를 덮을 아스픽은 물론 브레제 방식으로 요리한 당근과 양파를 곁들이라고 했다. 차일드의 요리책은 프랑스 요리에 익숙하지 않은 미국의 가정 요리사들을 위해 집필되었고, 거기 실린 요리법은 복잡하고 격식 차린 요리부터 평범한 가정 요리까지 모두 망라했다. 차일드의 도브 드 뵈프("와인과 채소로 요리한 소고기 캐서롤 casserole")*는 화이트와인이나 레드와인, 또는 버무스vermouth**, 그리고 허브, 마늘, 양파, 당근, 버섯, 토마토를 재료로 한다. 뵈프 앙 도브에는 소고기와 레드와인이 필요하고, 안초비가 들어간 "프로방살 양념"을 기호에 따라 넣을 수 있다. 2권에 실린 미국화된 뵈프 앙 도브는 그 이름에서나, "이국적인" 안초비를 선택사항으로 빼버렸다는 점에서나, 프랑스 본래 음식과 거리가 멀다는 게 드러난다.

---

*   프랑스어에서 카스롤은 일반적인 냄비를 뜻하지만, 영어 캐서롤은 주로 유리나 도기로 되어 있어서 직접 불 위에 올리지 않고 화덕에 넣어 천천히 오래 가열하고 그대로 식탁에 낼 수 있는 그릇, 혹은 그렇게 조리한 음식을 뜻한다.

**   프랑스어로 베르무트. 허브나 약초, 설탕을 넣어 향미를 강화시킨 와인이다.

되었음을 알 수 있다. 오래도록 지속되는 그 이미지는 이 달콤한 케이크와 프랑스어 이름에 완전히 의존하고 있다. 꿀 바른 토스트나 커피에 곁들이는 이탈리아 비스킷이 마들렌을 대체한다고 상상하기란 어렵기 때문이다. 프랑스어 단어와 귀족적 우아함의 결합은 프루스트 이후 프랑스 요리를 가리키는 다른 이름이 되어, 프랑스 요리 전체를 이 하나의 이미지로 굳히고 정화했다. 프리실라 파크허스트 퍼거슨은 《잃어버린 시간을 찾아서》를 "참된 국민 작품"이라 부르는데, 이는 결코 적지 않은 부분에서 이 작품이 요리를 언급하고 그래서 "프랑스 요리의 국민화nationalization를 완성하는 데" 역할을 했기 때문이다.[16] 에이미 트루벡은 프랑스 요리의 엠블럼 같은 다른 음식들을 마들렌에 비유한다. "프루스트의 마들렌의 정신에서 이 재료들과 요리들은 도상학적인 것, 즉 어떤 장소들의 리외 드 메무아르lieux de mémoire(기억의 장소)*가 되었으며, 그 맛은 프랑스의 풍요롭고 다채로운 지리를 상징한다."[17] 프랑스 문화의 표지로서 프루스트가 점하는 자리는 기념비적 참고 서적이 된 피에르 노라Pierre Nora의 《기억의 장소Les Lieux de mémoire》에서 마지막 항목을 차지하고 있다는 사실에서 드러나는데, 당연히 그 단락은 마들렌에 관한 언급으로 시작된다. 작가 앙투안 콩파뇽Antoine Compagnon은 프루스트의 소설이 (그리고 더 나아가 마들렌에 관한 이야기가) 호소력을 갖는 것은 고전 문화 속에서 교육받은 마지막 세대인 19세기 말의 매력적으

---

* 프랑스의 문화적 정체성을 주로 연구한 역사학자 피에르 노라에 의해 널리 쓰이게 된 개념으로, '어떠한 공동체의 기억할 만한 유산을 나타내는 상징적 요소'를 가리킨다.

로 자유로운 파리 부르주아지를 대표하기 때문이라고 설명한다. 소설 자체는 "대단한 학식을 요구하지 않고" 대다수의 사람이 읽어낼 수 있다.[18] 반면 프루스트의 소설을 분석한 학술 서적의 두툼한 두께는 범인들의 접근을 어렵게 한다. 하지만 그런 방대한 관심은 프루스트의 소설이 사람들의 탐구에 탁월하게 개방되어 있어, 모든 이에게 모든 것이 될 수 있음을 암시한다. 소설 앞부분에서 발견되는 마들렌 에피소드는 그 자체로 달콤하고 가벼우며 표면적으로 읽기에는 쉽게 소화되지만, 마르셀 자신의 움직이는 기억을 모방함으로써 새로운 사실을 지적으로 심원하게 밝혀내는 기폭제로서 기능할 수 있다. 이를 두고 많은 이들이 부드럽고 주름 잡힌 그 케이크에 내재한 관능성을 상기시켜왔으며, 한 학자는 조개 모양의 마들렌에서 종교적 상징성을 보기도 한다. 마들렌은 콤포스텔라*를 향하는 순례자들이 자기 몸에 달았던 가리비 조개를 본뜬 모양이며, 이러한 사실은 마르셀의 마들렌을 하나의 "상징일 뿐 아니라 참된 존재와 예술적 표현을 향한 그의 영적 순례에 실질적 영감"으로 만들어준다는 것이다.[19] 차에 적신 작은 케이크에서 얻는 삶의 핵심적 진실. 프루스트는 이 세상에 이토록 완벽한 상징을 제공한다. 이 상징은 그 단순함(그러나 진부함은 아닌) 속에서 여전히 어떤 신비를 은연중에 드러내며 거의 무제한적인 접근과 해석을 가능케 한다.

하지만 마들렌이 필연적으로 성스러운 대상인 것은 아니다. 뮈리

---

* 스페인 북서쪽에 위치한 그리스도교 성지 산티아고 데 콤포스텔라를 가리킨다. 예수의 제자인 야고보의 유해가 안치된 곳으로 알려져 있다. 중세 이래로 유럽 전역의 수많은 순례자가 걸어서 이곳을 방문했다.

엘 바르베리Muriel Barbéry의 소설 《맛Une Gourmandise》(2000)은 임종을 앞두고 자기 실존의 의미를 밝혀줄 식생활에서의 단 하나의 기억을 찾으려는 성질 못된 음식 비평가의 이야기를 들려준다. 무엇보다도 이 비평가는 자신의 비자발적 기억이 "프루스트의 역겨운 마들렌, 불길하고 우울한 오후에 최고의 모욕 같은 한 스푼의 허브티 속에 스펀지 조각처럼 흩어져버린 바로 그 별난 과자와 달리" 맛있는 것이기를 바란다.[20] 명성을 모든 것으로 여기는 이 비평가는 마들렌이란 거기에 결부된 감정 때문에 소중할 뿐인 "변변찮은 음식"이라며 비난한다. 하지만 결국엔 공장에서 만들어낸 설탕 범벅 슈케트chouquette*야말로 음식에 관한 자신의 핵심적인 기억을 구성하고 있음을 새로이 발견하면서 프루스트와 같은 순간에 이른다. 슈케트와 비교하자면, 마들렌은 파리 상류 사회에 적합해 보이고, 스튜로 끓인 소고기나 심지어는 아스픽을 곁들인 소고기보다도 가스트로노미의 연약한 이미지에 확실히 더 잘 들어맞는다. 채식주의자, 어린이, 위장이 약한 사람에게 적합한 프루스트의 마들렌은 이제 너무 친숙한 것이어서 프랑스 가스트로노미의 메타 상징이 되었다. 마들렌은 프랑스 음식에 관한 어떠한 기억도 재현할 수 있다. 그럼에도 마들렌은 프랑스 요리(프루스트의 소설 속 다른 부분에서 성공적으로 불려 나오는 능숙한 기술로 만든 소스와 고급스럽게 조리된 요리들)의 표준 이미지하고는 잘 맞지 않는다. 프루스트의 소설에서 상기되는 비자발적 기억과 달리, 마들렌은 프랑스 음식 하면 '일견' 떠오르는 우아하

---

* 동그랗고 폭신한 작은 빵 안에 커스터드 크림을 넣어 만든 것을 슈chou라고 하는데 그보다 작게 만들어서 겉에 설탕을 입힌 것이 슈케트이다.

브리야사바랭의 초상, 19세기 중반

고 세련된 최고급 요리라는 관념을 함의하도록 학습되고 교육된 이미지가 되었다. 마찬가지로 대중의 상상 속에서 작가 프루스트는 흠잡을 데 없이 프랑스적이고 상류층이며 고상하다. 마들렌은 문학적 양식良識과, 그것을 인용하여 언급하는 개인이 받았을 것으로 여겨지는 세련된 교육을 요약하는 참조 대상이 된다. 프루스트는 지극히 미묘하고 섬세하다. 그의 소설을 읽고 즐기는 사람은 상대적으로 적으며, 대부분은 오직 마들렌에 관한 인용만을 알 뿐이다. 하지만 프루스트의 소설이 전체로서 지니는 상징적 가치는 진짜 부르주아적이고 매우 프랑스적인 한 가정의 맥락 안에 궁정풍 연회와 귀족적인 과잉과 환상적인 우아함을 다시 가져온다는 점이다.

장 앙텔름 브리야사바랭의 《미식 예찬》에 대한 인용과 언급도 프루스트와 그의 마들렌만큼이나 흔하다. 책의 시작 부분에 실린 그의 경구 목록 가운데 네 번째 경구가 특히 유명하다. "당신이 무엇을 먹는지 내게 말해보라. 그러면 나는 당신이 누구인지 말해주겠다." 이 경구는 분리된 인용구문으로서 그 자체로 생명을 얻어 아무런 맥락도 없이 작가의 이름과 함께 인용되거나, 가끔은 《미식 예찬》 현대 판본의 출간연도만 병기된 채 계속해서 참신한 경구인 양 인용되는 경우도 많다. 사실 이 경구는 너무 자주 반복해서 등장하기 때문에 "현대 광고의 진부함"처럼 의미가 거의 사라져버렸다.[21] 이 책에서 서문 역할을 하는 경구들은 브리야사바랭이 작품을 구상하던 19세기 초의 배경에 결부되어 있지 않다. 사실 이렇게 간결하고 함축적인 재담은 어떠한 목적에든 대개 잘 들어맞는다. 그러한 수천 개의 사례 중 하나로, 1879년판 과학 잡지 《사이언티픽 아메리칸Scientific American》에 실린 로즈힙 잼 만드는 법에서는 다섯 번째 경구를 인용하고 있다. "새로운 요리를 발견하는 것은 별을 발견하는 것보다 인류에게 더 이롭다."[22] 브리야사바랭의 텍스트 중 나머지 부분은 회고/과학적 논고/가스트로노미에 관한 논평으로 이루어져 있는데, 앞선 경구들보다 훨씬 접근이 어렵고 보편적으로 인정되지도 않는다. 브리야사바랭은 1825년 자신의 책이 인쇄되어 나온 후 두 달 만에 죽었다. 그는 자비로 책을 출간했을 뿐 아니라 익명으로 발표했기 때문에 자신은 그려보지도 못했을 성공을 음미할 수 없었다. 보들레르Charles-Pierre Baudelaire는 《미식 예찬》에 실린 와인 관련 내용이 제한적이라는 이유로 이 책의 저자를 가리켜 "맛없는 부류의 브리오슈brioche *"(음식이라는 주제를 적절하게 살린 모욕이었다)라고 불렀다. 폴 아리에스는 이 책이 훨씬 후대에야 고전이 되었는데, "가스트로노미와 관련된 이유에서가 아니라 정치적인 이유에서", 아마도 저자를 극단주의자들에 의해 나라에서 쫓겨난 정직한 귀족으로 인정하기 위해서였으리라고 확언했다.[23] 역사학자 장폴 아롱Jean-Paul Aron은 브리야사바랭이 "알렉상드르 발타자르 그리모드 라 레니에르가 받았어야 할 모든 영예를 물려받았음"을 개탄했다. 1803년에서 1812년까지 발간된 레니에르의 《미식가 연감》이야말로 가스트로노미 글쓰기의 표준을 설정한 작품이라는 것이다.[24] 하지만 현대에 프랑신 뒤 플레시스 그레이Francine du Plessix Gray는 《미식 예찬》을 가리켜 "요리에 관련된 저술 가운데 가장 오래 지속되는 고전"이라 칭했으며, 브리야사바랭의 이름은 이제 그 이름이

---

* 브리오슈는 식빵 질감의 프랑스 빵인데, 식빵보다 버터, 우유, 달걀이 더 들어가며 보통 둥글고 볼록한 형태로 만들어진다. 프랑스어에서는 튀어나온 뱃살을 가리키기도 하고, 눈치 없고 지각없는 행동이나 그런 인물을 가리키기도 한다.

붙은 케이크*와 1930년대에 개명된 트리플 크림 치즈**를 영예롭게 빛내고 있다.²⁵

《미식 예찬》의 독창성은 그것이 창작된 시간과 장소(들)에 결부되어 있다. 잘 먹는 일의 원칙에 관한 일련의 '명상록'인 이 책은 문학, 회고, 역사, 과학을 모두 포함하고 있어 그 어느 것으로도 볼 수 있다. 출간연도만 보면 이 책이 가스트로노미 작가 시대에 고착된 개념을 가지고 쓰인 작품이라고 잘못 이해할 수 있지만, 사실은 책의 많은 부분이 가스트로노미라는 용어가 대중적으로 사용되기 이전에 작성되었다. 브리야사바랭은 구르망디즈를 죄에서 덕으로 변화시킨 어원적 원천으로 알려져 있으며, 그 자신이 저자 서문에서 글을 쓰는 시점에 가스트로노미가 유행 중이라고 증언했다. 30년에 걸쳐 작성된 《미식 예찬》은 시대를 관통한다. 저자는 밀가루전쟁, 프랑스대혁명, 나폴레옹의 부상과 몰락, 왕정복고를 보았고, 파리 레스토랑의 탄생과 고급 요리의 부르주아지로의 확장, 그리고 새롭게 가스트로노미라 불리던 것을 귀족이 장악했던 시기의 종말을 보았다. 브리야사바랭이 그 시대에 지녔던 중요성을 설명하려 시도하는 이들은 그가 잘 먹는 일의 유행을 지적으로 사유했다고 말한다. 브

* 단순히 사바랭이라고 불리는 이 케이크는 가운데가 비어 있는 커다란 도넛 형태다. 전체적으로 초콜릿을 바르거나 가운데 빈 곳에 생크림과 과일을 넣어 먹는 것이 보통이다.
** 트리플 크림은 최소 72퍼센트의 유지방이 포함된 프랑스의 생크림을 말한다. 트리플 크림 치즈는 이 크림을 재료로 만든 연질 치즈이다. 브리야사바랭 치즈는 본래 1890년대에 엑셀시오르Excelsior라는 이름으로 나왔으나 1930년대에 치즈 제조업자인 앙리 앙드루에Henri Androuët가 브리야사바랭에 대한 경의의 표시로 이 치즈에 그의 이름을 붙였다.

송로버섯을 넣은 브리야사바랭 치즈

리야사바랭은 19세기 초 아직 존재하지 않던 고급 정찬을 위한 용어를 창조할 짧은 기회를 가졌는데, 레니에르를 모범 삼은 유행의 선도자나 셰프도 아니고 탈레랑 같은 유력한 연회 주최자도 아니라, 단지 음식을 먹는 사람으로서 자신의 관점에서 어휘와 분석 체계를 고안했다. 그는 또한 자신의 선택과 타고난 환경에 의해, 음식에 관한 논평 중 다수를 작성하는 동안 프랑스에서 떨어져 있었으며, 그 덕분에 외국 문화에 반대되는 생각을 예리하게 다듬고 그 더욱 폭넓은 청중을 향해 일반화할 수 있었다. 그가 《미식 예찬》에서 묘사한 요리는 카렘이나 레니에르의 경우처럼 파리 요리나 프랑스 요리에만 한정되지 않았다. 그는 여행하면서 스위스에도 가고 미국의 여러 도시에도 가서 닭 꼬치구이, 스크램블 에그, 토스트 샐러드tossed salad*, 칠면조고기(와 칠면조 사냥)를 즐겼기 때문이다.

작자 미상, 〈가스트로노미 모임: 식탁에 앉은 미식가들〉. 19세기 프랑스의 판화.

19세기 이전에 귀족 출신 법학자인 브리야사바랭과 같은 혈통을 지닌 작가라면 굳이 음식에 관해 심각하게 이야기하지 않았을 것이다. 하지만 고급 정찬(혹은 고급 정찬을 흉내 낸 것)이 귀족적 활동에서 대중적 활동으로 하강하는 동안, 음식과 좋은 맛은 과학의 영역으로 과감하게 편입되어 학술 활동의 위계가 상승했다. 카렘 이후 백과전서파 학자들과 브리야사바랭은 요리에 과학을 더했다. 이제 요리는 철학자, 인류학자, 사회학자, 지리학자 등에게 적법한 연구 분야로서 "분명히 진지하게 다루어졌다".[26] 흔히 말하길, 18세기 말 레스토랑들이 (원칙적으로) 모두에게 문을 열었을 때 가스트로노미는 모두에게 개방되었으며, "특권뿐 아니라 쾌락도 민주화되었다".[27] 《미식

---

*   다양한 채소에 드레싱을 끼얹어 버무린 샐러드를 말한다.

예찬》은 브리야사바랭의 '에프루베트 가스트로노미크éprouvettes gastronomique'(가스트로노미 검사표)가 민주적인 행위로 기여하는 바를 인정하는 이들에게 중요한 역할을 했다. 그의 검사표는 식사하는 손님들에게 각기 그 생리적 특질에 맞는 음식의 즐거움을 제공하고자 가스트로노미 차원에서 "보통 사람"에서 진짜 부자에 이르기까지 각 소득수준에 맞게 탁월함이 입증된 메뉴들을 제시한다. "평범한" 메뉴에는 송아지, 비둘기, 자우어크라우트sauerkraut*와 소시지, 밤으로 속을 채운 칠면조가 포함된다. 가장 공들인 메뉴에는 송로버섯으로 속을 채운 가금류, 푸아그라, 메추라기, 가재를 곁들인 강꼬치, 통째로 먹는 오르톨랑ortolan** 스물네 마리를 비롯해 예상할 수 있는 온갖 진미가 포함된다.[28] 브리야사바랭이 가스트로노미에 대한 명상에서 훌륭한 음식에 대한 감상이란 왕의 연회와 완숙 달걀에 똑같이 존재한다고 말했다 해도, 가스트로노미의 문을 모두에게 개방하고자 하는 선의의 시도는 계층 사다리의 아래쪽에 놓인 사람들의 경제적 현실을 무시한 것이었다. 또한 거기에는 하류층 사람들이 자기보다 지위가 높은 이들의 진미를 제대로 감상하지 못하는 것은 그들의 무지(와 적합하지 않은 기질) 때문이라는 옛 귀족들의 생각이 들어 있었다. 빅토르 위고Victor Hugo는 《레미제라블Les Misérables》(1862)

---

*   독일어로 '신 양배추'라는 뜻으로 잘게 썬 양배추를 발효시킨 음식이다. 소시지나 베이컨 등에 곁들여 먹는다.

**   참새와 비슷한 촉새의 일종으로 프랑스 요리의 최고 진미 가운데 하나로 꼽히지만, 그 요리법이 잔인해 악명이 높다. 최근 개체수가 줄어들어 프랑스는 물론 유럽 전역에서 포획이 법으로 금지되었다.

에서 부유한 상원의원을 질책하는 주교를 내세워 이 가스트로노미 시험표가 드러내는 통념을 폭로했다. 즉 부유한 사람들은 "절묘하고 세련된" 그들만의 철학을 지니고 있으며, "가난한 이들은 밤으로 속을 채운 거위든 송로버섯으로 속을 채운 칠면조든 그 차이를 잘 모르므로, 민중의 철학은 하느님에 대한 믿음이다"라는 생각을 당연시한다는 것이다.[29] 브리야사바랭의 《미식 예찬》은 가스트로노미를 민중에게까지 낮추어주기보다, 요리의 목표를 동경의 대상인 부유한 파리 사람들 기준으로 높이는 데 일조했다. "당신이 무엇을 먹는지 내게 말해보라"로 시작되는 경구가 오늘날에는 인류학 연구의 출발점으로 쓰인다 해도, 19세기 프랑스에서는 객관적인 검사가 아니었다. 애국적인, 심지어 민족주의적인 가스트로노미 저자들은 세계 속 프랑스 요리의 명성에 크게 의존했으며, 그 명성은 프랑스 요리를 이해하고 홍보하기에 가장 적합한 이들에게 의존했다. 참으로 그 시대의 산물인 《미식 예찬》은 비록 가장 밑바닥에 완숙 달걀을 위한 자리를 남겨놓기는 했지만, 레스토랑보다는 사적인 연회에, 밤보다는 송로버섯에 특권을 부여했다. 카렘과 그의 동료들처럼 브리야사바랭 역시 귀족의 요리를 '고전' 프랑스 요리로 만들었고, 이제 의문의 여지 없이 받아들여지게 된, '참된' 프랑스 요리는 언제나 오트 퀴진이라는 관념을 낳는 데 일조했다.

음식의 문학적 재현은 때로 파리에 대한 쉼 없는 원용에서 벗어나 지방의 요리와 특산물을 보여주기도 한다. 귀스타브 플로베르의 《보바리 부인》(1857)은 노르망디 지방 시골을 정확하고 세밀하게 묘사하면서 땅에 붙어사는 농민의 식사부터 교양 있는 결혼식 식사에 이르

브리야사바랭의 경구 '국민의 운명은 어떻게 먹느냐에 달려 있다'. 그림 중앙에서 프랑스대혁명의 상징인 프리기아 모자를 쓰고 있는 프랑스 여인은 비프텍프리트, 즉 비프스테이크와 감자튀김을 들고 있다. 장 파리Jean Paris의 그림, 1900년대 초.

기까지 전체를 망라한다. 작가는 슈미노cheminot라고 하는 터번 모양의 빵을 개인적으로 좋아했는데, 특히 소설의 배경이 되는 루앙의 슈미노를 좋아했다. 플로베르는 자필 편지에서 소설 속 약사인 오메가 슈미노를 좋아하는 것으로 설정하려 한다는 의도를 밝혔다. 슈미노는 누룩을 넣지 않은 반죽을 물에 삶아서 화덕에 다시 구운 빵으로 베이글과 비슷했다. 플로베르가 "먹는 터번"이라 부른 이 빵은 중세에 생겨났으며, 하얀 밀가루를 뜻하는 라틴어 시밀라simila를 따라 슈미노chemineau 혹은 스미넬seminel이라고도 불렸다. 소설 속에서 약사 오메는 아내가 "사순시기에 가염 버터와 함께 먹는 이 터번 모양의 작고 묵직한 빵을 좋아하기" 때문에 일을 보러 루앙을 방문할 때마다 으레 슈미노를 사곤 한다.[30] 그녀를 위한 실하고 경건한 음식인 이 빵은 오메의 상상 속에서 프랑스의 영광스러운 역사를 재현한다. 그의 몽상 속에서 이 단단한 둥근 빵은 고딕 시대나, 어쩌면 "건장한 노르만 사람들이" 빵으로 배를 채우고 "물병에 담긴 히포크라스hypocras*와 거대한 햄 사이로 사라센 사람들의 머리가 집어삼켜지는 걸" 보았다고 믿었던 십자군전쟁 시대까지 거슬러 올라갔을 것이다.[31]

사순시기의 희생과 십자군으로 출정한 노르만 조상들에 결부된 이 빵을 사러 루앙으로 가는 길에 오메는 깜짝 놀란 에마 보바리와 마주친다. 그녀는 결혼생활에서 벗어난 즐거움을 누리고자 그 도시를 방문한 참이었다. 삶아서 구운 사순시기의 빵에 만족할 오메 부인과 반대로, 에마는 통제할 수 없는 욕구를 가지고 있다. 그녀는 마치 자신은 사마귀이고 연인 레옹은 결혼 피로연 음식이라도 되듯이 "굶주린 욕구를 지닌 채 쾌락을 향해 돌진했다".[32] 오메는 유별나지 않은 부르주아의 식습관을 고수하고 에마의 남편 샤를 보바리는 식탁의 기쁨에 상당히 무관심하지만, 소설 속에 등장하는 정찬 장면들은 에마의 상류 사회 입문과 자신의 재력을 넘어선 생활 수준에 대한 치명적인 도취의 핵심을 이룬다. 전임 국무장관인 오베르빌리에 후작의 집에서 열린 연회에서 7시 저녁식사에는 로브스터, 차가운 샴페인, 파인애플과 석류가 나오고, "판사처럼 침울한" 메트르 도텔이 커다란 접시에서 음식을 덜어내 손님들에게 서빙한다.[33] 이날의 식사 관습은 파리의 관행을 모방한 것으로, 무도와 오락에 이어 늦

---

*   와인에 계피 같은 향료와 설탕을 넣고 섞어 만든 음료.

《보바리 부인》에 등장하는 슈미노

은 저녁인 수폐로 아스픽에 넣은 차가운 고기와 우유로 만든 수프가
나왔고, 아침식사에는 샤를에게는 무척 놀랍게도 술이 전혀 제공되
지 않았다. 시골에서 열린 샤를과 에마의 결혼식 피로연에서는 손님
들이 식탁에 열여섯 시간이나 머물면서 세르비스 아 라 프랑세즈 방
식으로 소고기 필레, 닭고기 프리카세fricassée*, 양다리 세 개, 거대
한 젖먹이 새끼돼지 한 마리를 먹고 즐겼으며, 그 뒤에는 카렘이 찬

* 　잘게 썬 고기를 버터를 두른 팬에서 센 불로 익힌 뒤에 소스를 넣고 졸이는 프
　랑스 요리.

양한 건축적 속성을 과시하며 빵으로 만든 성城과 잼으로 채워진 호수가 있는 호화로운 웨딩 케이크가 이어졌다.[34] 에마는 자신의 욕망을 결코 채워주지 못할 호화로운 음식을 과식한 끝에 결국 치사량의 비소를 먹고 위장을 비워낸다. 이러한 소설의 결말은, 끝없이 이어지지만 결국 공허한 귀족들의 포식과 자신들의 지위에 적절한 음식을 고수하는 노르망디 부르주아지의 강건함을 뚜렷하게 대비시킨다.

에밀 졸라Emil Zola는《파리의 배》(1873)에서 파리 레알 시장의 부지런한 음식 장수들을 묘사하면서 파리가 지방과 맺고 있던 밀고 당기는 관계를 의인화했다. 졸라는 1870년경 레알의 첫 부속건물 열채의 건설 공사를 목격한 뒤, 이야기의 배경을 1858년 알 발타르로 설정했다. 소설 속 화자 플로랑의 눈을 통해 독자들은 광대하고 위협적인 파리의 시장, 1848년 혁명 이후 오스만의 명령에 따라 지속적으로 파괴되는 동네들, 그리고 웅장한 대로의 재편성을 통해 개조된 낯선 파리에 대한 세밀한 묘사를 관찰하게 된다. 상인과 마차의 물결이 바리케이드와 장애물을 형성해 플로랑은 출구를 찾지 못하고 시장에 삼켜지다시피 한다. 파리의 중앙시장은 졸라의 이야기 속에서 "맹렬히 뛰는 심장처럼" 괴물 같은 생물이 되어 도시의 200만 주민을 음식물로 씹어 삼키는 "거대한 아가리"의 굉음을 발산한다.[35] 파리 바깥에는 프랑스의 정원들이 있지만, 파리는 그저 배일 뿐이다. 초등학생 어린이들을 위한 프랑스 문화 입문서《두 어린이의 프랑스 일주Le Tour de la France par deux enfants》(1877)에서 레알은 파리와 지방 사이의 공생적 (그리고 애국적) 관계를 입증하는 증거

닭고기 쇼프루아(왼쪽)와 '뱀장어 요새' 아 라 모데르느à la moderne(현대적 스타일)(오른쪽).
출처: 위르벵 뒤부아Urbain Dubois, 《고전 요리La Cuisine classique》(1882) 1856년판

19세기 스타일로 장식된 케이크들. 출처: 위르뱅 뒤부아, 《고전 요리》

를 제시한다. 이야기 속 두 어린이 가운데 하나가 시장에서 공급하는 엄청나게 많은 물품을 보고 "이렇게나 많은 프랑스 사람들이 바쁘게 파리를 먹여 살리고 있구나!"라고 외친다. 그리고 그의 형제인 다른 어린이가 파리의 노동자들 또한 모두 똑같이 프랑스에 봉사하고 있으며, 지식인들은 "너그럽고 교양 있는 대중"을 길러낸다고 대답한다.[36]

　카렘 스타일의 파리 요리는 졸라의 작품에 등장하지 않는다. 다만 파리의 요리를 구성하는 거리 음식 정도만 나올 뿐인데, 이는 가

스트로노미 작가들의 번쩍이는 영광에서 멀리 떨어져 있다. 졸라의 작품 속 채소 장수인 프랑수아 부인은 꼭 필요한 만큼만 파리에 머물면서 도시를 필요악으로 보고 매번 장날마다 감사하며 도시를 떠난다. 새벽 4시 반의 어스름한 빛 속에서 상품들은 희미하지만 아름답게 빛난다. "상추의 여린 초록빛, 당근의 분홍빛 산호색, 순무의 윤기 없는 상아색"이 때 묻고 거칠고 완강한 상인들과 손님들에 대비된다.[37] 플로랑은 시장에서 채소를 도매로 사서 길에 나가 소매로 팔아서 생계를 이어가는 여자들(르방되즈)와 가족들 곁에서 함께 일하는 아동들, 노동자들에게 값싼 와인과 휴식을 제공하는 마르샹 드 뱅, 휴대용 난로에서 커피와 수프를 끓여서 파는 여자 상인들을 관찰한다.

결국 플로랑은 해산물 시장(1857년 완공)의 감독관으로 취직하지만, 처제인 샤르퀴티에르charcutière(가공 정육 판매상)와 지방 생선 판매상 "라 벨 노르망드La Belle Normande(아름다운 노르망디 여인)"의 경쟁 관계에서 졸卒이 되고 만다. 이는 '뚱뚱한 자'(잘 먹고, 제정 시대를 그리워하는 상인들)에 맞서 '마른 자'(여위고 혁명 정신을 지닌 플로랑)를 대비시키는 확장적인 메타포다. 소설 속에서 음식은 은유적 의미를 전달하고 인물들은 이러한 속성을 삶으로 보여주면서, 먹는 것이 아니라 파는 것을 통해 자신이 누구인지를 말해준다. 젊음과 관능미를 한껏 풍기는 과일 장수 라 사리에트는 피부가 복숭아와 체리 빛깔이고 그녀의 좌판에는 모양새 예쁜 과일들이 넘쳐난다. 몽트뢰유 복숭아는 껍질이 곱고 맑아서 마치 북부 지방에서 온 젊은 여인 같고, 남부 지방의 복숭아는 껍질이 태양에 그을려서 마치 프로방스의 젊은 여인

파리 레알을 묘사한 판화(1860년경)

같다. 사과와 배는 둥근 어깨와 가슴 같고 "아주 조심스레 드러나는 알몸" 같으며, 무엇보다도 익어가는 과일에서 나는 취하게 하는 향기는 "강력한 사향의 증기" 같다.[38] 졸라의 자연주의 세계에서는, 우리가 오늘날 '홀푸드wholefood*'라고 부르는 것의 상징적 가치가 프랑스 요리의 탁월함에 대한 찬사를 대신한다. 과일과 채소는 아름다움을 뿜어내지만, 인공적인 산업에 의해 변형된 음식은 의혹을 자아내고 부패를 암시한다. 르쾨르 부인의 치즈 가게에서 울리는 '치즈들의 교향곡'은 지역의 소문과 험담의 배경음악이 되고, 사제 양이 플로랑이 이전에 감옥에 있었음을 폭로하는 바람에 플로랑은 평판이

---

* 화학비료나 농약 등을 쓰지 않고 재배한 농산물이나, 인공적인 재료를 첨가하지 않고 과도한 처리 과정을 거치지 않은 자연식품을 말한다.

레알의 청과물 시장(1897)

나빠지고 결국 조작된 혐의 때문에 체포되고 만다. 치즈는 다른 텍스트들에서는 프랑스의 독창성이 만들어낸 보물이지만 여기에서는 끔찍하고 역겨운 냄새만 내뿜는다. 리바로 치즈는 "유황 냄새가 훅 끼치고", 제로메Gérome 치즈는 너무 시어져서 파리가 꼬인다. 시각적인 면이라고 더 나은 것도 아니다. 네덜란드 치즈들은 절단된 머리에 비유되고, 로크포르 치즈는 "파랗고 노란 핏줄이 나 있어서 마치 송로버섯을 너무 많이 먹은 부자처럼 수치스러운 질병에 걸린 듯하다". 여자들이 플로랑을 해칠 음모를 꾸미는 장면에서는 치즈에서 나는 시큼한 냄새가 떠돌다 잦아든다. 카망베르 치즈는 사냥당한 짐승 냄새가 간간이 끼어들면서 "악취가 진동하는 숨"을 내뱉고, 마루알 치즈에서는 오래된 이불 냄새가 나고, 리바로 치즈 냄새는 "죽어

푸르므 드 몽브리종Fourme de Montbrison 블루치즈(우유)

가는 신체에서 뿜어져 나온" 듯한데, 이는 그 주위를 둘러싼 사람들이 그만큼 기괴하고 부패했다는 것이다.[39]

　졸라는 19세기 파리의 시장에 관한 상세한 백과사전을 제공한다. 하지만 그의 관능적이고 자극적인 묘사는 대중적 인지라는 면에서 프루스트보다 훨씬 뒤처져 있다. 프랑스 고등학교에서 문학을 배우는 학생들은 《파리의 배》에서 졸라가 음식을 묘사할 때 드러나는 자연주의에 관한 에세이를 작성한다. 하지만 프루스트는 인터넷 블로그부터 의학 잡지에 이르기까지 도처에서 불쑥불쑥 튀어나온다. 프루스트가 대중의 상상을 점유한 것은 그의 글이 프랑스 음식의 구성된 이미지에 잘 맞기 때문이다. 복잡하고, 최고급이며, 동경할 만하다는 것이다. 아주 상세하고 명확한 졸라의 묘사 속 치즈들은 상상을 자극하긴 하지만 쾌락을 주지 않으며, 아스픽이 곁들여진 단순한 소고기 요리나 거의 묘사되지도 않는 마들렌의 속임수 같은 신비를 간직하지 못한다. 문학작품 속에서 프랑스 음식의 정체성은 실생활에서와 마찬가지로 세련됨에 대한 인식과 품격 있는 식사의 즐거움은 물론, 그것을 평범한 음식 이상으로 격상시키는 정의 불가능한 속성에 의존한다. 프루스트는 부르주아를 위해 이전에 엘리트 계층이 전유하던 것을 불러냈고, 졸라는 밑바닥으로 되돌아가고자 했다. 상상의 프랑스 요리에서는 더 높은 것이 더 좋은 것이다.

가브리엘 악셀Gabriel Axel이 감독한 덴마크 영화 〈바베트의 만찬〉(1987)은, 프랑스 바깥에서 만들어진 영화임에도, 아마 가장 많이 이야기되는 프랑스 음식 영화일 것이다. 카렌 블릭센Karen Blixen(이자크 디네센Isak Dinesen이라는 필명으로 출간한 《아웃 오브 아프리카Out of Africa》의 저자로 유명하다)의 1954년작 소설에 기초한 이 영화는 미국 아카데미영화제에서 최우수 외국어영화상을 수상했다. 비록 외부인의 시각에서 재현하고 있긴 하지만, 영화의 중심이 되는 만찬은 카렘과 그의 제자들이 마련해놓은 가스트로노미의 이상을 정확히 모사한다. 18세기 말 파리에서 근대적 고급 요리가 창조된 이래 요리의 권위자들(요리사들과 작가들)이 포용하고 홍보한 이야기를 실례로 보여주는 것이다. 작가 블릭센은 귀족적인 요리와 그 비밀을 간직한 이들을 파리 출신 셰프 바베트 에르상이라는 인물로 재현했고, 감독 악셀은 소설 텍스트를 시각적 팔레트로 변형해 흰 머리에 어두운 옷을 입은 여인들을 부드러운 촛불과 광택이 흐르는 가지

각색의 음식에 대비시켜 이야기에 지속적인 호소력을 부여한다. 주인공 바베트는 1871년 파리 코뮌을 피해 열렬한 프로테스탄트 신자들이 모여 사는 덴마크의 아주 작은 공동체로 피신해 가정 요리사로 일한다. 복권에 당첨되어 상당한 돈을 얻게 되자, 그녀는 이 뜻밖의 횡재를 이용해 자신을 받아들여준 집주인들을 위해 성대한 만찬을 마련하기로 한다. 이 만찬은 그녀에게도, 그리고 과묵한 만찬 손님들에게도, 셰프의 예술적 기교를 다시 발굴해낼 기회를 준다는 점에서 그럴 만한 가치가 있었다. 바베트가 준비한 메뉴가 원작 소설에는 등장하지 않기 때문에 프랑스 요리의 재현인 바베트의 만찬은 영화가 개봉된 뒤에야 구체적인 모습을 드러냈다. 만찬 메뉴는 바다거북 수프부터 캐비아와 생크림을 곁들인 블리니blini*, 카유 앙 사르코파주caille en sarcophage(페이스트리 '무덤' 속 메추라기), 엔다이브endive** 샐러드, 치즈와 과일, 신선한 무화과를 넣은 바바오럼baba au rhum***에 이르렀다. 바베트는 바다거북 한 마리를 통째로 사용해서 황금빛이 도는 맑은 육수를 만들었다. 캐비아와 블리니는 카렘이 포용한 러시아를 지향하는 귀족적 이름과 손짓을 담고 있다. 메추라기를 묻은 페이스트리 무덤은 카렘이 의도적으로 발명한, 너무 가벼워서 미풍에도 날아간다는 볼로방을 상기시킨다. 이 만찬에 붉은 고기는 전혀 없고, 오직 해산물과 섬세한 조류에 송로버섯이 추가되었을

* 프랑스의 크레프와 비슷한 러시아식 팬케이크.
** 작은 알배추처럼 생긴 채소. 잎의 끝부분이 노란색인 것과 자주색인 것이 있다.
*** 럼을 넣고 구운 케이크. 보통 가운데가 뚫린 원형이며, 잘게 자른 과일을 넣거나 휘핑크림을 얹어 먹기도 한다.

뿐이다.

경건한 덴마크 자매와 식사를 함께 하러 온 마을 사람들은 바베트의 호의를 거절하는 것이 무례한 일이라는 데 동의하지만, 만찬 음식에서 어떠한 쾌락도 느끼시 않으리라고 다짐한다. 그러나 섬세하고 정교한 요리의 세속적 유혹에 저항하기란 불가능하다는 게 입증된다. 바베트가 베푼 만찬에 가득 담긴 예술적 기교와 온기의 살가운 (그리고 허용 가능한) 쾌락을 당해낼 수 없다. 프랑스대혁명 이후에 퇴폐적 사조가 회귀했듯이, 프로이센의 포위 공격이 끝난 뒤에도 귀족 요리가 다시 (외국의) 프랑스 식탁에서 환영받았다. 영화의 관객들은 결국 바베트가 전쟁 이전에 파리의 카페 앙글레에서 셰프로 일했다는 사실을 알게 된다. 실제로 전문적인 여성 셰프가 거의 없었다는 사실을 감안하면 역사적으로 매우 이례적인 설정이다. 여하튼 그녀는 영화 속에서 존경할 만한 장인으로서 관객의 사랑을 얻는다. 프리실라 파크허스트 퍼거슨이 지적하듯이, 소설에서는 바베트의 정치적 성향이 더욱 뚜렷하게 드러난다. 바베트는 코뮌의 소규모 전투들에 참여했으며, 그래서 파리로 돌아갈 수 없었다. 돌아가면 체포될 것이고, 그녀가 셰프로서 대접했으나 코뮌 가담자로서 대항해 싸웠던 상류층 고객들도 사라지고 그와 더불어 예술가로서 그녀의 지위도 없어졌기 때문이다. 퍼거슨은 바베트의 만찬을 프루스트의 마들렌과 비교하면서, 바베트의 요리는 "모든 프랑스 요리사와 모든 프랑스 셰프"를 대표하며 "모든 시간과 장소를 위한 요리 이야기"로서 프랑스 요리의 이야기에 참여하므로 이상화된 프랑스를 상기시킨다고 말한다.[40] 그러나 블릭센의 소설과 악셀의 영화 속에 심

어진 역사적 표지들은 카렘 이후 프랑스 예술의 구체적 순간을 재창
조한 것에서 이 만찬을 따로 떼어 놓는다. 이는 전쟁터와 자국의 영
토에서 프랑스가 겪은 고통스러운 패배의 상처들에 바를 향유로서
반드시 필요한 것이다. 바베트는 특별한 이유로 19세기 말의 프랑스
오트 퀴진을 재창조한다. 바로 그때가 프랑스가 보존하기를 원하는
반짝이는 순간이며, 바로 그것이 프랑스가 세계의 대중에게 전했던
것이기 때문이다. 그리하여 프랑스인이 아닌 작가들도 (아마도 무의
식적일 텐데) 그것을 프랑스 요리의 영광스러운 절정으로서 받아들이
게 된다. 카렘은 근대에 프랑스 요리의 우월성이 시작되는 출발점을
제공했으며, 이후로 진화하는 프랑스 요리는 때로 그 출발점을 거부
하거나 변형하려 하지만 언제나 비교의 지점으로서 그것을 되돌아
본다. 프랑스 요리가 역사와 무관한 보편적 이상이라는 관념은 19세
기 프랑스 요리의 우월성에 대한 주장을 단단히 뒷받침하는 의도적
인 행동을 무시하기로 한다. 19세기 프랑스 요리는 구성된 기념비이
되, 뒤따르는 모든 것을 결정지은 기념비이다.

  프랑스의 셰프들처럼 프랑스의 왕, 황제, 대통령도 프랑스 요리
의 명성을 국내외에서 재현하는 데 역할을 했다. 프랑스 공화국에서
는 식사와 관련된 대통령의 선호사항을 주의 깊게 살핀다. 이제 엘
리제 궁*은 한때 왕궁이 그랬던 것처럼 음식 트렌드를 선도하지는
못하지만(이제 그런 역할은 셰프의 몫이다) 대통령의 식생활 습관은 프

---

*   프랑스 대통령의 공식 관저이자 집무실이다. 18세기 초반에 루이 15세가 왕궁
     으로 건설했으나 프랑스대혁명 이후 여러 차례 용도가 변경되다가 1870년 공
     화국이 들어서면서 대통령궁으로 자리 잡았다.

랑스 가스트로노미의 상징적 무게에서 의미가 있다. 프랑스 대통령들은 트렌드를 따르기는 하지만, 자라는 과정에서 형성된 맛에 관한 교양을 지녔으리라고 기대된다. 발레리 지스카르 데스탱Valéry Giscard d'Estaing 대통령(1974~1981)은 건강 위주로 진지하게 요리에 접근했다. 그는 무거운 소스를 멀리하고 육즙으로 만드는 묽은 소스와 채소를 선호하는 1970년대의 새로운 누벨 퀴진으로서 셰프 미셸 게라르Michel Guérard의 퀴진 디에테티크cuisine diététique(식이요법 요리)를 제공하는 레스토랑들을 자주 방문했다. 자크 시라크Jacques Chirac 대통령(1995~2007)은 먹기 어려운 비전祕傳의 요리인 테트 드 보tête de veau(송아지머리)를 좋아했다고 오랫동안 알려져왔는데, 엘리제 궁의 공식 셰프는 시라크 대통령을 위해 이 요리를 했던 것은 한 번뿐이라며, 정작 그가 선호한 음식은 일본, 모로코, 태국 음식이었다고 밝혔다.[41] 니콜라 사르코지Nicolas Sarkozy 대통령(2007~2012)은 단순하게 그릴에 구운 고기와 채소를 먹었고, 식사 자리에서 참을성이 없는 것으로 유명했다. 프랑수아 올랑드François Hollande 대통령(2012~2017)은 카술레cassoulet*와 초콜릿 무스를 즐겼고, 사르코지 대통령이 없앴던 치즈 트레이를 대통령 만찬에 복귀시켰지만, 소스는 접시에 따로 내는 걸 좋아했다.[42] 에마뉘엘 마크롱Emmanuel Macron 대통령(2017~)은 아직 요리에 대한 어떤 고유한 취향도 보여주지 않았는데, 유세 기간에 카페테리아에 들러서 코르동 블뢰 드

---

* 고기와 콩 등을 넣고 오래 끓여서 걸쭉하게 만드는 요리. 랑그도크를 비롯한 프랑스 남부 지방의 향토 요리다.

풀레cordon bleu de poulet*를 주문했다가 그건 어린이용 메뉴라는 응답을 들었다는 일화가 있다.

그러나 가스트로노미에 관한 명성에서 프랑수아 미테랑François Mitterrand 대통령(1981~1995)을 능가하는 대통령은 없다. 미테랑 대통령은, 그를 추모하는 자리에서 시라크 대통령이 말한 바에 따르면, "테루아르의 삶, 우리의 시골, 곧 그가 그토록 아끼고 거의 탐닉하듯 사랑한 이 전원적인 프랑스의 삶"을 대표했다.[43] 그의 음식 선호는 전통적인 지역 요리와 향수를 불러일으키는 퀴진 드 그랑메르cuisine de grand-mère(할머니의 음식)는 물론 최고급 가스트로노미까지 망라했다. 미테랑의 개인 셰프에 관한 영화 〈엘리제 궁의 요리사Les Saveurs du palais〉(크리스티앙 뱅상Christian Vincent 감독, 2012)는 고전 부르주아 요리와 최고급 프랑스 진미를 모두 요구하는 까다로운 입맛의 남자를 미화함으로써 그에 관한 신화를 만들어내는 데 기여했다. 미테랑은 개인 셰프로 다니엘 델푀Danièle Delpeuch를 고용하기를 고집했다. 그리 대단하지 않은 훈련을 받은 이 여성 요리사가 그의 어린 시절 음식을 그대로 재현하고 할머니의 음식으로 노년의 그를 위로해주리라는 것이었다. 이 영화는 미테랑의 입맛을 맞추고자 하는 델푀의 노력을 반쯤 허구적인 이야기로 전달한다. 미테랑의 입맛은 두 가지 측면이 있는데 이는 이웃한 두 공간, 곧 델푀가 (영화에서 '어머니의 요리'라고 말하는) 가정용 음식을 조리하는 대통령 전용인 사적 주방과 커다란 흰 모자를 쓴 요리사들과 남성 직원들로

* 얇게 저민 고기에 치즈와 햄을 얹고 둥글게 말아서 튀김옷을 입힌 다음 기름에 튀긴 음식이다.

가득 찬 엘리제 궁의 공식 주방으로 구체화된다. 하지만 '가정용' 주방조차 유명한 브레스 닭*과 송로버섯이 있을 만큼 고급 요리의 요소를 갖추고 있다. 영화에서 가장 마지막에 병들어 입맛이 없는 미테랑을 델푀가 돌보며 내놓는 식사는 정서상 어머니의 집밥 같아 보이지만 대통령의 식사에 딱 어울렸다. 미테랑은 송로버섯 버터를 바른 토스트와 얇게 저민 검은 송로버섯 하나를 집안 부엌에서 혼자 다 먹었다.

영화의 앞부분에서 미테랑은 과도한 장식이 없는 "단순한 요리"를 요구하면서 (그는 구체적으로 지나치게 예쁘게 만든 디저트를 비난한다) 장식 대신 "음식의 맛, 정말 참된 것, 내 할머니의 요리" 그리고 "프랑스에서 최고인 것"을 재발견하기를 추구한다. 그러므로 이 영화는 두 가지 신화를 바탕으로 한다. 첫째, 프랑스인들은 정통 프랑스 (시골) 요리에 뿌리를 내리고 있으며 그것을 보호한다는 것이고, 둘째, 최고의 프랑스를 옹호하는 프랑스 대통령은 외국에서 온 고위 인사들에게 (오트 퀴진을) 제공해야 한다는 것이다. '단순하다'는 것은 프랑스 요리의 맥락에서는 무게가 있는 개념이다. LSR이 라 바렌의 요리가 너무 복잡하다는 이유로 그 골자를 빼버리고, 카렘이 자신의 '단순화된' 기술을 가지고 19세기 요리계를 지배했던 순간부터 줄곧 그러했다. '단순한' 소스는 식품 저장실을 다 채울 만큼 많은 재료를 포함하며 부차적인 조리법이 복잡하게 맞물려, 최종 산물에서 추적하기가 불가능할 정도다. 프랑스 대통령의 식사에서 '프랑스 시골'과

---

*   프랑스 동부 브레스 지역에서 생산되는 고급 닭이다. AOC 지위를 받았다.

테루아르는 파리 요리의 요소들처럼 똑같이 상징적이다. 델뢰는 대통령을 설득해 농산물 공급처를 자신이 정할 수 있게 했다. 고기는 페리고르의 조달업자에게서 오고, 다른 기본 재료들은 원산지에서 징발되어 파리의 기술과 대통령궁의 광휘로 개선되었다. 비록 조리는 전용 주방에서 여성 요리사가 하는 것이었지만 말이다.

영화를 차치하더라도, 미테랑의 마지막 식사 이야기는 전설이 되었다. 굴 수십 개로 시작된 식사는 오르톨랑 요리로 마무리됐다. 대미를 장식한 이 요리는 이제 멸종 위기에 처한 새를 통째로 조리한 것인데 풍문에 따르면 푸아그라와 송로버섯 맛이 난다고 한다. 오르톨랑 요리는 소중한 향기의 원자 하나까지도 놓치지 않고 맛보기 위해 냅킨으로 머리를 덮고 그 안에서 먹었다. 오르톨랑은 가능한 최고의 고급 요리로서 매우 상징적인 의미가 있기에 프루스트의 글에도 두 번이나 등장한다. 《사라진 알베르틴*Albertine disparue*》*에서 마르셀은 시각에 대한 숙고 중에 단순한 크루아상이 루이 15세의 식탁에 오른 오르톨랑과 토끼, 메추라기만큼의 쾌락을 오늘날 우리에게 불러일으킨다는 사실에 주목한다.[44] 《게르망트 쪽*Côté de Guermantes*》**에서 서술자는 다양한 방식으로 조리된 오르톨랑에 샤토 디켐 와인 한 잔을 곁들여 음미하던 일을 회상하지만, 게르망트의 "신비로운 식탁"을 다시 방문하는 이들은 반드시 그 새를 함께 먹어야 하는 것은 아니라고 말한다.[45] 그런데 델뢰는 미하일 고르바초

---

*　총 일곱 권으로 구성된 《잃어버린 시간을 찾아서》의 제6권.

**　《잃어버린 시간을 찾아서》 제3권. 게르망트는 파리 동쪽 인근에 있는 소읍으로, 17세기에 지어진 샤토 게르망트가 소재한 곳으로 유명하다.

프Mikhail Gorbachev를 위한 자리에서 송로버섯을 주재료로 한 만찬을 준비했던 것은 기억했지만, 미테랑을 위해 오르톨랑을 요리한 적은 절대 없었다고 주장했다. 미테랑에 대한 기억 속에 여전히 남아 있는 요리 신화는 음식에 대해 예민하지만 허세는 없는 한 개인으로서의 미테랑보다는 국가 만찬의 페르소나로서 미테랑에게 더 잘 어울린다. 그러나 할머니의 요리를 좋아하는 그의 취향은 여전히 그 페르소나의 일부로 남아 있다. 미테랑이 공적/사적으로 가스트로노미를 보여준 방식은 예술적이고 우아한 프랑스 요리와 가정 요리라는 두 세계 모두를 통합했다. 영화 속 미테랑이라는 인물은 파리 너머 지방 요리와 부르주아 요리를 프랑스의 국가적 유산이라는 우산 아래 포괄하는 데 도달한 20세기의 가스트로노미를 압축하고 있다. 하나의 상품으로서 프랑스 요리를 구성하는 과정에서 여러 이질적인 분파(부르주아 요리와 오트 퀴진, 할머니의 요리와 전문 요리사의 요리)에 하나로 통합된 프로필이 필요했다. 프랑스 요리는 새로운 대중을 찾아 앞으로 나아가면서 궁정과 파리의 요리로부터 전국적인 오트 퀴진으로, 그리고 다시 모든 계층의 요리로 성장했다. 이를 완전히 재현하는 인물이 바로 미식가이자 시골의 테루아르를 사랑한 미테랑 대통령이었다.

프랑스 셰프를 나타내는 대중적인 남성 페르소나와 달리, 프랑스 요리의 영광을 재현하는 문학작품에는 여성 셰프가 놀라울 정도로 자주 등장한다. 프루스트의 프랑수아즈를 비롯해 바베트, 마르셀 루프의 《도댕부팡의 삶과 열정》 속 아델 피두, 미테랑을 위해 일한 다니엘 델푀(반半허구적 형식으로) 등이 대표적이다. 여성 셰프는 셰프의 전문 직업 세계의 중심과 전면에서보다 허구적인 작품 안에서 더욱 잘 용인되는 듯하다. 20세기 이전에 여성 셰프가 쓴 요리책은 존재하지 않는다. 여성 요리사에 대한 언급이 있다 하더라도, 그들을 집안 부엌에 두었다. 그러나 영화 스크린과 책의 지면에서 여성들은 음식의 상상계 안에서 훌륭한 요리사로 기재된다. 19세기는 가정 요리와 전문 (레스토랑) 요리 사이에 분명한 차이를 만들어냈고, 여성을 능력 있는 요리사로 인정하되 비교적 격이 낮은 요리에 능력이 있는 것으로 인정했으며, 문학 속의 여성 요리사들도 이러한 경계와 구분을 따른다. 고전 요리에는 포토푀와 크렘 오 쇼콜라 같은 할머니 요리들도 포함되어야 한다. 이 요리들은 프랑스 요리 정체성의 보물 같은 부분이지만, 안전하게 여성들에게 속할 수 있는 것이기도 하다. 사랑받는 프랑스 요리를 재현하는 데서 여성들은 가족의 부엌 바깥으로 나오지만, 전문 직업인으로 등장하는 경우는 그리 많지 않다. 프랑수아즈와 아델은 정말 뛰어나게 요리를 잘하지만, 두 인물 모두 개인 가정에서 일하며 권위 있는 남성 서술자에 의해 '해석된다'. 바베트는 유명한 전문 셰프로서 명성을 지녔으나 그러한 정체는 이야기의 시작 장면에 선행했고, 따라서 이제는 그녀에게서 상실된 것이다. 우리는 바베트를 카페 앙글레의 셰프로 보지 않고 가정 부엌에서 자신의 기술을 실행하는 사람으로 볼 뿐이다. 델핀은 공식적인 훈련을 받지 않았음에도 요리에 대해 어머니다운 감각을 가진 덕분에 대통령의 셰프가 되었지만 여전히 사적인 전용 주방에서 일한다. 프랑스 문학에 레스토랑에서 하는 식사는 등장하지만 (예를 들어 로셰 드 캉칼에 대한 발자크의 수많은 언급을 보라), 레스토랑에서 일하는 셰프들이 묘사되는 일은 거의 없다. 전문적인 셰프는 어떤 공상이나 공감을 불러일으키지 않는다. 그는 멀찍이 떨어진 실험실 안에 숨어 있으면서 이해할 수 없는 과학을 실행하기 때문이다. 여성 요리사는 가정시향적인 성향 덕분에 관찰되고 의미를 부여받을 수 있다. 자신의 자리를 잘 알고 진짜 전통을 수호하는 여성들이 솜씨 좋게 요리한 익숙한 음식, 이것이 바로 프랑스인들이 품고 있는 향수 가득한 이미지다.

오트 퀴진은 (파리의) 프랑스 음식문화의 예술적 재현을 지배하며, 19세기 모델은 변함없이 늘 정상에 올라 있다. 지방의 전통적인 음식은 부차적으로 여겨지지만, 오늘날 프랑스에서 음식문화를 이야기할 때는 이주민의 요리와 퀴진 드 메티사주cuisine de métissage(혼합 요리 혹은 퓨전 요리)가 부각되기 시작했다. 탈식민지 시대인 20세기 후반에 북아프리카의 마그레브(주로 튀니지, 알제리, 모로코)에서 온 이민자들은 프랑스의 얼굴을 바꾸어놓았고 시민권, 종교적 표현, 문화적 규범 등에 관한 고통스러운 논쟁을 불러일으켰다. 요리 전통이 국민 정체성의 기반을 이루는 나라에서 이주민의 음식과 그에 관련된 관행은 추가적인 세심한 조사와 비판을 받는다. 2012년 프랑스 대통령선거에서는 할랄* 고기가 쟁점이 되었다. 우익 후보인 마린 르펜Marine Le Pen은 슈퍼마켓 선반에 놓인 라벨이 붙지 않은 할랄 고

---

*   할랄은 이슬람 율법 샤리아에 따라 무슬림들이 먹고 쓰도록 '허용되는' 것을 통틀어 이른다. 특히 샤리아는 고기의 종류와 도축 및 조리 방법에 따라 먹을 수 있는 고기를 엄격하게 규정하고 있다.

기에 대해 떠들어대면서 할랄 고기는 미심쩍고 그것을 먹는 프랑스 무슬림들 또한 의심스럽다는 뜻을 내비쳤다. 한편 전국적으로 발행되는 한 잡지는 국제 무슬림 시장 판매용으로 생산되는 할랄 푸아그라가 프랑스 생산자들에게 경제적 이익이 된다는 사실을 밝혔다. 테루아르와 연결되어 있고 전통적으로 크리스마스에 먹는 이 상징적인 프랑스 음식의 '변질'은 논평가들을 부추겨 크리스마스를 기리지 않는 이들은 푸아그라를 먹어선 안 된다는 의견을 표현하게 했다.[46]

식민지 시대에 당국에서는 식민지 음식을 프랑스 본국에 들여옴으로써 프랑스의 해외 기업 활동을 뒷받침하려고 시도했으나 성공하지 못했다. 한 가지 예외는 쿠스쿠스couscous*였다. 이 음식이 수용될 수 있었던 것은 쉽게 소화되고, 수용 가능한 수준에서 적당히 이국적이며, 친숙한 형태였기 때문이다. 쿠스쿠스에 함께 나오는 고기와 채소로 끓인 스튜는 라 바렌의 《프랑스 요리사》에 실린 라구 및 부르주아 요리인 포토피와 유사하며, 증기로 익힌 곡물인 쿠스쿠스는 쌀이나 파스타와 비슷해서 프랑스 식탁에 어렵지 않게 오를 수 있었다. 1857년의 한 여행 잡지에서 외젠 프로망탱Eugène Fromentin**은 음식이 '수용 가능하게 이국적'이라는 개념의 예시인 쿠스쿠스와의 첫 만남을 기술한 바 있다. 사하라사막을 관통해 여행하는 동안 그곳 사람들이 보여준 환대를 존중한 프로망탱은 양고기 꼬치구이와 쿠스쿠스를 동그랗게 만들어 양고기와 과일로 끓인 스튜에 적셔 먹는

---

*   단단한 밀알을 거칠게 으깬 가루, 혹은 그 가루에 양념을 하고 채소와 고기 등을 얹어서 시루에 찌는 방식으로 요리한 중동 지방의 음식

**   프랑스의 화가이자 비평가. 아프리카를 소재로 한 풍물화로 유명하다.

식사를 묘사하면서 공동 접시에 담긴 음식을 다 같이 손으로 집어 나누어 먹는 그 지역의 관습을 자세히 기록했다. 이 식사는 프로망 탱에게 "사부아르비브르와 관대함, 그리고 상호 배려에 관한 훌륭한 교훈"을 선사했다.[47]

압델라티프 케시시Abdellatif Kechiche*는 2007년작 〈생선 쿠스쿠스La graine et le mulet〉에서 쿠스쿠스를 영화의 중심으로 삼아서, 전통적인 가정 요리법의 이미 알려진 이국 정취를 프랑스의 다인종 맥락에서 다룬다. 일부 해외 시장에서 '쿠스쿠스'라는 제목으로 소개된 이 영화는 2008년 세자르 영화상 시상식에서 튀니지 태생의 케시시가 받은 감독상과 작품상을 비롯해 여러 상을 휩쓸었다. 이민과 민족주의를 둘러싼 긴장이 만연한 현대 프랑스에서 쿠스쿠스는 여전히 수용 가능한 이국 정취를 대표한다. 프랑스는 쿠스쿠스 소비에서 유럽을 선도하고 있으며, 1999년에는 전 세계 쿠스쿠스의 주요 생산국이자 수출국이었다. 2004년 이후 여론조사에서 쿠스쿠스는 프랑스인이 가장 좋아하는 요리 가운데 하나로 순위에 올랐다. 여론조사 기관에서는 "프랑스 식생활에 미친 지중해 지역의 영향"을 보여주는 증거라고 보도했는데, 이는 쿠스쿠스를 마그레브나 아프리카에 두기를 회피함으로써 "친숙하고 편한 음식이자 유쾌한 지역 요리로서 재포장되고 자국화되도록" 허용하는 것이다.[48] 케시시의 반半자전적 영화는 지중해 항구 도시 세트Sète에서 점심으로 쿠스쿠스를 함께

* 튀니지 출신의 프랑스 영화 감독이자 배우. 〈가장 따뜻한 색, 블루La Vie d'Adèle〉로 2013년 칸 영화제 황금종려상을 받았다.

먹는 튀니지 이민자 가족들을 재현한다. 생선과 에스플레트 고추*를 넣어 만든 쿠스쿠스는 이 가정의 여성 가장인 수아드의 오래된 요리법을 따른 것이다. 수아드의 전남편이자 영화의 주인공인 슬리만은 노동자로서 일자리를 잃었고, 그래서 이 유명한 쿠스쿠스에 희망을 걸고 자신의 운을 되살리려 한다. 의붓딸 림의 격려에서 영감을 얻은 슬리만은 바닷가에 쿠스쿠스 레스토랑을 열기 위해 융자를 받고 전부인을 설득해 개업일 밤에 요리를 하게 한다.

슬리만의 가정식 쿠스쿠스는 튀니지에서 기원했지만 다층적인 민족 정체성의 맥락에서 제시되며, 거기에는 음악(전문 우드oud** 연주자와 라이브 밴드)과 춤이 수반된다. 슬리만은 백인 은행원들과 상관들 사이를 돌아다니고, 그의 이민자 이웃, 친구, 가족은 함께 모여서 아랍어와 프랑스어를 둘 다 써가며 이야기한다. 계획된 쿠스쿠스 잔치는 이 무리를 한데 모으고, 수용 가능한 지역 음식이라는 프랑스의 개념 안에 둥지를 틀 수 있는 요리 솜씨를 칭송한다. 성공적인 엠블럼과도 같은 이 쿠스쿠스에는 논란거리인 고기 대신 지역에서 나는 생선이 들어간다. 생선은 무슬림 식단과 그리스도인 식단에 모두 친숙하며, 궁정 식탁의 고급 요리와 오래전 사순시기의 금욕적인 요리를 상기시킨다. 영화의 원제는 '곡물과 숭어'인데, 숭어는 세트에선 너무 많고 값도 싸서 대수롭지 않게 여겨지는 생선이다. 영화 속 한

---

*   프랑스 남서부 바스크 지방의 에스플레트에서 재배되는 붉은 고추로 AOC 지위를 얻었다.
**   우드는 중동과 북아프리카 지역에서 연주되는 전통 현악기다. 서양의 류트와 비슷하지만 목이 더 짧다.

장면에서 수아드는 슬리만이 화해의 선물로 건네는 싱싱한 숭어를 거절하는데 이미 냉장고가 숭어로 꽉 찼다는 게 이유였다. 하지만 전문가의 숙달된 요리 솜씨와 요리에 정통성을 부가하는 수입 향신 료들로 격이 높아진 덕분에 생선 쿠스쿠스는 수용 가능한 프랑스 요리의 필수 요건을 갖춘 듯 보인다. 슬리만은 후원자들과 친구들, 프랑스인과 이민자가 뒤섞인 무리를 초대해 레스토랑 개업일의 밤을 즐긴다. 딸들은 레스토랑의 종업원으로 일한다. 식사하러 온 손님들은 기대와 두려움 속에서 어떤 이들에게는 이국적이고 다른 이들에게는 친숙한 이 음식을 맛보기를 기다린다. 하지만 쿠스쿠스가 식탁에 오르지 못하게 되자 희망은 절망으로 변해버린다. (슬리만의 아들이 조리된 음식을 무심결에 자기 차에 싣고 떠나버린 것이다.) 손님들에게 와인을 추가로 제공해 주의를 돌리고 림이 불편할 만큼 오랫동안 밸리 댄스를 추었지만 모든 노력이 수포로 돌아간다. 종국에는 튀니지 가족만이 남아서 '사랑으로 만든' 쿠스쿠스를 먹는다. 그것은 외부인의 손이 닿지 않은 채로 남는다. 프랑스에 존재하는 북아프리카 음식을 영화로 재현한 케시시의 가정식 생선 쿠스쿠스는 프랑스적 맥락에 거의 동화되었고 그에 맞게 변환이 가능한 것이다. 영화가 거둔 세계적인 성공은 그의 예술성과 더불어 레스토랑에서와 마찬가지로 영화에서도 보이는 퀴진 메티세cuisine métissée(혼종 요리)의 존재와 의미를 입증한다.

프랑스 토양에서 튀니지 쿠스쿠스는 아마 프랑스 요리에 동화되는 방향으로 기울겠지만, 프랑스-카리브해 음식을 크레올 입장에서 재현한 작품은 저항을 표명하는 수단이 될 수 있다. 프랑스에서 과들루프 출신 부모에게 태어난 지젤 피노Gisèle Pineau는 자신의 소설 안에서 향신료를 사용해 요리를 가정의 맥락에 위치시키고 카리브 음식을 프랑스 음식과 차별화한다. "크레올 향신료는 정말로 내 작품들 안에 아주, 아주 널리 퍼져 있다."[49] 작품 속 인물들이 태어난 땅을 재창조하기를 추구하면서 피노는 프랑스에서 발견되는 무미건조한 땅에 크레올 향신료로 대항한다. 물론 이 향신료들은 본래 다른 곳에서 왔고, 크레올 언어와 정체성처럼 아프리카, 인도, 유럽의 혼합물이기는 하다. 콜롱보 드 카브리Colombo de cabri(콜롱보라는 특제 향신료 믹스를 사용한 염소고기 카레)는 과들루프와 가장 많이 결부되는 요리인데, 노예제도 폐지* 이후 카리브 섬들에 요리 유산을 남기고 떠난 인도인 이주민들에게서 물려받은 것이다. 마르티니크 출신의 작가 에두아르 글리상Edouard Glissant은 서구의 영향력에 맞선 대항서사에서 동인도의 향신료 믹스인 마살라masala를 마르티니크 음식의 대표로 내세운다. 그의 소설-논문 《온 세상Tout Monde》(1993)에서 '마살라 메타포masala methaphor'는 마르티니크에 미친 (일부 카리브 출신 작가들에 의해 무시되고 폄하된) 인도의 문화적·종교적 영향에 대한 인식을 제공하고, 프랑스 제국과 그 식민지 사이의 연결고리를 포함한 "지배적 범주들을 와해하는 데" 일조한다.[50] 《온 세상》에서 글리상은 마살라를 정밀하면서도 산만한 것으로 만든다. 정량이 제시되지 않는 마살라 요리법은 실험의 가능성을 남겨두기에 "여기도 없고

---

* 카리브해의 프랑스 식민지인 과들루프에서 노예제도가 폐지된 것은 1848년이다. 프랑스는 1635년부터 과들루프를 지배하면서 아프리카 흑인 노예들을 들여와 대규모 사탕수수 농장을 경영했다.

저기도 없으며, 주변도 없고 중심도 없는 연속체"이고, "너무나 다양한 결과를 낳는, 모든 것의 근본이다"[51] 다수의 기원을 갖는 마살라는 적확하게 프랑스 전통 바깥에 놓여 있어, 국가에 귀속되거나 세계화에 포함될 수 없다.

피노 또한 1996년작 회고 소설 《쥘리아가 말하는 망명*L'Exile selon Julia*》에서 자신의 할머니에 대한 추억으로서 마살라를 칭송한다. 칼시드롱calchdron과 코통 밀리coton mili를 비롯해 여러 언어로 된 향신료들의 목록은 이곳 출신의 (그러나 저 멀리 인도에서, 콜카타에서 온) 인도인들이 그들의 신들과 더불어 과들루프에 들여온 카레 페이스트에 바치는 경의의 표현이다.[52] 피노는 프랑스에 사는 동안 할머니가 들려준 이야기들을 통해 상상 속에서 과들루프를 방문해, 자신이 유산으로 받은 나라, 그리고 동화되어 프랑스 시민으로 살고자 하던 부모님의 열망 사이에 연결고리를 만들어냈다. 소설에서는 "랑티유, 앙티유"라는 구절이 후렴처럼 반복되어 렌틸콩을 뜻하는 단어가 그들의 기원이 되는 섬들을 불러낸다.* 그리고 할머니로부터 어머니를 거쳐 딸에게로 전해진 렌틸콩 스튜 요리법은, 갈색 바다에서 하나의 갈색 원반이 하나의 나라를 이루는 공통된 기원의 섬들을 떠올리게 한다. 서술자가 렌틸콩에서 가려낸 작은 돌들은 그녀에게 과들루프의 흙과 바위를 상기시키며 위안을 준다. 그녀는 할머니에게 편지를 쓰면서 파리에서 들었던 아픈 인종차별적 발언들을 소속감으로 변화시킨다. "너희 나라로 돌아가라고 내게 말한 이들에게,

* 랑티유lentille는 렌틸콩을 뜻하고 앙티유Antilles는 과들루프와 마르티니크가 속하는 카리브해의 앤틸리스제도를 말한다.

가끔 돌아가곤 한다고 대답할 수 있어요."[53] 피노는 은유적으로는 기억 속에서, 그리고 성인이 된 후의 삶에서는 실제로 그렇게 한다. 프랑스 비평가들은 여전히 카리브 음식과 마찬가지로 카리브 문학을 이국적이라고 간주하겠지만, 피노는 단호하게 이런 관념을 거부한다. "내 문학은 이국적이지 않다. 그건 내가 아는 것, 나를 이루고 있는 것, 바로 내 삶으로 만들어졌기 때문이다."[54] 피노의 삶은 크레올이고 혼종이지만, 여전히 프랑스적이다. 현대 프랑스 음식을 재현한 작품들은 단일한 프랑스 문화와 또 다른 프랑스 사이의 긴장을 실시간의 프랑스 정치와 시민 담론보다 더 발전된 방식으로 이야기하기 시작했다. 파리에서조차 최고급 프랑스 음식은 이제 더 이상 카렘과 에스코피에의 폐쇄적인 영역이 아니다. 여전히 주변으로 몰리고 있을지라도 '이국적인' 것들은 이미 친숙해져 있다.

마리즈 콩데Maryse Condé는 2006년에 발표한 자전 소설 《빅투아르, 맛과 말Victoire, les saveurs et le mots》에서 여성 셰프와 식민지 요리에 관한 새로운 시각을 제시한다. 이 소설은 콩데가 태어나기 전에 사망한, 과들루프의 유명한 요리사였던 할머니 빅투아르에 관해 꾸며낸 이야기다. 작가의 어머니는 빅투아르의 삶에 대해 자세한 이야기를 해주지 않았고, 오히려 백인 가정을 위해 일했고 문맹이었던 이 미혼모의 존재를 지워버리길 원했다. 콩데는 자신이 전혀 알지 못한 할머니의 인생 이야기를 써서 자신이 아는 가족사와 그러했을 것 같은 가족사 사이에 다리를 놓으려고 한다. 그녀는 할머니의 이야기들을 알았더라면 "나 자신과 나의 관계, 나의 섬, 앤틸리스 제도, 그리고 세계 일반에 관한 나의 비전, 이 모든 것을 표현하는 나의 글쓰기가 어떻게 되었을지" 생각한다.[55] 콩데가 창조한 소설에서 빅투아르는 미혼모이자 밝은 피부색의 물라토로서 자신의 낮은 사회적 지위를 요리의 기적을 행함으로써 만회한다. 교회 무료 급식소의 제약이 많은 주방에서 그녀는 "거룩한 변모Transfiguration*와 같은 무언가를 해냈다. 그녀의 손에서 가장 비계가 많고 질기고 연골도 많은 고깃덩어리가 맛있게 변했고 입속에서 녹았다".[56] 이후에 백인 크레올 가족을 위한 가정 요리사로서 그녀는 고급 요리에 대한 타고난 재능과 기발함으로 지역에서 구한 재료를 가지고 프랑스 요리를 만든다. 변변치 않은 집안 출신인 그녀의 사위는 그녀가 차린 식탁에서 바닷가재구이와 훈제 레몬그라스 치킨을 즐기기도 했지만, 그녀가 만든 최고의 요리는 밥과 동부콩과 함께 먹는 단순한 맑은 생선수프라고 말한다. "달고 신 온갖 종류의 향신료와 고기와 해산물을 섞어서 개발한 복잡한 요리들"보다 훨씬 낫다는 것이었다.[57]

콩데의 앤틸리스제도라는 맥락에서 섬세한 미각을 지닌 사람들은 (그 배경과 상관없이) 본국에서 물려받은 구식 전근대 요리의 맵고 달고 신 맛이 얽힌 복잡함에 대해 단순화된 누벨 퀴진의 탁월함을 인정한다. 글리상은 해독解讀 불가능하고 명명 불가능한 향신료 믹스를 소중히 여기고, 피노는 카레, 렌틸콩, 향신료 같은 민중의 음식을 선호한다. 콩데의 반半허구적 인물인 빅투아르는 자신을 고용한 이들이 요구하는 대로 프랑스 요리를 내놓는 동시에 혼종으로 개발

---

* 성서에서 예수가 제자 셋만 데리고 산에 올라가 모습이 거룩하게 변하여 신적인 영광을 드러낸 사건을 말한다. 엄청난 (긍정적) 변화를 나타내는 비유로 사용되었다.

한 퀴진 메티세에서 자신의 목소리를 내는 절충안을 찾았다. 글을 모르고 프랑스어를 말하지 못했던 빅투아르는 그럼에도 프루스트의 프랑수아즈보다 더 심오한 방식으로 식탁의 권력을 장악한다. 프랑수아즈의 예술성은 서술자의 글쓰기에 포섭되고 마는 탓이다. 요리와 저술이라는 상호 연관된 행위들이 두 창작자를 연결하지만, 프랑수아즈는 부엌에 남아 있고, 마르셀은 남성적이고 외향적인 시각을 점유해 그녀의 창조물을 공공의 공간으로 가져온다. 반면 프루스트가 위계로 보는 것을 콩데는 동등하게 만든다. 그녀는 자신의 창조성을 한정하는 인쇄된 말들과 할머니의 창조성이 지닌 "맛, 색, 냄새" 사이의 연결고리를 구축할 것을 찾되, 어느 하나가 다른 하나보다 우월하다고 주장하지 않는다. 프랑수아즈는 완벽의 기준을 모두 충족하는 뵈프 앙 젤레beouf en gelée를 만들고, 그것은 작가의 말을 통해 해석되어 옮겨진다. 빅투아르는 언어에 대한 자신의 무능을 아랑곳하지 않고 오히려 표준을 능가하는 요리를 창조한다. 그녀가 거둔 가장 큰 승리는 세례식 피로연 만찬이었다. 이 만찬을 위해 "한 편의 시처럼 서정적으로 구성한" 메뉴가 신문에 실리고 그 밑에는 "진정한 암피트리온*의 작품"이라는 글이 달렸다.[58] 최후의 걸작, '백조의 노래'가 된 만찬에서 그녀는 자신을 고용한 백인 크레올 가족, 자신의 흑인 가족과 친구를 모두 한데 모아서 쇼프루아, 성게, 소라, 민물 치어 파이, 얌 퓌레, 여러 가지 소르베, 샴페인을 대접했다.[59] 빅투

---

* 본래 그리스 신화에 등장하는 인물이지만, 여기서는 그 이름을 본뜬 몰리에르의 《암피트리온Amphitryon》에서 손님 대접을 아주 잘하는 주인 역할의 인물인 암피트리온을 가리킨다.

아르는 지역 재료를 가지고 과감하게 기준을 해체하고 얌 퓌레를 샴페인과 함께 놓일 가치가 있는 음식으로 만듦으로써 프랑스 고전 요리를 프랑스 요리이면서 프랑스 요리가 아닌 과들루프 요리로 해석한다. 어떤 의미에서 콩데는 자신과 자신의 어머니를 글로 써서 이 소설과 함께 존재하도록 했다. 조금밖에 먹지 않고 절대 요리를 하지 않았던 투쟁적인 흑인 어머니를 위해 콩데는 할머니가 온 생애에 걸쳐 이룬 것을 정당하고 이해할 만한 것으로 만들었다. 하나의 문학적 상징으로서 빅투아르는, 식민주의의 각인에 의해 형성되었지만 스스로를 위해 프랑스 요리 체계를 초월할 수 있는 외부자 역할을 통해, 마침내 남성의 목소리에서 자유로워진 여성 셰프의 새로운 버전을 제시한다.

아마도 가장 오래 지속되는 프랑스 요리의 문학적 아이콘은 프랑수아 바텔일 것이다. 콩데 친왕親王Prince de Condé*의 메트르 도텔이었던 바텔은 1671년 샹티이 성에서 루이 14세를 위한 연회를 기획했다가 생선이 도착하지 않는 사고가 발생하자 스스로 목숨을 끊었다. 그는 프랑수아라는 애국적인 이름을 가지고 있었고, 요리라는 것이 프

---

* 콩데 친왕은 부르봉 왕가의 작위다. 부르봉 왕가를 연 앙리 4세의 삼촌 루이 드 부르봉Louis de Broubon(1530~1569)으로부터 시작되었다. 바텔을 고용한 것은 4대 콩데 친왕 루이 2세(1621~1686)이다. 그는 국왕 루이 14세의 가장 뛰어난 장군들 가운데 하나로서 혁혁한 무훈으로 명성이 높았을 뿐 아니라 자신이 소유한 샹티이성에서 당대 최고의 예술가들을 초대해 교류한 것으로도 유명하다. 역대 콩데 친왕을 대표하는 인물이라는 의미에서 대大 콩데Grand Condé라고 불린다.

랑스적인 것이 되었던 고전 시대에 메트르 도텔이라는 프랑스적인 직업을 탁월하게 수행했으며, 가장 유명할뿐더러 거의 신화적인 프랑스 국왕 루이 14세를 섬기며 오트 퀴진 중에서도 가장 격이 높은 왕의 식탁에 참여했다. 가스트로노미라는 말이 정립되고 가스트로노미 정찬이 실현되기 이전에 살았(고 죽었)음에도 거의 400년이 흐른 뒤 바텔은 "프랑스 가스트로노미의 영웅이자 수호자"가 되었다.[60] 바텔의 이야기는 허구가 아니라 사실에 근거한다는 이점이 있다. 실제로 그와 동시대를 살았던 17세기의 문인 세비녜 부인은 편지에 그에 관한 이야기를 적어 보냈다. 그러나 바텔이라는 인물은 그 역사적 맥락을 빠르게 떨쳐버리고 텅 빈 캔버스가 되었다. 프랑스 요리의 영광이 반복해서 다시 이야기되어야 할 필요가 생기면 어떻게든 변용할 수 있는 상징이 된 것이다. 그의 직업이 메트르 도텔이었음에도 그의 이름은 18세기 레스토랑 간판들에 등장했고 19세기에는 레스토랑 경영자에 대한 총칭이 되었다. 조제프 베르슈(〈가스트로노미〉를 쓴 시인)와 카렘은 각각 1801년과 1833년의 저작에 세비녜 부인의 편지 전문을 실었다. 그 편지를 프랑스 요리의 근본 텍스트로 설정한 것이다. 하지만 그 텍스트는 19세기 독자들에게는 친숙하지 않았던 게 분명하다.

세비녜 부인의 편지에서 베르슈의 시에 이르는 시간 동안 바텔은 성문 기록에서 거의 사라졌다가, 그가 옹호하는 듯한 귀족적 가치로 회귀하려는 이들에 의해 부활했다. 프랑수아 마랭은 《코모스의 선물 속편Suite des Dons de Comus》(1742)의 서문에서 이 메트르 도텔의 죽음을 간략히 언급하지만, 그의 명예를 칭송하는 것이 아니라 근대 요리에서는 요리의 양이 아니라 기술이 강조되므로 그렇게 극적인 선택을 낳지는 않을 것임을 시사한다.[61] 베르슈는 바텔에 대한 기억을 보다 긍정적으로 환기시키면서 그를 주변 환경의 "빅팀 데플로라블victime déplorable(비통한 피해자)"이라고 부르며 충분히 명예롭고 칭송받을 만하다고 말한다.[62] 카렘의 시대에는 생선 조달에 관한 짧은 재담에서부터 바텔이 임무를 수행하며 보여준 영광스러운 본보기에 대한 논평까지 바텔에 대한 언급이 풍성했다. 1830년 잡지《가스트로놈Le Gastronome》에 수록된 한 기사에서는 굴을 구할 수 없을 것 같던 때(결국엔 구했지만) 로셰 드 캉칼에서 차려낸 저녁식사에 관해 다루면서 바텔을 원용했다. 그리모 드 라 레니에르는 바텔에게 《미식가 연감》의 여덟 번째 해 판본(1812)을 헌정하며, 그를 가리켜 '메트르 도텔 달력'에 오른 최초의 성인이자, 로마 장군들의 영예와 유사한 열광적인 영예가 한 위대한 지도자의 주방에 있었다는 증거라고 했다.[63] 아르망 위송이 1875년 작성한 파리의 상품들에 관한 검토서는 "우리 시대의 바텔들"에 대해 이야기하는데, 그들은 돼지고기를 먹는 고대의 관습을 첫 코스에 훈제 햄 슬라이스를 먹는 형태로 부활시킨 사람들이었다.[64] 1827년 상연된 보드빌vaudeville* 연극 〈바텔: 또는 한 위인의 손자Vatel: ou, Le Petit-fils d'un grand-homme〉에서는 바텔의 아들과 손자를 어떤 귀족 대사大使의 집안에서 일하는 셰프로 상상해 그려낸다. 극중 인물인 세자르 바텔은 그의 조상과 마찬가지로 자기 직업에 대한 명예와 굴욕을 모두 겪지만 처한 환경은 다르다. 그의 연인 마네트는 훈련을 받지 않은 가정 요리사인데, 오

---

* 17세기 말부터 프랑스에서 시작된 일종의 연극 장르로서, 한 편의 희극 안에서 노래, 곡예, 춤 등 다채로운 공연을 즐길 수 있게 상연된다.

랫동안 상실되었던 고전 요리를 그저 기억에 의존해서 제대로 해내고 그의 요리 실력을 넘어선다. 그러자 그는 수치심에 스스로 목숨을 끊으려고 한다. 그런데 한 중요한 연회에서 마지막 코스가 부족해지고, 하인들이 마네트의 요리를 (세자르가 창조한 것인 줄 알고) 내놓자 거기 모인 사람들이 그 귀한 요리를 제대로 알아보고 찬사를 쏟아낸다. 이 새로운 바텔은 전이轉移를 통해 명예를 얻었다. 즉 로마 장군들의 것일 리 없는 천부적 재능을 지닌 한 여성이 부르주아 고전 요리를 부활시킨 덕분에 그는 자살하지 않고 목숨을 부지한 것이다. 이 연극에 대한 현대적 분석에 따르면, 마네트라는 인물은 가정의 부엌에서 수백 년간 고전 프랑스 요리를 지켜낸 여성들을 무시하거나 폄하한 자들에 대한 응답이었다.[65] 확실히 마네트의 조용한 성공은 엘리트 남성들이 지배해온 요리 전통을 조롱한다. 하지만 그것은 결국 본래의 바텔처럼 극적으로 명예심을 드러내는 것으로 귀결된다. 레니에르와 카렘이 그러한 극단적인 면을 찬양했듯이 말이다. 바텔 신화를 희극적으로 다룬 이 연극은 이야기를 뒤집어서 부르주아 요리와 가정 주방을 유효하다고 인정하지만 (그리고 드라마 같은 최고급 요리를 비웃지만), 그럼에도 여전히 정통 프랑스 고전 요리를 찬양하고 있다.

보다 평범하게 말하자면, 바텔은 높은 기준의 정점을 상징하는 음울한 영웅으로 되살아났다. 카렘은 바텔을 두 작품에서 원용했다. 《파리의 요리사》(1828)에서는 러시아 원정에서 죽은 자신의 멘토 라기피에르Laguipière를 기리기 위해 바텔을 언급했고, 《프랑스 요리의 예술》(1833)에서는 바텔이 살아온다면 당대 요리의 장려함과 우아함에 감탄했으리라고 말했다. 보다 극적으로 말하자면, 카렘에게 바텔은 음식을 조달하는 이들의 고귀한 정신을 나타내는 본보기로 남았다. 왕과 국민의 위엄을 손상하고도 고귀한 자기희생이라는 바텔의 길을 따르지 않는 정치 지도자들과 반대로, 그들은 스스로의 명성으로 영예를 얻는다.[66] 《19세기 프랑스 요리의 예술》에 실린 요리법들 가운데 생선 요리법 두 가지는 (둘 다 바텔이 마지막으로 봉직한 운명의 금요일처럼 금육해야 하는 날에 적합하다) 바텔이 고급 프랑스 요리에서 차지하는 영예로운 지위를 증언하는 취지에서 바텔의 이름을 달고 있다. 파리의 레알에 관한 최근의 역사서에서도 생선 시장을 다루면서 바텔을 언급했는데, 파리에서는 바텔이 겪은 것과 같은 일이 거의 없었다는 내용이었다.[67] 현대에는 바텔을 카렘과 폴 보퀴즈 에스코피에(에스코피에는 자신이 바텔이었다면 간단하게 생선 대신 닭고기를 가져다 썼을 거라고 주장했음에도) 곁에 나란히 서 있는 모습으로 그려내는 경우가 많다. 작가들은 그에게 사후死後 셰프의 지위를 부여하고 (사실과 다르게) 크렘 샹티이créme chantilly* 개발 공로를 그에게 돌린다. 제라르 드파르디외Gérard Depardieu를 주인공으로 기용한 프랑스-미국 합작 영화 〈바텔Vatel〉(2000)은 17세기의 불운한 메트르 도텔의 이야기로 복귀했지만, 그의 계층적 지위를 자살의 동기로 만들었다. 영화에서 바텔은 낮은 신분 때문에 몽토지에 부인에 대한 사랑을 이룰 수 없었다. 마지막으로, 이전에 미슐랭 별점을 받은 바

---

* 샹티이 성에서 유래한 일종의 휘핑크림이다. 생크림에 설탕을 넣고 휘저어 부드러운 거품을 낸 것으로 바닐라나 레몬즙을 섞어 향을 낸다. 과자, 음료, 아이스크림 등에 얹어서 디저트로 먹는다. 바텔이 샹티이 성에서 메트르 도텔로 일하긴 했지만 크렘 샹티이가 처음 등장한 것은 18세기이므로 그가 이 크림을 개발했다고 하는 주장은 사실이 아니다.

있는 셰프 베르나르 루아조Bernard Loiseau가 2003년 부르고뉴에 있는 자신의 레스토랑이 실망스러운 리뷰를 받자 자살했을 때도 바텔에 비유되곤 했다. 처음 이 사건을 보도한 프랑스 언론은 경력의 절정에 있던 유명 셰프가 좋지 않은 리뷰를 받고 느낀 수치심과 왕에 대한 의무를 완수할 수 없었던 영예로운 바텔의 수치심을 섣불리 관련지으면서 미슐랭 별점과 같은 등급 체계 안에서 고급 레스토랑의 지위를 유지해야 하는 중압감을 논의했다. 이야기에 담긴 도덕적 교훈이 바뀌기는 했지만 오늘날 바텔은 "한 시대의 궁정 사회가 지닌 과잉과 또 다른 시대의 사라져가는 명예의 윤리, 그리고 초월적인 직업적 스트레스"를 나타내는 중요한 문화적 상징으로 남아 있다.[68] 바텔이라는 인물은 여전히 프랑스인들을 위해 요리와 역사의 영광을 재현하며, 프랑스인들이 국민 요리의 이상으로 인정하는 가장 높은 수준의 요리에 대한 헌신을 상징한다.

문학 텍스트와 영화는 실제 요리의 세계를 보완하며, 역사적 기록·사회적 논평·시대적 경향을 확인할 수 있는 자료로서 유용하다. 특히 프랑스 음식에 대해서는 이러한 자료들이 국민적 음식 정체성이 시간의 흐름에 따라 형성된 과정을 이야기해준다. 대중이 소비하는 프랑스의 '문학적 음식'의 가장 친숙한 장면은 카렘의 시대로 거슬러 올라가는데, 거기에는 충분한 이유가 있다. 바로 그 시대에 글쓰기와 가스트로노미가 생산적인 협력관계를 시작했던 것이다. 물론 문학적 막간극Literary Interludes이 보여주듯이, 음식을 먹는 장면은 19세기 이전에도 텍스트 속에 등장했다. 하지만 현대적 오트 퀴진의 시대 이전에는 프랑스 요리 예술을 홍보하고 찬양하려는 의도적인 시도는 없었다. 세비녜 부인은 오랜 시간이 흐른 지금도 생생히 전해지는 바텔에 관한 이야기에서 바텔의 명예를 증언하지만 그날 연회 음식의 질까지는 증언하지 않았다. 그러다가 19세기에 가스트로노미 혁명이 일어나면서 음식 문학도 큰 인기를 얻기 시작한다. 그리고 그 시점 이후 가장 기억에 남을 만한 음식에 관한 언급은 오트 퀴진과 고급 정찬에 관련된 것들이었다. 조르주 상드는 전원소설들에서 음식을 거의 언급하지 않았다. 플로베르의 작품을 제외하고는 음식에 관한 허구적 묘사에 부르주아 가정 요리는 거의 등장하지 않는다. 졸라는 민중의 음식에 목소리를 부여하려고 시도했으나 그의 묘사가 반향을 불러일으킨 것은 단지 그가 과일과 채소의 미덕을 느끼한 치즈와 기름진 고기의 불만스러운 과잉에 대비시켰기 때문이다. 여성은 현대에 들어서고 나서야 음식 문학의 주요 인물로 등장하지만, 그나마도 집 안 부엌에 있는 모습으로 그려진다. 할머니 음식이 소중하게 여겨지는 만큼 말이다. 콩데와 피노 같은 앤틸리스제도 출신의 작가들이 고유한 요리를 되살려내면서 할머니에 대해 쓰기를 강조하는 것이나, 1827년 보드빌 연극에 여성 바텔이 등장하는 것은 주목할 만한 예외적 사례다. 프랑스어를 쓰는 다른 문화권의 대표들은 펜과 카메라를 손에 들고 그들의 음식 전통의 이미지를 집단적 상상 속에 추가하면서, 프랑스와 그 바깥에 있는 대중에게 맞추어 문학의 얼굴을 천천히 바꾸고 있다. 그리상의 마살라와 피노의 크레올 향신료는 프랑스에 반대하지 않으면서 프랑스와 구분되게 요리-문학의 정체성을 정의한다. 프랑스 본국에서 케시시의 쿠스쿠스가 퓨전 요리가 아니라, 튀니지의 전통으로 살아 있으면서도 프랑스인 이웃들 사이에서도 잘 받아들여지듯이 말이다.

그러나 영화와 소설에서 프랑스 음식에 관해 잘 알려진 일반적 개념은 끊임없이 반복되는 몇 개의 인용을 통해 형성되었다. 흔한 주제들을 반복하면서 프랑스 문학에서 음식의 재현은 바람직한 특성, 곧 우아함, 세련됨, 전통의 보존을 프랑스 요리의 명성으로 고정한다. 문제는 전통의 위치를 정하는 데서 발생한다. 19세기 프랑스 요리가 상징적으로나 실제로나 승리를 거둔 뒤에 독자들은 음식에 관련된 모든 프랑스어 텍스트를 그 연대와 상관없이 가스트로노미에 관한 것으로 해석한다. 비평가들은 '가스트로노미'라는 용어를 카렘 이전의 텍스트들에도 적용하고, 바텔과 브리야사바랭 같은 인물들에게도 적용하며, 가정식 부르주아 정찬에도 적용한다. 대중적인 음식 텍스트와 영화는 전 세계에 프랑스 요리를 일관된 단일체로 제시하는 데 일조한다. 하지만 그 단일체는 궁정풍의 귀족적인 정찬과 '고전적인' 부르주아 가정 요리를 한데 묶어 조심스레 만들어낸 문화적 구성물이다. 귀족 요리를 수용한 것이 평등에 관한 정치적 관념과 충돌할 때는 부르주아 요리에 함축된 따뜻한 가정식에 의지한다. 수사적으로 말하자면, 부르주아 음식인 포토푀와 블랑케트 드 보blanquette de veau*는 프랑스 요리 정체성에서 상징적인 무게를 지

---

*　송아지고기로 만든 일종의 라구인데, 보통의 라구처럼 고기와 소스를 오래 졸여 갈색으로 변하게 하지 않는 것이 특징이며, 이러한 요리법을 블랑케트라고 한다. 맑은 송아지고기 육수에 루를 넣어 화이트소스를 만들고, 거기에 육수를 냈던 송아지고기, 버섯, 양파 등을 썰어 넣고 끓이다가 마지막에 크림과 달걀노른자를 넣고 섞는다. 보통 밥과 같이 먹는데, 파스타나 감자와 함께 먹기도 한다.

닌다. 부르주아 요리는 테루아르와 핵심적인 프랑스적 사부아르페르에 근거한 상징으로서 소중한 지위를 간직한다. 그럼에도 하나의 예술로서는 오트 퀴진보다 분명히 열등하고, 18세기 이래 논문들에서는 별도의 지위를 부여받았으며 많은 경우 여성 요리사들에게 맡겨졌다. 프루스트의 음식에 관한 요리책의 서문에서 제임스 비어드James Beard*는 "19세기에서 20세기 초에 이르는 시대의 음식에 관한 진정성과 집 같은 편안함을 발견했고", 책을 "우리가 연극적인 것으로부터 부르주아 음식의 건전한 미덕으로 돌아가는 길을 찾아가고 있다"는 표징으로 보았다.[69] 그러나 프루스트의 소설에서 관찰된 식사들은 연극 같지 않다면 아무것도 아닐 뿐 아니라, 부르주아 요리의 정의에도 거의 들어맞지 않는다. 프루스트의 음식이며 카렘의 음식인, 기억할 만하게 프랑스적인 음식이란 국가화되고 남성화된 과잉된 음식이며, 지배적인 최고급 귀족 요리로 회귀한 음식이다. 하지만 지금 우리 세대의 관찰자들은 그것을 "모든 이에게 모든 것"으로 보기를 원한다. 문학의 지면과 영화의 화면에서 프랑스 음식에 관해 이야기되는 지속적인 신화는 그것이 완벽한 예술인 동시에 할머니가 차려주는 따뜻한 집밥 같은 고전적인 음식, 곧 퀴진 드 그랑메르이기도 하다는 것이다. 현실에서 〈바베트의 만찬〉이 반향을 일으키는 것은 이 영화가 그와 반대되는 것, 곧 식사하는 이들이 왕이 된 듯 느끼게 해주는 휘황한 음식과 비이성적인 비용을 칭송하고 인정하기 때문이다.

* 미국의 유명한 셰프. 스무 권이 넘는 요리책을 저술했을 뿐 아니라, 텔레비전 요리 쇼를 개척한 인물로 유명하다.

7장

'육각형'의 바깥쪽
바다 건너의 테루아르

프랑스의 해외 영토들은 크고 작은 방식으로 프랑스 음식 정체성을 형성해왔다. 프랑스인들은 몇 차례 큰 물결을 이루며 식민지 음식 제국을 발전시켰다. 시작은 17세기에 생도맹그(오늘날의 아이티)에 건설한 플랜테이션과 1830년의 알제리 정복이었다.[1] 인도차이나는 (페데라시옹 앵도신Fédération Indochine이라 불렸다가 위니옹 앵도신Union Indochine라고 불리게 되었다) 1887년 프랑스 소유가 되었다. 코친차이나(오늘날의 베트남 남부) 침공으로 시작해서 결국엔 안남과 통킹(오늘날의 베트남 중부 및 북부), 캄보디아, 라오스를 비롯한 오늘날 중국 광둥 지방의 작은 지역까지 차지했다. 해외 영토는 경제적으로나 상업적으로 프랑스에 이득을 가져다주었고 특히 1920년대 호황기에 그랬지만, 프랑스 시민들을 위한 주요 전초기지는 절대 되지 못했다.[2] 프랑스는 300년에 걸쳐 이들 영토를 모두 합해 '대大프랑스', 프랑스제

청Chine

통킹Tonkin

버마
Birmanie

광저우만 조차지
Kouang-Tchéou-Wan

라오스Laos

통킹만
Golfe du Tonkin

하이난Hai Nan

시암Siam

안남
Annam

타이만
Golfe du Siam

코친차이나
Cochinchine

남중국해
Mer de Chine du Sud

17세기 프랑스령 인도차이나

국, 해외 프랑스, 프랑스 연방, 그리고 마지막으로는 DOM-TOM(해외 데파르트망-해외영토département d'outre mer-territoires d'outre mer)이라 불렀고, 보다 최근에는 DROM-COM(해외 데파트르망 및 레지옹과 해외 집단département et régions d'outre mer et collectivités d'outre mer)으로 수정했다. 식민지 시대 프랑스인들의 식탁에는 커피와 초콜릿, 열대 과일이 올랐고 20세기로 넘어가던 시기에 프랑스는 늘어난 인구와 곡물 부족에 대응하기 위해 곡물 재배를 위한 식민지 토지 사용을 확대했다. 생도맹그의 설탕 플랜테이션은 18세기 프랑스의 거대한 설탕 수출 산업을 구축했다. 하지만 1794년 노예 혁명이 일어나 이 섬에 대한 프랑스의 착취는 중단되었고, 그 결과 프랑스 국내 사탕무 생산이 유럽 어디에서도 볼 수 없는 규모로 크게 증가했다. 1930년대 프랑스는 외국산(프랑스 영토에서 생산되지 않은) 설탕, 지방종자, 과일에 관세를 부과하고 자국의 아프리카 식민지에서 생산한 농산물에 특혜를 줌으로써 해외 영토의 이익을 보호했다. 그러나 식량과 관련해서 볼 때 프랑스와 그 식민지 사이의 관계는 미시옹 시빌리자트리스mission civilisatrice(문명화 사명)와 자연에 대한 과학과 이성의 우월성이라는 철학적 토대에 기반했다. 허먼 르보빅Herman Lebovics이 표현한 대로 "식민지의 문화적 감성에 대한 프랑스 모델은 지나치게 단순화하지 않더라도 무시하라 그리고 재구성하라라고 말할 수 있다"[3]

알렉상드르 라자레프는 "프랑스 요리의 예외성"을 옹호하면서, 심지어 섬들을 제대로 구분하지도 못하면서도 앤틸리스제도의 음식이 프랑스의 영향으로 격상되었다고 판단한다. 그는 이전 식민지들의 음식 전통이 "프랑스 요리의 예외성의 빛나는 재현"이며, "프랑스령 앤틸리스제도에서는 영국령이나 네덜란드령에서보다 확실히 더 잘 먹는다"고 주장한다.[4] 그의 관점은 프랑스 음식을 프랑스의 이전 식민지들과 연결 짓는 지배적 정서와 일맥상통한다. 이는 프랑스를 절대로 부차적 위치에 두지 않으면서 비非프랑스 토양에서 프랑스의 식생활 방식을 재창조하기를 희망하는 가부장주의적 접근이다. 식민지 음식 프로젝트들에 대한 기술에는 미시옹 시빌리자트리스(프랑스가 자국의 관습과 문화를 부과함으로써 '저급한' 나라들을 고양해야 할 의무가 있다는 믿음)와 DROM-COM에 대한 프랑스 요리와 문화의

1928년의 리빅Liebig 트레이딩 카드.* 프레데릭샤를르 아샤르Frédéric-Charles Achard (1753~1821)가 창안해 '유럽 설탕 산업 발전의 출발점'이 된 최초의 사탕무 설탕 공장을 묘사했다.

* 간편하게 육수를 만들 수 있는 소고기 엑기스를 처음 상품화한 영국의 리빅 컴퍼니에서 1870년부터 자사 상품의 포장 안에 넣기 시작한 작은 종이카드를 말한다. 보통 여섯 개가 한 세트였고 리빅 컴퍼니의 다른 상품이나 식품 산업에 관한 내용, 혹은 여러 가지 요리법을 담고 있었다.

우월성을 유지하려는 욕망 사이에 긴장이 있다. 1885년 정치가 쥘 페리는 식민 제국의 확장을 정당화하는 연설에서 프랑스가 세상의 다른 지역들에 문명화의 선물들을 가져다줄—가져다주어야 한다고 그가 믿는—의무를 선언했다. "그녀[프랑스]는 할 수 있는 한 모든 곳에 자신의 언어, 관습, 깃발, 무기, 재능을 가져다주어야 합니다."[5] 프랑스가 가져다주어야 할 것 중에 프랑스의 가장 큰 선물인 요리 전통이 빠져 있다는 게 눈에 띈다. 프랑스의 식생활 방식을 공유하는 데는 다른 접근 방식이 필요할 터였다. 식민지 음식을 프랑스 사람들이 수용할 수 있는 것으로 만들려면, 그들을 배태한 바로 그 토양의 힘을 통해 프랑스의 테루아르를 그 음식들로 전이해야 했다.

테루아르의 역사는 길고도 복잡하다. 프랑스는 온화한 기후와 유익한 성분이 포함된 비옥한 토양 등 천혜의 자연환경을 갖추었으며, 적어도 르네상스 시대부터 사람들은 (그중에서도 1600년에 올리비에 드 세르가) 이런 프랑스를 가리켜 '정원 국가'라는 수사적인 이름으로 불렀다.[6] 세르는 테루아르가 맛에 관한 것이기보다는 주변 자연환경에 작물을 조화시키는 일에 관한 것이라고 했다. 1690년 앙투안 퓌르티에르는 《보편 사전》에서 풍미와 특성이 식물에 전이되는 것을 지칭하는 데 테루아르라는 단어를 사용했다. 이 단어는 좋은 쪽과 나쁜 쪽 둘 다에 쓰였다. 식민지 음식의 경우 테루아르는 우선 토양 그 자체로 이해될 수 있고, 또는 음식을 먹는 프랑스 사람들과 그들의 조국 토양에서 자란 음식 사이의 관련성으로 이해될 수 있다. 그렇다면 식민지 농업의 관점에서 볼 때 테루아르는 휴대 가능한 것이 된다. 우선은 이국적 토양에 적응한 친숙한 식물들만 먹을 수 있는 것으로 여겨졌다(테루아르는 그 식물들의 본질 속에, 즉 그 세포 속에 형성되어 있다). 그런 다음 테루아르는 인간과 토양의 상호작용을 포함하도록 확장되었다. 식민지 시대 해외 영토들에서 테루아르는 프랑스 과학 기술의 적용을 의미했다. 즉 해외에서 프랑스 농산물과 호환 가능한 농산물을 기르기 위해 수용 가능한 매개 수단을 만들어내는 방법들을 실행하는 것이었다. 이 식품들은 개량, 조작, 파종 관련 교육 및 농업인 양성, 믿음을 통해 단순한 라벨을 넘어서는 의미에서 프랑스적인 것이 되었다.

요리를 예술이나 과학의 지위에 올려놓는 일에 전념한 므농의 1749년작 《요리사 메트르 도텔의 과학La Science du maître d'hôtel cusinier》에서는 식민지 음식 프로젝트에 대한 철학적 정당화의 뿌리가 보이기 시작한다. 서두에 실린 에세이 〈현대 요리에 관하여Sur la cuisine moderne〉에서 므농은 음식과 기후가 나라와 그 시민들의 건강 및 관습에 직접 영향을 준다고 확고하게 주장했다. 북쪽 사람들에게는 그들의 식단에 부족한 소금과 '정신의 즙'을 더해주는 더 따뜻한 지방의 설탕 및 향신료와 기타 음식들이 이롭다는 것이었다.[7] 므농의 분석이 전혀 비과학적인 것은 아니다. 예를 들면 그는 남쪽 나라들에서 온 농산물 덕분에 암스테르담에서 괴혈병이 크게 줄었다는 사실을 특별히 언급하기도 했다. 므농은 남쪽 나라들보다 북쪽 나라들이 우월하다고 위계를 명확히 하면서 건강을 위해 식단을 다양하게 구성할 것을 권장했지만, 날것인(유해할 가능성이 있는) 재료들은 조리를 통해 개조되어 이 음식들을 "세련되게 하고" 완성하고 정화하고 "정신적인 것으로 만들어야" 했다.[8] 이러한 지시사항 안에

초콜릿 음료를 마시는 숙녀와 신사, 18세기 초

는 프랑스의 기술과 재능이 이국적 음식을 정제해, 분별력 있고 문
명화된 프랑스인의 미각에 맞출 수 있다는 생각이 함축되어 있다.
이를테면 프랑스 식민지에서 수입된 커피와 초콜릿은 유럽인의 입맛에 적합하도록 정화되고 정제되었다. 이러한 생산품들은 프랑스로 운송된 후 프랑스의 기술을 통해 '프랑스의' 상품으로 변신했다. 한 식민지 음식 요리책에 따르면 럼은 50년 동안 프랑스 술통에서 숙성되는 데다 열대의 열기 속 증발작용이 더해진 산물로서 "오래된 유럽과 뜨거운 앤틸리스"의 공동 작업을 대표하는 것이었다.[9]

프랑스인들은 이성적 과학이라는 형태의 '정제 작업'을 적용해 해외 토양에서 자란 토산물을 프랑스에서 승인한 제품으로 변신시키곤 했다. 19세기의 식민지 원외단colonial lobby*은 프랑스가 해외에 보유한 토지들이 프랑스 농업을 확장하는 데 일조할 수 있다고 제안했다. 난점은 거기서 기른 작물들을 '지역' 작물로 만들어 본국에서 수용되게끔 하는 것이었다. 식민지의 땅은 열대 과일(기존 프랑스 요리법에 추가되었을 때 수용 가능한)을 제공했고, 또한 땅콩과 팜유같이 프랑스 농부들이 생산하지 않는 산업용 작물을 제공했다. 1885년 프랑스 공학자들은 세네갈의 다카르와 생루이를 잇는 철도를 건설했는데, 농산물, 특히 프랑스의 오일 생산 공정에 들어가는 땅콩의 수송망을 개선하기 위해서였다. 세네갈에서 오는 오일은 19세기 프랑스 기업들에 필수적이었던 기계와 조명에 사용되는 산업용 오일을 생

---

* 원외단이란 의회의 의원이 아닌 정당원으로 구성되어 의회 밖에서 의회의 결의사항에 영향을 끼치기 위해 활동하는 단체를 말한다. 프랑스 역사에서 식민지 원외단이란 프랑스 의회에 영향력을 행사하여 식민지 관련 정책 결정에 개입하려 한 다양한 이익단체들을 가리킨다. 이들은 처음으로 별도의 식민지 의회가 열린 1889년부터 1차 세계대전이 발발한 1918년까지 가장 활발하게 활동했다. 이들의 오랜 요청으로 1893년 프랑스 정부 내에 별도의 식민지부가 설치되었다.

산할 원재료로 보르도 지방의 공장들에 공급되었다.[10] 프랑스 본국 바깥에서 대량 생산이 이루어지는 새로운 물품들과 새로운 현장들은 '소규모 자작농 농업 모델'에 위협이 되었고 결국 프랑스 정책 입안자들은 지역 농산물을 포용하고 프랑스의 '프티트 퀼튀르petite culture(소규모 경작)' 모델을 향상하는 방향으로 움직였다.[11] 지역 농부가 지닌, 그리고 전이에 의해 프랑스 소비자도 지닌, 토양에 대한 직접적인 연결은 '가정 음식'이라는 프랑스적 관념에 결정적으로 중요하다. 전원적 프랑스와 프랑스 가스트로노미의 감성 사이에 형성된 상징적인 연결은 프랑스 음식의 탁월성에 관한 이야기에 핵심인 지속적 개념이다. 프랑스 안팎에서 "프랑스 식생활의 우수성은 농민 생산자와 그 땅(또는 테루아르) 사이의 독특한 관계와 그 관계의 진가를 알아보는 프랑스 소비자들의 독특한 능력에 있다"는 믿음 덕분에, 프랑스 농업은 해외 영토들에 위탁되었을 때조차 계속 살아남을 수 있었다.[12] 프랑스 사람들에게 테루아르는 실제적이면서 동시에 철학적인 것이다. 그들이 식민지 농산물을 수용하게 하려면 자르댕 데세jardin d'essai(시험용 정원)의 흙에 손으로 직접 씨를 뿌려야만 했다. 프랑스 토양에 깊이 뿌리내린 '농업 유산'을 식민지 땅에 완전히 이전하려면 철학적 변화와 경제적 위기 그리고 세계대전이 필요할 터였다.[13]

프랑스가 식민지로 개척한 영토들에서 프랑스 식물학자들이 관리하는 자르댕 데세는 테루아르의 해외 이전에 중요한 역할을 했다. 1769년 레위니옹을 시작으로 마르티니크(1803), 세네갈(1816), 알제리(1832), 현재 베트남 호찌민인 사이공(1863)을 비롯한 프랑스 식민지들에 시험용 정원이 문을 열었다. (또는 기존 식물원이 시험용 정원으로 발전되었다.)[14] 처음에는 국립 자연사박물관Muséum national d'histoire naturelle에 연결된 식물학 실험실로 구상되었지만, 유럽 채소의 배양 장소이자 식민지에 '유용하다'고 여겨지는 작물의 재배를 위한 공간으로서 식민지 프로젝트에 중심적인 역할을 하게 되었다. 1884년에서 1901년까지 자연사박물관 관장을 지낸 막심 코르뉘Maxime Cornu는 광범위한 관계망을 만들어서 해외 영토들에서 온 희귀 식물들을 수집하고 그중에서 '바람직한' 종들을 다른 해외 영토들에 보내 재배하게 했다. 인도차이나에 고무나무를 보내고 기니에 바나나를 보내서 재배하게 한 것이 대표적인 사례다. 코르뉘의 개입으로 바나니에 드 신bananier de Chine(중국 바나나나무)이 1897년 코나크리*의 시험용 정원에 도착했다. 카메이엔Camayenne으로 알려진 품종이 그곳에서 아주 잘 자라서 큰 성공을 거두었고 그 덕분에 기니에서는 1938년에 이르면 5만 3,000톤의 바나나를 수출했으며 이는 프랑스가 수입하는 바나나의 3분의 1에 해당하는 양이었다.[15] 프랑스제국 전역에서 바나나 재배가 폭발적으로 늘어났고 1937년 즈음에는 프랑스 해외 영토들이 프랑스 본국의 바나나 물량 전체를 공급하게 되었다. 이러한 결과를 가져온 데는 프랑스 이외 지역에서 오는 바나나에 부과한 관세가 도움이 되었다. 이후 기니의 바나나 재배 사업은 다른 아프리카 생산국들의 그늘에 가려졌지만, 2010년 마르티니크와 과들루프는 각각 20만 톤과 6만 1,000톤의 바나나를 생산했

---

* 오늘날 기니공화국의 수도.

다.[16] 초기에는 식민지 농장과 농부가 프랑스 국민 음식 프로젝트의 성공과 그 헤게모니의 일부이긴 했지만, 이러한 농산물 재배에 거의 힘을 쓸 수 없었으므로 국가적 "유산의 일부도 아니고 국민적인 시골 성서의 청지기늘도 아니라는" 것이 분명해졌다.[17] 바나나의 사례가 보여주듯이, 초기 단계에서 시험 정원의 정신은 식민지 토착 체계를 개선하거나 기존 농산물을 직접적으로 착취하는 것이 아니라 유럽의 표준을 그곳에서 시행하려는 것이었다. 자연사박물관을 이끈 지도자들은 "식민화에 유리한 생태계", 다시 말해 프랑스인 식민지 개척자들에게 친숙한 농산물과 화초를 제공하고, 식민지의 자연 세계에 대한 유럽의 지배력을 보여주는 그런 생태계를 이식할 수 있고 이식해야 한다고 믿었다.[18] 이 핵심 구절은 프랑스 테루아르의 또 다른 단면을 분명하게 보여준다. 그건 바로 (토양의) 생태계는 인간의 믿음과 행위에 형태를 부여하고 영향을 끼친다는 생각이다. 이 경우에 식민지로 전이된 테루아르는 부차적 산물, 즉 프랑스적 속성을 지닌 식물과 기술이 때때로 비호의적인 토양에 도입된 것일 뿐이었다. 하지만 식민지 개척자들이 그 식물을 재배하고 소비한 결과, 다시 말해 테루아르를 도입하고 섭취한 결과 기후(생태적 기후와 문화적 기후)가 그들에게 더 적합해졌다.

알제리에는 21개의 시험 정원이 있었고 (그중 하나가 자르댕 뒤 하마 Jardin du Hamma*가 되었다) 처음에는 배타적으로 프랑스 농업만을 위

* 1832년 5만 제곱미터의 시험 정원으로 시작되었으나 1867년까지 여러 차례 확장되어 대표적인 시험 정원으로 기능했으며, 알제리 독립 이후에는 나라를 대표하는 식물원이 되었다.

피에르오귀스트 르누아르Pierre-Auguste Renoir, 〈알제의 자르댕 데세〉(1882), 캔버스에 유채

한 규칙을 따랐다. 다시 말해 당시에는 식민지 농업은 본토의 농업 생산과 경쟁해서는 안 된다는 이해가 있었다. 하지만 해외에 광대한 곡식 재배지를 건설할 수 있다는 가능성은 "로마제국의 전설적인 곡창지대를 새로운 생도맹그(프랑스가 지배한 18세기 최대 설탕 생산지)로 만들겠다"는 꿈을 꾸게 했다. 물론 이 말에는 식민주의의 함의가 모두 내재해 있다.[19] 1855년 식민지 상품들을 전시하는 만국박람회의 홍보 자료에는 "알제리가 모국에서 넘쳐나는 인구가 정착하는 젊고 비옥한 제2의 프랑스가 되리라"는 희망이 담겨 있었다.[20] 식민지 과학자들은 프랑스 농업과 경쟁하지 않는 분야를 겨냥하고 사탕수수, 바닐라, 커피, 카카오를 비롯해 수익성이 있지만 유럽에서는 재배되지 않는 작물에 초점을 맞췄다. 하지만 이러한 노력은 알제리에서는 거의 성공하지 못했고, 1867년 시험 정원들은 민간 협회에 매각되었다. 하지만 1870년 곡물 위기가 발생하자 프랑스 농업을 다양화하도록 돕기 위해 자르댕 뒤 함마를 다시 사들이게 되었고, 이후 이곳은 프랑스 남부에 심어질 열대 식물들의 인큐베이터 역할을 하게 되었다.[21] 다시 말하자면 새로운 작물 종들이 완전히 프랑스에 입양되기 전에 건강 상태를 확실하게 하는 일종의 대리모 역할을 한 것이다. 유사한 맥락에서 프랑스 본토에서 포도나무뿌리진디가 확산되자 해외 영토에서의 와인 생산이 바람직하고 수익이 좋은 것이 되었다. 프랑스에서 와인이 부족해지자 블렌딩을 위해 프랑스산이 아닌 와인 수입이 촉진되었고, 식민지의 대변인들은 알제리 포도밭이 "프랑스의 포도 재배를 구하고 로마 문명의 위대함을 회복할 것"이라는 수사적인 표현을 내세워 알제리 와인을 홍보하기 시작했다.[22] 1848

년 알제리가 프랑스의 데파르트망이 되었으므로 알제리 와인은 기술적으로 보면 프랑스 토양에서 재배되고 생산된 셈이지만 알제리 와인이 프랑스 테루아르의 속성을 지니는지는 불확실했다. 포도나무뿌리진디 확산에 따른 위기 상황으로 알제리 와인은 가격이 올랐다. 이전에는 프랑스 본토 와인보다 열등하고 품질이 일관되지 못하다고 여겨졌지만, 이제는 오히려 가치 있는 와인으로 간주되었다. 식민지 와인 생산자들에게 신용 한도가 풀렸고, 밀밭을 포도밭으로 바꾸는 경우도 늘었다. 물론 농업 발전이 최종적으로는 식민지에 부정적인 결과를 가져오는 경우가 많았다. 텔 지역(산맥과 고원으로 이루어진 알제리 북부 지방)의 98퍼센트가 유럽인 정착민의 차지가 될 만큼 식민지 착취가 심해지자 1920년 알제리에서는 식량 위기가 발생했다. 식민지 정책들로 인해 1917년에서 1921년 사이에 프랑스령 아프리카 대부분 지역에 기근이 발생했다.[23]

설탕 수요를 자세히 살펴보면, 식민지와의/식민지로부터의 무역과 관련해 렉스클뤼지프l'exclusif(독점 무역) 정책에 또 다른 문제가 있었음이 드러난다. 1775년 생도맹그, 마르티니크, 과들루프에서 프랑스로 수출한 물량의 절반을 설탕이 차지했으며, 이것이 가능했던 것은 노예 노동과 유리한 관세 때문이었다.[24] 노예무역이 설탕 산업과 식민지의 식량 생산 일반에 끼친 영향은 과소평가될 수 없다. 더욱이 프랑스는 이웃 유럽 국가들보다 노예제도의 완전한 폐지를 더 늦게 실행했다. 생도맹그의 설탕 생산은 프랑스 경제에 매우 중요했으며, 이 섬은 대서양 삼각무역의 주요 항구로 기능했다. 노예로 잡혀 와 프랑스 식민지들에서 일하게 된 남녀의 거의 절반이 이 섬에 부려졌다. 1760년에서 1791년까지 설탕 무역이 증가해 생도맹그는 "프랑스 식민지 체계의 버팀목"이 되었고, 그 덕분에 프랑스는 세계 설탕 시장에서 최고의 지위를 누릴 수 있었다.[25] 프랑스 국내에서는 다른 유럽 국가에 비해 설탕을 거의 소비하지 않았으므로, 프랑스제국에서 생산된 설탕 대부분이 상당한 이윤을 남기고 재수출될 수 있었다. 18세기에 생도맹그는 수출 가능한 상품의 대다수(주로 설탕과 커피)를 프랑스에 제공했고, 그로 인해 프랑스는 자국 경제와 항구 도시들을 발전시킨 것은 물론 무역 수지를 흑자로 유지할 수 있었다. 1794년 생도맹그에서 노예들이 이끈 혁명이 성공을 거둔 뒤에 프랑스 식민지들에서 노예제도가 잠시 폐지되었다가 1801년 나폴레옹의 통치 아래 재개되었다. 이후 프랑스 정부는 일련의 사소한 조치를 취하다가 1848년이 되어서야 노예제도를 완전히 폐지했다. 새로이 아이티라고 명명된 옛 생도맹그는 1804년에 독립을 이루었고 프랑스는 설탕 시장에서 지위를 잃었다. 이제는 영국이 첫째로는 마르티니크와 과달루프를 점령함으로써, 둘째로는 무역에 필요한 해로를 통제함으로써 설탕 시장을 지배하게 되었다.

렉스클뤼지프 정책은 남아 있는 프랑스 식민지들이 지역에서 생산한 상품을 오직 프랑스 본토에만 수출할 수 있으며 오직 프랑스에서 생산된 상품만을 수입할 수 있음을 의미했다. 식민지들은 또한 프랑스 본토의 상품과 경쟁 관계에 놓인 상품은 재배하거나 생산할 수도 없었다. 이에 대한 대가로 식민지는 생산물에 대해 보조금을 받았지만, 식민지의 필요를 충족시키기에 충분치 않았다. 그러나 영국이 선박 무역을 지배하게 되고 일련의 경제 위기가 닥치자 프랑스는 1789년에서 1815년 사이에 렉스클뤼지프 정책을 변경하고 폐기했다가 왕정복고 시기에 부활시켰다. 해외에서 생산된 많은 양의 값싼 설탕을 세계시장에서 구입할 수 있게 되고 프랑스 식민지들의 본국 무역이 줄어들자, 렉스클뤼지프 정책은 식민지 설탕 생산자들을 크게 불리한 상황에 밀어 넣는 동시에 프랑스 국내에서 사탕무 산업의 성장을 촉진했다. 세계의 다른 지역들에서는 사탕수수 설탕을 선호했으므로 프랑스 본토만이 사탕무 설탕의 유일한 시장으로 남았고, 이는 프랑스 요리의 예외성을 보여주는 또 다른 사례가 되었다. 그 결과 "프랑스 식민지 생산자들은 유일하게 접근 가능한 본국 시장을 두고 더욱더 역동적이고 위협적인 상대와 씨름해야 하는 처지에 놓였다"[26] 프랑스 식민지들은 과도하게 경작된 토양, 불안정한 인력 수급, 프랑스가 해상 운송을 독점한 데 따른 높은 운송비에 시달렸다. 프랑스 국내산 사탕무 설탕은 세금이 면제되었고 다른 보호 조치들로 혜택을 받았다. 프랑스 안에서 사탕무를 폐기하자는 제안이 나왔으나 실패했고, 광범위한 논쟁이 이어진 끝에 1843년 법률에 의해 식민지 사탕수수 설탕과 본국 사탕무 설탕에 동등한 세금이 부과되었으며, 이로써 대체로 프랑스 경제에 해를 끼치는 설탕 산업이 보존될 수 있었다. 결국 사탕무 설탕 생산은 모든 설탕의 가격을 하락하게 했고 (국내 설탕 소비를 크게 진작시켰으며) 식민지들은 더욱더 단일작물 재배에 몰두할 수밖에 없게 되었다. 이로 인해 사탕무 설탕 산업은 높은 가격을 유지하고 이익을 보장하기 위한 더 많은 보호 조치를 정부에 요구했다. 오늘날 프랑스에서는 다시 사탕무 설탕 생산이 증가하고 있는데, 이는 2017년 설탕 무역에서 흑자를 기록하

사탕무 드로잉.
출처: 루이 피기에Louis Figuier, 《산업의 기적들: 근대 주요 산업들에 대한 묘사Les Merveilles de l'industrie: ou, Description des principales indutries modernes》 (1873~1877).

고 1968년 사탕무의 최저가격을 보장한 이래 존재했던 생산량 한도가 철폐된 데 따른 것이다.

19세기 프랑스 식민지 내부에서는 프랑스 시민들이 친숙한 음식을 찾고 있었고, 아프리카의 프랑스 식민지 개척자들을 위한 조르주 트레유Georges Treille의 《식민지 위생 원칙Principes d'hygiène coloniale》(1899) 같은 식단 안내서들은 유럽의 규범을 가능한 한 가깝게 따른 식단이 건강한 식단이라고 규정했다. 트레유가 보기에 식민지에서는 고기보다 채소를 먹는 게 나았는데, 유럽의 식단 체계는 이들 나라에서 발견되는 야생 사냥감과 잘 맞지 않고, 양, 소, 가금류 같은 "조심스레 선별된 동물들"에 더 잘 맞았기 때문이다.[27] 20세기 초 프랑스령 인도차이나에서는 양다리가 구하기도 어렵고 베트남 사람들이 먹는 음식도 아니었기 때문에 오히려 프랑스인의 정체성과 번영을 나타내는 표지가 되었다. "양다리를 식탁에 내놓기 위해 불편과 비용을 감수했다는 사실이 어떤 비용을 들여서라도 프랑스의 생활 양식을 유지하려는 충실한 신념을 나타냈다."[28] 1900년 인도차이나 안남 지방의 정식 식사에 관해 한 프랑스인이 1인칭 시점에서 들려주는 이야기가 전하는데, 이 이야기는 펜싱하듯 젓가락을 써서 다양한 별미를 밥과 함께 먹는 즐거움과 신기함을 표현했다. 식민지의 토속 음식들을 다 먹고 나면, "아 뢰로페엔à l'européenne(유럽식)"으로 식탁이 다시 차려지고, "안남의 식사로는 아직 식욕이 다 채워지지 않은" 이들을 위해 거대한 샤토브리앙chateaubriand(프랑스어 이름이 붙은 거대한 소고기 부위)*이 나오고 무시되는 쌀술 대신 최상급 보르도 와인이 나왔다.[29] 적어도 디저트는 완전무결한 성공이었는데, 탁월한 토종 과일(망고와 망고스틴 등)과 함께 프랑스 페이스트리(프티 푸르petit four, 퐁당fondant, 바바baba 등)**가 나왔다.[30] 친숙한 이

---

* 주로 스테이크로 사용되는 소의 안심 부위를 통째로 썰어낸 것을 말한다. 소한 마리에서 4인분밖에 나오지 않는 귀한 부위로 유명하다. 샤토브리앙 스테이크는 19세기 프랑스 낭만주의의 선구자로 평가되는 작가 프랑수아르네 드 샤토브리앙François-René de Chateaubriand의 요리사인 몽미레유Montmireil가 처음 개발했다고 한다.

** 프티 푸르는 한입 크기로 만든 케이크를 뜻하고, 퐁당은 녹여 먹는 사탕류나

름 덕분에 이국적인 재료와 양념이나 소스 등도 수용 가능한 유럽의 영역으로 들어올 수 있었다.

우월한 과학과 기술이 통조림 형태로 식민지 내 식생활에도 적용되었다. 1909년 하노이 상공회의소의 보고서에 따르면 프랑스인 주민들이 먹는 음식 대부분은 본국에서 수입된 통조림이었다.[31] 데버라 닐Deborah Neil은 프랑스 음식을 캔에 담아 식민지로 가져온 창의적인 기술이 "유럽 음식과 문화가 우월하다는 생각을 더욱 키웠다"고 말한다.[32] 프랑스 본국에서는 사람들의 저항에 부딪쳤지만 식민지에서는 통조림 고기와 채소가 빠르게 자리를 잡았다. 마르틴 브뤼헐Martin Bruegel은 프랑스 사람들이 이들 통조림 음식에 저항한 것은 부분적으로 그 가격 때문이었다고 주장한다. 통조림 콩의 경우 19세기 후반에 꾸준히 가격이 떨어졌지만 빵이나 신선한 채소에 비해서는 여전히 훨씬 비쌌다. 식민지의 부유층에서는(식민지 개척자들은 상징적으로 이 계층에 속했는데) 과시적 소비가 잘 드러나게끔 유리병 속 제철이 아닌 농산물을 즐겼던 반면에 하류층에서는 '자연적인' 산물, 특히 고기를 선호했다.[33] 브뤼헐이 반복해서 말했듯이, 프랑스 소비자들은 "원산지인 본국에 직접 연결되어 있음을 매우 소중히 여기는 듯 보였다"[34] 하지만 이런 연결이 먼 거리에 의해 단절되었을 때 프랑스 식민지 개척자들은 그들의 땅에서 나온 농산물을 캔에 담아 배송되도록 했고, 부족한 것은 집 텃밭에 직접 길러서 보충했다. 식민지 당국에서도 개인이 채소밭을 가꾸도록 장려했다. 처리 과정을

안에 시럽이 들어 있는 과자를 가리킨다. 바바는 술(주로 럼)이 들어간 시럽에 적신 작은 케이크다.

거쳐 통조림으로 보존된 식품은 프랑스 고급 요리의 특징은 전혀 없었고 확실히 풍미가 부족했지만, 해외에서 살아가는 "프랑스인들에게는 실제 맛보다 프랑스식으로 먹는다는 것 자체가 더 중요했다".[35] 프랑스 식민지 개척자들의 집에서 일하는 원주민 요리사들은 프랑스의 특산물을 조리하는 법을 배웠으며 매일 신선한 빵을 구웠다. 그러므로 식민지 개척자들은 두 경로를 통해 테루아르를 관리했던 것이다. 하나는 직접적인 또는 제1선의 (그리고 분명히 더 선호된) 경로였고, 다른 하나는 특정한 조건 아래 있는 비프랑스 토양에서 가능하게 만든 경로였다.

프랑스 농지의 확장으로서 식민지의 역할은, 식민지 주민들이 그 땅을 프랑스 방식에 적응시킨다면 철학적으로 수용 가능한 것이었다. 식민지가 된 땅은 프랑스 농업에 도움이 되기만 한다면 유용했기 때문이다. 1902년 코친차이나에서는 한 저자가 수익성이 매우 좋은 쌀 생산을 관찰한 뒤 무척 애석해하며 쌀 재배는 프랑스의 경제적 고민을 해결해주지 못하리라고 결론내렸다. 쌀은 프랑스에서 잘 자라지 않을 것이기 때문이었다. 그러면서 이 저자는 프랑스의 식민지 개척자들이 인도차이나에서 많은 비용을 치르면서까지 사탕수수를 재배하려고 애썼으나 실패했다는 사실을 언급하고 있다. 그는 "다양한 농업 실험 시도가 실패하자 반대 의견을 가진 이들이 이 나라 토양을 경작하는 일은 유럽인들에게 불가능하다고 믿게 되었다"라고 분명히 말했는데, 이는 외래 식물과 본래 토양 사이의 부조화보다는 비유럽 토양과 유럽의 수요 사이의 부조화에 대한 완강한 믿음을 드러낸다.[36] 프랑스 작물이나 프랑스가 들여온 외래 작물을 다른 땅에 적응시키는 일은 거의 성공한 적이 없었지만, 권력과 그 수단을 식민지 사람들과 그들의 땅에 행사하는 데 대한 저항감은 여전히 남아 있었다. 그러나 과학은 다루기 쉽지 않은 것이었다. 자연이 식민지 개척사의 뜻에 굽히지 않으리라는 게 분명해졌을 때, 정치의

사탕수수를 등에 지고 나르는 두 인물. 청동과 은에 채색(1738~1750). 루이 15세의 정부였던 퐁파두르 부인의 물건으로 추정된다. 이와 같은 수집용 인물상은 프랑스인들이 식민지 문화에 어느 정도 거리를 유지하면서도 상당히 매료되었음을 보여준다. 채색은 에티엔시몽 마르탱Etienne-Simon Martin*이 했다고 전한다.

* 18세기 초중반에 이른바 베르니 마르탱Vernis Martin(마르탱 유약)으로 유명했던 마르탱 4형제 가운데 한 명이다. 18세기 프랑스 귀족들 사이에서 중국 칠기 제품이 크게 유행하면서 이를 모방하고 발전시키려는 시도가 많았고 그러한 장인들 가운데 마르탱 4형제가 가장 유명했다. 이들에 대한 정확한 역사적 기록은 거의 없지만 18세기의 여러 문학작품에서 언급될 정도로 귀족들 사이에서 인기가 많았다.

풍향이 바뀌었다. 식민지 토양에 외래 작물을 도입하는 데 수도 없이 실패한 뒤에 식민지 관리자들은 식민지 토종 작물을 개량하는 쪽으로 옮겨갔다. 프랑스의 사부아르페르를 적용해 '순응'시키려던 데서 식민지 토종 작물과 원주민 농부들을 발전시키려는 쪽으로 정책 방향의 변화가 일어난 것이다. 하지만 여전히 그 목표는 프랑스 경제에 봉사한다는 것이었다. 세기가 바뀔 무렵에는 오래된 식민지 시험 정원의 관리 방식에도 중요한 철학적 변화가 일어났다. 이러한 변화는 1899년 세네갈의 노장Nogent에 식민지 정원이 설립됨으로써 가시적으로 드러났다.

식물학자 오귀스트 슈발리에Auguste Chevalier와 농학자 이브 앙리Yves Henry는 서아프리카에서 이러한 변화를 주장한 최초의 인물이었다. 슈발리에가 1905년에 출간한 책은 《프랑스령 열대 아프리카의 유용한 식물들Useful Plants from Tropical French Africa》이라는 제목을 달았으며, 여전히 식민지 농업은 프랑스에 이득을 가져다주어야 한다는 태도를 강하게 전달했다. 이브 앙리는 시장의 힘에 동기를 얻어, 1906년 서아프리카 농업 상황에 관한 보고서에서 자르댕 데세를 실험 장소로 두는 대신 수익성이 좋은 단일작물 재배지로 바꾸어야 한다고 권고했다. 그리고 경제적 성공 가능성을 향한 "기존 작물의 과학적 이용"을 옹호하면서 시험 정원 과학자들의 활동을 선택된(그리고 강제된) 품종들의 성공을 지원하는 것으로 한정했다.[37] 1913년 슈발리에는 세네갈에 땅콩 시험 경작지를 만들고 이 작물의 재배를 완벽하게 성공시키는 것을 목표로 삼았다. 그 결과 1945년까지 세네갈 수출액의 80퍼센트, 프랑스령 서아프리카 전체 수출액의 거의 절반을 땅콩이 차지했다.[38] 이러한 움직임이 자선활동이 아니라 경제활동이었다는 것은 분명하지만, 그럼에도 프랑스인들의 사고에 상전벽해 같은 변화가 일어난 것도 사실이었다. 19세기 이래로 세네갈에서는 땅콩, 다호메이(오늘날의 베냉)에서는 야자나무순과 야자유, 그리고 이보다 좀 더 뒤에 기니에서는 바나나를 재배하는 식으로 프랑스 본국은 서아프리카에서 수출을 겨냥한 단일작물 재배를 체계화했다. 이들 작물을 재배하는 소규모 농장들의 다수는 프랑스의 강제 식재植栽 체계의 일부였으며, 아프리카 마을들에 구체적인 작물을 구체적인 양만큼 생산할 것을 요구했을 뿐 아니라 해내지 못하면 벌금을 물리고, 징집된 노동력을 사용했다. 이 환금작물들은 재배 환경이 서로 달랐음에도 소규모 농장이라는 프랑스 농업의 전통과 궤를 같이하여 거의 모두 농부들이 직접 수작업하는 소규모 토착 플랜테이션에서 재배되었다.[39] 서아프리카 식민지 영농에서 산업화는 뒤늦게 이루어졌고 그렇게 된 데는 의도적인 원인도 있었으니, 관리들이 식민지 땅을 경제적으로 감독하려 했기 때문이다. 식민지 당국의 노동자들에 대한 억압적 대우와 지역 생산자들에 대한 무관심은 생산을 저해했고, 프랑스인들과의 농업 협력에 대한 원주민 농부들의 당연한 저항을 키웠다. 강제 이식된 작물을 재배하고 수확한 뒤에 해당 식민지의 총독이 교체되거나 본국에서 더 이상 그 상품을 사주겠다는 약속을 지킬 수 없게 되어 작물 전체가 버려지는 일도 드물지 않았다.[40] 1차 세계대전 기간에는 식량에 대한 수요가 노동력 및 병력에 대한 수요와 충돌했다. 당시에 노동력 부족은 생산 감소는 물론, 프랑스를 위해 징발된 식량을 운송할 인력의 부족을 의미했다.[41]

1차 세계대전 기간과 그에 뒤이은 식량 위기에 식민지 식량을 프랑스로 가져와야 한다는 주장은 더욱 다급해졌지만, 그러한 주장에 반드시 설득력이 있는 것은 아니었다. 인도차이나에서 쌀 생산이 늘어나자, 어떤 이들에게는 수입된 쌀과 제빵용 쌀가루가 프랑스 국내 밀 생산의 극적인 감소에 대한 기발한 해결책이 될 듯 보였다. 1916년 프랑스의 밀 생산량은 1913년의 64퍼센트에 못 미쳤고, 1917년에는 겨우 42퍼센트에 머물렀다. 1920년에 이르러서도 여전히 1913년의 74퍼센트에 그쳤다.[42] 전쟁 기간과 전후 시기에 흰 빵을 추구하는 것이 "외국과 식민지의 타자들에 대비되는 프랑스 국민 정체성을 정의했다."[43] 흰 쌀가루로 빵을 만들면 질이 좋지 못한 미국 밀로 만드는 것보다 더 하얀 빵을 만들 수 있었지만, 쌀은 식민지, 특히 동양의 식민지와 결부되어 있었기에 너무나 큰 상징적 부담을 지게 했다. 우선 쌀은 20세기 초부터 프랑스 요리에 거의 사용되지 않았고 평가절하되었으며 겨우 디저트에 쓰였을 뿐 세이버리 디시에는 쓰이지 않았다.[44] 인도차이나의 쌀은 특히나 질이 낮은 상품으로 꼽혔고, 이는 식민지 원외단이 힘든 싸움을 벌인 끝에 기회를 잡았음을 의미했다. 쌀가루를 옹호하는 주장을 펴기 위해 마케팅 담당자들은 흰색과 시골 프랑스라는 두 가지 상징적 카드를 꺼내 들고 식민지 농업을 모국에 다시 결부시켰다. "쌀가루는 프랑스 수확물의 일부로 보일 테고, 쌀가루를 넣은 빵은 그 흰색을 통해 프랑스가 정상상태로 돌아가는 데 도움이 된다."[45] 이러한 기표가 매우 강력했던 만큼 프랑스 대중은 과학적 연구, 법적 소송, 소비자의 무관심을 통해 저항했다. 우선 프랑스 정부는 1926년 6월 법령을 발표해 프랑스 빵에는 밀이 아닌 곡물가루가 10퍼센트 포함되어야 한다고 명령했다. 그러자 밀 생산자들과 제분업계의 유력 인사들로 구성된 제빵용 곡물 담당 기관Office des céréales panifiables이 설치되었고, 파리 제빵업자 협회의 요청에 따라 의학한림원에서는 1926년 8월 대체 곡물가루에 대한 연구를 실시해 쌀·옥수수·카사바가루는 제빵에 적합하지 않다고 결론 내렸으며, 그 결과 쌀가루 빵의 판매가 금지되었다. 표면적으로 과학적인 연구에도 문화적 기준이 적용되었음이 명백히 보인다. 쌀가루로 만든 빵은 "빵을 정의하는 문화적·법적 제한을 극복할 수 없었으며", 중세 이래로 내내 그러했다.[46] 반대로 프랑스 바게트는 19세기 중반 인도차이나(오늘날의 베트남)에서 자리를 잡았고, 1950년대에는 유명한 반미báhn mi 샌드위치의 기본 재료가 되었다.

하지만 식민지 관리자들은 전쟁물자 공급에 식민지들이 기여한 바를 인정하면서도, 프랑스 내 심각한 식량 부족 사태에 직면하여 1920년대와 1930년대에는 식민지와 농업에 대해 '미장발뢰르mise en valeur(가치증식valorisation)'라는 새로운 태도를 채택했지만, 여전히 프랑스의 경제적 이득을 목표로 삼았다. 1911년에서 1919년까지 인도차이나 총독을 맡고 1920년에서 1932년 사이에 식민지부 장관을 두 번 역임한 알베르 사로Albert Sarraut는 1921년 '제휴 방침une politique d'association'이라는 협력적 접근 방식을 도입했다.[47] 하지만 그는 유럽의 경계 바깥에 있는 경작 가능한 땅을 이용한 프랑스의 전후 복구라는 프로젝트의 궁극적 목적을 잊지 않았다. 그의 말로는, 당대의 경제 현실을 고려했을 때 "경작되지 않은 거대한 밭"을 놀리는 것은 생각할 수조차 없었다.[48] 주민들이 가득한 이 땅들을 환유적으로 관리자들에 의해 경작되어야 할 토양이라고 보았다는 것은 그 땅의 상징적 가치의 크기를 말해준다. 과학과 기술 교육을 이 새로운 구조에 통합하기 위해 노장의 식민지 농업학교가 1921년 식민지 농학연구소로 변경되어 식민지 개척자들과 식민지 태생의 과학자들을 교육했으며, 사실상 식민지에 테루아르를 가르치는 효과를 냈다. 시험 정원의 역할에 대한 이 같은 새로운 구상은 과학과 이성에 동기를 얻어 그 정원들을 해당 지역에 가장 적당한 작물에 특화된 식물 연구센터로 바꾸었다. 하지만 시험 정원에서 과학 연구를 목적으로 서로 경쟁하는 두 세력 사이에 긴장이 있었다. 행정 당국에서는 기본적으로 프랑스 본국의 이득을 위해 식민지 땅의 경제적인 잠재성을 완전히 모두 이용하려 했던 반면, 자연사박물관의 식물학자들은 식민지의 특정한 생태를 이해해 해당 지역의 기술을 개선하는 데 목적을 두었다. 그러나 양쪽 모두 체제의 개혁이 식민지 농업의 새로운 목적을 제시했다. 즉 과학적인 농학을 통해 이국적인 음식을 프랑스에 공급하고 세계시장에서 프랑스의 경쟁력을 제고한다는 것이었다.[49]

1차 세계대전 이후, 식민지 원외단은 식민지 개발에 투자를 유치하기 위한 동기 부여의 일환으로 본국 프랑스를 위한 식민지의 농업 잠재력을 홍보했다. 하지만 프랑스가 식민지에서 오는 식량을 필요로 한다는 생각에 분노한 프랑스 대중의 저항에 부딪혔다. 긴장을 해소하기 위해 식민지 총국Agence Générale des Colonies(1919년 설립)에서는 코코아, 바나나, 쌀 같은 농산물을 대중화하고 친숙하게 하려고 이러한 '이국적' 농산물의 시식 기회를 제공했다.[50] 데

조지프 블랑쳇Joseph Blanchet, 파리 식민지 박람회의 인도차이나 전시관(1931)

이나 헤일Dana Hale의 식민지 시기 광고 이미지에 관한 연구는 마그레브산 농산물의 라벨이 곡물, 과일, 와인 등 농업의 풍성함을 강조했음을 보여준다.[51] 20세기 유럽에서 바나나의 인기가 많아지자 바나나를 기본 재료로 하는 음료가 많이 등장했다. 바나나빅Bananvic과 쉬페르바난Superbanane, 바나니아Banania 등이 대표적인데, 특히 바나니아는 1915년부터 웃고 있는 티라유외르 세네갈레tirailleur sénégalais(세네갈 병사)의 그림과 "야 봉Y'a bon!(좋다!)"이라는 문구를 붙여 악명이 높아졌다. 1차 세계대전에서 아프리카 흑인 16만 명이 프랑스를 위해 싸우다 죽은 뒤로, 정형화된 봉 누아르bon noir(착한 흑인) 이미지가 자리를 잡았고 광고 속 아프리카 사람들은 친근하고 무해하지만 채신없이 어린아이 같은 이미지로 고정되었다. 1930년

파리 식민지 박람회의 알제리 전시관(1931)

대에 파리와 마르세유에서 열린 식민지 박람회들은 식민지의 수출
이 전후 프랑스를 재건하는 데 도움이 될 수 있다는 생각을 홍보하
고자 했다. 이들 박람회의 공식 목표는 프랑스와 해외 영토 사이의
무역, 특히 북아프리카와의 무역을 촉진하는 것이었다. 하지만 1931
년 5월에서 11월까지 파리에서 열린 국제 식민지 박람회의 숨겨진
근본 목적은 유럽과 식민지의 내재적 차이를 강조하는 것, 그리하여
미시옹 시빌리자트리스의 필요성을 보여주는 것이었다. 한쪽에는
프랑스 문명을 재현하는 전시관들(아르 데코 스타일의 시테 데 앵포르마
시옹Cité des Informations(정보 전시관))이 있었고 다른 한쪽에는 '토착'
스타일의 식민지 전시관들이 있었다. 프랑스인들은 (관능과 퇴폐와 비
합리를 상기시키는) 동양 식민지들을 배경으로 서구 합리성의 실험실
을 설정해놓음으로써 "과학적이고 알기 쉬운 합리성의 전시"를 제
공하길 바랐다.[52] 과학은 프랑스를 그 식민지와 구분하는 위계적 요

소가 되었다. 1931년 파리의 식민지 박람회에 쓰인 건물들은 박람회가 끝난 후 식민지 박물관과 수족관으로 전환되었고, 그 덕분에 방문객들이 계속 찾아와 과학적으로 승인된 명백하게 프랑스적인 공간 안에서 식민지의 문화와 산업을 보고 놀라워할 수 있었다. 그래서 프랑스 시민들은 "세상은 경이로운 종種과 예술로 가득 차 있지만 그것을 담아내고 입증하고 해석하는 데는 프랑스의 구조가 필요하다"라는 생각에 동의할 수 있었다.[53]

두 차례 대전 사이 기간에 경제적 발판이 회복되자 프랑스는 본국과 식민지 간 정체성 차원의 철학적 구분을 재확립했다. 예를 들어 20세기에 프랑스 와인이 포도나무뿌리진디 감염에서 회복되자, 알제리 와인의 지위는 구원자에서 경쟁자로 빠르게 변했다. 1931년 식민지 박람회에서는 고급 알제리 와인을 전시해 알제리가 프랑스에 속한다는 사실을 프랑스 소비자들이 납득하게 하려 했다. 알제리 와인은 외국 와인에 부과되는 관세가 면제되었고, 알제리 와인 수입에 상한선을 두려던 1930년대의 시도들은 실패했다. 만약 (프랑스의 기준에서) 고급 와인이 알제리의 토양에서 나온다면, 그리고 고급 와인이 프랑스의 유산에 속한다면, "알제리 와인은 프랑스령 알제리가 프랑스에 속한다는 주장의 강력한 근거가 됐다."[54] 박람회 알제리관의 전시 진행자들에게 알제리는 농업의 풍요로움과 농산물의 품질 덕분에 이미 프랑스의 일부가 되어 있었다. 그러나 인도차이나의 빵에 대해 그러했듯이, 프랑스 사람들은 프랑스인의 식탁에 필수인 기본 식품과 프랑스인의 상상 속에 외래의 이질적 정체성을 적용하기를 거부했고, 알제리 와인은 절대 토종 프랑스 와인과 동등한 지위를 얻지 못했다. 로제 디옹Roger Dion은 1959년에 출간한 종합적인 와인 역사서에서 알제리 와인을 전혀 언급하지 않았다. 박람회의 다른 전시관들은 튀니지와 모로코의 독특한 음식을 제공하면서 북아프리카 음식과 프랑스 음식의 차이를 강조했다. 하지만 음식 매점들은 일반적으로 식민지 요리라고 불리는 음식을 제공했다. 식당과 매점의 목적은 이윤이지 교육이 아니었기 때문이다. 홍보 담당자들은 이국적인 음식 시식 기회와 요리 강습을 제공하면서 이들 음식이 프랑스 가정에 보급되기를 희망했으나, 실제로는 1930년대 프랑스에서 식민지 음식에 대한 수용과 인식이 매우 제한적이고 미미했음을 보여줄 뿐이었다. 라파엘 드 노테Raphaël de Noter가 1931년 출간한 요리책 《맛있는 식민지 요리La Bonne Cuisine aux colonies》는 "우리 식민지 형제들의 유산"을, 일정한 한도 안에서 프랑스의 요리 정체성에 통합할 것을 제안했다. 그는 아프리카, 아시아, 아메리카를 대표하는 요리법들이 "우리의 장인 셰프들이 지닌 능숙한 솜씨"와 오트 퀴진의 과학적 정확성이 결여되었음을 인정했지만, 프랑스 안팎의 가정에서 요리해 먹을 수 있는 합리적이고 건강한 선택지를 제공한다며 권했다.[56] 식민지 음식은 프랑스 본래의 관습과 구분되어 구성된 공간을 점유했으며, 박람회나 박물관에 전시되어 있을 때처럼 정성껏 담겨 있다면 구미를 당길 수도 있었다.

20세기 부르키나파소의 아리코 베르haricot vert[*]는 19세기에 학습한 교훈을 통해 작동한 프랑스의 해외 영토 음식 프로젝트의 사례

[*] 가늘고 긴 초록색의 콩깍지까지 통째로 요리해 먹는 콩의 한 종류이다. 영어로는 그린 빈green bean 또는 프렌치 빈French bean이라고 한다.

바나니아

1912년에 개발된 아침식사 대용 초콜릿-바나나 음료인 바나니아는 가장 인지도 높은 프랑스 브랜드 가운데 하나로서 매우 논쟁적인 유산을 남겼다. 저널리스트 피에르 라르데Pierre Lardet가 니카라과에서 발견한 곡물 베이스 음료를 모방해 발명한 것이 바나니아의 시초였다. 라르데는 프랑스 어린이들을 튼튼하게 키우는 데 도움을 주려는 의도에서, 식민지에서 기원한 두 가지 농산물(초콜릿과 바나나)을 익힌 곡물 및 우유와 결합해 영양이 풍부한 음료를 탄생시켰다. 그는 1차 세계대전이 발발하고 식민지 제국의 이익과 본국 프랑스의 풍요를 진작시키려는 노력이 한창이던 1914년에 바나니아를 상표 등록했다. 바나니아의 초기 광고에는 유럽인의 이목구비를 갖춘 앤틸리스 여성이 등장해 온 가족을 위한 건강과 영양을 강조했다. 웃고 있는 세네갈 병사의 이미지와 그가 말하는 "야 봉!"이라는 광고 문구가 바나니아를 대표하게 된 것은 1915년 이후다. 이는 프랑스를 위해 싸운 세네갈 군단에 대한 감사의 표시이면서, 아프리카 사람을 유아화하고 정형화하는 이미지이기도 했다. 기업에게는 타이밍이 결정적인 것으로 드러났고, 라르데는 바로 그해에 전선의 병사들에게 바나니아로 가득 채운 기차를 보냄으로써 절실하게 필요했던 가시성(그리고 레지옹 도뇌르 훈장)을 얻었다.[55] 1931년 파리의 식민지 박람회에서도 바나니아는 계속해서 프랑스 소비자들 사이에서 저변을 확대했다. 2차 세계대전 기간에는 밀, 보리, 바나나, 꿀,

코코아를 섞는 유효성이 입증된 제조법을 일시적으로 조정함으로써 설탕과 초콜릿의 배급 기간을 견뎌냈고, 이후에 다시 본래 제조법으로 돌아갔다. 1960년대까지도 바나니아는 아침식사 대용 초콜릿 드링크 품목에 속하는 유일한 제품이었고 시장을 장악했다. 1950년대와 1960년대에 프랑스 식민지 제국이 붕괴하기 시작하면서 이전 식민지들이 독립하게 되자, (오늘날 노골적인 인종차별 표현으로 간주되는) 흑인 이미지의 광고를 포기하는 회사가 많았지만, 바나니아는 그 대표적인 세네갈 병사의 이미지와 문구를 그대로 유지했다. 다만 1957년 화가 에르베 모랑Hervé Moran을 통해 같은 이미지를 만화 캐릭터로 변화시켰을 뿐이다. 1977년에는 "야 봉!"이라는 문구가 사라졌고, 수십 년간 이 광고에 대한 업계의 칭찬과 상을 받은 후인 1987년에 세네갈 병사가 사라지고 웃고 있는 태양을 등장시킨 새로운 포장이 채택되었다. 하지만 1999년 포장에 적힌 '옛날 방식'으로 음료를 마시는 방법에 관한 안내문 바로 옆에 아주 작은 크기의 세네갈 병사가 다시 등장했다. 오늘날에는 이 세네갈 병사를 현대적으로 조정한, 빨간색과 파란색의 페즈 모자를 쓰고 환하게 웃는 젊은 흑인 남성의 모습이 광고에 쓰이고 있다.

연구로 기능한다. 20세기 초, 친숙한 음식을 원한 선교사들과 행정 관리들은 식민지 부르키나파소(당시엔 오트 볼타Haute Volta)로 아리코 베르를 가져갔다. 1970년에 창립된 셀렉시옹Sélection은 유럽에서 가장 큰 아리코 베르 수입업체이자 프랑스어권 서아프리카에서 가장 중요한 아리코 베르 구매업체가 되었다. 이 업체의 소유주 이브 갈로Yves Gallot는 사업을 위해 소규모 농장의 연결망을 만들어서, 산업화된 농업보다 농민들이 시골 환경을 더 잘 유지하고 더 좋은 식품을 생산할 수 있다는 "프랑스에서 널리 신봉되는" 믿음을 지지했다.[57] 식민지 행정 관리들은 미시옹 시빌리자트리스의 일환으로 부르키나파소에서 농장과 시장을 직접 잇는 연결 체계를 도입해 현대적이며 근면하고 번창하며 안정적인 아프리카 농민 계층을 만들어내고자 했다. 시험 정원을 회상하게 하는, 전원에 대한 포용과 과학에 대한 가부장주의적 요청이 다시 떠올랐다. 2002년 셀렉시옹의 웹사이트에는 부르키나파소 사람들이 이 회사의 도움으로 "이성적으로 잘 통제된" 경작 방식과 "농민의 사부아르페르 및 자연"을 이용해 맛있고 건강에 좋은 콩을 생산한다는 주장이 실렸다.[58] 부르키나파소의 아리코 베르는 전이된 테루아르의 한 사례다. 다시 말해 그것은 땅에 대한 프랑스의 신화적 관계성과 경제적 기회, 그리고 수용 가능할 만큼 프랑스적인 농산물이 결합한 결과였다. 여기서 드러나듯이 테루아르는 이동 가능하지만 한계가 있고 오래가지 못하는 경향이 있다.

2차 세계대전의 충격으로 식민지 행정 관리들은 해외 영토의 생산 체계를 점검하고 더 넓은 시장에 개방되도록 도울 필요성을 납득하게 되었다. 식민지 생산자들과 프랑스 사이의 폐쇄된 순환 무역 구조는 아프리카 식민지들이 세계시장에서 고립되고, 그 결과 재난적인 손실을 보았음을 의미했다. 서아프리카인들이 전쟁물자 조달에 기여한 바를 인정해 프랑스는 식민지와 본국 모두에 새로운 무역시장을 제시하는 것은 물론, 경제적 필요를 충족할 수 있는 더 좋은 기회를 식민지에 제공함으로써 식민지 생산자들에게 그들의 노동으로 얻은 열매의 더욱 큰 몫을 주고자 했다. 1944년 브라자빌 회담에서는 프랑스령 서아프리카 산업화 계획을 개진하고, 주민들의 생활 수준 향상, 장비와 훈련의 정기적 업그레이드를 위한 자금 조달, 그리고 본국의 명목적 승인 아래 개별 해외 영토의 자율적 관세 규정 용인을 통한 시장 개방을 목적으로 설정했다. 하지만 이 목적 달성을 위한 지침에서는 의도적으로 중공업과 수익성이 더 좋은 기술(임업, 광업 등)을 배제해 프랑스의 경제적 권력을 유지하고 식민지의 자립을 억제했다.[59] 진보적인 조치들조차 독립성이 부족했고, 프랑스가 해외 영토에 대한 지배와 통제를 느슨하게 할 준비가 되었음을 의미하지는 않았다. 아마도 프랑스가 합의를 이행하리라는 데 대한 믿음이 부족했던 탓일 텐데, 이러한 조치는 대개 실패로 돌아갔다. 들어간 돈은 엄청났지만 가시적 성과는 미미했다. 1945년 출범한 CFA 프랑*은 프랑스 프랑에 환율이 고정되어 있었으므로 프랑스

* 1945년 프랑스가 브레튼우즈 체제를 비준하면서 프랑스 프랑의 미국 달러에 대한 고정환율제를 실시하기 위해 프랑스 프랑을 극적으로 평가절하했고, 원래 본국 통화를 사용했던 아프리카의 프랑스 식민지에서는 CFA 곧 아프리카 재정 공동체Communauté financière d'Afirque를 결성하고 프랑스 프랑에 대해 고정환율이 적용되는 새로운 통화인 CFA 프랑을 만들었다. 중앙아프리카

령 서아프리카를 이전보다 더욱 단단하게 프랑스에 묶어두었다. 이 시기 프랑스와 서아프리카 영토들 사이의 무역은 해당 지역 전체 수출의 50~70퍼센트를 차지했다.

그러나 브라자빌 합의 내용은 새로운 사업들을 조성했으며, 두 가지 산업, 곧 땅콩 산업과 커피 산업은 분명히 이득을 보았다. 세네갈에서는 1939년 최초의 산업용 오일 처리 공장이 설립되었고, 땅콩 생산자들은 수확량의 50퍼센트를 처리해 수출용 기름을 만들어낼 수 있게 되었는데 이는 1930년대에 3퍼센트에 그쳤던 것과 크게 대조된다.[60] 코트디부아르의 커피 및 카카오 생산자들은 무료 묘목, 말라리아 및 여타 질병의 예방과 치료, 농업 전문가들의 지도 등 새로운 식민지 관리 방식에서 이득을 얻었다. 프랑스는 1716년 레위니옹, 1723년 마르티니크, 1731년 생도맹그에 커피 플랜테이션을 설립했고, 1789년 이들 지역에서 수출된 커피의 총량은 1,800만 킬로그램에 달했다.[61] 1950년대에 이르면 이들 지역에서 유럽인이 재배하는 커피는 전체 커피 재배량의 7퍼센트에도 못 미쳤다. 지역 농부들이 이미 커피 농사를 넘겨받은 터였는데, 그들은 식물을 더 잘 돌볼 수 있었으며 흉년에는 식량 작물을 재배해 스스로 먹었다.[62] 아프리카인들이 소유한 농지는 유럽인들의 농지보다 더욱 성공적이었다. 지역 농부들이 이웃 지방들로부터 노동력을 유인하고 유지하기 위해 소작제를 채택했기 때문이다. 근대 초기에 프랑스의 전원을 변화시

CFA 프랑(XAF)과 서아프리카 CFA 프랑(XOF)은 서로 다른 통화지만 동일한 화폐가치를 지니며 등가로 교환된다. 오늘날 전자는 중앙아프리카공화국을 비롯한 6개 국가에서 사용되고 후자는 세네갈을 비롯한 7개 국가에서 사용된다.

킨 것과 비슷한 메테야주(소작) 체계는 노동자들에게 집과 음식을 보장했을 뿐 아니라, 일단 작물이 팔리기만 하면 그 즉시 더 큰 자유와 이윤 배당을 보장했는데, 노동력이 매우 부족한 지역에서는 그 배당이 50퍼센트에 이르렀다.[63] 이러한 이유로 아프리카의 '자유계약 농민'은 유럽인 플랜테이션 경영자들보다 코트디부아르의 커피와 카카오 생산자들을 위해 훨씬 기꺼이 일하려 했다. 1939년 커피 수출이 야자 생산물 수출을 넘어섰고, 1948년에 이르면 커피와 카카오는 코트디부아르의 전체 수출에서 70퍼센트를 차지했다. 중요한 무역 상대는 미국이었다. 코트디부아르는 현재 세계 최고의 카카오 생산국이다. 그럼에도 재발하는 정치적·경제적 위기는 커피 산업과 카카오 산업에 커다란 영향을 끼쳤다. 이들 옛 식민지의 정체된 경제는 식민화가 끼친 심원한 충격을 생생히 드러냈다. 징발된 노동력을 이용한 농업에서 소규모 농장 농업을 거쳐 반쯤 현대적인 시장 중심 농업으로의 이행이 프랑스에서 일어난 지 700년이 지난 뒤에야 아프리카에서 일어났기 때문이다.

요리와 문화 측면에서 프랑스 해외 영토에 식민화가 끼친 영향은 여전히 아주 깊이 체감된다. 이는 테루아르의 또 다른 이면을 보여준다. 마르티니크의 일부 수출품에는 언어적인 각인이 남아 있었다. 이를테면 수입된 양파는 생산지에 상관없이 '오뇽-프랑스oignon-France(프랑스 양파)'라고 불렸고, 수입 밀가루는 '파린-프랑스farine-France(프랑스 밀가루)'라고 불렸다.[64] 프랑스는 "프랑스 음식을 먹는 사람이 곧 프랑스 사람, 즉 성공한 사람이라는 환상을 마르티니크에 주입했다. 더욱 중요한 것은, 자본주의의 국제 세력을 프랑스적인

J. J. 파튀 드 로즈몽J. J. Patu de Rosemont(1767~1818), 〈일 드 부르봉의 커피 재배〉, 수채. 일 드 부르봉(레위니옹)의 19세기 초 커피 플랜테이션을 보여준다.

것으로 위장했고, 그래서 1960년대 식민지들의 독립 이전에 그러했던, 대체할 수 없는 유일한 부양자로서 옛 프랑스제국의 허구적 이미지를 유지했다는 것이다".[65] 마르티니크는 프랑스의 개입에도 불구하고 식량 자급을 결코 달성하지 못했다. 사실 프랑스의 보조금에 의존하던 마르티니크는 1940~1943년 앙 탕 워베an tan Wobè(로베르[제독] 시대)라 불리는 시기에 비시 정부에서 보급물자 지원을 중단하자 결국 엄청난 기아에 시달리게 되었다. 마르티니크에게는 그때나 지금이나 프랑스가 부양자 모국이다. 당시의 기아 사태를 회상하며 한 마르티니크 사람은 이렇게 말했다. "어머니가 먹여주지 않으면 어떻게 하나요?"[66]

프랑스와 그 식민지 사이에 무역이 늘어난 결과, 식민지 농산물에 대한 개방적인 태도가 마침내 본국의 식탁에도 천천히 전이되었다. 프랑스에서 식민지 요리법의 인기가 절정에 이른 시기는 1930년대였다. 특히 1931년 파리 박람회에는 '라 퀴진 콜로니알la cuisine coloniale(식민지 요리)'도 등장했다. 열대 과일과 카레가루같이 식민화된 세계에서 성공적으로 채택된 재료들은 프랑스 요리에 맞게 조정 가능하고 실제 조정된 것이었으며, 또한 구체적인 특정 나라나 민족이 아니라 "통칭적인 식민지 타자"에 연결된 것이었다.[67] 19세기 말에 이르자 바나나, 망고, 코코넛, 파인애플 같은 '이국적' 과일은 프랑스에서(특히 파리에서) 흔히 먹을 수 있게 되었고, 1895년 부르주아 요리 잡지《포토푀》에서도 보통 디저트 부문에 포함되었다. 이 요리들은 '플라 페리페리크plats périphériques(주변부 요리)'로서 프랑스 식생활의 틀에 덜 위협적이었고 '르 세네갈레le Sénégalais(세네갈식)'나 '아 랭디엔à l'indienne(인도식)' 같은 식민지 이름과 함께—그 이름이 언제나 재료의 원산지에 딱 들어맞는 것은 아니었지만—더욱 멀리 주변으로 밀려났다. 카렘의 유산이기도 한, 프랑스 요리의 위대함은 재료를 다루는 숙련된 솜씨와 외국 요리를 본보기에 맞게 '프랑스화'하거나 조정하는 데 있다는 생각은 1930년대의 안전하게 이국적인 요리들에도 상응했다. 19세기 말과 20세기 초의 요리 잡지들은 독자들에게 외국 음식의 요리법이 프랑스에 맞게 조정되었음을 확인시켜주었다. 1934년 잡지에 실린, 가지를 이용한 '아 랄제리엔à l'algérienne(알제리식)' 요리법은 "모든 사람의 위장에 더 잘 맞게끔 현지에서 먹는 것보다 조금 더 개선해서 준비했다"고 분명하게 밝혔다.[68] 20세기 초 '소시에테 다클리마타시옹Société d'acclimatation(적응 협회)'에서 주재한 점심식사에서는 (쌀, 액젓, 럼 소스*에 담근 과일 등) "프랑스인의 입맛을 만족시키기 위해 선별되고 창조되었으며" 상류 사회의 관습에 따라 서빙되는 수입 재료를 내놓아서 식민지 식품의 사용을 홍보했다.[69]

식민지 내에 거주하는 프랑스인들의 입맛에 맞았던 유일한 비프 랑스 농산물이 현지 과일이었듯 열대 과일은 오늘날 프랑스가 구축 한 DROM의 농산물 수입망에서 유일하게 여전히 중요한 농산물이 다. 오늘날 통계 수치를 보면 프랑스의 해외 데파르트망(과달루프, 기 아나, 마르티니크, 레위니옹)은 프랑스 전체 과일 및 채소 생산에서 아주 작은 부분을 차지하지만, 몇 가지 농산물의 유일한 생산지다. 2010 년 프랑스의 DROM에서 생산한 곡물은 프랑스 영토 전체 곡물 생산 량의 0.1퍼센트도 안 되고, 토마토와 아리코 베르의 경우도 3퍼센트 밖에 안 되며, 지방종자는 전혀 없었다. 다만 사탕수수, 바나나, 파인 애플, '열대' 뿌리채소는 100퍼센트를 생산했다. 하지만 이들 농산물 조차 해외 영토에서 생산하는 양보다 해외에서 수입하는 양이 압도 적으로 많다.[70] 이들 지역의 이러한 특산물은 DROM의 무역수지 균 형을 맞추는 데 충분하지 않다. 2010년 마르티니크는 전체 농업 예 산의 42퍼센트, 과달루프는 23퍼센트, 레위니옹은 16퍼센트에 해당 하는 보조금을 받았다.[71] 2017년 프랑스에 가장 많은 바나나를 공급 하는 곳은 코트디부아르(전체 물량의 25퍼센트)와 카메룬(20퍼센트)이 었으며, DROM에서 들어오는 분량은 30퍼센트 가까이 줄었다.[72] 그

---

* 버터, 설탕, 우유, 전분에 럼을 넣고 열을 가하며 휘저어서 만든 소스다. 과일 푸딩 등 디저트를 만드는 데 사용된다.

럼에도 오늘날 식민지 음식은 여전히 그것을 먹는 사람이 타자임을 나타내는 표시다. 1912년 요리 잡지 《코르동 블뢰》에서는 "프랑스 요리의 예술적 기교에 의해 변형된" 쿠스쿠스는 고급 식사 자리에 오를 수 있다고 함으로써 이 모로코 요리를 승인했다.[73] 1962년 알제리 독립 이후 100만 명의 피에 누아르pieds noirs*가 쿠스쿠스에 대한 미각을 그대로 지닌 채 알제리에서 프랑스로 돌아왔다. 프랑스 기업 가르비Garbit에서는 1962년 최초의 통조림 쿠스쿠스를 시판하기 시작했다.[74] 하지만 국민 정체성과 관련해 외국 음식에 대한 의심은 여전히 남아 있다. 2002년 한 기사에서 모리스 마스키노Maurice Maschino**는 프랑스 국적 취득을 신청한 모로코 이민자에게 쿠스쿠스를 얼마나 자주 먹느냐는 질문이 제시된 사례를 보도했다.[75]

식민화와 탈식민화는 프랑스인들이 머릿속에 그리는 조국의 모습을 형성했다. 문자 그대로 프랑스는 편재적 상징이 된 '육각형hexagone***'으로 알려져 있다. 1960년대 프랑스 해외 영토들이 해방된 직후 이 육각형이 프랑스의 상징으로 만들어졌는데, 1966년이 되

---

*   '검은 발'이라는 뜻인데, 식민지 시절 알제리에 살던 프랑스인들을 환유적으로 가리킨다.

**   《르 몽드Le Monde》에서 발행하는 월간지 《몽드 디플로마티크Monde diplomatique》의 유명 저널리스트. 젊은 시절 알제리 독립 전쟁에 참전하여 알제리 편에서 싸웠으며 독립한 알제리에 정착했으나 1965년 쿠데타를 통해 들어선 독재 정권의 탄압을 받고 1971년 프랑스로 돌아와 저널리스트이자 작가로 활동했다.

*** 지도에서 바깥쪽으로 튀어나온 프랑스 본토의 지점들을 직선으로 이으면 정육각형에 가까운 형태를 이룬다. 그래서 프랑스인들은 프랑스 본토를 '육각형'이라고 표현하곤 한다.

어서야 흔하게 사용되기 시작했다.[76] 육각형의 이미지는 (물론 절대 프랑스에 '속한' 적 없던) 식민지를 상실(했음을 인지)한 뒤에 프랑스 국내 국민을 하나로 통합하는 데 기여했다. 식민지 획득은 19세기 말 프랑스-프로이센 전쟁 이후 독일에 알자스로렌 지방을 양도한 데 따른 상처를 치유해준 터였다. 제국이 해체된 후 프랑스가 유럽 국가로서의 정체성을 되살릴 필요가 생겼을 때 이 육각형은 유용하고 편리한 아이콘을 제공해주었다. 프랑스인들의 마음과 정신에서는 지도와 그림을 통해 "구체적이고 접근 가능하게 재생되는 그 이미지보다 프랑스 국민국가의 단결이 선행했다".[77] 이 육각형 이미지가 널리 보급되고 1915년 지리학자 비달 드 라 블라슈Vidal de la Blache의 제안대로 "균형 있고 조화로운 비율의 나라"로서 프랑스 영토가 시각화되자, 프랑스의 자기 이미지는 빠르게 회복되었다. 1977년 《키예 백과사전Dictionnaire encyclopédie Quillet》에서는 유럽 내 국가 프랑스가 "광대한 식민지 제국의 수장이던" 때의 제국 프랑스와 동일하다고 선언했다.[78]

오늘날 프랑스라는 국가는 옛 프랑스제국의 모든 지역에서 온 시민들의 결합으로 이루어졌으며, 그들이 살아가며 이루는 조화의 정도는 정치적 온도에 따라 달라진다. 식민주의의 근원적 유산과 1930년대의 미장발뢰르는 프랑스의 다양한 인구 구성으로 향하는 길을 닦았다. 이전 식민지들을 존중하는 의미에서 1961년 프랑스 정부는 시기와 이유에 상관없이 이전에 프랑스가 점유했던 영토에서 태어난 이들에 대해 프랑스 시민으로 귀화할 때 요구되던 거주 요건을 면제했다. 여기에는 알제리, 모로코, 세네갈, 아이티, 옛 인도차이나, 튀니지는 물론, 놀랍게도 벨기에, 이탈리아와 독일의 일부 지역, 미국의 20개 주까지 포함되었다.[79] 하지만 알제리인들이 프랑스 시민권을 취득하는 과정은 순탄치 않았다. 태생적인 무슬림과 유대인은 1834년 영토 병합 이후 프랑스의 신민으로 간주되었으나 귀화는 금지되었다. 그러다 1962년 알제리가 독립한 뒤, 프랑스에서 알제리 부모로부터 태어난 아이들은 모두 출생 순간부터 물려받은 종교와 상관없이 프랑스인이 되었으며, 알제리의 모든 주민은 귀화해 프랑스 시민이 될 수 있었다.[80] 프랑스 태생의 시민들과 이전 식민지 태생의 시민들 사이에는 여전히 첨예한 갈등과 긴장이 존재하지만, 그럼에도 프랑스 시민을 규정하는 정의가 변경된 적은 없다. 프랑스 테루아르의 음식과 식민지 음식 사이에 인위적 차이를 만들어낸 구성된 정체성은 프랑스인들의 고정된 사고방식 속에서 완강하게 지속되었고, 누가 프랑스인이고 타자인지에 대한 인식에 계속해서 영향을 미쳤다. 마르티니크의 주민들은 파린프랑스로 만든 페이스트리를 먹고 파리 사람들은 쿠스쿠스를 먹지만, 이런 행동은 "당신이 무엇을 먹는지 내게 말해보라"던 브리야사바랭의 단순한 논리를 거역한다. 프랑스 음식을 먹는다는 것이 식민지나 탈식민지 맥락에서 프랑스인이 된다는 것으로 여겨지지 않기 때문이다. 오히려 프랑스인들이 새로운 세계 질서 속에서 과거 그들의 요리가 누린 우월성을 부지하려 애쓰는 동안, 과들루프인들과 모로코인들은 프랑스 식생활과 분리되거나 뒤섞인 크레올과 인도를 비롯한 다른 지역 식생활을 명실공히 되찾고 있다.

문학 속 음식

마리즈 콩데[81], 《요리와 경이*Mets et Merveilles*》[82] (2015)

1장 〈견습 시절: 코코넛 플랑*에서 크리스마스 푸딩까지〉[83]

이미 독창적이긴 하지만, 나는 몇 가지 제안을 감히 제시해보려 했다. 이를테면 [아델리아[84]에게] 브랑다드 드 모뤼brandade de morue[85]에 감자 대신 고구마를 넣어야 하지 않겠느냐고 한 제안이었다. 그녀는 웃으며 물었다. "그럼 그게 뭐니?"

[한번은 아델리아가 마리즈에게 디저트로 먹을 플랑을 만들도록 허락했다.] 아델리아는 식탁에 둘러앉은 가족들에게 플랑은 내가 만든 것임을 알렸다. 그 주간에 우리 집에서는 양이 질보다 더 중요했다. 우리 일곱 남매에 아빠까지 아델리아가 요리한 돼지고기 스튜, 팥, 쌀밥 또는 얌을 재빨리 먹어치웠다. 아델리아는 일요일과 가족들의 생일을 위해 재주를 아껴두었다가, 완벽한 동브레 오 크라브dombrés au crabe[86]에다가 브레제한 붉은 참치와 콜롱보 드 카브리colombo de cabri[87]를 만들었다. 그날 밤, 배불리 먹은 우리 가족들은 점잖게 나를 칭찬했지만 온기라고는 전혀 느껴지지 않았다. 엄마는 엄마 나름으로 한 마디를 흘렸다. "멍청한 사람들이나 음식에 흥분하는 법이지."

---

* 플랑flan은 우유, 달걀, 설탕으로 만들어 차게 먹는 일종의 작은 푸딩이다. 크렘 카라멜crème caramel이라고도 한다.

다진 대구살과 감자로 만든 브랑다드 드 모뤼

[어린 시절에 받은 꾸지람도 요리에 대한 마리즈의 관심을 흐려놓지는 못했다. 오히려 그녀를 더 대담하게 만들었을 뿐이다.]

지나칠 정도로 전통을 고수하는 아델리아가 열심히 나를 말렸지만, 나는 분홍빛 사몽과 아보카도에 레몬즙을 넉넉히 뿌려서 새로운 샐러드를 만들어냈다. 하지만 그때 이후로 부엌에 들어갈 때마다 나는 늘 넘지 말아야 할 선을 넘는 듯한, 규칙을 어기는 듯한 느낌이 들었다. 그건 몇 년 뒤에 영화에서처럼 남자아이들의 입에 키스하기 시작했을 때 느낀 느낌이기도 하다. 열다섯 살에 나는 인도인[88]들이 유산으로 남겨준 국민 요리인 콜롬보 드 카브리를 만들 수 있었다. 하지만 아델리아는 나를 절대 받아주지 않았다. 그녀는 뾰로통하게 입술을 오므리며 말했다. "엄청난 아이디어로구나! 계피를 갈아 넣다니! 콜롬보에 계피를 넣으면 안 되는 거야!"

왜? 누가 그렇게 결정해놓았길래? 마치 조상들이 유산으로 남긴 신성한 문헌으로부터 절대 불변의 요리법들이 전해지는 것만 같은 전통 요리에는 전혀 식욕이 일지 않았다.[89] 나는 창조하고 싶었고, 발명하는 게 좋았다.

8장

현대
농민은 영원히

수십 년에 걸쳐 제국은 확장되었다가 축소되었고, 국내외에서 농업의 위기가 닥쳐왔으며, 그러는 와중에도 오트 퀴진의 지배가 계속되었다. 이제 프랑스는 현대에 들어섰고 그 국민적 전통을 보존하기 위한 새로운 서사가 필요했다. 카렘의 모델은 이제 구식이 되었고, 영토의 침략과 점령과 상실을 겪고 전쟁으로 역경에 처해 내부 식량 공급을 유지할 수 있는 국가 역량에 지장이 생겼으므로, 고급 정찬에 관해 세계적 리더라는 지위는 물론 가스트로노미의 선두에 있다는 프랑스의 정체성 자체가 흔들리고 있었다. 가스트로노미는 프랑스 정체성의 외피로 작용했다. 20세기에 들어서면서 겪게 된 식량 문제는 국민을 먹이고 그들이 누구인지를 정의하는 프랑스의 국가적 역량을 뒤흔들었다. 프랑스는 다시 한번 보호주의로 돌아섰다. 외부에서 닥쳐온 위협들은 (실제로 위협이었든, 위협이라고 인식되었을 뿐이든) 프랑스 음식의 프랑스다움을 공식화하려는 노력을 배태했다. 이는 해외 영토의 주민들과 전통들이 동화작용을 일으키는 프랑스 요리의 특성에 도전하는 상황에서 과거를 보존할 뿐 아니라 프랑스 시민권의 기반을 보존하려는 것이었다. 20세기에는 법률적 범주들이 프랑스의 특산물을 프랑스 토양에 직접 결부시키면서, 서류와 법정의 공식 기술記述로 문학적인 상상의 테루아르를 뒷받침했다. 국제 시장에서 프랑스 요리의 우월성을 제도로 고착시키기 위한 노력의 일환으로 고급 품질을 표시하는 라벨들이 개발되었으며, 농민주의peasantism(건실한 농민 계층이 국가 안정의 열쇠라는 믿음)는 현대 자본주의의 침입으로부터 프랑스 농업을 지켜내고자 했다. 파리 사람들은 지방 요리들을 '발견하고' 찬양했으며, 지방들은 마침내 요리에 있어 파리와 거의 동등한 지위에 올랐다. 현대 프랑스는 새로움과 융합을 포용하며 변화하는 세상에 직면하여, 자국의 역사와 지역 테루아르의 가치를 유지하고 보존할 길을 계속 찾고 있다.

프랑스 토양의 산물로서 우월한 프랑스 음식을 옹호하는 수사법은 전원적인 프랑스와 프랑스인들의 상상 속에 있는, 그러나 물질적 현실 세계와 동떨어진 경우가 많은 농민의 이미지를 계속해서 사용한다. 현대 텍스트들은 "시골 지역에 뿌리내리고 프랑스 농업의 유산을 지키고 있는" 프랑스의 소농들의 중요한 상징적 자리를 계속해서 언급한다. 하지만 (마르크 블로크를 비롯한) 지리학자들이 규명했듯이 1930년대 이후 프랑스 농업은 작은 농장들이 합쳐져 대규모 농장을 이루는 경향이 있다.[1] 프랑스 음식에 있어 농민이라는 관념은 프랑스 농업 체계에서 소농의 실질적 역할만큼이나 중요하다. 유진 웨버는 농민 계층에 관한 역사서에서, (이를테면 브르타뉴 지방에서) 밀로 만든 빵은 너무 많은 쾌락을 주기 때문에 보리로 만든 거친 빵을 먹는, 완강하고 건장하며 고귀한 농민의 신화를 찬양했다.[2] 1870년 프랑스 제3공화국 국민의 3분의 1은 도시 주민이고 3분의 2가 농촌 수민이었다. 1930년대에 이르면 인구 절반이 농촌 주민으로 분류되었

장프랑수아 밀레Jean-François Millet, 〈괭이를 든 사람〉(1860~1862). 19세기 후반 예술가들은 농민의 이미지를 작품의 주제로 삼는 경우가 많았다. 1863년 살롱 드 파리Salon de Paris*의 관람객들은 산업혁명이 일어나면서 농촌 인구가 감소하고 있음을 염두에 두고 그림 속 농부의 곤경을 사회주의적 저항이라는 입장에서 해석했다.

* 우리나라에서 흔히 살롱전展으로 알려진 살롱 드 파리는 1667년 아카데미 데 보자르Académie des Beaux-Arts에서 개최하기 시작한 공식 미술전시회이다. 이후 19세기 말에 이르기까지 성공한 미술가의 등용문으로 자리 잡으면서 프랑스는 물론 유럽 미술계를 지배했다.

지만 1940년대부터 시골에서 도시로 인구 이동이 매년 꾸준히 증가해 1975년에는 농업 노동자가 전체 노동인구의 8퍼센트밖에 되지 않았으며, 프랑스 영토의 4분의 1만이 농촌으로 간주될 수 있었다.[3] 19세기 말에는 농촌 주민의 투표가 매우 중요했으며, 이후에 그 수가 줄어들고 낼 수 있는 목소리도 작아졌음에도 상징으로서의 농민은 여전히 정치의 중심에 있었다. 1890년대에는 대혁명 이후 처음으로 신규 농장의 증가 속도가 느려지기 시작했고, 1929년에 이르면 이미 소규모 농장들이 대규모 농장으로 통합되어 프랑스 내에서 1만 제곱미터를 초과하는 개별 농장의 수가 50만이나 감소했다.[4] 하지만 농민은 여전히 시골 농부들에게 유용한 페르소나로 남았다. 농부들은 농민이라는 용어를 자기 지시적으로 이용해 같은 땅을 일구었던 조상들과의 연결성을 강조했다. 또한 농민은 정치인들에게도 유용했다. 정치인들은 무식하고 퇴행적인 농민의 이미지와 국가 유산의 고귀한 보호자로서 농민의 이미지를 똑같이 다루었다. 프랑스 정치의 보수파에서 농민을 찬양하는 것은 가톨릭적인 이상이나 반反공화국 정서와 맥을 같이한다. 좌파에서 농민의 이미지는 고압적인 정부 정책이나 "도시 생활의 기만과 억압"에 대한 거부를 상징한다.[5] 그리고 프랑스 음식 이야기와 프랑스 국민에게 가장 중요한 것은, 농민이라는 상징이 계속해서 다시 출현하며 현대적이고 산업적인 프랑스와 그 농업적 전통이 공존할 수 있음을 확인시켜준다는 사실이다.

프랑스의 지방이 국가 전체에서 지닌 중요성에 관한 인식은 20세기 들어 크게 달라졌다. 농촌 주민들은 1차 세계대전에서 큰 손실을 입었다. 사상자의 절반 이상이 시골 출신 청년이었기 때문이다. 전쟁 중에는 나이 든 사람들이 농사일을 해야 했으나, 몇 년간은 군대로부터 수요가 있었기 때문에 수익이 괜찮았었다. 전쟁 이후에는 소규모 농장과 대규모 농장의 구분이 더욱 중요해졌다. 북부의 대규모 농상들은 복구를 위한 재투자 자금을 가지고 선생 피해를 입은 농지를 근대화했지만, 소규모 가족 농장에서는 계속해서 비효율적인 전통 경작 방법을 사용했다. 프랑스 소비자들이 빵을 덜 먹게 되면서 국내 시장의 밀 수요가 감소하자 정부는 외국산 밀을 국내 시장에서 밀어내는 조치로 자국산 밀을 지원했다. 그러나 1932년과 1933년에 밀이 풍작을 이루자 가격이 하락했고 소농들은 빚을 짊어지게 되었으며, 그들 중 다수가 더 이상 농사를 지을 수 없게 되자 농촌에서 도시를 향한 인구 이동은 더욱 가속화되었다. 시장을 규제하려는 정부의 노력은 내부의 문제를 해결하는 데 실패했다. 보호주의적 조치들은 오히려 밀과 빵 가격을 인상하는 결과를 낳았지만, 값싼 외국산 밀에 시장을 개방하면 소농들을 거의 몰살하는 결과를 가져올 것이었다. 농민을 대표하는 조합 지도자들은 "프랑스의 신념과 사회적 존속은, 가족농들이 비록 세계시장의 가격에 맞추어 농산물을 생산할 수 없다 해도 그들의 인구를 대규모로 유지하는 데 달려 있다"는 생각을 계속해서 고취하고자 했다.[6]

2차 세계대전의 발발은 식량 공급 체계에 변화를 강제했는데, 특히 시골 주민들에게 그러했다. 독일 점령 시기에 비시 정부의 지도자들이 만든 농업 정책은 산업화 이전 프랑스의 참된 뿌리로 돌아가는 한 방법으로서 농업과 농민을 계속 우선시했다. 비시 정부의 관리들은 르망브르망(농지 정리)에 관한 법률로 농촌 경관을 직접 재구성하기를 희망했다. 즉 이전 농민들에게 보조금을 주어 다시 농사를 짓게 하고 대규모 토지를 작은 필지들로 나누는 작업을 용이하게 하려 했다. 1940년대에 이 법의 효과는 매우 미미했지만(선뜻 응한 이들이 1000명도 되지 않았다), 1960년대에도 계속 유효한 법률로 남아 있었고, 장기적으로 보면 특히 중북부 프랑스에서 의미심장한 결과를 가져왔다. 비시 체제에서 프랑스의 수반 마레샬 필리프 페탱Maréchal Philippe Pétain은 농민에 관한 애국주의적 관념을 칭송하고, 비시 정부의 정치적 자본을 위해 주로 이 이미지의 수사적 가치에 집착했다. 하지만 비시 정부의 농업 정책 지도자들은 대부분 농부이거나 전국농업협동조합연합Union nationale des syndicats agricoles(UNSA)의 회원으로서 토지균분론으로 회귀하는 데 정당한 이해관계를 갖고 있었다.[7] 비시 정부하에서 UNSA 지도자들은 1940년에 회비를 걷을 수 있는 능력과 규제 권한을 지닌 농민조합Peasant Corporation이라는 단체를 만들었다. 이 단체는 회원 자격을 농촌의 모든 가족으로 확장하고 그들에게 경제적·사회적 보조를 제공했다. 하지만 소농들과 노동자들은 이 조합에 참여하는 데 별 관심을 보이지 않았다. 1942년의 새로운 법은 농사일을 하는 사람들의 범주(임노동자, 지대 소작농, 물납 소작농, 지주)마다 각기 지역 분과를 둠으로써 초기 조직에 걸림돌이 된 농촌의 연대 부족 상황을 다루었다. 새로운 형식의 농민조합은 "협동조합주의자들이 아끼던 농민의 단결 신화에 대한 고통스러운 도전을 담고 있었다."[8] 일치단결한 농민이라는 관념은 실제이기보다 이론임을 드러냈으므로 이러한 분열을 인정해야 했기 때문이다. 하지만 실제로 성마른 농촌 주민들에게 하나의 공통 목적을 향해 함께 일하는 가치를 납득하게 한 것은 비시 정부에서 설립한 관련 협회들과 반복해서 이야기되는 농민 신화였다. 농촌 조합에서 일어난 사고방식의 변화는, 독일의 점령이 끝난 뒤 새로운 징부에서 모든 농업 분야를 아우르는 농업총연맹Confédération générale d'agriculture을 낳았다. 이 단체는 곧이어 전국농업경영자조합연맹Fédération nationale des syndicats d'exploitants agricoles(FNSEA)에 흡수되었다. 이 단체의 첫 의장은 회원들에게 농민의 일치단결을 서약하도록 요청했다. 분명한 것은 농민의 이야기가 실제적인 결과를 낳았다는 사실이다.

20세기에 프랑스 농민은 지역 조합과 전국 조직에서 농업 보호 조치를 얻어내기 위해 힘겨운 싸움을 해야 했다. 농민을 지지한다면서도 실제적인 효과는 거의 발휘하지 못하는 파리의 수사적 표현과 땅을 일구는 이들로 이루어졌으나 파편화된 지역 지도부 사이에서 농민은 진퇴양난에 빠져 있었다. 세간의 이목을 끄는 상징적 행동들이, 18세기의 밀가루전쟁 때와 같이, 때때로 국민의 관심을 사로잡고 정부 조치를 유도해냈던 것은 농민이라는 인물상이 중요하기 때문이었다. 1961년 5월 브르타뉴에서는 감자 가격이 급락해 농부 수천 명이 트랙터를 끌고 나와 도로를 점령하고 시내 광장에 감자를 쏟아놓고 투표함을 불태우며 저항했다. 정부에서 시위를 주최한 이들 가운데 두 명을 체포한 뒤에 오히려 브르타뉴의 다른 지방으로도 소요사태가 번져, 열흘 동안 시위가 이어지고 도로가 점거되었다. 시위의 물결은 브르타뉴에서 프랑스 남부와 서부로 이동했고 6주 동안 "일부 시골 지방은 맹렬한 격변을 겪었다."[9] 현대의 농민 봉기는 새로운 세대의 농업 활동가들을 유명하게 만들었고, 정부를 압박해 단기적인 원조와 장기적인 농업 개혁을 겨냥한 조치를 하게 하면서 파리와 지방 사이의 관계에 새 장을 열었다. 1960년대에 프랑스 농업은 새로운 법률, 정책, 구조 변화(정부 보조금, 기계화, 인구 이동, 경지 정리 등)가 두드러지는 중요한 발전을 경험했고 이로써 프랑스의 지방도 마침내 현대에 접어들었다. 비록 프랑스인들이 명예로운 프랑스 농민이라는 관념에 집착하고 있어도, 프랑스 농업은 이제 산업화 이전 19세기의 시골 농장 일꾼을 되살리려는 노력에 의해 저지되지 않는다.

식량 생산자들을 위해, 파리 이외 지역의 공급자들을 보호하려는 신규 법률은 파리 시장(레알)에 대한 규제가 프랑스 전역에 영향을 끼친다는 사실을 마침내 인정했다. 1860년대 말 완성된 철도망과 식품 보존 기술의 발전 덕분에 지방 농민은 더 많은 농산물을 파리 시장으로 보낼 수 있게 되었다. 그러나 18세기 파리의 와인 독점과 마찬가지로, 파리 이외 지역 판매상들은 친숙하지 않고 신뢰하기도 어려운 중개상들에게 의존했다. 대체로 거리가 아주 큰 문제가 되지는 않았음에도, 1878년의 한 법령은 지방 농민이 시장에서 직접 과일과 채소를 판매하지 못하도록 했으며, 오직 파리의 대리인(팍퇴르facteur라고 불렸다)만이 거래를 관리하도록 했다. 이러한 체계는 1953년까지 그대로 유지되었다. 농민들은 이 팍퇴르들이 행하는 기만적인 거래 관행을 불평했지만, 파리에서 판매량이 보장된다는 것이 다른 위험 부담을 능가했으므로 레알에는 공급이 넘쳐나(서 가격이 하락하)고 나머지 지역에서는 공급이 모자라(서 가격이 폭등하)는 결과가 초래되었다.[10] 1960년 브르타뉴의 농부들과 그들의 중개상 사이에 분쟁이 일었고, 그 결과 그해 6월에 농부들이 직접 아티초크를 싣고 파리로 가서 길거리에서 팔기 시작하면서 이른바 '아티초크전쟁'이 일주일가량 지속되었다. 이는 상징적인 것을 선호하는 프랑스 농민의 행동주의와 맥을 같이하는 극적인 의사표현 행위였다.

기만적인 거래를 다루고 지역 공급자들을 보호하기 위해 프랑스 정부에서는 1953년 법령을 통해 공영도매시장Macrché d'intérêt national(MIN)을 설립하고 1958년에서 1967년까지 점진적으로 확대해가면서, 중개상들을 없애고 주요 도시들의 지역 시장에 보호된 공간을 제공했다. 현재는 파리 외곽의 룅지를 비롯해 전국 17개소에서 운영 중이다. 공영도매시장은 두 부류의 판매자에게 장소를 제공한다. 한 부류는 고객 앞에 상품을 진열하고 판매하는 전통적인 도매상이고, 다른 부류는 물리적인 시장 공간을 건너뛰고 고객에게 직접 상품을 배달하는 도매상이다. 옹호론자들은 전통적인 상거래를 보존하는 한 방식으로서 이 공영시장을 지지하며, 이것이 도매시장의 "멸종위기종들을 보호한다"고 주장하고,[11] 그러한 실행 전략을 인정한다. 본래의 법규는 과학에 대한 요구와 더불어 중세 빵 시장에 적용되었던 합리적이고 정의로운 상거래에 관한 표현을 그대로 복제한 것이었다. "달성해야 할 목적은 최선의 가격을 찾는 것인데, 즉 고객의 예산을 고려해 가능한 최저 가격이면서 생산자를 고려해 그의 노동에 대한 정당한 대가를 보장하는 가격이되" "현대의 과학적 데이터에 따라 거래와 운송을 합리화"함으로써 추구하는 것이다.[12] 시장에서 보호주의는 소비자들이 지역 생산자들의 상품에 접근할 수 있게 함으로써 프랑스인들의 상상계에서 소중히 여겨지는 '옛 방식'을 보존했다(그리고 보존하고 있다). 또한 지방 시장들을 통합하되 파리 시장에 대한 보조 시장으로서가 아니라 공영도매시장이라는 이름이 의미하듯이 '국가적 이익'의 연결망 안에서 통합했다.

　프랑스인들이 전통 보존과 정통성에 대해 하는 이야기는 20세기 초 원산지명칭통제(AOC) 제도를 통해 와인과 치즈를 법적으로 보호하는 형태를 취했다. 식품 관련 사기와 상품 허위표기 방지를 위한 1905년 법률에서는 와인에 표시하는 원산지명칭에 따라 구역이 설정되었고, 이어서 1919년 법률을 따라 이 구역들을 관리하고 그 사용을 감독할 행정법원들이 설립되었다. AOC 규정을 통한 프랑스 와인 보호조치는 1차 세계대전에서 프랑스가 영토와 자주성을 상실했을 때 생겨났다. 19세기에 정치적으로 매우 불안정했던 시기에 국가적인 오트 퀴진 형태가 단단히 자리 잡은 것처럼, AOC를 통한 보호정책은 다른 전선에서 패배에 직면했을 때 요리 분야에서 프랑스가 지닌 우월성과 사부아르페르를 확고히 하려는 노력의 일환으로 볼 수 있을 것이다. 이는 또한 1933년의 풍작에 따른 과잉생산 위기에 대한 대응이기도 했다. 두 차례 세계대전 사이 시기에 알제리의 포도밭은 세 배로 늘어났고 프랑스 국내 와인 소비량은 감소했다. 1930년대 프랑스는 와인 생산량을 감시하던 데서 규제하는 쪽으로 방향을 선회했고, 일부 품종의 포도 재배를 금지하거나 포도밭을 갈아엎기도 했다. 1935년 법률은 오늘날 국립원산지명칭통제연구소(INAO)라고 불리는 기구를 설립하고, 와인에 대해 정해진 지리적 구역들을 단속할 뿐 아니라, 생산 구역, 포도 품종, 단위면적당 생산량, 자연 양조과정의 최소 알코올도수를 비롯한 와인 및 증류주 제조의 여러 측면을 통제할 권한을 부여했다.[13] 이 새로운 권한은 AOC에 따른 상품의 이름만이 아니라 그 구성요소와 특정 테루아르와의 관계를 보호했다.

두 차례 세계대전 사이 시기에 프랑스 치즈 장인들은 와인을 위해 놓인 길을 따라 걸으며 치즈를 묘사하는 데 '테루아르'와 '크뤼' 같은 용어를 사용함으로써 전통에 대한 보호와 인정을 받아낼 기회를 포착했다.[14] AOC 제도의 확대 적용은, 산업화된 치즈가 등장한 이래 거의 사라져버린 프랑스 장인의 수제 치즈 생산을 보호하고 진작하는 데 도움이 되었다. 브리, 카망베르, 그뤼에르는 대규모 산업 생산에 적합한 "현대적 치즈"가 되어, 20세기로 넘어가던 시기에 이미 지역적 연고를 뛰어넘어 전국적이고 국제적인 명성을 얻었다. 프랑스 치즈는 두 가지 트랙을 따라 발전했다. 수제 치즈들은 여전히 시골 지방과 전통 방식에 연결되어 있었고, 저온 살균된 산업 치즈들은 대규모 소비시장에 어필했다. 산업 치즈 제조업체들은 미생물학자들의 도움을 받아서 공장의 치즈 제조 과정을 안전하고 위생적으로 관리했으며, '앙시앵anciens' 혹은 '재래식'이라 불린 수제 치즈 생산자들은 그들의 치즈에 관한 이야기와 신화를 지어내고, '도시'의 산업 치즈를 가짜 치즈라고 공격함으로써 수제 치즈를 단순한 '시골' 음식에서 정통의 '진품'으로 격상시키고자 했다.[15] 프랑스 요리의 다른 요소들에 대해 그러했듯이, 프랑스의 시골 치즈를 위해 신화적인 역사를 만들어내려는 노력은 궁극적으로 이 역사를 엮어서 음식에 관한 프랑스인들의 믿음을 직조하는 결과를 낳았으며, 그리하여 이 역사는 만들어진 것이 아니라 '참된' 역사가 되고 치즈나 와인을 진짜 프랑스 것으로 평가하는 데 핵심적인 역할을 했다. 농민들의 지역 요리는 미식가 퀴르농스키Curnonsky*에게서 소중한 지지를 받았다. 그는 1934년 〈프랑스, 치즈의 천국La France, paradis des fromages〉이라는 글을 발표했는데, 거기에는 장인들이 만드는 수제 치즈의 지리적 발상지가 표시된 지도가 수록되어 있었다. 로크포르 치즈가 인증표를 받은 1925년 이후로 수제 치즈들은 AOC 지위를 누렸다. 하지만 로크포르라는 원산지명칭은 우유 생산이 아니라 저장고에서 아피나주affinage(숙성)가 이루어지는 지리적 지역에 한정되었다.

와인과 달리 치즈는 어떤 면에서는 산업 생산품이었고, 관련 규정에 담긴 정신은 이러한 철학을 반영했다. 우유를 통해 브루셀라증과 결핵이 발병하면서 프랑스 유제품의 국내 및 해외 판매에 타격을 가하자, 이에 대한 대응으로 1935년의 신규 법률에서는 상업용 우유 제품에 대한 위생 기준을 설정하고 대부분의 경우 우유를 저온 살균할 것을 요구했다. 이 법규는 널리 보급된 '국민 치즈'(카망베르, 브리, 그뤼에르)에 대해 해당 치즈가 갖추어야 할 일반적 특성(지방 함량, 우유의 유형)을 개괄했다. 하지만 생산자가 소비자에게 직접 판매해 "지역적으로 생산되고 소비되는 치즈"는 법 적용에서 제외되었다.[16] 수제 치즈는 프랑스 시장에서 여전히 한 자리를 차지했으나, 1935년

---

* 20세기 전반기에 왕성하게 활동한 미식가 작가이다. 본명은 모리스 에드몽 사이양Maurice Edmond Sailland이다. 음식에 관한 수많은 칼럼과 책을 출간했고 미식 잡지를 창간했으며 '가스트로노미의 선제후'라고 불릴 정도로 유명했다.

법률은 산업 치즈를 어느 정도 공식적으로 보증하는 역할을 했다. 강력한 산업 치즈 생산자들은 특정한 지역명이 없는 일반적인 치즈가 치즈 산업을 현대화하고, 내수용으로나 수출용으로 프랑스 치즈를 마케팅하는 데 더 적합하다고 주장했다.[17] 치즈에 대한 AOC는 와인의 경우와 대조적으로 생산량을 늘리기 위해 지리적인 우유 생산 구역의 규정을 회피했으며 구체적인 테루아르를 확인하지도 않았다. 그러나 결국 1990년 개정된 AOC 규정에서는 치즈 생산자들이 와인을 위해 설정된 테루아르 체계를 고수하고 치즈를 이루는 모든 구성성분의 지리적 출처를 밝히도록 강제했다. 같은 해에 AOC가 모든 프랑스 식료품에 개방되었으며, 1992년에는 프랑스 모델에서 영감을 얻어 유럽 차원에서 와인을 제외한 모든 식료품에 대한 원산지명칭보호Appellation d'origine protégé(AOP) 제도가 만들어졌고, 2009년에는 와인까지 포함되었다. 프랑스에서 생산된 AOC 버터에는 독특한 풍미와 색깔, 풍부한 미네랄과 유지방으로 유명한 노르망디산 이지니Isigny 버터, 15시간 동안 숙성한 크림을 사용하는 남서부 지방의 샤랑트푸아투Charente-Poitu 버터, 그리고 최근에 AOC 버터가 된 동부 지방의 브레스Bresse 버터가 있다.[18]

AOC 치즈들은 재료와 제조 과정에 관한 엄격한 규칙을 따른다. 이는 부분적으로, 프랑스적인 창조물의 수준을 높게 유지하고 '참된 형태'를 고수해 시간이 흘러도 변하지 않도록 음식을 체계화하려는 프랑스인들의 광적인 집착에서 비롯했다. 한 가지 사례를 들어보자면, 1905년과 1935년의 '치즈 법령들' 이후에 나온 1988년 법규는 오직 염소젖 치즈에 한해 "전통적인 형태", 즉 지름 60밀리미터에

에푸아스 AOP 생우유 치즈

길이 10~20센티미터의 병마개(봉드bonde) 모양이나, 지름 65밀리미터에 길이 5~7센티미터의 병마개 모양, 아니면 어떤 모양이나 크기의 피라미드형을 취할 수 있다고 구체적으로 규정해놓았다.[19] 1980년대 말에 이르러 프랑스의 수제 치즈는 특정 테루아르를 과시하고 시골 분위기를 살린 진열과 포장 방식을 선보이며 놀라울 만큼 재기에 성공했다. 쏘는 듯한 맛이 나는 외피세척 치즈 에푸아스Epoisse는 AOC 규칙에 따라 오직 코트도르 지역에서 세 품종(브륀Brune, 시망탈Simmental, 몽벨리아르Montbéliard)의 암소에게서 얻은 우유만을 사용해서 만들어야 한다. 이 규칙은 사실상 16세기 이래 부르고뉴에서 생산된 이 치즈의 테루아르를 규제하고 강요하는 것이다. 이 치즈는 1950년대에 생산이 중단되었다가 1991년 한 농부에 의해 부활했고 AOC 인증을 받았다. 미식 비평가들 사이에서는 시골풍의 지역 치즈가 산업 치즈보다 훨씬 더 선호되었다. 이는 전통적인 방식을 정통성에 결부시키는 경향을 따른 것이다.

와인의 경우도 법적 규정이 소비 형태와 경향을 좌우했다. 랑그도크에서 1950년대에 시작된, 수확량이 많은 '그로 루즈gros rouge(거친 레드와인)'에서 고급 와인으로 변화하려는 시도는 더 많은 AOC 등급의 와인을 생산하게 했고 낮은 등급의 값싼 와인을 거부하는 경향으로 이어졌다. 1961년에서 1978년 사이에 프랑스 내 연간 저가 와인 소비량은 1인당 130리터에서 90리터로 떨어졌고, 보장된 질과 높아진 위상 덕분에 AOC 인증 와인에 대한 수요는 늘었다. AOC 인증 표시를 달게 되면서 와인은 더 이상 "기본 필수품"이 아니라 "문화 상품"이 되었다.[20] 1970년대 리옹에서 진행된 지역 와인 판촉 활동에 관한 피에르 마욜Pierre Mayol의 설명 또한 같은 이야기를 들려준다. 보통의 와인이 담긴 병에 스티커를 하나씩 붙여, 스티커 열 개를 모아 오는 손님에게는 우수품질제한와인Vins délimités de qualité supérieure(VDQS)(1944년 설정된 2등급 품질의 와인 칭호)*—대체로 코트 뒤론와인—한 병을 주는 방식이었다. VDQS 와인 병은 그 범주에 들어감으로써 인정된 질적 차이 때문에 "선물"로서 상징성이 있다. 그러자 고급 와인의 "유효한 상징적 차별성"이 심지어는 일상의 의식처럼 보통 와인을 마시던 사람들 사이에서도 좋은 와인 한 병을 딸 만한 가치가 있는 특별한 날에 대한 욕구를 창출했다.[21] 이런 미묘

---

*　　VDQS 와인은 AOC 와인보다 한 등급 낮게 평가된다. 생산지 규제가 AOC 와인만큼 세분화되어 있지 않지만, 포도 품종, 알코올 함량, 제조법에는 엄격한 기준이 적용된다. 프랑스 전체 와인의 2퍼센트 정도로 소량 생산되고 있다.

한 교육을 통해 필요에 의해서가 아니라, 마욜이 '사부아르부아르 savoir-boire'라고 말하는 것, 즉 문화적으로 와인 감상법을 잘 알게 되어 와인을 마시는 소비자가 생겨난다. 그런 문화적 기준은 프랑스에서 나는 상품들의 위계를 강화하기도 한다. 예를 들어 프랑스는 알제리에서 생산된 와인에 대한 AOC 지정을 거부했다. 1962년 알제리가 독립하자 프랑스는 곧 알제리 와인을 자국 와인에서 제외함으로써 알제리 와인 또한 프랑스적 테루아르를 갖는가 하는 문제를 일소했다. 알제리 와인은 100년이 넘는 세월 동안 생산되었지만 결국 "프랑스 와인의 서사 안에 존재하지 않는다"[22] 1990년대 무슬림 근본주의 세력이 성장하면서 이전에 생산성이 좋았던 알제리의 포도밭들은 대부분 밀밭으로 대체되었다.

현대의 AOC 라벨과 INAO는 "프랑스 요리라는 관념을 적법화하는 국가적 분류 체계"로서 프랑스 요리의 탁월성에 관한 이야기에서 중요한 역할을 한다.[23] 프랑스가 지배하는 다른 음식 분야에서처럼 치즈와 와인의 분류 체계는 프랑스 가스트로노미의 우월성을 국제 무대에 각인시키고 상당한 경제효과를 일으키는 데 일조했다. AOC 라벨은 소비자들을 위해 치즈를 분류하는데, 이는 치즈들이 광고하는 전원적이고 장인적인 특성에 따른다. 어떤 의미에서 AOC 제도는 프랑스의 최고급 식료품들의 기원이 시골이라는 사실을 기리고 주장하며 시골 생산자들이 국가적 음식 지형에서 인정받아야 한다고 역설하는 것이다. 어떤 이들에게 AOC 제도는 "최고의 농업국가 프랑스"를 환기시킨다.[24] 이 제도를 통해 프랑스 소비자는 세계화되고 산업화된 농업에서 독립된 지역 농업이라는 관념을 고수할 수 있기 때문이다. 또한 이 제도는 정의된 (프랑스의) 관행과 원칙을 보증하는 기제를 제공한다. 본래의 1935년 법률은 AOC 와인들의 질이나 기대되는 특징(이를테면 소테른 와인의 맛)을 기술하지 않고, 다만 지리적 신원과 제조 방식의 구체적인 요소만을 기술했다. 1947년 INAO 소장 조제프 카퓌스Joseph Capus는 AOC 와인들의 완전성은 오직 전문가들의 데귀스타시옹dégustation(시음)과 화학적 분석을 통해서만 보장될 수 있다고 주장했다. 그러므로 프랑스 와인의 평가에는 과학과 예술이라는 두 분과가 쌍둥이처럼 합쳐졌다. 오직 시음을 통해서만 전통과 전문성이 풍부한 생산물의 뉘앙스와 세세한 특징을 알아낼 수 있기 때문이다. 하지만 데귀스타시옹은 과학이 아니며 "모든 예술이 그러하듯이 적용되는 방식에 좌우되는 순전히 주관적인 가치를 지닌다".[25] 과학이나 화학적 분석은 객관적 검증 방식을 제공하겠지만, 그것만이 유일무이한 방법은 아니다. 현재 AOC 지침 엄수 여부를 결정하는 조사관들은 상품이 길러지거나 만들어지는 환경의 자연적 성질, 아니면 자연적 요인과 인위적 요인(사부아르페르)의 혼합을 테루아르로 해석한다.[26] 와인의 테루아르와 마찬가지로 치즈의 테루아르 또한 과학과 함께 인간의 판단을 통해 입증된다. 미생물 검사로 어떤 치즈의 특징적인 박테리아 배양을 확인하고 시식을 통해 장인의 숙련된 기술과 치즈의 풍미를 평가한다. AOC 라벨이 시작되게 한 지리적 정의가 진화하면서, INAO의 기준에서는 이제 테루아르를 물리적 땅일 뿐 아니라 여러 세대를 거쳐 전수된 공동체의 "집합적 사부아르페르"라고 간주한다.[27] AOC 라벨은 지리적 공간만큼 인간의 공간을 인정하고, 진화한 AOC의 정신은 오직 프랑스의 사회적 행위자들만이 이러한 땅에서 이러한 음식을 생산할 수 있다는 암시를 담고 있다. 이 절묘한 음식을 생산하려면 그 모든 요인―축복받은 지리·기후·토양 그리고 프랑스인의 재능―이 한데 어우러져야만 한다.

수제 치즈와 같은 지역의 특산물들은 20세기에 들어 늘 새로운 것에 굶주린 파리 사람들에게 발견되지 않았던 영역으로서 새로이 존중받게 되었다. 그리고 해외 식민지들이 독립한 이후에는 (이전에 파리의 요리였던) 국민 요리가 진화해 프랑스 국민이라는 개념을 다시 유럽 안에 가져다 놓았다. 19세기 국민 음식의 정체성이 형성될 때 파리는 의문의 여지 없이 그 중심이었으며, 프랑스의 지방들은 그 주인을 섬겼다. 현대의 가스트로노미 작가들은 지역 요리 전통을 상찬하기 시작했지만, 대체로 부자 여행객들을 돕기 위해서였고 작가 자신이 속한 파리 상류층의 관점을 따른 것이었다. 그러나 많은 프랑스 시골에서는 여전히 이전 세기에 먹던 대로 음식을 먹고 있었다. 1910년 이후가 되어서야 (가장 고립된 지역들을 제외하고는) 시골 사람들도 완전히 포리지를 버리고 점차 밀가루로 만든 흰 빵을 먹었으며, 수수와 기장 등은 쌀로 대체되었다.[28] 곡물을 끓여 만드는 더 오래된 음식들은 모두 사라지진 않았지만, 1906년판 《잘 먹는 일의 기술Art du bien manger》에 실린 설탕으로 달게 만든 크뤼샤드cruchade(옥수수가루와 라드로 만드는 피레네 지방의 주식) 요리법에서 보듯, 대개는 디저트로 변했다.[29] 1차 세계대전까지 농민들은 자신의 땅에서 산출된 다양한 지역 농산물을 먹고 다른 것은 거의 사지

강한 불로 겉면을 그을린 푸아그라. 페리고르의 특산물로, 퀴르농스키가 특별히 즐겼던 음식이다.

않으면서 스스로 잘 아는 자급자족 모델을 유지했다. 지역적 차이는 뚜렷했고 시골 지역들은 여전히 고립되어 있었다. 파리에서 떠들썩하게 치켜세운 국민 요리란 사실 나머지 프랑스 지역 대부분의 식생활과는 비슷한 점이 거의 없었으며, 한 지역의 주민들은 이웃 지역의 요리를 거의 알지 못했다.

지역 전통 요리는 그리모 드 라 레니에르가 1806년 《미식가 연감》에 실은 〈식도락 지리 Géographie gourmande〉라는 에세이에서 처음으로 존경을 표하고, 이어서 1808년 샤를 루이 카데 드 가시쿠르가 프랑스의 가스트로노미 지도에서 예우했으며, 가스트로노미 작가들과 수많은 여행 안내서를 통해 프랑스 전역은 물론 국제적으로도 인정받았다. 퀴르농스키와 루프는 (1912년에 시작된) 총 24권의 《프랑스 가스트로노미 여행*Tour de France gastronomique*》 시리즈에서 지역 특산물을 소개하고, 프랑스 요리는 "위대한 예술이며, 합리적이고 지적인 즐거움"이 되는 전국 가정의 고급 식사에 경의를 표했다.[30] 이 시리즈에 실린 페리고르에 대한 안내서에서 특기한 바에 따르면 오리고기 콩피와 송로버섯은 방문객들이 즐기는 요리일 뿐 아니라 "어느 현지인에게나 축제의 표지"였다.[31] 이러한 해설은 가스트로노미 작가들의 태도를 드러내는데, 그들에게 지방이란 프랑스 내부에 있는 외국 땅과 같았으며, 지방의 요리 전통은 조사해볼 가치는 있었으나, 파리의 프랑스 요리와는 다른 기준을 따르며 파리와의 거리를 유지했다. 파리에서는 1923년 살롱 도톤Salon d'automne*에서 제9의 예술로서 지역 요리를 기념했고, 이는 파리 지식인들에 의해 지역 가스트로노미가 "본질적으로 지역적"이며 "더 이상 개선할 수 없는 동질적인 전체"로서 격상되었음을 입증했다.[32] 1933년 《프랑스의 가스트로노미 보물*Trésor gastronomique de la France*》에서 퀴르농스키와 오스탱 드 크로즈Austin de Croze는 그들이 전체 프랑스 요리와 와인의 완전한 목록이라 부른 것을 제시했다. 이는 셰프들이 새로운 메뉴를 창조할 때 사용할 수 있는 지역 재료들을 정리한 것이었다. 남부 요리는 북부와 동부 요리보다 전국적으로 더 큰 성공을

---

*　'가을 살롱전'이라고 번역할 수 있는 살롱 도톤은 기존에 가장 권위 있던 살롱 드 파리의 보수적이고 교조적인 분위기에 대한 대안으로 르누아르와 로댕Auguste Rodin 등의 미술가들이 주축이 되어 1903년부터 열기 시작한 전시회이다. 야수파fauvism와 입체파Cubism 등 20세기의 새로운 유파들이 탄생하는 모태가 되었다.

육즙을 기본 재료로 한 가벼운 소스를 곁들인 오리고기 콩피. 지역 특산물에 더 가벼운 가니시를 곁들인 새로운 현대 요리의 경향을 반영한 예다.

리옹의 지역 요리 가운데 하나인 강꼬치고기 크넬

거두었다. 20세기에는 알자스, 노르망디, 브르타뉴, 리옹 요리에 초점을 맞춘 책보다 프로방스 요리에 관한 책이 더 많이 출간되었다.[33]

파리와의 거리는 리옹에 유리하게 작용했으며, 리옹은 가스트로노미 요리에 대한 여성 셰프들의 접근 지점이 되었다. 르네상스 시대에 이미 라블레가 《팡타그뤼엘》에서 거인 팡타그뤼엘의 고향으로 칭송했으며, 1935년 퀴르농스키가 동명의 책에서 "가스트로노미 세계의 수도"라고 부른 리옹은 오랜 세월 요리에 관한 예외적인 명성을 누렸으며, 특히 부르주아 요리의 이름을 높였다. 리옹의 유명한 부숑은 크넬과 돼지족발 같은 비스트로bistro*의 고전적 음식을 서빙하고 지역 와인을 자신 있게 내놓는다. 현대에 리옹은 메르 리오네(리옹의 어머니들)라고 불리는 여성 셰프들의 유산이라는 측면에서 파리와 차별화되었다. 이들 중 가장 유명한 외제니 브라지에Eugènie Brazier는 리옹에서 1921년에 자신의 이름을 내건 레스토랑 '메르 브라지에Mère Brazier'를 열었고, 1933년에 서로 다른 두 개의 레스토랑에서 미슐랭 별점 세 개를 받은 최초의 인물이 되었다. 그녀는 리옹의 여성 셰프였던 프랑수아즈 피이유Françoise Fillioux 밑에서 훈련을 받았는데, 피이유는 1890년에 마르샹 드 뱅을 개조해 레스토랑을 열고 1925년에 세상을 떠날 때까지 메뉴를 바꾸지 않은 채 리옹 소시지, 크넬, 송로버섯을 넣은 푸아그라와 아티초크, 풀

---

*   프랑스에서 보통 가정식 요리를 파는 작고 수수한 식당을 일컫는다. 본래는 아파트 세입자들이나 여관 투숙객들에게 식사를 제공하던 주방에서 비롯되었다고 한다. 어원이 확실치 않으며 레스토랑보다 한 세기가량 늦게 등장했다.

레 앙 드미되유poulet en demi-deuil*를 내놓았다. 전설적인 프랑스 셰프 폴 보퀴즈가 브라지에 밑에서 훈련받았으며, 메르 브라지에 레스토랑은 2008년 마티외 비아네Mathieu Viannay에 의해 재개되어 여전히 영업 중에 있다. 20세기 초반 리옹에서 여성이 이끄는 레스토랑의 전통은 보통 여성들이 집 밖에서 일하던 이 도시의 산업적 특성에 의해 부분적으로 설명될 수 있다. 리옹에서는 18세기부터 여성들이 레스토랑을 운영했지만, 전쟁 이후 프랑스가 국가적 자신감을 회복하기 위한 자양분으로서 그 뿌리로 시선을 돌렸을 때 전국적인 관심을 받게 된 것이 바로 이 메르 리오네즈였다. 브라지에와 그녀의 동향 셰프들은 소스를 끼얹은 요리나 브레제 방식으로 조리한 고기 같은 전통적인 부르주아 요리를 부숑에서 만들면서 지역 특산물에 뿌리를 둔 미식적인 세련됨을 추가했다. 브라지에의 (그리고 피이유의) 대표 요리인 풀레 앙 드미되유는 브레스 닭의 껍질 아래 얇게 저민 송로버섯을 밀어 넣은 다음 브레제 방식으로 조리한 것이다. 비평가들은 리옹 여성 셰프들의 요리가 지닌 단순성을 칭송하면서 오트 퀴진에서 배제하지 않도록 주의를 기울였다. 한 역사가의 말에 따르면, 널리 인정받는 이 여성 셰프들은 "나무랄 데 없는 재료들"을 사용하고 "무엇보다도 단순성을 중시했으나, 그들 나름의 분명한 사부아르페르를 발휘하지 못하는 것도 아니었다!"[34] 지방 도시에서 그곳의 부르주아 요리를 제공하는 여성 요리사들 또한 프랑스 가스트로노미의 이미지에 수용될 수 있음이 입증되었다. 반면 파리

---

*   축자적으로는 '반만 상복을 입은 닭'이라는 뜻이다.

갑오징어 먹물 크넬. 고전적인 강꼬치고기 크넬에 변화를 주었다. 공영도매시장 레알 드 리옹-폴 보퀴즈Les Halles de Lyon-Paul Bocuse.

의 최고급 레스토랑들에서 일하는 여성 셰프들은 (허구적 인물인 바베트는 제외하고) 이렇게 받아들여지는 데 훨씬 시간이 걸렸다. 브라지에 이후 이제까지 미슐랭 별점 세 개를 받은 여성 셰프는 네 명뿐인데 이들은 모두 파리 이외 지역 레스토랑의 셰프였다. 마리 부르주아Marie Bourgeois는 1933년 동부 프랑스의 앵 지역에서, 마르그리트 비즈Marguerite Bise는 1951년 남동부의 오트사부아에서, 안소피 피크Anne-Sophie Pic는 2007년 남동부의 발랑스에서, 도미니크 크렌Dominique Crenn은 2018년 미국 샌프란시스코에서 미슐랭 별점 세 개를 받았다. 2015년 미슐랭 별점을 받은 609개 레스토랑 중에 여성 셰프가 운영하는 곳은 열여섯 군데였다.**35**

자동차 여행의 시대가 도래하자 재력이 있는 사람들에게, 그리고 프랑스 다른 지역들로부터 특히나 고립되어 있던 지방 레스토랑들과 호텔들에 새로운 가능성이 열렸다. 지역 안내 책자들은 1차 세계 대전 이후 밀려드는 자동차 여행자들에게 프랑스의 더 깊은 곳에 있는 소읍들과 전통을 홍보했다. 1900년 세계박람회 이후 출간된 미슐랭 자동차 안내서는 자동차와 타이어에 관한 기술적 정보에서 가스트로노미로 그 강조점을 옮겼다. 안내서에 실린 정비소의 수는 줄고 자동차 여행자를 위한 호텔과 레스토랑의 수는 늘었다. 1912년 미슐랭 안내서에서 타이어에 관한 내용은 전체 600쪽에 중 62쪽을 차지했지만 1927년에는 전체 990쪽에서 단지 5쪽밖에 되지 않았다.[36] 1923년에는 레스토랑 목록이 실리기 시작했고, 1931년부터는 하나에서 셋까지 별점 제도가 시행되었다. 처음에는 지방 레스토랑들만 평가 대상으로 했다가 1933년부터는 파리 레스토랑들에도 별점을 매기기 시작했는데, 이는 이 안내서가 기본적으로 여행하는 파리 사람들의 편의를 위한 것이었음을 보여준다. 지방 요리를 선보이는 레스토랑들이 파리에서 꽃을 피웠지만, 실제 지역 레스토랑들은 그 지역에서 나는 재료나 만들어지는 요리를 광고함으로써 방문객들을 끌어모았는데, 이는 파리가 복제할 수 없는 테루아르에 대한 권리 주장이 연장된 것이었다. 이제 소읍들은 죽어가고 있다. 소읍의 중심지에 있던 카페와 가게는 쇼핑센터에 밀려 사라지고 있다. 남부 부르고뉴 지방의 이전 광산촌에서 유명한 레스토랑을 운영하는 제롬 브로쇼Jérôme Brochot는 2017년에 자발적으로 미슐랭 별점을 포기했다. 그는 미슐랭 별점이 매겨진 레스토랑을 유지하는 데 드는

비용을 감당할 수 없으며, 현지 고객들은 그런 레스토랑에서 식사할 만큼 넉넉하지 못하다고 말했다.[37]

지역 요리들이 국민적인 프랑스 요리로 격상되는 과정을 용이하게 한 것이 프랑스 요리에 고유하게 구성된 신화들이었다. 이 신화는 도시에 거주하는 이들이 "추억으로 축성된 음식을 음미함으로써 자신의 지역적 뿌리를 되살리게" 했고 그래서 세련돼진 지방의 모습을 도시로 가져오는 것이 가능해졌다.[38] 20세기에 특정되는 가스트로노미의 지역/전국 모델을 발명하는 데서, 프랑스인들은 가스트로노미의 후렴구를 다시 썼다. 이전에 가스트로노미는 도시적 배경에서 숙달된 셰프가 모범적인 기술과 최고급 재료로 요리한 것으로 정의되었으나, 이제는 토양에 뿌리를 내린 것이 되었다. "프랑스 요리의 가장 혁혁한 요리법이란 가스트로노미의 상상계에 의미와 가치를 부여하는 지역적 뿌리, 곧 테루아르의 산물"이라는 믿음이 주입되었다.[39] 예를 들어 리옹은 가스트로노미의 현대사에서 "골족의 수도"라는 라벨을 다시 얻었다.[40] 가스트로노미의 위상에 대한 개념적 변화는 AOC 법률 제정과 동시에 일어났다. 이 새로운 가치를 반영하는 AOC 제도는 프랑스 토양과 분리될 수 없으며, 따라서 프랑스의 경계 안에서만 존재할 수 있는 오로지 프랑스만의 사부아르페르의 환원이다. 다른 곳에서의 복제에 아무런 영향도 받지 않는 프랑스의 "지역 요리는 절대 여행하지 않는 법이다".[41]

현대에는 고급 가스트로노미를 제시하는 방식 또한 변했다. 파리는 이제 조금 덜 강조되었고, 새로운 요리책들은 레스토랑 셰프를 예상 독자로 상정하고 있음에도 일반 독자 대중에게 전문가 수준의 요리법을 전파했다. 오귀스트 에스코피에의 《요리 안내서》(1903)는 "페트 생플Faites simple(단순하게 만들어라)"이라는 권고를 통해 고전 프랑스 요리를 다시 한번 재정의했다. 에스코피에는 1934년작 《나의 식탁Ma Table》에서 여성 셰프들을 다루기도 했다. 저술에서 이전 시대의 카렘과 뒤부아에게 존경을 표했음에도, 에스코피에 자신은 개인 가정이 아니라 오직 레스토랑에서만 훈련받고 일했다. 그는 파리의 레스토랑인 '프레르 프로방소Frères Provençaux'와 '르 프티 물랭 루즈Le Petit Moulin Rouge'에서 시작해, 1870년 프랑스-프로이센 전쟁이 발발하자 프랑스군의 셰프로 복무했고, 1890년에는 런던 '사보이 레스토랑Savoy Restaurant'의 수석 셰프로 일했으며, 이어서 런던의 '리츠-칼튼Ritz-Carlton'에서도 오랫동안 주방을 맡았다. 오늘날의 주방 조직에 끼친 영향과 더불어, 소스에 들어가는 고기를 줄이기 위해 밀가루로 만든 루를 제거함으로써 프랑스식 소스 제조 분야에서 이룬 혁명적인 혁신은 에스코피에의 가장 위대한 업적으로 남아 있다. 1970년대 누벨 퀴진 셰프들은 이러한 개혁을 한 번 더 확장해 걸쭉한 소스를 쥐(맑은 육수)로 대체했는데, 이는 본래 18세기의 누벨리스트들이 밀가루로 걸쭉하게 만들어 보다 우아한 미트 소스를 선호하고 양념이 강한 라구를 무시했던 것과 같은 순환을 반복한 셈이었다. 알리밥Ali-Bab(앙리 바뱅스키Henri Babinsk의 필명)은 자세한 오트 퀴진 요리법과 역사적 해설에 수많은 각주를 추가한 요리 개론서 《실제적 가스트로노미Gastronomie pratique》를 1907년에 출간했다. 프로스페르 몽타녜Prosper Montagné는 엄청난 영향력을 지닌 《라루스 가스트로노미크》를 1938년에 편찬했다. 이 책은 프랑스 요리

푸아그라와 검정 송로버섯, 감자를 곁들인 투르느도 로시니tournedos rossini[*]. 송로버섯과
푸아그라 같은 지역 특산물은 20세기 파리의 가스트로노미 요리에서도 채택되었다.

*   이탈리아의 유명한 오페라 작곡가 로시니의 이름을 딴 프랑스식 스테이크의
       일종이다. 투르느도라고 불리는 안심 부위를 프라이팬에서 버터로 구운 스테
       이크를 크루통crouton(바삭하게 다시 구운 빵 조각) 위에 올리고, 스테이크 위
       에 푸아그라를 얹은 뒤 작은 검정 송로버섯 조각을 맨 위에 얹어서 낸다.

의 방법과 전통을 체계적으로 성문화해 출간하는 프랑스의 전통을 계속 이어간 일종의 참고서로서 1961년에 영어로 번역되었고, 이제 는 "세계에서 가장 훌륭한 요리 백과사전"이라는 부제를 달고 있다.

1920년대와 1930년대에 가스트로노미에 관한 출판물이 특별히 성황을 이룬 것은 그 이전에 프랑스가 1차 세계대전으로 곤궁한 시 기를 보냈기 때문이다. 전쟁 기간 프랑스의 식량 공급 사정은 그런 대로 괜찮았으나, 1917년이 되자 가격이 오르고 주식조차 부족해졌 다. 감자, 커피, 요리용 기름과 초콜릿은 선반에서 거의 사라졌고, 설 탕, 빵, 고기가 부족한 상황은 훨씬 심각했지만 견뎌야 했다. 프랑스 정부는 제한된 밀가루 공급 문제를 해결하기 위해 다시 한번 빵에 엄격한 규제를 가했다. 1917년 2월 정부 당국에서 팽 드 팡테지(부드 러운 흰 빵), 브리오슈, 크루아상을 금지했고, 레스토랑들은 손님 1인 에게 제공되는 빵의 양을 4프랑 미만의 식사에 대해서는 200그램, 그보다 더 비싼 식사에 대해서는 100그램으로 제한했다.[42] 이러한 식으로 프랑스 정부는 르네상스 시대에 빵의 무게를 고정하고 가격 을 변동시키던 제도로 시작된 소득과 빵의 양 사이의 반비례 관계라 는 오래된 전통을 유지했다. 프랑스 주민들은 갈색이 도는 마른 빵 으로 버텨야 했지만, 프랑스 병사들은 가능한 선에서 오랫동안 매 식사에 제대로 된 빵을 제공받았다. 정육점들은 고기 배급을 용이하 게 하기 위해 일주일에 이틀 문을 닫도록 했고, 식량공급부의 명령 에 따라 레스토랑들은 점심식사에만 고기를 낼 수 있었으며 일요일 은 예외로 저녁식사에도 고기가 허용되었다. 프랑스대혁명 시기와 마찬가지로, 정부는 시민들에게 감자를 더 먹고 빵을 덜 먹도록 권장했고, 따라서 감자가 다시금 민중의 잠재적 구원자로 떠올랐다.

2차 세계대전 중에는 농민들이 전선에서 복무해야 했으므로 농장의 생산량이 절반으로 떨어졌고, 나라는 자유 프랑스와 점령지 프랑스로 나뉘었다. 1940년부터 시작된 독일 점령하에서 시민들은 매우 가혹한 제약과 배급을 견뎌야 했고, 활발한 암시장에서 물자와 배급카드를 거래하면서 식량과 필수품을 보충해야 했다. 1940년에 빵과 설탕이 처음으로 배급되기 시작했고, 이어서 버터, 치즈, 고기, 달걀, 커피도 배급되었으며, 1941년에는 초콜릿, 생선, 감자, 우유, 와인, 채소도 배급되었다. 전쟁이 계속되는 동안, 어려운 시기에는 늘 그러했듯이, 정부는 수요를 충족시키기 위해 규제를 완화했는데, 특히 대부분의 산업 치즈들에 대한 규제를 풀어주었다. 카망베르는 전국적으로 인정받았고 꾸준히 수요가 있었다. 독일 점령 정부 당국에서는 카망베르를 완전히 포기하기보다는 최소 유지방 함량 조건을 관례인 45퍼센트에서 30퍼센트로 낮추었다.[43] 레스토랑들은 은밀하게 규칙을 어기면서, 돈을 낼 수 있는 사람들에게 불법적으로 손에 넣은 고기와 와인을 제공했으며, 제한 조치를 준수하는 곳에서는 고정된 메뉴와, 생선이나 달걀 없는 차가운 오르되브르, 그리고 와인이나 버터 둘 중 하나를 제공했다.[44] 이러한 환경에서 프랑스인들은 반드시 요구되는 어느 정도 수준의 정중함을 유지하면서, 정찬의 영역에서 문화적 필수 요소와 음식 제한 규정 사이의 균형을 맞췄다.

20세기 중반에도 도시와 시골의 관습에는 확연한 차이가 남아 있었다. 1950년대 지방의 시골 지역에서는 여전히 빵, 수프, 가공한 돼지고기, 화이트와인이나 사과주로 이루어진 아침식사를 했지만, 도시에서는 카페오레에 버터 바른 빵을 먹었다. 도시 지역에선 정육점의 고기를 더 많이 소비하고 돼지고기는 덜 소비했으며, 시골 농부들은 거의 언제나 점심에 수프를 먹고 저녁에도 수프를 먹는 경우가 아주 많았다.[45] 페리고르 지역에 대한 가스트로노미 안내서에서도 퀴르농스키는 주민들이 주로 가금류와 사냥한 짐승의 고기를 먹고, 정육은 거의 먹지 않으며 민물고기를 제외하고는 생선도 거의 먹지 않을 뿐 아니라 버터는 전혀 먹지 않는데 이는 "페리고르 사람들이 버터를 무시하고 오리고기나 돼지고기의 기름을 더 좋아하기" 때문이라고 했다.[46] 1950년대에 실시된 공식 조사에 따르면 시골 가구 중 90퍼센트에 전기가 공급되었지만, 오직 34퍼센트의 가구에서만 수돗물을 쓸 수 있었고, 실내 화장실을 갖춘 가구는 10퍼센트밖에 되지 않았다.[47] 하지만 도시와 시골 사이에 교류가 늘어나면서 일상 물품을 살 수 있는 전국적인 시장이 설립되었고, 빵집의 빵과 신선한 생선, 그리고 농산물 직판장에서 보통 도시에 내다 파는 채소를 지역 주민들이 구입할 수 있게 되자, 시골의 식단도 도시형 모델에 가까워졌다.[48] 식생활에서 지역적 특성이 줄어들자, 식생활 자체는 더욱 산업화되었다. 예전에 자신의 농장에서 직접 치즈를 만들어 먹던 농부들이 이제는 자신이 생산한 우유를 대형 치즈 제조사에 팔고 상품으로 나온 치즈를 사 먹게 되었다.

세계대전 이후 몇 년간의 힘들었던 시기가 마침내 지나가고 놀라운 경제성장의 시대가 찾아왔다. 1945년부터 1975년까지, 트랑트 글로리외즈trente glorieuses(영광의 30년)라고 불리는 이 기간에 프랑스는 완전고용, 임금 인상, 출생률 증가를 경험했다. 이에 수반된 식

프랑스 바게트

1778년 앙투안 파르망티에는 시중의 빵이 점점 더 길고 가늘어지는 경향을 목격했다. 효모를 이용해 부풀려서 더 가볍고 더 부드러운 빵 반죽을 만들 수 있게 되자 제빵사들이 바삭한 겉껍질 부분을 최대한 늘리고자 했기 때문이었다. 이제 프랑스 요리의 상징이 된 이 길쭉한 빵이 프랑스 전역에서 인기를 끌게 된 것은 20세기의 일이었다. 1920년대에 이르자 반죽 기계와 스팀 오븐의 발명 같은 기술의 발전 덕분에 가느다란 피셀ficelle*부터 폭이 넓은 파리지앵parisien까지 다양한 형태의 바게트 빵이 나왔고, 마침내 대량 생산도 이루어졌다. 표준 바게트(프랑스어로 막대기)는 오늘날 프랑스에서 팔리는 빵 중에 단연코 가장 인기 있으며, 국제적으로도 가장 잘 알려진 '프랑스' 빵이다. 18세기 이래로 파리 사람들은 다양한 형태의 부드러운 빵을 의미하는 팽 드 팡테지를 선호해왔고, 바게트는 20세기에 국민적인 음식의 일부로서 프랑스 전역에서 인기를 얻기 전에 파리에서 먼저 자리를 잡았다. 오늘날 파리의 바게트는 무게 250그램에 길이 60~70센티미터이고 위쪽 겉껍질에 7개의 칼자국이 사선으로 나 있어야 한다. 1993년의 법령은 산업적으로 생산되는 빵과 슈퍼마켓에서 판매되는 빵이

---

*   피셀은 본래 줄이나 끈을 가리키는데, 피셀 빵은 바게트보다 더 얇고 가볍다. 일반 바게트처럼 식사에 곁들이는 빵으로 먹기도 하지만, 손으로 집어 한입에 먹을 수 있는 카나페canapé를 만드는 데 많이 사용된다.

시장을 잠식하는 것을 막고자 프랑스 장인의 빵에 관한 기준을 설정했다. 하지만 이는 AOC 범주들을 제시한 1905년 식품 사기에 관한 법률의 또 다른 연장에 불과했다. 프랑스 치즈가 AOC 라벨과 결부되었듯이, 양질의 프랑스 빵을 프랑스와 명백하게 결부시키기 위해 정부에서는 '팽 트라디시오넬 프랑세pain traditionnel français(프랑스 전통 빵)' 라벨을 만들었다. 이 라벨은 밀과 물과 소금만 재료로 사용하되, 빵을 부풀리기 위해 효모나 사워도우sour dough를 쓰고, 대두, 맥아 혹은 콩가루를 전체 2퍼센트 이하로 사용한 빵에만 붙일 수 있다.[49] 쉽게 알아볼 수 있는 프랑스산 식품에 이를 표시하기 위해 라벨을 붙이도록 하는 방어적 행위는 프랑스의 음식 유산에 대해 지속적인 위협감이 있었음을 보여준다. 의심할 바 없이 국민적 테루아르의 일부이기도 한 프랑스 장인의 빵은 재료와 기술 면에서 전통을 고수한다. 하지만 나라가 변하듯이 제빵사들도 변한다. 오늘날 제빵이라는 직업은 점점 더 젊은 노동자, 특히 이민자 가정 출신 젊은 노동자들의 영역이 되어가고 있다. 2018년 최고의 파리 바게트 상을 받은 마흐무드 음세디Mahmoud M'seddi는 튀니지 이민자의 아들로, 대통령 관저인 엘리제 궁에 빵을 공급할 수 있는 영예를 안았다. 현재 엘리제 궁의 수석 셰프 기욤 고메즈Guillaume Gomez는 스페인 이민자의 아들이다. 2017년 최고 바게트 상을 받은 사미 부아투르Sami Bouattour 또한 튀니지인 부모의 아들이며, 세네갈 출신의 제빵사 지브릴 보디안Djibril Bodian은 2015년에 최고 바게트 상을 두 번째 수상했다.[50]

프랑스 정부의 규정을 따른 '전통' 바게트

생활의 현대화는 전 국민의 식습관을 균질화했고 오랜 관습의 변화를 낳았다. 가처분소득이 늘고, 자동차가 보급되면서 가격이 저렴한 대형 슈퍼마켓에 쉽게 오갈 수 있게 되자, 프랑스 소비자들은 치즈와 신선한 과일 같은 '부유한' 음식을 더 자주 즐겼으며 빵과 감자 같은 기본 주식을 덜 먹게 되었다. 1959년에서 1970년 사이에 프랑스 가정에서 사들이는 신선한 채소와 과일의 금액은 두 배가 되었고 치즈의 금액은 세 배가 되었다. 1993년에 프랑스인이 고기와 생선에 지출한 돈은 1959년 대비 두 배로 늘었지만, 감자와 다른 뿌리채소에 지출한 돈은 20퍼센트 줄었다.[51] 1959년에서 1970년 사이에 프랑스인이 와인 소비에 지출한 예산은 50퍼센트 늘었지만, 최근에는 전반적으로 와인 소비가 줄었다. 특히 평범한 테이블 와인의 소비는 1965년 1인당 연간 84리터였으나 1989년에는 21리터까지 떨어졌다.[52] 하지만 AOC 와인의 소비는 크게 늘어서, 1970년 1인당 8리터에 불과했던 것이 2008년에는 22리터까지 늘었다.[53] 2차 세계대전 직후에는 그 이후 시기에 비해 빵이 프랑스 식탁에서 차지하는 존재감이 훨씬 더 컸다. 1950년 연간 1인당 빵 소비량은 100킬로그램이었으나, 1965년에는 84킬로그램으로 줄었고, 1989년에는 44킬로그램까지 떨어졌다.[54] 빵은 여전히 프랑스 식탁의 필수 음식으로 남아 있으나 소비량은 훨씬 줄었다. 2016년 한 연구자료에 따르면 지난 10년 동안 빵 소비량은 거의 25퍼센트나 감소했고, 그 결과 1인당 연간 빵 소비량은 34킬로그램에 그치는 것으로 추산된다. 프랑스 사람 셋 중 하나만 매 끼니에 빵을 먹으며, 빵 소비량에서 소득수준에 따른 현격한 차이는 존재하지 않는다.[55]

프랑스에서 빵 소비는 계속 줄고 있다. 하지만 빵에 대한 관념은 중세 이래로 법규를 통해 보호받는, 소중한 매일의 양식으로 남아 있다. 프랑스 빵의 품질 기준을 강화하기 위해 프랑스 입법부는 점포 내에서 직접 재료를 혼합해 반죽을 만들고 효모로 발효시킨 뒤 구워내는 가게들만 '불랑즈리boulangerie(제빵점)'이라는 간판을 달 수 있게 허가하는 법률을 통과시켰다.[56] 냉동 생지를 굽거나 점포 내에서 만들지 않은 빵을 파는 등 이 법률을 위반할 경우 최대 3만 7,500유로의 벌금을 물거나 2년 이하 징역에 처한다. 대중에게 판매되는 빵의 가격과 무게에 대한 정부의 간섭은 중단되었으나, 일시적인 조치였을 뿐이다. 빵의 무게는 구체적인 규정에 의해 통제되지 않고 지역에 따라 달라진다. 파리에서는 바게트 하나의 무게가 250그램이어야 하고 플뤼트flûte*는 200그램이어야 하지만, 다른 도시에서는 바게트 하나가 합법적으로 200그램이나 300그램일 수도 있다. 다만 가게 내에 빵의 무게가 분명하고 정확하게 표시되어 있어야 한다. 1986년 이후로 프랑스 제빵사들은 빵의 유형과 무게에 따라 가격을 표시하기만 하면, 완전히 자유롭게 빵 가격을 설정할 수 있게 되었다. 이러한 규정은 1978년에 실시된 조례에 따른 것으로, 이 조례는 이후 가격 한도 설정, 가격 인상에 관한 합의, 인플레이션을 완화하기 위한 시도 등에 따라 계속해서 수정되었다가 본래의 기준으로 회귀했다.[57] 이 법률은 (2019년 1월에) 상법商法 아래 통합되었는데, 이 법률에 따라 상인들의 자유로운 가격 책정이 보존되고, 정부는 위기 상황이나 예외적인 환경에서 중재에 나설 권한을 갖는다.[58]

전통적인 형태를 고정함으로써 프랑스의 음식 유산을 보존하려는 노력과 동시에, 1970년대 가스트로노미는 누벨 퀴진의 두 번째 물결로 스스로를 다시 한번 일신하고자 했다. 이 책무를 주도적으로 짊어진 사람은 레스토랑 비평가인 앙리 고Henri Gault와 크리스티앙 미요Christian Millau였으며, 이들은 새로운 프랑스 요리를 위한 십계명을 대변했다. 고와 미요는 불필요한 복잡성을 거부할 것, 조리 시간을 줄일 것, 가능한 가장 신선한 재료를 사용할 것, 무거운 소스와 루를 제거할 것, 파리의 오트 퀴진보다는 지역 요리를 선택할 것, 그리고 "끊임없이 발명을 시도할 것"을 셰프들에게 권고했다.[59] 엘리자베스 데이비드Elizabeth David는 혁신의 첫 물결로서 누벨 퀴진의 흥망을 이야기한다. 이 혁신을 이룬 셰프들은 "완고한 전통과 불

---

*   플뤼트는 본래 '피리'를 뜻하는데, 바게트보다 짧은 형태의 빵으로 올리브나 허브 등을 섞어서 굽기도 한다.

변의 규칙"으로 가망 없이 구식이 되어버린 퀴진 클라시크cuisine classique(고전 요리)를 시대에 맞게 새로이 만들고자, 더 가벼운 음식과 더 단순한 기술을 채택했다. 그리하여 누벨 퀴진은 재료와 플레이팅에 관한 과도한 허세가 되어버렸고, 결국 1980년대의 퀴진 드 테루아르cuisine de terroir에 다시 이르게 되었다.[60] 금세 국제적 고전이 된 대표 요리는, 로안(리옹 근교)의 '트루아그로Troisgros' 레스토랑의 수영*을 곁들인 연어 에스칼로프escalope**였다. 이 요리는 살짝 익힌 연어를 섬세한 풍미의 소스에 담가서 냈다. 시대에 맞게 새로워진 요리의 물결은 유명 인사가 된 셰프들의 새로운 물결과 함께 밀려들었다. 그러한 셰프들 중에는 트루아그로 레스토랑의 형제 장과 피에르를 비롯해 폴 보퀴즈, 미셸 게라르 등이 있는데, 게라르의 퀴진 맹쇠르cuisine mineur(스파 퀴진spa cuisine)***는 최고급 프랑스 요리를 더욱 가볍게 했고, 이를 통해 게라르는 1976년 《타임Time》 표지에 등장하기도 했다. 누벨 퀴진 시대에 등장한 새로운 기술 중에는 전자레인지를 이용한 요리법, 채소를 알 덴테al dente****로 익히는

---

* 영어로 소렐sorrel, 프랑스어로 오제유 코뮌oseille commune이라고 하는 수영은 마디풀과의 여러해살이풀이다. 독특한 향이 나는 잎을 요리에 사용한다.
** 얇게 저민 고기에 튀김옷을 입혀 튀긴 것.
*** 퀴진 맹쇠르는 '날씬한 요리' 정도로 직역할 수 있다. 1970년대에 미셸 게라르가 전통적인 누벨 퀴진을 더욱 가볍게 만든 버전이다. 게라르는 온천 휴양지로 유명한 프랑스 남서부의 외제니에서 요양 중인 환자들을 보고 이들을 위해 단순한 식이요법으로서의 음식을 넘어서는 고급 요리를 만들고자 했다고 한다. 그러한 까닭에 퀴진 맹쇠르는 스파 퀴진이라고도 불린다.
**** 이탈리아어 표현으로, 파스타 혹은 쌀을 조리할 때 살짝만 익혀서 약간 단단한 식감이 남아 있게 하는 것이다. 푹 익힐 때보다 혈당을 상승시키는 정도가 덜하다고 해서 더 건강한 요리법으로 알려져 있다. 채소를 알 덴테로 조리한

법, 기름 없이도 조리가 가능한 테프론Teflon* 코팅 팬 등이 있다.

퀴진 맹쇠르의 유행이 잦아들자, 정치·사회적 변화로 인해 전통적인 요리로 복귀할 환경이 마련되었다. 프랑수아 미테랑 대통령의 임기 동안(1981~1995) 문화부 장관 자크 랑Jacques Lang은 프랑스의 창조적이고 문화적인 활동을 적극 장려하면서, 1980년대에 주요한 위협으로 인식된 미국의 문화적 '제국주의'에 부분적으로 맞섰다. 랑과 미테랑 정부는 요리 분야와 패션 및 기술 같은 산업에서 문화 발전을 우선시했다. 프랑스 전역에서 페트 드 라 뮈지크Fête de la musique(음악 축제)가 열렸고 건축 디자인을 진작하기 위한 그랑 프로제Grands Projets가 추진되었다. 특히 그랑 프로제의 결과, 루브르 박물관의 유리 피라미드, 라데팡스La Défense의 그랑다르슈Grande Arche**, 바스티유 오페라극장, 새 국립도서관이 지어졌다. 이들 건축 프로젝트는 세계 무대에서 프랑스를 돋보이게 했으며, 프랑스 요리도 중요한 역할을 했다. 1980년대에는 국립 요리예술센터Centre national des arts culinaires에서 요리 유산 목록을 작성하기 시작했고, 문화, 농업, 보건, 교육 및 관광을 주관하는 정부 부처들이 힘을 합쳐 전국 22개 데파르트망 각각에 대해 한 권씩을 펴냈다. 1989년

다는 것은 되도록 짧은 시간 동안 끓는 물에 데친 다음 얼음물로 빠르게 냉각시켜 본래의 영양과 식감을 살리는 것을 말한다.

* 테프론은 상표명이며, 정확한 이름은 폴리테트라플루오로에틸렌(PTFE)이다. 비가연성 불소수지인 이 물질은 마찰 계수가 극히 낮아 테프론으로 코팅한 프라이팬을 사용하면 재료가 눌어붙지 않게 조리할 수 있다.

** 파리 외곽의 계획된 신시가지인 라데팡스는 샹젤리제 대로와 일직선으로 연결되며 그 중심에는 개선문을 현대적으로 해석한 거대한 정육면체 형태의 구조물인 그랑다르슈가 설치되어 있다.

에는 국립 요리예술 위원회Conseil national des arts culinaires가 설립되었고, 1990년에는 10월 중 스멘 뒤 구Semaine du goût(맛 주간週間)이 시작되었다. 이 주간에는 성인과 아동 모두에게 요리와 프랑스만의 사부아르페르를 맛보고 평가하고 감상하는 법을 교육하는 목적의 행사가 줄지어 열린다.

자크 랑은 엘리제 궁의 음식 선택에 직접 참여했다. 그에 따르면 엘리제 궁은 고위 관리들과 접촉할 수 있는 중요한 지점이며 프랑스 대중이 큰 관심을 갖는 장소로서, 당시 엘리제 궁에서는 "1923년판 《라루스 가스트로노미크》에 실린 요리, 즉 받침대에 올려진 고기구이들과 디저트들"을 제공했다고 한다.[61] 문화부 장관으로서 그는 대통령 관저에서 재현되는 프랑스 음식의 중요성을 이해했고, 존중하긴 하더라도 구식 메뉴들은 거부하면서 미테랑 대통령이 좋아하는 풍부한 소스와 고급스러운 치즈를 갖춘 퀴진 드 그랑메르로 회귀하는 길을 마련했다. 랑과 미테랑은 성공을 알리고 과잉을 규제했는데 이는 건전한 경제와 번창하는 대중의 표지였다. 1970년대 누벨 퀴진의 물결은 미테랑 대통령이 임기를 시작하자 정점에서 하락해 소멸했으며, 취향과 입맛에서 전적으로 환경에 따른 변화가 일어났다. 이러한 변화는 애국적으로 프랑스 시골 지방을 상기시키며 모든 계층과 미각을 충족시킨, 전통적이고 변환 가능하며 감탄스러운 부르주아 요리에 다시 영광을 돌리는 결과로 이어졌다. '프랑스의 미식'을 유네스코의 인류문화유산 목록에 등재하는 데 성공한 2010년의 캠페인 역시 동일한 대의를 따랐다. 즉 프랑스의 국가적 특성의 근본을 이루는 데 예술이나 건축만큼 중요한 문화적 산물로서 프랑스 요리를 드높이려는 것이었다.

프랑스 요리를 옹호하는 일은 상위 계층에 한정되지 않았다. 오랜 세월 존중받아온 시골 농민의 행동주의 전통은 조제 보베에게서 새로운 목소리를 발견했다. 보베는 1980년대에 유전자변형식품에 반대하는 저항 활동으로 전국적으로나 국제적으로 유명해졌다. 특히 1999년 미요에서 공사 중이던 맥도날드 레스토랑을 파괴한 사건 때문에 널리 알려졌다. 농민총연맹Confédération paysanne의 공동 설립자이기도 한 보베는 산업적 '말부프malbouffe(정크푸드)'의 침범에 맞서 보호할 가치가 있는 농업 프랑스의 상징으로서 자신의 양떼 목장에서 생산하는 로크포르 치즈를 사용했다. 세계무역기구(WTO)에 맞서고 프랑스 농업에서 유전자변형식품에 반대하는 그의 거침없는 행동은 대중의 이목을 끌었다. 이는 그가 "자신의 대의를 널리 알리기 위해 라 프랑스 프로퐁드la France profonde*에서 온 농민이라는 상징을 구축했던" 것이 적잖이 효과를 발휘한 덕분이었다.[62] 하지만 보베의 명성에도 불구하고, (미국식) 패스트푸드에 대한 프랑스의 저항은 실질적이기보다 원칙적인 것 가운데 하나이며, 특히 젊은 세대에서 그러하다. 2014년 프랑스 내 맥도날드 레스토랑들은 미국 이외 지역에서 가장 수익성이 좋았으며, 프랑스 맥도날드의 대표였던 드니 엔캥Denis Hennequin은 이러한 성장의 많은 부분이 보베 덕분이라고 했다. 1999년의 사건 이후 맥도날드는 지역에서 생산된 재료 사

---

*   profonde는 '깊다'는 의미로, 표면에 드러나지 않는 근원적이고 본질적인 함의를 갖는다. 이러한 맥락에서 라 프랑스 프로퐁드la France profonde는 프랑스의 시골을 가리킨다.

용과 취업 기회 제공을 강조함으로써 프랑스 내에서 정당하게 자리를 잡기 위한 근거를 제시했던 것이다.[63]

상위 계층의 프랑스 가스트로노미에 관한 방대한 연구 성과물과 세계에서 프랑스 요리가 차지하는 특별한 지위는 최상류층이 즐기는 세속적이고 부유한 요리로서 프랑스 요리의 이미지를 고취한다. 이러한 방식으로 제시된 프랑스 요리는 "주변부의" 프랑스 음식문화를 배제하며 사회경제적 차이나 종교적 규율에 의해 정의되는 진짜 프랑스 요리의 관례를 무시한다. 이전에 외부인들에 의한 것으로 인지된 위협은 식량 공급에서 보호주의라는 결과를 낳았다. 이제 그러한 위협은 배제에 근거한 프랑스 요리라는 결과로 이어진다. 이주민 문화나 세계화에 의해, 혹은 젊은 세대가 일요일의 포토푀를 먹을 일이 없어지듯이 단순히 시간 흐름에 의해 지워져가는 것에 맞서 중심을 지키기를 희망하는 보수적인 목소리들도 합세했다. 문화적인 사각지대는 계층을 넘어 확장되어 종교를 포괄한다. 21세기 초에 할랄 고기를 둘러싸고 벌어진 논쟁이 그러한 예다. 2009년 퀵Quick 햄버거 체인에서는 할랄 음식만 파는 레스토랑 지점을 몇 곳에 열기로 결정했는데(현재까지 22개를 개점했다), 이러한 변화는 프랑스 대중으로부터 매우 광범위한 다양한 반응을 촉발했다. 문화적 다양성을 이유로 수용한다는 입장도 있었고, 이런 레스토랑이 "프랑스 공화정의 이상의 정수"를 위협한다는 의견도 있었는데[64] (이번만큼은) 패스트푸드를 판다는 것이 그 이유가 되지는 않았다. 이 패스트푸드는 외래적인 것이 아닌데 인지된 종교적 영향으로 인해 외래적인 것이 될 위기에 처했다는 것이 이유였다. 퀵은 2007년 프랑스의 복합 대기업에서 사들인 벨기에 기업인데, 프랑스 언론에서는 이 기업을 의문의 여지 없는 프랑스 기업으로 제시하는 듯하다. 그래서 퀵은 완전히 미국 기업인 맥도날드보다 살짝 더 특권적인 위치에 있지만, 할랄 버거를 도입한 탓에 프랑스인들 사이에서 "방어적인 미식-민족주의", 즉 일상의 음식을 사용해 프랑스 국경 내에서 프랑스의 정체성을 재강화하려는 노력을 촉발했다.[65] 패스트푸드(혹은 적어도 프랑스 것으로 여겨지는 패스트푸드)는 마침내 방어를 요구하는 프랑스 요리에 포함되는 수준에 이르렀다. 할랄 고기의 침투라는 위협 앞에서 패스트푸드는 더 이상 프랑스 요리의 적이 아니라, 오히려 프랑스 문화의 일부로서 마땅히 보호받아야 할 대상이 되었다.

퀵의 실험에 반대하는 이들은 할랄 버거가 동등한 지위의 일반 개인이 아니라 문화적 집단의 일원으로서 음식을 선택하도록 소비자들에게 요청함으로써 무슬림이 아닌 시민들을 차별한다고 주장했다. 어떤 소비자들은 할랄 고기와 비할랄 고기를 두고 선택권을 제공하는 것은 받아들일 수 있지만, 오직 할랄 고기만 판매하는 것은 평등성과 정교분리laïcité(교회와 국가의 분리) 원칙에 위배된다고 주장했다. 그러나 두 가지 고기를 모두 제공하려면 두 개의 생산라인이 필요할 것이고 교차 오염의 가능성이 생길 것이기 때문에 퀵 레스토랑에서는 배타적으로 할랄 음식만 팔기로 결정했다. 2012년 대통령선거 기간에 르펜은 일드프랑스 지역 내 모든 정육점이 할랄 고기를(오직 할랄 고기만) 생산했다고 주장했다. 이러한 주장은 프랑스 가스트로노미의 중심인 파리를 포함했기에 세간의 관심을 끌었으며, 파리 사람들이 알지 못한 상태로 할랄 고기를 먹고 있다는 것을 암시했으므로 식품 유통체계의 보이지 않는 부패에 대한 두려움을 불러일으켰다. 상징적이게도, 이러한 혐의에 타격을 받은 곳은 가정이었다. 포토피의 핵심인 소고기의 세속성이 위협받기 때문이다. 더 넓게 말하자면 그러한 비난은, 특히 파리가 이민자들의 물결을 수용하기 위해 변화하고 파리의 음식 특성이 새로운 전 지구적 세계주의를 반영하게 됨에 따라, 프랑스 음식이 프랑스다움을 잃는 데 대한 뿌리 깊은 두려움을 반영했다. 르펜의 주장에 대한 응답으로 프랑스 식품부 관리들은 파리에서 유통되는 고기는 룅지의 중앙시장에서 공급되며, 이 중앙시장은 프랑스 전역에서 온 고기를 유통한다는 사실을 서둘러 확인해주었다. 파리에 남아 있는 얼마 되지 않는 도축장에서는 할랄이나 코셔kosher* 기준을 따라 고기를 처리할 수도 있지만, 2011년 12월에 제정된 법령을 따라 별도의 주문이 있을 때만 가능하다.[66]

프랑스 음식에 관한 주류의 (보수적) 수사적 표현은 지적이고 배타적인 기억의 요리에 고착되어 있다. 오늘날 프랑스 요리는 "국가적 상상과 사회적 현실 사이의 지체를 드러내는 징후들 가운데 하나"이다.[67] 종교적 계율을 실천하는 무슬림이나 유대인을 위해 학교와 교도소에서 돼지고기가 들어가지 않은 식사를 제공하는 데 대한 최근의 논쟁에서도 요리와 정치는 계속해서 충돌한다. 2018년 리옹의 한 항소 법원에서는, 학교 식당에서 돼지고기가 들어가지 않은 대안 식사 선택권을 없애버린 지역 자치단체장의 조례를 뒤집었다. 이 조

---

* 유대교 율법에서 '허용된' 음식 기준을 말한다.

례는 프랑스 전역의 여러 공동체에서 이루어진 다수의 유사한 시도 가운데 하나였다. 법원에서는 학생들이 자신의 종교적·철학적 원칙을 따를 수 있도록 허용하는 대안 식사는 모든 국가기관에 요구되는 정교분리 원칙을 위협하지 않는다는 논거를 제시하며 1984년 통과된 법규를 부활시켰다.[68] 프랑스는 계속해서 요리에 관한 다중적 정체성을 동질인인, 여러 세기에 걸친 전통에 통합시키고자 애쓰고 있다. 그 전통은 효과적으로 프랑스를 국가로서 실존하게 했고, 외세의 침략과 궁핍과 영토의 손실을 견디고 살아남아 유럽의 강국으로 다시 일어설 수 있는 길을 제공했다. 요리에 관한 프랑스의 정체성은 프랑스의 경제적 성공을 분명히 보여주고, 관광산업을 먹여 살리고, 프랑스를 유의미하게 유지한다. 종교적 관례만이 아니라 채식과 무無글루텐 식단을 수용해야 하는 새로운 프랑스의 불확실성에 직면하여, 전통의 불꽃을 수호하는 이들은 공통의 식탁을 상상하는 데 곤란을 느끼면서, 음식 연구 학술회의에 나와 아쉬움과 성급함을 드러내며 이렇게 외쳤다. "우리는 어떤 공화국을 원하는가?"[69]

프랑스 음식의 미래에 관한 염려는, 프랑스를 현대로 이끈 인구, 생산, 국가 정체성에서 일어난 주요한 변화의 산물이다. 농민 농업의 나라인 동시에 최고급 오트 퀴진의 지배인으로서 프랑스는 지역 요리를 상찬함으로써 둘을 병합하기 시작했다. 이는 한 영토의 서로 다른 부분을 다시 국가로 통합하기 위한 시도였으며, 그리하여 프랑스 요리는 지역적이면서 동시에 국가적이다. 프랑스의 가스트로노미에 관한 이야기는 각각의 특산물을 지닌 개별 지역들이 "그 다양

파리 '라르페즈' 레스토랑의 알랭 파사르가 수용한 '라 퀴진 베제탈la cuisine végétale(채식 요리)'의 예. 현대 프랑스 요리는 푸근한 지역 요리와 아주 세련된 장식적 누벨 퀴진으로 나뉜다.

성 속에서 독특한 (그리고 통합된)" 한 나라 전체를 형성한다는 믿음에 의존한다.[70] 식민지 요리 중 수용 가능한 부분은 그 요리의 테루아르가 프랑스의 것으로 남아 있는 한 지역적·국가적 요리의 틀에 한동안 맞아들어간다. 프랑스 요리 속 농민 서사는 사실이기도 하고 상징이기도 하며, 여전히 중요한 의미가 있다. 비시 정권 아래에서 되살아난 농민 서사는 세계대전 이후의 농민 조합들로부터 조제 보베의 행동주의에 이르기까지 심오하고 오래 지속되는 결과들을 가져왔다. 이 스펙트럼의 반대쪽 끝, 오트 퀴진의 신전에서는 셰프들과 소비자들이 카렘·에스코피에 모델을 거부하기 시작했다. 카렘과 에스코피에의 모델은 프랑스 요리를 "하나의 요리a cuisine가 아니라 유일한 요리the cuisine"로 만들었지만, 그것은 배타적이고 시간 속에 동결된 듯 느껴지고, 생선용 나이프와 소스 스푼이라는 "위협적이고 차별적이라고 여겨지는 식기구들"로 정형화되는 의례적 오트 퀴진이었다.[71] 시장에서 잘 팔리는 상품이자 프랑스 정체성의 붙박이이기도 한 프랑스 가스트로노미의 지위에 대한 관심과 염려는 국제적 명성을 지닌 요리를 유지할 필요성과 가정과 레스토랑에서 실제로 만들어지는 요리를 유지할 필요성 사이에서 분열된다. 요리에 관한 지배력을 유지하기 위해, 프랑스의 주된 천연자원인 가스트로노미는 성별 구분의 선을 넘어섰다. 남자들이 레스토랑의 주방을 지배한 것은 사실이지만, 여자들도 요리 강좌와 신문, 저명한 셰프의 가정용 요리책, 그리고 프랑스 부르주아 고전 요리를 되살려 파리로 이식될 수 있도록 오랫동안 보존한 여성들이 돌보는 지역 주방을 통해 프랑스 요리의 탁월성과 풍부함을 널리 알리는 과정에 포함되었다. 현대 프랑스 음식의 이미지는 지역 요리, 비스트로와 부숑의 요리, 그리고 할머니의 부엌에서 편안한 분위기를 자아낸다. 또한 오트 퀴진 수준에서 이루어지는 혁신을 기리기도 한다. 미셸 게라르는 중국 요리를 긍정직으로 수용해 자신의 퀴진 맹쇠르에서 증기로 찌는 법을 채택했다. 오늘날 프랑스 셰프들은 이전의 쿨리나 퐁 드 소스 대신 다시(일본의 생선 육수)에 의존해서 소스를 만든다. 하지만 2001년 알랭 파사르Alain Passard가 '라르페주L'Aprège' 레스토랑의 메뉴를 '라 퀴진 아니말la cuisine animale(동물성 요리)'에서 대체로 채식 요리로 바꾸자, 비평가들은 그가 요리 재료를 대기 위해 프랑스 서부에서 세심하게 관리되는 채소밭을 확보함으로써 지방에서 생산되는 최고의 농산물을 파리에 제공해왔던 부인할 수 없는 프랑스의 전통을 되풀이하고 있음을 알면서도, 그러한 변화를 가리켜 "프랑스 요리에 대한 범죄"라고 비난했다. 프랑스 식생활의 현실은 패스트푸드와 냉동식품은 물론 베이글, 도넛, 어디서나 보이는 케밥 등 외래 음식을 포함한다. 프랑스 식탁의 서사는 프랑스 이외의 영향을 인정하길 주저하지만, 그러한 영향은 현존하고 있다. 세계화된 식품 산업과 "장벽 바깥"에서 들어오는 요리 전통들은 여러 세기에 걸쳐 형성된 프랑스 요리의 매우 세련되고 소중한 이미지를 파괴하는 위협이 되고 있다.

문학 속 음식

뮈리엘 바르베리[72], 《맛》(2000)[73]

〈농가La Ferme〉[74]

———— ◆ ————

콜빌의 농가에 있던 수백 년 된 바로 그 나무 아래에서였다. (언젠가 사람들이 즐겁게 이야기하게 될 만큼) 정신없이 소란을 피우는 돼지들의 선율에 맞추어 나는 내 평생에 가장 훌륭했다고 꼽을 만한 식사를 했다. 음식은 간단했고[75] 맛있었지만, 내가 정말로─굴, 햄, 아스파라거스, 닭고기를 옆으로 밀어놓을 정도로─게걸스레 먹었던 것은 나를 초대한 이들이 사용하는 투박한 언어였다. 통사구조는 난폭하리만큼 엉망이었지만, 그럼에도 그 어린아이 같은 진정성[76] 속에 따뜻함이 있었다. 나는 그들의 말을 맘껏 먹었다. 그건 시골 형제들[77]의 모임에 흘러나오는 말이며, 때때로 육체의 쾌락보다 훨씬 더 사람을 기쁘게 하는 그런 말이다. 말이란 문집 안에서 순간들로 변해버리는 독특한 현실의 저장소이며, 기억할 만한 것이 되고,[78] 기억의 도서관에 놓일 수 있는 권리로 장식해 현실의 얼굴을 바꾸어놓는 마법사이다. 삶은 오직 말과 사실의 삼투에 의해 존재하며, 삶 속에서 말은 예복禮服으로 사실을 감싼다. 그러므로 내가 우연히 알게 된 이 사람들의 말은 전례 없는 우아함으로 그 식사에 왕관을 씌우면서, 나도 모르게 거의 내 축제[79]의 실체를 이루었다. 내가 그토록 유쾌하게 즐겼던 것은 고기가 아니라 말이었다.[80]

맺는 글

　프랑스 음식의 역사는 가스트로노미도 아니고, 테루아르도 아니고, 농민도 아닌, 이 모든 것이다. 그것은 절대 단일체가 아니라, 겹겹이 쌓인 층이다. 오트 퀴진과 부르주아 요리, 파리와 지방, 도시와 시골로 된 요리 예외주의의 진정한 밀푀유이다. 프랑스 음식의 전체적 조망은 프랑스의 경계 바깥에서 들어온 생산물과 요리를 포함하되, 명목상으로든 실제로든, 그것들을 변형해 프랑스의 것이 되도록 만든다. 과학과 예술이 만나 최고의 빵을 생산하고 AOC 와인과 치즈의 높은 수준을 확정한다. 무엇보다도, 프랑스 음식의 역사는 식생활을 실제 현실 너머 상상의 영역으로 끌어올리는 신화와 상징에 의존한다. 치즈의 전설, 와인 발명가, 소스 이름에 관한 이야기는 프랑스 사람들을 위한 '리외 드 메무아르(기억의 장소)'가 되었다. 공유된 음식의 역사는 (만들어진 것이든 아니든) 국민 집단의 구성원들 사이에서 연대감을 형성하며, 프랑스인들은 공유된 요리 정체성을 만들어 내고 홍보하는 데 예외적일 만큼 뛰어난 기술을 발휘했고, 그리하여 그들의 요리 정체성은 너무도 철저하게 규정되어 세계에 울려 퍼진다. 마리앙투안 카렘과 장 앙텔름 브리야사바랭은 귀족 요리를 '고전' 프랑스 요리로 만드는 데 기여했으며, 프랑스 요리는 오트 퀴진이라는 확실한 관념을 구성하는 데 일조했다. 그와 동시에 귀스타브 플로베르와 조르주 상드는 (땅에서 나는) 원기를 돋우는 '진짜' 음식을 즐기는 건강한 시골 사람들의 모습을 그렸다. 문학적인 프랑스의 상상계 안에서, 프랑스 음식은 아스픽에 담근 쇠고기 요리와 마들렌이며 단호하게 상류층의 음식이지만, 포토푀와 부르주아 요리는 프랑스 테루아르에 닻을 내리고 있기에 프랑스 영토에 영구적으로 붙어 남아 있다.

전체로서 볼 때, 프랑스 음식 역사는 수사적인 세 공간을 점유한다. 아드 인피니툼ad infinitum(무한정)의 가스트로노미, 진정한 민중의 요리, 그리고 프랑스 본토의 비옥한 토양을 보살피는 농민의 요리. 각각의 시대는 본질적인 의미를 규정하는 신화의 어떤 버전을 제시하는데, 서로 겹치는 경우가 많다. 가장 높은 층위에서 프랑스인들은 가스트로노미를, 아니면 적어도 가스트로노미라는 용어와 태도를 발명했다. 이 용어가 사전에 등재되기 훨씬 전에, 프랑스인들은 (처음엔 골족과 프랑크족이) 잘 먹고 선택적으로 골라 먹는 것으로 유명했다. 르네상스와 17세기의 궁정 요리는 유행을 창조하고 주변의 관심을 끌고 부러움을 샀으며, 요리책의 고전 시대에 이르면 프랑스 요리라는 이름표를 붙일 만한 요리가 탄생했다. 19세기에는 프랑스 셰프들이 탁월한 식사를 의식적으로 귀족적인 느낌과 연결하면서 그것을 열망의 대상으로 만들었다. 어디에서나 상류층은 최고급 요리나 만찬 요리를 즐겼다. 프랑스는 최고급 요리를 국민 요리로 만들었고, 대혁명 이후 귀족들이 권력을 잃은 뒤에 오히려 특징적인 귀족 요리로 회귀했으며 모든 이를 초대해 참여하게 했다. 물론 실제로는 그렇게 하지 못했더라도 인쇄된 단어를 통해 마음으로는 했으며, 만찬을 들지는 못하더라도 잘 만들어진 빵 덩어리는 먹을 수 있게 했다. 모든 프랑스인은 공정한 가격을 지불하고 좋은 빵과 고기를 먹을 권리가 있다는 중세에 확립된 관념을 따라 프랑스의 법률과 법령은 음식의 질을 보장했으며, 프랑스인들이 받아들이고 원하게 된 감찰 전통을 확립했다. 마땅히 탁월한 음식을 먹을 권리를 지닌 국민을 위해 요리의 높은 수준을 유지하고자 프랑스인들은 끊임없이 기술을 더욱 세련되게 다듬고 과학으로 뒷받침하고자 노력했다. 패션과 밀접한 관계를 맺고, 다음 추세에 대해 '즈느세쿠아je ne sais quoi*'라는 태도를 갖는 것이 레스토랑 메뉴와 요리책에 프랑스어 어휘의 우아함을 더해주었으며 유럽의 교차로에 있는 둘도 없는 수도 파리의 요리가 부인할 수 없는 가스트로노미의 권좌에 이르도록 홍보했다. 모든 면에서 프랑스인들은 측정 가능한 규준을 따라 등급, 유형, 품질을 추구했다. 프랑스 요리 이야기는 프랑스의 우월성이라는 관념을 홍보하고 구축함으로써 그 자체로 양질의 요리를 보증하는 역할을 한다. 요리에서 프랑스어 어휘는 붙박이가 되었다. '퀴진'은 늘 프랑스와 함께한다. 현대 철학자 장프랑수아 르벨Jean-François Revel은 이렇게 말했다 "요리는 섭식을 완벽하게 한다.

---

* 일상의 프랑스어에서 자주 사용되는 관용적 표현으로 '나는 무엇인지 알지 못한다'라는 뜻인데 명확히 알지 못하거나 표현할 수 없는 것을 나타낼 때 사용된다.

빵 굽기. 15세기 말 수도원 달력 삽화.

가스트로노미는 퀴진 자체를 완벽하게 한다."[1] 고급 가스트로노미의 용어들은 프랑스어에 의존하며 이 문화적 구성체에 고유한, 어떤 프랑스다움에 그 뿌리를 두고 있다.

프랑스의 자유, 평등, 박애가 대혁명의 이상일지는 모르겠으나, 가스트로노미에서만큼은 모든 길이 궁정풍 요리로 이어진다. 정의롭고 공정한 빵 가격을 성취하기 위한 노력이 마리 앙투아네트를 상기시킬지는 모르겠으나, 빵에 관한 법들은 결코 부드럽고 하얀 팽드 팡테지를 향한 욕망을 축출하지 못했다. 본질적으로 프랑스 가스트로노미는 음식을 가장 낮은 공통분모로 평준화하기보다 모두에게 후한 식사를 접할 기회를 제공한다. 대혁명 이후 세계를 휩쓴 카렘의 모델은 대중적인 요리가 아니라 지적이고 문서화된 퀴진이었으며, 이는 대중문화에 반향을 일으키고 음식 학자들의 열띤 관심을 끌었다. 레스토랑의 셰프들은 개인적으로 그랑 쿠베르를 즐기는 새로운 귀족들에게 음식을 차려주었다. 이전에 고급 음식은 귀족만

이 배타적으로 누릴 수 있던 즐거움이었지만 19세기가 되자 값을 지불할 수 있는 사람이라면 누구나 즐길 수 있는 공공의 재화가 되었으며, 계급 문제와는 별개로 가스트로노미에는 그 나름의 공로가 있다. 레스토랑들과 고급 정찬의 명성은 19세기의 여러 전쟁과 점령 이후 찾아온 군사적 패배와 경제적 황폐화로 최악의 상태에 있던 프랑스를 실질적으로 구원했다. 열광하며 식사하는 방문객들을 따라 관광업계에 달려가 들어오고 있으니, 고급 정찬이야말로 프랑스를 계속해서 지탱하고 있는 셈이다. 이러한 관광산업의 성공은 대체로 빛나는 19세기 퀴진의 초상에 대한 홍보와 광고와 믿음에 의존한다.

수사적 개념으로서 가스트로노미는 가장 중요한 프랑스 예술인 퀴진에 무게감을 주는 구조를 제공한다. 장프랑수아 르벨의 주장에 따르면, 프랑스에서 "퀴진은 문법과 도덕과 의학이 그러하듯, 그 안에서 기술記述과 처방이 절대 분리될 수 없는 규범적 예술이다".[2] 프랑스에서 퀴진에 결부된 규율에는 고정된 규칙이 있고, 식사를 하는 프랑스 사람들에게는 '올바른' 방식이 존재한다. 엄격한 규칙은 프랑스 예술이 변질되는 것을 방지하지만, 가스트로노미를 절정의 상태로 유지하려면 혁신이 필요하다. 처음 거장 반열에 오른 프랑스 셰프들은 그들의 스승을 모방했고 가스트로노미의 첫 물결은 왕실 식사를 모방한 것이었지만, 그들에게 혁신이 수반됨에 따라 새로운 성공의 물결이 일었다. 혁신은 셰프들에게 항시적인 경쟁의 동기를 제공하지만, 파스칼 오리의 말대로, "해외 생산물에 대한 특별한 개방성을 갖게 했을 뿐 아니라, 단시간에 변화를 진부한 것으로 만들기도 한다".[3] 현대의 혁신은 프랑스 문화가 이미 확보한 특징을 희석하는 퀴진 메티세(퓨전 요리)의 출현을 가능하게 한다. 가스트로노미를 반박 불가능할 만큼 유전적으로 프랑스다운 것으로 보는 시각의 부정적 측면은 민족주의에 밀착되어 고전적인 프랑스 퀴진의 통일된 이상을 위협하는 사람들을 배제한다는 점이다. 플로랑 켈리에는 프랑스에서 확립된 "가스트로노미 담론은, 시종 보편성을 주장하고 있음에도 근본적으로 민족적이다"라고 말한다.[4] 프랑스의 기준을 순수하게 유지하려는 노력은 해외 영토들에 전이된 테루아르의 방어적 도입이라는 결과로 이어졌다. 알제리 와인에 대해서는 테루아르가 도입되었다가 거부되었다. 현재 프랑스에서 가스트로노미는 과거에 그러했듯이 "세속적이고 보편주의적이고 이성적이고 평화적인 상상의 식탁"이라는 관념을 더 이상 포용하지 않는다.[5] 이제는 이 상상의 식탁이라는 산물의 프랑스다움을 강조하는 역할을 할 뿐이다. 2008년 유네스코에서 프랑스 가스트로노미의 인류무형문화유산 등재 신청을 거부했던 것은 가스트로노미가 단지 프랑스만의 것이 아니며, 엘리트 계층에게만 한정되기 때문이었다. 하지만 프랑스는 2010년에 등재를 다시 시도했고, 결국 '프랑스인들의 가스트로노미 식사'가 인류무형문화유산으로 받아들여졌다.

가정 식사로 대표되는 진정한 프랑스 퀴진은 민중에게 속하며, 수사적으로는 지방에 속한다. 향수 어린 '퀴진 드 그랑메르'는 확인 가능한 프랑스 음식의 왕좌를 두고 프랑스 오트 퀴진과 경쟁한다. 부르주아 퀴진은 오늘날 프랑스 음식의 이미지에서 단연 두드러진다. 그러나 부르주아지가 있기 전에 이미 프랑스 지역들의 독특한 테루아르에 대한 인식이 있었다. 수수한 가정 요리에 대한 동경은,

가스트로노미의 경우처럼, 19세기에 고급 요리와 가정 요리를 구분하려는 노력 속에서 명시적으로 드러난다. 가정의 (주로 여성의) 요리를 부차적 구조 속에 넣어 분리함으로써, 전문 셰프들은 그들만의 폐쇄된 영역을 보존하고, 역으로 프랑스 요리의 장을 넓힐 수 있게 하는, 일종의 2단 변속 요리 문화를 창조했다. 프랑스의 가스트로노미 정체성은 오늘날까지도 오트 퀴진과 고전 퀴진으로 나뉘어 있다. 18세기에 므농과 함께한 부르주아 요리법들은 요리에 관한 가정 요리사들의 문해력을 향상하고 프랑스의 요리 기술을 레스토랑 주방 너머로 확산시켰다. 집 안에서 살림하던 여성들은 지역 요리를 보존했고, 식사 자리에서 아이들의 입맛을 길들였다. 어쩌면 이 기억의 저수지야말로 프루스트에서 마르셀 루프와 마리즈 콩데에 이르기까지 문학작품 속 허구적 인물인 셰프들이 여성인 이유일 것이다. 비非상류층 퀴진을 포용한 결과, 지역의 특별 요리들이 개발되었고, 이는 파리를 위한 혁신의 샘으로 작용했으며, 20세기 들어 프랑스 요리를 부흥시켰다. 1980년대 미테랑 정부는 상징적으로나 실천적으로나 퀴진 드 테루아르로 회귀했으며, 대통령궁의 주방이 바로 그 본보기가 되었다. 그 결과 프랑스 요리는 새로운 시대에 진입했으며, 파리의 요리에서 확장되어 모든 계층을 아우르는 국민적 요리가 되었다. 이는 미식가이면서 프랑스 전원의 테루아르를 사랑했던 미테랑이라는 인물에 의해 완전히 대변되었다.

20세기 초 프랑스 요리는 부르주아 요리를 포용함으로써 수도를 원래의 자리에서 내쫓지 않으면서도 프랑스의 지역들을 특별한 가스트로노미의 적법한 원천으로 유입했다. 여러 세기 동안 프랑스의 지방은 파리에 봉사하는 외딴 섬들처럼 여겨졌을 뿐이었다. 요리의 진보는 파리에서 일어났고 파리에 머물렀다. 대혁명 시기에 빵은 둥근 형태에서 기다란 형태로 변했으나, 오직 파리에서만 그러했다. 시골에서는 여전히 밀이 아닌 곡물가루로 만든 포리지나 빵을 계속 먹었다. 레스토랑은 파리에서 시작되었고 거의 한 세기 동안 파리에만 머문 뒤에야 이외 지역들로 스며들었다. 중세 이래로 파리를 위해 지방은 착취되었고, 이런 현상은 20세기 초 국가적 가스트로노미를 위해 지방 요리를 강탈하는 데까지 이어졌다. 본래 지역 특산품이었던 샴페인조차도 국가적인 것으로 전환되었다. 1870년 해당지역의 특정한 포도밭이 아니라 포도주 라벨에 '샴페인'이라고 쓰기로 한 전략은 샴페인을 하나의 통일된 생산품으로 제시하고, 몇 가지 포도를 섞어서 원재료로 사용하는 생산자들의 정통성에 관한 의문을 제거하려는 것이었다. 그러나 테루아르는 지방에 따라 다르다. 테루아르라는 개념은 1600년 올리비에 드 세르에게서 나왔으며, 그가 테루아르를 말할 때 언급한 곳은 리옹 외곽의 시골이었다. 부차적 지위에 놓여 있던 지역들은 그곳에서 살아남은 요리와, 파리라는 우주의 외부에서만 요리계의 스타가 될 수 있었던 여성들에게 일종의 온실 역할을 해주었다. 마리 아렐은 노르망디에서 카망베르 치즈를 유명하게 만들었고, 외제니 브라지에는 이전의 메르 리오네즈를 따라 리옹의 요리를 현대 요리의 시금석으로 만들었다. 보다 최근에는 마그레브 출신 이민자들이 그들의 고유한 음식을 남부 해안 도시들의 메뉴에 올려놓았다. 파리는 여전히 가스트로노미의 중력 중심으로 남아 있다. 하지만 가정 요리와 지역의 특별 요리들은 오늘날 프랑스 요리와 그 이야기들에 상당한 존재감을 가지고 있다.

프랑스 음식 이야기가 테루아르 안에서 통합되는 농민과 토양으로 되돌아가는 것은 불가피하다. 프랑스가 요리에서 거둔 성공은 프랑스의 '농업 유산'과 소규모 농장 전통에 대한 환기와 자주 결부된다. 이제 농민이란 수사적 범주일 뿐이지만, 중세에 농민은 직접적인 방식으로 땅의 꿀을 만들어냈다. 이들 농민에게서, 음식을 먹는 프랑스 사람과 그 음식이 나오는 프랑스 토양 사이의 인지된 상징적 관계성이 딸려 나왔다. 마르크 블로크는 메테야주(소작)를 통해 개별 농민의 소규모 농지에서 체계적으로 관리되는 대규모 농장으로 프랑스가 변모되었을 때 도시 주민들이 농산물에 투자된 농장 토지의 소유주로서 토양과 직접 관계를 맺게 되었음을 보여준다. 식민지의 시험 정원들은 해외에서 토양-테루아르의 연결을 되살렸고, 식민지 개척자들은 '농민의 사부아르페르'를 활용하기 위해 식민지 땅에서 소규모 농장들을 양성했다. 난민이 된 프랑스 시민들의 귀농은 이후에 농업을 통해 프랑스의 활기를 회복하려는 비시 정부 아래에서 재개된다. 실질적인 측면에서, 농업 정책 입안자들은 소규모 농장에 대한 예찬에 너무 오래 머무르면서, 프랑스 북부에서 일어난 대규모 산업형 농장으로의 전환을 무시했다. 그 결과 프랑스 북부와 남부 사이의 경제적 격차가 더욱 심화되었다.

하지만 밭/땅/테루아르 개념은 프랑스 음식의 이면을 관통하는 주제다. 고기는 오직 귀족의 식탁에만 오르고 사냥터가 농민들에게 개방되지 않았던 중세에 밭은 농민들이 생존할 수 있게 했다. 그다음엔 땅에 가까운 것을 먹는 것이 궁정 식생활에서 중요해지고 흙에서 나오는 농산물의 가치가 높아졌으며, 그 결과 식민지 작물 재배에서 테루아르는 상징적인 의미를 갖게 되었다. 가스트로노미를 구성하는 지배 계층의 요리가 가능했던 것은 농민 계층이 질 좋은 농산물을 공급해 프랑스 요리를 드높여주었기 때문이다. 알랭 파사르가 창안한 파리의 퀴진 베제탈은 농장에 대한 변모된 시각에 의존하는데, 이 농장에 농민은 부재하지만 프랑스 시골 밭의 이미지가 가득 스며 있다. 농민 정체성은 정치적이고 문화적인 이유 때문에 정기적으로 되살아났고, 여전히 귀하게 여겨진다. 음식 역사에서 중세 농민들이 채소 수프를 먹었던 것은 그들이 (단지 가난했기 때문이 아니라) 검소하고 프랑스 흙에서 나오는 농산물의 진가를 알았기 때문이라는 관념이 발견된다. 식민지 음식 프로젝트는 프랑스인들이 해외 영토의 음식을 토양으로 연결하고자 했음을 보여주며, 본국에서 멀리 떨어져 있는 밭이라도 그 밭에 테루아르를 설정하면, 다만 과학과 경제가 요구하는 한에서, 어떤 농산물은 승인될 수 있음을 보여주었다. 농민이라는 인물상이 되살아나는 것은 그것이 테루아르라는 개념을 뒷받침하기 때문이고, 프랑스인들이 농업 전통과 현대 프랑스가 공존할 수 있고 공존할 것이라 믿기 때문이다.

프랑스 음식의 역사가 가스트로노미의 기술과 전통, 그리고 토양과의 연결성으로 요약될 수 있다면, 이 모든 프랑스적인 것을 압축해서 담은 요리로서 최고 자리에 놓이는 것은 바로 포타주라고 하는 수프다. 수프는 역사적 중요성과 수사적 유용성을 지녔으며, 농민의 근검절약과 요리에 관한 전문성을 반영하고, 언제나 빵으로 돌아가게 한다. 가스트로노미에 관한 예외주의의 상징으로서 부용(수프 진액)은 18세기에 레스토랑을 낳았고, 아페르가 간편한 고형 부용의 전신을 발명하는 데 영감을 주었다. 브리야사바랭은 최고의 수프는 프랑스에 있다고 선언했다. 이것은 그에게 전혀 놀랍지 않은 사실이었는데 "수프란 프랑스 국민 식단의 기본이며 수백 년에 걸친 경험으로 완벽의 경지에 이르렀기 때문이다."[6] 카렘 역시 《메트르 도텔》(1822)에서 이러한 의견에 동의하며, 루이 15세와 16세 밑에서 일했으나 프랑스대혁명 이후 외국으로 이주한 셰프들에 의해 완벽해진 프랑스 수프가 19세기에 발견되어 본국으로 돌아왔음을 경축했다. 채소 수프는 검소함은 물론 경건함까지 반영한다. 그리스도교화된 프랑스 식단은 중세 수도원의 채소 수프와 곡물 포리지로 시작했고 성 베네딕토의 금욕적인 모범을 따랐다. 포타주라는 단어의 기원이 되는 포타제potager는 고대부터 흙에서 일하는 사람들이 돌보는 채소 텃밭을 말하는데, 이는 골족의 특징을 이루었으며, 축복받은 흙을 지닌 프랑스 땅을 대표하고, 봉건지주에게 지불해야 할 지대에 묶인 하류층에게는 세금이 부과되지 않는 농산물의 원천이었다. 르벨이 포타주(채소 수프)를 가리켜 "조상 대대로 내려오는 프랑스 요리의 명물"이라고 한 것은 포타주야말로 시대와 사회 계층을 가로지르기 때문이며, 그 재료들이 말 그대로 프랑스 땅에 뿌리를 내리고 있기 때문이다.[7] 수프는 이제 빵에 곁들여 먹는 것이지만, 18세기 문헌에서 '수프'란 물에 더해진 딱딱한 빵으로 아주 기본적인 끼니를 이루는 것을 의미했다. 앙투안 파르망티에(1778)와 폴자크 말루앵(1779)의 빵 설명서들에는 두 종류의 수프 빵이 언급되는데 한 가지는 수프를 위한 것이고 다른 한 가지는 포타주를 위한 것이다.[8]

은으로 만든 수프 그릇. 두 개가 한 벌을 이루며, 덮개 윗부분은 콜리플라워와 가재 모양으로 장식되어 있다. 제작자는 토마 제르맹Thomas Germain이고, 제작 연대는 1744~1750년경이다.

수프는 높고도 낮은 프랑스 요리의 보편성을 반영한다. 프랑수아 피에르 라 바렌, 프랑수아 마랭, 카렘은 프랑스 요리의 기초를 놓은 각자의 요리책에 여러 가지 부용과 포타주 조리법을 담았으며, 이들 조리법은 당시 유행하던 식재료를 대표한다. 니콜라 드 본퐁은 1654년 출간한 정원 설명서에서 "나는 수프에 관해 말하는 것을 사람이 먹는 모든 것에 대한 법칙으로서 요리 일반에 적용하려 한다"라고 선언했다.9 〈바베트의 만찬〉에는 영예로운 거북 수프가 두드러지게 등장한다. 프랑스 병사들의 배급 식량이 총칭으로 '수프'라고 불린 것은 수프야말로 막사의 기본 음식이었기 때문이다. 고기와 수프 두

가지 모두에 해당하는 포토푀는 아마도 비공식 프랑스 국민 요리로 간주될 수 있을 것이다. 카렘에 의해 요리의 전당에 올려진 포토푀는, 마르트 도데Marthe Daudet의 "반反근대적 요리책"《프랑스의 일품 요리Les Bons Plats de France》(1913)를 통해 지역화되었다. 도데는 이 책에서 프랑스를 네 지역으로 나누고 하나의 수프로 각 지역을 대표했는데 가장 먼저 포토푀를 다루었다.[10] 프랑스의 각 지역은 모두 마르세유의 부야베스나 피레네의 가르뷔르, 관광객들이 좋아하는 파리의 양파 수프 그라티네gratinée 같은 고유한 수프나 스튜를 자랑

찰스 윌리엄스Charles Williams(1797~1830), 〈영국의 로스비프*와 프랑스의 수프: 영국의 양과 프랑스의 호랑이English Rosbif and French Soup: The English Lamb and the French Tiger〉, 나폴레옹 1세를 풍자한 영국의 정치 만화(1806)

*   로스비프는 영국인들이 즐겨 먹는 로스티드 비프roasted beef(구운 소고기)를 프랑스인들이 경멸적으로 부르는 말로, 영국인을 비하해 부를 때도 쓰인다.

한다. 과거라는 시간과 시골 프랑스라는 공간에 단단히 묶여 있는 탓에 수프는 옛날 프랑스의 상징으로서 수사적 가치를 계속 지닌다. 1957~1963년 파리 이외 지역의 식사 습관에 관한 연구 보고서에 따르면 시골 지역에서(심지어 마르세유와 리옹 같은 도시에서도) 조사 대상자의 절반가량이 아침식사로 수프를 먹고, 4분의 3은 점심의 첫 코스로 수프를 택하며, 90퍼센트는 저녁식사에 수프를 포함시킨다는 사실을 보여주었다.[11] 이와 대조적으로 도시 주민들은 아침에 카페오레를 마시고, 점심에 수프를 먹는 일은 거의 없었다. 다만 저녁에는 종종 포타주를 먹었다. 따라서 이 연구 보고서의 저자들은 수프를 멀리하는 것이 프랑스 식단의 근대화와 도시화의 명확한 지표라

롤랑 바르트Roland Barthes의 사후에 출간된 자전적 작품에서도 언급되는 모로코의 전통 수프 하리라harira

고 결론 내렸다. 프랑스인들의 식탁에서 샌드위치나 끔찍한 패스트 푸드에 의해 수프가 밀려나고 있는 현실에 대한 인식이 어쩌면 그동안 단단히 자리 잡고 있던 이 프랑스 음식의 오랜 자양분에 대한 염려와 향수를 불러일으키는 데 일조하는 것 같다.

프랑스 음식은 궁극적으로 지리, 재능 있는 혁신가들, 혁신이 성공하는 데 도움이 된 자연적 요소, 그리고 통합된 전체이자 최고의 요리로서 단일한 국민 요리를 고취하겠다는 확고한 의지가 더해진 산물이다. 프랑스 빵의 예술은 프랑스에서 밀이 거둔 지리적 성공, 가톨릭교회의 발흥과 고기를 제한하고 빵은 허락하는 사순시기의 제약, 빵에 관한 정확한 용어 체계 확립, 빵을 중시하고 그 품질을 보장한(표준화를 보장하는 법규들에 의해 뒷받침되는) 제빵업계로부터 나왔다. 고급 프랑스 와인은 여러 가지 경제적 우연에서 자라났다. 중세에 부유한 후원자들은 운송 경로에서 멀리 떨어진 포도밭을 경작할 수 있었고, 예산이 적은 이들도 소규모 포도주 양조장을 손해 없이 운영할 수 있었다. 가톨릭교회는 과도한 쾌락을 거부했을 뿐 쾌락 자체를 부정하지 않았기에 종교적인 경건한 식단에서도 취향과 세련미가 배제되지 않았다. 수도승들은 금욕적 식단을 유지했지만, 그럼에도 오늘날 우리가 아는 치즈의 효시인 수도원 치즈들을 생산했고, 포도밭을 경작해서(그 유명한 발포성 와인이 아니더라도) 동 페리뇽을 우리에게 선사했으며, 빵에 대한 높은 기준을 설정했다. 식량 위기, 점령, 침략, 곡물 부족, 그리고 엄청난 정치적 변화가 있었음에도 프랑스인들은 계속해서 잘 먹었고 좋은 음식을 삶의 우선 사항으로 여겼다. 백과전서파 사상가들은 고기 소비를 줄이고자 했고, 대혁명

프랑스의 상징적 아이콘인 크루아상

의 지도자들은 근검절약을 장려했으며, 퀴진 디에테티크(식이요법 요리)의 물결은 버터와 기름진 소스를 멀리하게 했지만, 프랑스의 방식은 지속되었다. 뱅상 마르티니Vincent Martigny의 주장에 따르면 맥락과 상관없이 가스트로노미는 언제나 프랑스의 국민적 상상 속에서 행복한 기억과 결부되어 있으며, 영원히 "가볍고, 쾌활함과 밀접하게 연결되어 있다".[12]

19세기 이래로 현대 프랑스 요리는 전통이라는 가치와 혁신이라는 가치 사이에서 갈등을 겪어왔다.[13] 이처럼 쌍을 이루는 욕망은 새로운 셰프들을 훈련하게 하고 새로운 메뉴의 출현을 촉진하지만, 신화적일 수도 있는 프랑스 요리의 '좋았던 옛 시절'을 되살리려는 요청을 불러일으키기도 한다. 요리를 통해 한계가 분명한 정체성을 창조하려는 시도는 지속적인 도전을 창출하기도 한다. 프랑스 요리가 혁신을 허용한다면 그 토대가 무너질지 모른다. 활기를 유지하려면 혁신이 필요하지만, 프랑스 요리가 혁신을 허락한다면 그건 더 이상 '프랑스적'이지 않다. 프랑스 요리에서는 현대성이 늘 좋은 느낌을 수반하는 것은 아니다. 포도나무뿌리진디 감염 사태 이후의 와인은 프랑스의 전통을 지웠고, 저온살균을 거친 치즈는 장인이 만드는 치즈의 특별한 속성을 제거했듯이, 퓨전 요리가 고전적인 프랑스 요리를 대체해 버릴지도 모른다. 그럼에도 변화에 대한 저항은 위험을 초래할 수 있다. 아메리카산 포도나무들로 프랑스 테루아르를 희석하는 일을 두려워한 탓에 프랑스인들은 파괴된 포도밭에서 비싼 대가를 치러야 했고 결국 일부 숙련된 와인 제조업자들은 생업을 포기해야 했다. 대규모 농장 체계로의 이행이 더뎠던 것은 프랑스 농업이 이웃 유럽 국가들에 뒤처져 19세기에 머물러 있었음을 의미했다. 이 모든 문제에 비추어본다면 프랑스식 모델은 지금처럼 성공적으로 작동할 수 없을 것만 같다. 프랑스 가스트로노미는 복잡한 용어와 따라 하기 힘들고 의도적으로 형언할 수 없게 되어 있는 관례에 매달려 있다. 오트 퀴진은 우아하게 단순한 방식으로 제시되어 투입된 시간과 비용을 감춤으로써 복잡하면서도 아무 노력을 들이지 않은 듯 자연스럽게 보일 때 그 정점에 이른다. 하지만 전 세계 레스토랑 주방들이 프랑스식 기술을 가르치고 실행한다. 궁정풍 음식과 농민은 하나의 음식 전통 안에서 절대 행복하게 공존할 수 없을 듯하지만, 프랑스에서는 공존한다. 프랑스에서는 사부아르페르라는 공통 요소가 그 둘을 한데 묶어주며, 사부아르페르 개념은 음식에 관한 프랑스의 이야기들을 통해 발명되고 재생된다. 프랑스 농민이 길러내는 풍성한 곡식은 제빵사들에 의해 규칙을 따르는 뛰어난 빵으로 만들어진다. 낙농 농부들이 거두어들이는 우유는 프랑스의 박테리아 종들과 여러 세대의 노하우를 통해 유명한 치즈로 가공된다. 셰프들은 혁신과 전통 위에서 균형을 맞추며 옛 요리를 변화시켜 새 요리를 개발한다. 흙에서 출발해 상상의 구름에까지 이르는 다중성이야말로 프랑스 음식을 오래 지속되게 한다. 프랑스 음식은 설명할 수도 없고 복제할 수도 없는 어떤 속성들의 혜택을 받고, 그 속성들 덕분에 오랜 이야기를 지닌 독특한 음식이 된다. 프랑스의 음식 정체성에 던져지는 도전들은 확실하다. 프랑스인들은 현대적 요리 프로필을 만들어나가면서 잘못된 걸음을 내딛기도 할 것이다. 하지만 프랑스 음식은 다시 돌파구를 찾아내고 새로운 이야기를 들려줄 것이다.

렌티쿨라LENTICULA(레몬과 고수를 이용한 렌틸콩 요리)

출전: Anthimus, *De observatione ciborum* [c. 511], Mark Grant (trans.) (Totnes, Devon, 1996)

렌틸콩은 씻어서 깨끗한 물에 조심스레 삶으면 좋다. 첫 번째로 씻은 물은 반드시 버리고 두 번째로는 뜨거운 물을 필요한 만큼 붓되 너무 많이 붓지 않도록 한다. 그런 다음 불에 올려 천천히 삶는다. 렌틸콩이 익으면 약간의 식초와 함께 시리아 옻나무라고 하는 향신료를 넣어 맛을 낸다. 향신료는 렌틸콩이 아직 불 위에 있을 때 한 숟가락 정도 뿌려주고 잘 섞는다. 그리고 불에서 내려서 식탁에 차려낸다. 풍미를 더하고 싶다면 두 번째 물에 렌틸콩을 삶는 동안 덜 익은 올리브에서 짜낸 기름을 한 숟가락 넣어도 좋고, 또한 뿌리를 포함해서 빻지 않은 옻나무 한두 숟가락과 약간의 소금을 넣어도 된다.

쿨리 드 페르슈COULIS DE PERCHE (농어 쿨리)

출전: *Le Ménagier de Paris* [c. 1393] (Paris, 1846)

[농어를] 물에 넣어 삶은 뒤 육수는 버리지 말고 따로 둔다. 농어와 아몬

드를 함께 갈고 육수를 넣어서 묽게 만든 다음 불 위에 올려 끓인다. 이것을 준비해둔 농어에 끼얹고 설탕을 뿌린다. 너무 묽으면 설탕을 많이 추가한다.

[참고: 타유방의 《비앙디에》에도 같은 요리법이 실려 있다.]

리마송LIMASSONS (달팽이 요리)

출전: *Le Ménagier de Paris* [c. 1393] (Paris, 1846)

달팽이는 아침에 잡아들이는 것이 가장 좋다. 포도나무 줄기나 덤불에서 어리고 크기가 작으며 껍데기가 검은 달팽이들을 잡아 거품이 일지 않을 때까지 물에 씻는다. 소금과 식초로 한 번 더 씻고 물에 담가 삶는다. 모두 삶아지면 핀이나 바늘을 이용해 살을 껍데기에서 파낸다. 꼬리의 검은 부분은 [배설물이므로] 반드시 제거해야 한다. 달팽이 살을 물로 씻고 다시 물에 끓인 다음 접시나 얕은 볼에 담아내서 빵과 함께 먹는다. 앞에서 말한 대로 익힌 달팽이 살을 끓는 기름에 양파와 함께 튀겨내거나, 독주에 넣어 삶아서 향신료와 함께 먹는 것이 더 좋다고 하는 사람들도 있다. 이는 부자들을 위한 요리다.

아르티쇼 콩피ARTICHAUX CONFITS (설탕시럽을 입힌 아티초크)

출전: Olivier de Serres, *Théâtre d'agriculture* [1600] (Geneva, 1651)

설탕시럽을 잘 입히려면 어리고 연하고 작은 아티초크를 골라야 한다. 큰 것은 절대로 안 된다. 설탕시럽을 입힌 아티초크는 다른 많은 것들보다 더 예쁘고, 유쾌한 측면이 있다. 뾰족뾰족한 잎과 본래의 초록색이 마치 밭에서 갓 딴 상태 그대로 영원히 보존된 듯 보이기 때문이다. 아티초크를 딸 때는 손질하기 쉽게 손가락 두 개 너비만큼 줄기를 남겨야 한다. 시들지 않게끔 밭에서 따자마자 그 자리에서 곧바로 소금에 버무린다. 열흘에서 열이틀이 지난 뒤에 꺼내서 [흐르는 물에 씻거나, 물에 담가 물을 서너 번 갈아주면서] 소금을 제거한다. 그런 다음 테린terrine*에 줄을 맞춰 담고, 준비해둔 설탕시럽을 부어서 아티초크의 표면을 모두 덮는다. [끓는 설탕시럽을 하루에 두 번씩 붓는다.] 열흘에서 열이틀 동안 이렇게 하고 나서 완전히 말리면 최종적인 설탕 코팅이 완성된다.

투르트 드 그르누유TOURTE DE GRENOUILLES (개구리 타르트)

출전: François de la Varenne, *Le Cuisinier français* [1651] (Paris, 1659)

개구리 뒷다리를 잘라서, 질 좋은 신선한 버터, 버섯, 파슬리, 잘게 썰어서 익힌 아티초크, 케이퍼를 넣고 프라이팬에서 노릇하게 볶는다. 여기에 간을 하고, 얇은 페이스트리 반죽에 넣고 익힌다. 다 익으면 덮개를 덮지 않은 상태로 화이트소스와 함께 차려낸다.

풀레 댕드 아 라 프랑부아즈POULET D'INDE À LA FRAMBOISE (산딸기로 요리한 칠면조)

출전: François de la Varenne, *Le Cuisinier français* [1651] (Paris, 1659)

칠면조를 손질한 다음 창사골**을 위로 뽑아내고 살을 발라낸다. 발라낸 칠면조 살은 지방과 약간의 송아지고기와 함께 잘게 다지고, 여기에 달

---

* 프랑스의 고기파이에 해당하는 파테를 만드는 데 쓰이는 직사각형 용기를 말한다.
** 조류의 가슴뼈 위쪽에 붙어 있는 V나 Y 형태의 뼈를 가리킨다.

걀노른자와 병아리고기를 잘 섞은 다음 간을 한다. 이것으로 칠면조 속을 채우고 소금, 후추, 빻은 정향, 케이퍼로 양념한다. 칠면조를 꼬챙이에 꿰어 불 위에서 천천히 돌린다. 칠면조가 거의 다 익으면 꼬챙이를 빼고 테린에 담고 부용과 버섯을 함께 넣는다. 그리고 파슬리, 타임, 파를 한데 묶어서 만든 다발도 넣는다. 소스를 엉기게 하려면 약간의 라드를 잘게 썰어서 프라이팬에서 녹인 다음 밀가루를 조금 넣고 갈색이 될 때까지 잘 젓는다. 여기에 약간의 부용과 식초를 넣어 묽게 해서 칠면조가 담긴 테린에 붓고 레몬즙을 뿌려서 식탁에 낸다. 산딸기가 나오는 철에는 산딸기 한 줌을 칠면조 위에 뿌려주고, 그렇지 않으면 산딸기 대신 석류를 사용한다.

슈 포메 파르시 CHOUX POMMÉS FARCIS (속을 채운 양배추)

출전: Nicolas de Bonnefons, *Les Délices de la campagne*, vol. ii (Paris, 1679)

우선 바깥쪽의 큰 잎들을 제거해서 원하는 크기로 만든 양배추를 살짝 데친 다음 물에서 꺼내 물기를 제거한다. 양배추가 약간 식으면, 잎들을 펼쳐서 속이 드러나도록 한다. 얇은 라드 조각 두세 개를 넣고 후추를 살짝 뿌린다. 준비된 소나, 속을 채운 오이 요리에 쓰이는 것과 비슷하게 다진 고기를 라드 위에 한 줌 얹는다. 그 위에 다시 라드를 넣고 다시 소를 넣는 식으로 몇 번 반복한 다음 온전한 정향 두세 개를 밀어 넣는다. 그리고 양배추 잎들을 하나씩 오므려서 닫아주고, 손으로 양배추를 눌러가면서 본래의 둥근 형태를 잡아주는 동시에 물기를 빼낸다. 잎이 다시 벌어지지 않도록 실이나 줄을 이용해 양배추를 두세 번 감아준다. 양배추들을 하나씩 떨어뜨려 놓고 익힌다. 익은 양배추는 큰 접시에 빵과 함께 차

려낸다. 줄을 제거한 뒤 양배추를 두세 조각으로 나눠서 속이 보이도록
하고 튀긴 빵이나 다른 고명으로 장식한다. 금육일에는 소를 넣은 오이
요리와 마찬가지로 생선이나 허브로 양배추 속을 채운다.

브로셰 아 라 소스 알망드 BROCHET À LA SAUSSE ALLEMANDE (독일식 소스로 요리한 강꼬치고기)

출전: François Massialot, *Le Cuisinier royal et bourgeois* (Paris, 1693)

강꼬치고기를 잘 손질한 다음 둘로 잘라 끓는 물에 삶는데 완전히 익히
지는 않는다. 물에서 꺼낸 강꼬치고기를 비늘을 벗겨 흰 살만 남기고, 카
스롤 냄비에 화이트와인, 다진 케이퍼, 안초비, 타임, 신선한 허브, 다진
버섯, 송로버섯, 곰보버섯과 함께 넣고 냄비가 깨지지 않도록 은근하게
끓여서 익힌다. 걸쭉해지도록 양질의 버터 한 조각을 넣고 약간의 파르
메산 치즈를 추가한다. 큰 접시를 준비하고 좋아하는 대로 곁들일 음식
을 준비해 함께 차려낸다.

에폴 드 보 아 라 부르주아즈 EPAULE DE VEAU À LA BOURGEOISE (부르주아식 송아지 어깨살 요리)

출전: François Massialot, *La Cuisinière bourgeoise* (Paris, 1752)

송아지 어깨살을 오븐용 그릇에 담고, 물 반 세티에septier[*], 식초 두 숟가
락, 소금, 후추, 파슬리, 쪽파, 마늘 두 쪽, 월계수 잎 하나, 양파 두 개, 얇게
저민 뿌리채소 두 개, 통정향 세 개, 약간의 버터를 함께 넣는다. 뚜껑을

---

[*]   부피를 재는 옛 단위인데 보통은 setier라고 쓴다. 액체의 부피를 나타낼 때
      1세티에는 대략 3리터에 해당한다고 하지만, 시기나 지역에 따라 편차가 컸다.

덮고 밀가루 반죽으로 틈새를 메운다. 세 시간 동안 오븐에서 익힌 뒤, 소스에서 기름기를 걷어내고 소스를 체로 거른다. 송아지 어깨살 위에 소스를 끼얹어서 차려낸다.

포토푀 드 메종POT-AU-FEU DE MAISON, 혹은 부용 레스토랑BOUILLON RESTAURANT (가정식 포토푀, 혹은 원기를 회복시켜주는 부용)

출전: Marie-Antoine Carême, *L'Art de la cuisine française au XIXe siècle*, vol. i (Paris, 1833)

넉넉한 크기의 항아리에 4파운드의 우둔살 구이, 커다란 송아지 사태, 꼬챙이에 끼워 불 위에서 반쯤 익힌 닭 한 마리를 담는다. 찬물 3리터를 넣고 항아리를 불 앞에 두어 천천히 끓어오르게 한다. 내용물이 끓으면, 약간의 소금, 당근 두 개, 순무 하나, 리크 세 줄기와 셀러리 반 줄기로 만든 다발, 정향을 박은 양파 하나를 넣는다. 뿌리채소들을 추가한 뒤 넘치지 않게 조심해가며 은근하게 다섯 시간 동안 계속 끓인다. 그런 다음 뿌리채소들을 건져내서 조심스레 껍질을 벗긴다. 부용의 맛을 봐서 소금으로 간을 맞춘다. 기름기를 걷어내고 얇게 썬 빵조각들을 부용에 담근다. 여러 가지 채소와 함께 차려낸다.

이렇게 집에서 만든 부용은 건강에 좋고 원기를 회복시키며, 아이들에게 건강한 음식을 먹이려고 신경 쓰는 가정에 적합하다.

댕드 오 트뤼프DINDE AUX TRUFFES (송로버섯으로 요리한 칠면조)

출전: Mademoiselle Catherine, *Manuel complet de la cuisinière bourgeoise* (Paris, 1846)

페리고르산 송로버섯 2파운드를 껍질을 벗기고 물로 씻은 다음 물기를 빼서 카스롤 냄비에 담는다. 다진 라드 1파운드, 소금, 후추, 육두구, 허브한 다발, 벗겨낸 송로버섯 껍질을 함께 넣고, 불 위에 반 시간 정도 올려 놓는다. 그런 다음 냄비에서 꺼내서 미리 깨끗하게 손질해둔 칠면조 속을 채우고 날개와 다리를 묶어 고정한다. 칠면조에 송로버섯 향이 충분히 스미들게 하려면 먹기 나흘 선에 이러한 방식으로 준비해두어야 한다. 이제 칠면조를 버터 바른 종이로 싸고 꼬챙이에 꿴 다음 불 위에서 돌려가며 천천히 익힌다. 이렇게 두 시간 정도 구워야 하며, 그런 뒤에 색깔이 나도록 15분 정도 그대로 두었다가 큰 접시에 담고 섬세하게 준비해둔 송로버섯 껍질로 장식해서 낸다.

가토 드 마롱 GÂTEAU DE MARRONS (밤 케이크)

출전: Mme Baronne Bidard, *La Cuisine française: l'art du bien manger*, Edmond Richardin (ed.) (Paris, 1906)

밤 1킬로그램을 겉껍질을 벗겨서 삶은 다음 속껍질을 제거한다. 밤을 빻은 다음 설탕과 바닐라를 넣은 우유를 붓고, 달걀 6개 분량의 흰자를 세게 휘저어서 거품을 낸 다음 섞어서 반죽을 만든다. 캐러멜로 코팅된 틀 안에 준비된 반죽을 넣고 중간 온도로 설정된 오븐에서 한 시간 동안 굽는다. 먹기 하루 전에 준비해두었다가, 바닐라 커스터드와 함께 차려낸다.

외아라네즈 OEUFS À LA NEIGE (부드러운 머랭)

출전: Curnonsky & Marcel Rou, *La France gastronomique: le Périgord* (Paris, 1921)

우유 1리터에 달걀 8개를 준비한다. 달걀은 흰자와 노른자를 분리한다. 달걀흰자를 세게 휘저어서 단단한 거품을 내 머랭을 만든 다음, 설탕을 넣지 말고(이것이 핵심이다) 수란을 만들듯이 끓인 우유에 넣어 익힌다. 이때 머랭을 몇 차례에 나누어서 넣고 국자로 뒤집어준다. 3분 이상 익히지 말고, 익은 머랭은 테린 위에 천을 깔고 그 위에 올려서 남은 우유가 걸러지도록 한다. 그리고 끓고 있는 우유에 설탕을 넣고, 미리 테린에 담아놓은 달걀노른자에 부은 다음 강하게 휘저어 잘 섞는다.

샐러드 접시나 도기로 만든 얕은 볼에 크림을 담고, 크림을 틀로 삼아 그 위에 머랭을 올린다. 15~30분 정도 그대로 두어 식힌 다음 내간다. 노랗지도 않고 검지도 않은 적당한 빛깔의 캐러멜을 만들어 머랭 위에 뿌린다.

오르스스텍HORSE-STEAKS* (말고기 스테이크)

출전: M. Destaminil, *La Cuisine pendant le siège: recettes pour accommoder les viandes de cheval et d'âne* (Paris, 1870~71)

뼈를 발라낸 살코기에서 힘줄을 제거하고 엄지손가락 너비로 얇게 썬 다음 반복해서 두드린다. 말고기 비계나 녹인 버터가 있으면 그것으로 고기를 재워둔다. 뜨거운 불 위에 올려서 굽다가 익으면 뒤집고, 자잘한 허브, 소금, 후추, 레몬즙을 섞은 말고기 비계를 호두 크기로 떼어서 고기 위에 올린다. 먹는 이의 취향에 따라 완전히 익히거나 덜 익힌 상태로 차려낸다.

쿠스쿠스 아 라 마르가COUSCOUS À LA MARGA (마르가식 쿠스쿠스)

출전: Raphaël de Noter, *La Bonne Cuisine aux colonies: Asie – Afrique – Amérique* (Paris, 1931)

어린 양의 어깨살과 허릿살을 같은 크기로 자르고, 늙은 암탉은 전체를 대여섯 조각으로 자른 다음 좁고 높은 들통에 담아 물 3리터를 붓고 끓인다.

---

* 영어의 말고기 스테이크horse steak를 그대로 쓴 것이다. 프랑스어에서도 스테이크는 영어에서 들어온 외래어로 스텍steak이라고 쓴다.

물이 끓으면 물 위에 뜨는 것들을 걷어낸다. 토마토 두세 개, 주키니호박 약간, 피망 두세 개, 순무 몇 개, 하룻밤 불려놓은 약간의 강낭콩과 병아리콩, 굵은 소금 한 숟가락, 파프리카 가루 한 찻숟가락, 쿠민 크게 한 자밤, 약간의 향신료, 붉은 고추 두 개를 넣는다. 케스케스$_{keskesp}$*에 미리 준비해둔 쿠스쿠스**를 담고 들통 위에 올려서 두 시간 동안 찐다.

바닥이 깊은 커다란 접시에 쿠스쿠스를 담고 고기와 채소를 그 위에 올려서 식탁에 차려낸다. 큰 수프 그릇에 육수를 담아서 함께 낸다.

*   우리나라의 시루처럼 바닥에 작은 구멍이 여러 개 뚫려 있는 옹기나 냄비 같은 것으로, 아랍 사람들이 쿠스쿠스를 만들 때 사용한다.
** 쿠스쿠스는 완성된 요리를 가리키기도 하지만 본래는 그 요리의 주된 재료가 되는 으깬 밀을 뜻한다.

주

여는 글

1 Waverley Root, *The Food of France* (New York, 1958), p. v.

2 Pascal Ory, 'Gastronomie', Pierre Nora, Colette Beaume & Maurice Agulhon (eds.), *Les Lieux de mémoire*, (Paris, 1984), vol. III/3, p. 829.

3 Alexandre Lazareff, *L'Exception culinaire francaise: un patrimoine gastronomique en péril?* (Paris, 1998), p. 13.

4 Florent Quellier, *Gourmandise: Histoire d'un péché capital* (Paris, 2013), p. 116.

5 Amy B. Trubek, *The Taste of Place: A Cultural Journey into Terroir* (Berkeley, CA, 2008), p. 53.

6 Florent Quellier, *Gourmandise*, p. 155.

1장 프랑스 음식문화의 기원, 갈리아

1 나는 역사학적으로는 '갈로-로마Gallo-Roman가 더 정확한 용어일 수 있음을 인정하면서도 '갈리아Gallic'라는 용어를 사용한다. 로마의 지배를 받던 기간은 물론 그 이후까지도 해당 지역에서 지속된 골족/프랑크족 식생활의 독특한 특성을 의도적으로 강조하려는 것이다.

2 학자들은 고대 요리에 관련된 다양한 품종, 특히 오늘날 존재하지 않는 식물이나 동

물을 가리키는 명칭을 번역한 용어의 정확성에 대해 의견이 나뉜다. 앤드루 돌비Andrew Dalby는 많은 번역자가 호박, 애호박, 박, 풋강낭콩 같은 용어를 사용하지만 사실 "이러한 종들은 고전 세계에 알려져 있지 않았다는 것이 일반적으로 용인된 견해"라고 경고한다. Andrew Dalby, *Food in the Ancient World from A to Z* (London/ New York, 2014), p. xv.

3 Mark Grant, "Introduction to Anthimus", Anthimus, *De observatione ciborum*, Mark Grant (trans.) (Totnes, Devon, 1996). p. 28.

4 Ibid., p. 35.

5 Anthimus, *De observatione ciborum*, §38, p. 65.

6 Paul Ariès, *Une Histoire politique de l'alimentation* (Paris, 2016), p. 146.

7 Pliny the Elder, *Natural History*, John Bostock & H. T. Riley (trans.) (London, 1855), Book XI, chapter 97.

8 Martial, *Epigrammata*, Jacob Borovskij (ed.) (Stuttgart, 1925), Book 12, chapter 32.

9 Strabo, *Geography*, H. C. Hamilton & W. Falconer (trans.) (London, 1903), Book IV, chapter 3, §2.

10 Anthimus, *De observatione ciborum*, §14, p. 57.

11 Martial, *Epigrammata*, Book 13, chapter 54.

12 Paul Ariès, *Une Histoire politique*, p. 195.

13 Ibid. ; Massimo Montanari, "Romans, Barbarians, Christians: The Dawn of European Food Culture", Jean-Louis Flandrin, Massimo Montanari & Albert Sonnenfeld (eds.) *Food: A Culinary History* (New York, 2000), p. 167.

14 Paul Ariès, *Une Histoire politique*, p. 179.

15 Pliny, *Natural History*, Book XVIII, chapter 12. 이 책에서는 라틴어 프루멘툼frumentum 을 영국 영어에서 일반적으로 특정 유형의 곡식을 의미하는 콘corn으로 번역했다.

16 Andrew Dalby, *Food in the Ancient World*, p. 158.

17 Roger Dion, *Le Paysage et la vigne: essais de géographie historique* (Paris, 1990), p. 195.

18 라틴어 원전에서, 영어의 '새먼salmon'(연어)으로 번역되는 물고기를 가리켜 아우소니우스Decimus Magnus Ausonius는 '살모salmo'라고 하고 안티모스Anthimos는 '에속스esox'(아마도 라틴어화된 켈트어 어휘)라고 부른다. 카를 드루Carl Deroux는 '에속스'가 성어成魚가 된 연어를 가리키는 것으로 본다. 아우소니우스가 사용하는 또 다른 라틴어 용어로는 스쿠아메우스 카피토squamues capito(처브), 살라르salar(송어), 페르카perca(민물 농어), 물리스mullis(숭어), 루키우스lucius(강꼬치고기), 알부르노

스_{alburnos}(청어류) 등이 있다. Carl Deroux, "Anthime, un médecin gourmet du début des temps mérovingiens", *Revue belge de philologie et d'histoire*, LXXX/4 (2002), p. 1109.

19 Decimus Magnus Ausonius, "Mosella", *Ausonius: In Two Volumes*, Hugh G. E. White (ed. & trans.) (New York, 1919), pp. 231–233. 자세한 내용은 별면의 '문학 속 음식'을 보라.

20 Anthimus, *De observatione ciborum*, §40, p. 65.

21 Danuta Shanzer, 'Bishops, Letters, Fast Food, and Feast in Later Roman Gaul', *Society and Culture in Late Antique Gaul*, Ralph W. Mathisen & Danuta Shanzer (eds.) (Burlington, VT, 2001), p. 231.

22 Paul Ariès, *Une Histoire politique*, p. 171.

23 Carl Deroux, "Anthime", p. 1124.

24 Anthimus, *De observatione ciborum*, §22(꿩과 거위), §27(두루미), §25–6(자고새, 찌르레기, 멧비둘기), pp. 59–60.

25 Liliane Plouvier, "L'Alimentation carnée au haut moyen âge d'après le *De observatione ciborum* d'Anthime et les Excerpta de Vinidarius", *Revue belge de philologie et d'histoire*, lxxx/4 (2002), pp. 1357–1369. 플루비에_{Liliane Plouvier}는 안티모스의 '아프라투스_{afratus}를 "예외적인 섬세함과 놀라운 현대성을 갖춘 요리법"(p. 1367)이라고 부르는데, 이는 사실 달걀흰자를 휘저어서 거품을 낸 요리에 대한 것치고는 매우 너그러운 칭찬이다.

26 Massimo Montanari, "Production Structures and Food Systems in the Early Middle Ages", *Food: A Culinary History*, p. 171.

27 Andrew Dalby, *Food in the Ancient World*, p. 158.

28 Carl Deroux, "Anthime", p. 1111.

29 Anthimus, *De observatione ciborum*, §67, p. 71.

30 겨울밀에 대해서는 다음을 참조. Pliny, *Natural History*, Book xviii, chapter 20. 기장에 대해서는 같은 책의 다음 부분을 참조하라. chapter 25.

31 Pliny, *Natural History*, Book xviii, chapter 12.

32 Florence Dupont, "The Grammar of Roman Dining", *Food: A Culinary History*, p. 126.

33 Ibid.

34 Emmanuelle Raga, "Bon mangeur, mauvais mangeur. Pratiques alimentaires et critique sociale dans l'oeuvre de Sidoine Apollinaire et de ses contemporains", *Revue belge de philologie*, LXXXVII/2 (2009), p. 183.

35 Mark Grant, "Introduction to Anthimus", *De observatione ciborum*, p. 9.

36 기원후 378년 갈리아의 총독이 된 아우소니우스는 379년 은퇴하여 자신이 태어난 보르도로 낙향했다. 로마제국에 대한 골족의 충성을 강화하기 위한 방편으로 황제는 현지 태생의 골족을 갈리아의 총독으로 임명했는데, 아우소니우스가 이 역할을 맡아 봉직했으며, 5세기에는 시도니우스 아폴리나리스의 할아버지와 아버지가 같은 일을 했다.

37 모젤강은 라인강의 지류이며, 오늘날의 프랑스, 독일, 룩셈부르크를 관통해 흐른다. 이 시의 앞부분에서 아우소니우스는 뒤랑스강과 라인강을 언급하는데, 역사적으로 두 강은 로마의 와인 무역에 매우 중요한 하천이었다.

38 영어 번역본은 다음과 같다. Hugh G. E. White, *Ausonius* (Cambridge, 1919), vol. I, pp. 231-263. 화이트는 아우니우스의 시가 문학적 가치보다는 역사적 가치를 지닌 것으로 보았으며, 무엇보다도 그 자신을 둘러싼 중산층의 삶에 그가 기울인 관심을 강조했다.

39 라틴어 원문에서는 카피토Capito이다. George Shelby Howard et al. (ed.), *New Royal Cyclopedia* (1790). 이 백과사전에서는 이 용어를 처브와 숭어(프랑스어로는 슈벤chevesne과 뫼니에meunier)를 포함한 키프리누스Cyprinus속의 몇 가지 어종에 대해 사용하고 있다. 처브(키프리누스 예세스Cyprinus jeses)는 현대인들의 식성에는 잘 맞지 않는다.

40 루이스Lewis와 쇼트Short의 《라틴어 사전Latin Dictionary》(1879)에서는 아우소니우스가 사용하는 살라르salar라는 용어에 대해 단지 '일종의 송어'라고만 설명한다. 하지만 색깔에 대한 설명을 따르자면 그것이 살모 파리오Salmo fario라는 결론에 이르게 된다. 18세기의 도감을 보면 살모 파리오에는 실제로 보라색 반점들이 있다.

41 영어로는 로치Loach(프랑스어로는 로슈Loche)라고 한다. 입에 수염이 나고 몸통은 뱀처럼 가늘고 길다. 그래서 뼈(가시)가 없다고도 한다.

42 또 다른 종류의 송어. 라틴어로 살모 티말루스Salmo thymallus라고 하고, 프랑스어로는 트뤼트 도베르뉴truite d'Auvergne(오베르뉴의 송어)라고 한다.

43 화이트의 설명을 따르자면, "손님이 어떤 요리를 다른 요리보다 더 좋아해야 할지 알지 못하는" 만찬이라고 한다. Hugh G. E. White, *Ausonius*, p. 232.

44 원전에서는 '무스텔라mustela'라고 하는데, 이 물고기는 오직 아우소니우스의 저술과 플리니우스의 《박물지》(예를 들어 9권 32장)에서만 언급되며, 존 보스톡John Bostock과 라일리H. T. Riley의 《박물지》 영어 번역본에서는 '강 연어river salmon'라고 옮겼다. Pliny the Elder, *Natural History*, John Bostock & H. T. Riley (trans.) (London,

1855), Book XI, chapter 97. 이 두 역자는 무스텔라가 아주 먼 북쪽 지방에서 발견되는 강 물고기이기 때문에 당시의 그리스인 저자들이 알 수 없었을 거라고 추정한다. 다른 영역본들에서는 '칠성장어lamprey'라고 옮겼으나, 프랑스어 번역자는 이 물고기가 가두스 로타Gadus lota(오늘날 로타로타Lota lota와 동일시됨), 즉 론강의 토종 물고기이며 그 살과 간 때문에 사람들이 즐기는 모캐라고 주장한다. *Oeuvres complètes*, Etienne Corpet (trans.) (Paris, 1843), p. 376.

45 도나우강으로도 알려져 있다.

46 붉은 숭어는 바닷고기다. 여기에서는 다른 담수 어종과 대비되어 등장한다. 이는 로마 시대에 물고기 무역을 통해 내륙 깊숙이 사는 주민들도 바닷고기를 섭취했으며 골족이 '지역 산물을 먹기' 시작했음을 나타낸다.

47 숭어는 로마인들의 식탁에 흔히 올라오는 물고기였다. 아우소니우스가 그 풍미에 대해 차례대로 언급하는 몇 안 되는 물고기 가운데 하나다.

48 이와 반대로 안티모스는 강꼬치고기를 귀하게 여기고, 강꼬치고기와 달걀흰자를 사용한 요리법을 제시했다. 이는 오늘날에도 고전적인 리옹 요리의 일부를 이루는 크넬 드 브로셰quenelles de brochet(강꼬치고기 살과 크림을 섞어 둥글게 빚은 뒤 익혀서 로브스터 소스에 담아 먹는 요리)의 전신이다.

49 아우소니우스는 로마 시대에 이미 지금처럼 격자 구조물을 설치해서 포도나무를 기르던 모젤강 유역의 가파른 언덕들을 묘사하고 있다. 앤드루 돌비Andrew Dalby는 갈리아 남동부에는 로마인들이 진출하기 이전에 이미 포도나무가 심겨 있었고, 아우소니우스의 고향인 보르도 지역과 마찬가지로 모젤강 유역의 포도나무들 또한 고대 말기에 이미 좋은 평판을 얻고 있었음을 확인했다. Andrew Dalby, *Food in the Ancient World from A to Z* (London & New York, 2014), p. 158. 오늘날 모젤강변의 와인 생산은 독일 쪽에 속해 있고, 리슬링 와인을 생산한다.

2장 중세와 르네상스: 빵의 시대

1 다음을 보라. Colette Beaune, *Naissance de la nation française* (Paris, 1993).

2 "[Elle] fut portée à chercher plus que les autres nations son mérite dans la foi et la conformité à la volonté divine([프랑스 국민은] 다른 국민보다 하느님의 의지에 대한 순응과 믿음 안에서 그들 자신의 공덕을 더 많이 찾는 경향이 있었다)." Ibid., p. 228.

3 814년 샤를마뉴 대제Charlemagne가 죽은 뒤, 경건왕 루이Louis le Pieux는 817년에 '제

국칙령Ordinatio Imperii'을 공포함으로써 영토를 셋으로 나누어 세 아들이 다스리
도록 했지만 두 번째 결혼을 해 넷째아들을 얻음으로써 폐기되었다. 샤를마뉴의 제
국은 결국 843년 베르됭 조약이 체결됨으로써 완전히 쪼개져 서프랑크왕국(대머리
왕 샤를Charles II le Chauve), 동프랑크왕국(게르만왕 루이Louis le Germanique), 오늘
날 프로방스 지방과 이탈리아에 해당하는 중프랑크왕국(로테르Lothaire I)으로 나
뉘었다.

4   Alban Gautier, "Alcuin, la bière et le vin", *Annales de bretagne et des pays de l'ouest* (2004),
    pp. 111-113. 고티에는 알퀸Alcuin de Tours의 잉글랜드 맥주에 대한 폄하를 민족적
    정체성의 생성이 아니라 종교적 비판으로 해석한다.

5   Roger Dion, *Histoire de la vigne et du vin en France: des origines au xixe siècle* (Paris,
    1959), p. 594 ; Antoni Riera-Melis, "Society, Food, and Feudalism", *Food: A Culinary
    History* (New York, 2000), p. 264.

6   Roger Dion, *Histoire de la vigne et du vin en France*, p. 608.

7   Bruno Laurioux, *Manger au moyen age: pratiques et discours alimentaires en Europe aux
    XIVe et XVe siècles* (Paris, 2002), p. 88.

8   Louis Stouff, *Ravitaillement et alimentation en Provence XIV et XVe* (Paris, 1970) ;
    Francesco Petrarca to Pope Urban v, Rerum senilium, Book 9, Letter I (composed in
    1366).

9   Jean-Claude Hocquet, "Le Pain, le vin et la juste mesure à la table des moines
    carolingiens", *Annales. Économies, sociétés, civilisations*, XL/3 (1985), pp. 665-667.

10 Sakae Tange, "Production et circulation dans un domaine monastique à l'époque
    carolingienne: l'exemple de l'abbaye de Saint-Denis", *Revue belge de philologie et
    d'histoire*, lxxv/4 (1997) pp. 945, 951.

11 Antoni Riera-Melis, "Society, Food, and Feudalism", pp. 262-263.

12 Kirk Ambrose, "A Medieval Food List from the Monastery of Cluny", *Gastronomica*,
    VI/1 (2006), pp. 14-20.

13 Bernard de Clairvaux, "Apologie à Guillaume de Saint-Thierry", *Oeuvres complètes*,
    Abbe Charpentier (trans.) (Paris, 1866), chapter IX, sec. 20-21.

14 Pierre Abelard, *Lettres d'Abélard et d'Héloïse*, Victor Cousin (trans.) (Paris, 1875), vol. II,
    Lettre VIII, p. 317.

15 Antoni Riera-Melis, "Society, Food, and Feudalism", pp. 260-261.

16 Massimo Montanari, "Peasants, Warriors, Priests: Images of Society and Styles of Diet",

Food: A Culinary History, p. 184.

17 Jean-Claude Hocquet, "Le Pain, le vin et la juste mesure à la table des moines carolingiens", pp. 678–679.

18 Paul Ariès, *Une Histoire politique de l'alimentation: du paléolithique à nos jours* (Paris, 2016), p. 205.

19 Françoise Desportes, *Le Pain au moyen age* (Paris, 1987), p. 17.

20 Jean-Claude Hocquet, "Le Pain, le vin et la juste mesure à la table des moines carolingiens", p. 673.

21 Françoise Desportes, *Le Pain au moyen age*, p. 28.

22 Rene de Lespinasse, *Les Métiers et les corporations de la ville de Paris* (Paris, 1886), vol. i, xiv–xviiie siècles, p. 367.

23 *Lettres du prévôt de Paris, contenant un nouveau texte de statuts en dix-sept articles, pour les patissiers*, 4 August 1440. Rene de Lespinasse, *Les Métiers et les corporations de la ville de Paris*, p. 376 재인용.

24 Paul Ariès, *Une Histoire politique*, p. 174.

25 Fabrice Mouthon, "Le Pain en bordelais médiéval (XIIIe–XVIe siècle)", *Archeologie du midi médiéval* (Carcassonne, 1997), pp. 205–213.

26 Ibid. p. 207.

27 Ibid., p. 210.

28 Françoise Desportes, *Le Pain au moyen age*, p. 90.

29 Francoise Desportes, "Le Pain en Normandie a la fin du moyen age", *Annales de Normandie*, xxxi/2 (1981), p. 104.

30 Fabrice Mouthon, "Le Pain en bordelais médiéval", p. 208.

31 Françoise Desportes, "Le Pain en Normandie a la fin du moyen age", p. 103.

32 Françoise Desportes, *Le Pain au moyen age*, pp. 89–90.

33 Rene de Lespinasse, *Les Métiers et les corporations de la ville de Paris*, p. 195.

34 Ordonnance de Philippe le Bel, adressée au prevot de Paris, portant règlement sur le commerce du pain, des vivres, et sur le metier des boulangers, 28 April 1308, Rene de Lespinasse, *Les Métiers et les corporations de la ville de Paris*, pp. 197–198 재인용.

35 Ordonnance du roi Jean ii, sur la police générale et sur les divers métiers de la ville de Paris, 20 January 1351, Rene de Lespinasse, *Les Métiers et les corporations de la ville de Paris*, p. 3 재인용.

36 Rene de Lespinasse, *Les Métiers et les corporations de la ville de Paris*, p. 200.

37 Françoise Desportes, *Le Pain au moyen age*, p. 108.

38 Fabrice Mouthon, "Le Pain en bordelais médiéval", p. 211.

39 Rene de Lespinasse, *Les Métiers et les corporations de la ville de Paris*, pp. 196, 206.

40 Olivier de Serres, *Le Théâtre d'agriculture et mesnage des champs* (Paris, 1600), vol. VIII, pp. 825-826.

41 Ibid., p. 826. 화덕조차 흰 빵을 위한 화덕과 나머지 다른 모든 빵을 위한 화덕이 따로 있었다. 하인에게는 절대 두 화덕을 섞어 쓰지 말라는 명령이 내려졌다.

42 Marc Bloch, *Les Caractères originaux de l'histoire rurale française* (Paris, 1988), pp. 111-138. 이러한 시스템의 변화가 왜 프랑스에서 먼저 발생했는가 하는 물음에, 블로흐는 다만 "나는 답을 찾지 못했다"고 말하면서 다른 연구자들이 그 답을 찾는 작업에 착수해줄 것을 제안한다.

43 "Il cesse d'être un chef d'entreprise -ce qui l'amènera aisement à cesser d'être un chef tout court. Il est devenu rentier du sol." Ibid., p. 139.

44 Ibid., p. 147.

45 Emmanuel Le Roy Ladurie, *Histoire des paysans français: de la peste noire à la Révolution* (Paris, 2002), p. 191.

46 Marc Bloch, *French Rural History*, Janet Sondheimer (trans.) (London, 2015), p. 148.

47 Thomas Brennan, *Burgundy to Champagne: The Wine Trade in Early Modern France* (Baltimore, md, 1997), p. 110.

48 Ibid., p. 114.

49 Thomas Parker, *Tasting French Terroir: The History of an Idea* (Oakland, ca, 2015), p. 31. 고오리Jacques Gohory의 책은 다음의 책과 같은 해에 출간되었다. Joachim Du Bellay, *Deffense et illustration de la langue française*. 이 책은 프랑스어가 언어학적 완성과 시적 표현의 충족 면에서 라틴어를 능가했다고 말한다.

50 Thomas Parker, *Tasting French Terroir: The History of an Idea*, p. 31.

51 Etienne de Conty, Brevis tractatus (1400), Colette Beaune, *Naissance de la nation française*, p. 322 재인용.

52 Roger Dion, *Le Paysage et la vigne: essais de géographie historique*, p. 186.

53 Colette Beaune, *Naissance de la nation française*, p. 320.

54 Olivier de Serres, *Le Théâtre d'agriculture et mesnage des champs*, vol. VIII, p. 824.

55 Le Roy Ladurie, *Histoire des paysans français*, p. 151.

56 Massimo Montanari, "Production Structures and Food Systems in the Early Middle Ages", *Food: A Culinary History*, p. 173.

57 Massimo Montanari, "Toward a New Dietary Balance", *Food: A Culinary History*, p. 249.

58 Louis Stouff, "La Viande. Ravitaillement et consommation à Carpentras au XVe siècle", *Annales. Economies, sociétés, civilisations*, XXIV/6 (1969), p. 1442.

59 Philippe Wolff, "Les Bouchers de Toulouse du xiie au xve siècle", *Annales du Midi: revue archéologique, historique et philologique de la France méridionale*, LXV/23 (1953).

60 Lettre patente de Charles vi, August 1416, Rene de Lespinasse, *Les Métiers et les corporations de la ville de Paris*, p. 276 재인용.

61 Bruno Laurioux, *Manger au moyen age*, p. 82.

62 Bruno Laurioux, "L'Expertise en matiere d'alimentation au moyen age", Claude Denjean & Laurent Feller (eds.) *Expertise et valeur des choses au moyen âge. I: le besoin d'expertise* (Madrid, 2013), p. 26.

63 Bruno Laurioux, "L'Expertise en matiere d'alimentation au moyen age", p. 26.

64 Jacques Dubois (Sylvius), *Régime de sante pour les pauvres* (1544), Jean Dupère, "La Diététique et l'alimentation des pauvres selon Sylvius", Jean-Claude Margolin & Robert Sauzet (eds.) *Pratiques et discours alimentaires a la Renaissance: actes du colloque de Tours de mars 1979* (Paris, 1982), p. 50 재인용.

65 Philip Hyman, "L'Art d'accommoder les escargots", *L'Histoire*, 85 (1986), pp. 41-44.

66 Jacques Dubois, *Régime de sante pour les pauvres* (1544), Jean Dupère, "La Diététique et l'alimentation des pauvres selon Sylvius", p. 51 재인용.

67 테렌시 스컬리Terence Scully는 기욤 티렐Guillaume Tirel이 《비앙디에Le Viandier》의 최초 사본을 저술했는가에 대한 논쟁이 '토론의 여지가 없는 문제'라고 선언한다. Taillevent & Terence Scully, *The Viandier of Taillevent: An Edition of All Extant Manuscripts* (Ottawa, 1988), p. 9. 연구 대상으로서 《비앙디에》는 한 권의 책이 아니라 상호 연관된 일련의 필사본들이며 그중 분명하게 '원본'이라고 부를 수 있는 것은 하나도 없다. 스컬리는 이 문제를 저서의 서론에서 광범위하게 논의한다. 티렐이라는 인물이 타유방Taillevent이라는 이름으로 알려졌던 것은 분명하다. 또한 그가 14세기 프랑스의 왕실 셰프로 일했다는 증거도 있다. 하지만 현존하는 《비앙디에》의 모든 판본에는, 가장 이른 시기의 판본(티렐의 '생산적 활동 연령' 시기를 앞서는 듯 보이는 판본)을 제외하고는, 저자를 타유방이라고 밝히는 서문이 실려 있다. 따라

서 타유방이 가장 이른 시기의 판본을 본보기로 삼았다고 볼 수도 있다. 스컬리는 첫 번째와 두 번째라고 알려진 판본들 사이에 타유방이 작성한 《비앙디에》의 다른 판본이 있었으나 소실되었고, 이 판본이 아마도 진짜 《타유방의 비앙디에Viandier de Taillevent》일 것이라는 가설을 세웠다(p. 14). 제롬 피숑Jérôme B. Pichon과 조르주 비케르Georges Vicaire는, 《메나지에 드 파리Ménagior do Paris》에 《비앙디에》에서 직접 차용한 부분이 있다는 것을 증거로, 《비앙디에》의 1392년 사본들이 14세기 말 요리하는 이들과 살림하는 이들 사이에서 필사본 형태로 유통되었을 것이라고 주장한다. Taillevent, *Le Viandier de Guillaume Tirel dit Taillevent: publié sur le manuscrit de la Bibliothèque Nationale, avec les variantes des Mss. de la Bibliothèque Mazarine et des archives de la manche*, Jérôme B. Pichon & Georges Vicaire (eds.) (Paris, 1892), p. xxxix.

68 Jack Goody, *Cooking, Cuisine and Class* (Cambridge, 1982), p. 136. 구디는 더 나아가서, 영어에서 살아 있는 동물들의 이름(소cow, 돼지pig)은 앵글로색슨 어원의 단어이지만 식탁에 오르는 고기의 이름은 프랑스어에서 파생된 단어(소고기beef, 돼지고기pork)라는 사실에 주목한다.

69 Anne Willan & Mark Cherniavsky, *The Cookbook Library: Four Centuries of the Cooks, Writers, and Recipes that Made the Modern Cookbook* (Berkeley, CA, 2012), p. 39.

70 Bruno Laurioux, *Le Règne de Taillevent: livres et pratiques culinaires à la fin du moyen âge* (Paris, 1997), p. 231.

71 Barbara K. Wheaton, *Savoring the Past: The French Kitchen and Table from 1300 to 1789* (New York, 2015), p. 42.

72 Paul Aries, *Une Histoire politique*, p. 212.

73 Béatrix Saule, "Insignes du pouvoir et usages de cour a Versailles sous Louis xiv", *Bulletin du Centre de recherche du chateau de Versailles*, 18 July 2007.

74 Bruno Laurioux, *Manger au moyen age*, pp. 20–21.

75 Jean-Louis Flandrin, "Seasoning, Cooking, and Dietetics in the Late Middle Ages", *Food: A Culinary History*, pp. 317, 324.

76 소유주 피에르 뷔포Pierre Buffaut가 연대를 1392년으로 추정하는 프랑스 국립도서관Bibliothèque Nationale 소장 필사본(피숑과 비케르가 재판再版).

77 Bruno Laurioux, *Manger au moyen âge*, p. 39.

78 Bruno Laurioux, *Le Règne de Taillevent*, p. 341.

79 Pichon & Vicaire (eds.), *Le Menagier de Paris* [1393] (Paris, 1896), vol. ii, p. 236.

80 Vanina Leschziner, "Epistemic Foundations of Cuisine: A Socio-cognitive Study of the Configuration of Cuisine in Historical Perspective", *Theory and Society*, XXXV/4 (August 2006), pp. 426–427.

81 François Rabelais, *Gargantua* [1534], Abel Lefranc (ed.) (Paris, 1913), p. 187.

82 Bruno Laurioux, *Manger au moyen age*, p. 22.

83 Jean-Louis Flandrin, "Brouets, potages et bouillons", *Medievales: Nourritures*, V (1983), p. 5.

84 Florent Quellier, *La Table des Français: une histoire culturelle, xve–début XIXe siècle* (Rennes, 2013), p. 32.

85 Susan K. Silver, "'La Salade' and Ronsard's Writing Cure", *Romanic Review*, LXXXIX/1 (January 1998), p. 21.

86 Jacqueline Boucher, "L'Alimentation en milieu de cour sous les derniers Valois", Margolin & Sauzet (eds.), *Pratiques et discours alimentaires*, pp. 162–163.

87 Olivier de Serres, *Le Théâtre d'agriculture et mesnage des champs*, vol. VIII, p. 856.

88 Jacqueline Boucher, "L'Alimentation en milieu de cour sous les derniers Valois", *Pratiques et discours alimentaires*, p. 164.

89 다음을 보라. Barbara K. Wheaton, *Savoring the Past*, p. 43.

90 Jean-Louis Flandrin, "Médecine et habitudes alimentaires anciennes", Margolin & Sauzet (eds.), *Pratiques et discours alimentaires*, p. 86.

91 Roger Dion, *Histoire de la vigne et du vin en France*, p. 7.

92 Olivier de Serres, *Le Théâtre d'agriculture et mesnage des champs* , vol. VIII, p. 831.

93 《가르강튀아와 팡타그뤼엘의 생애La Vie de Gargantua et Pantagruel》는 프랑수아 라블레의 소설이며 전체 5권으로 구성되어 있다. 주된 내용은 거인 부자父子인 가르강튀아와 팡타그뤼엘이 겪는 어리석고 지저분한 모험 이야기다. 여기에 실린 부분은 제2권 《팡타그뤼엘의 아버지 위대한 가르강튀아의 끔찍한 생애La Vie très horrifique du grand Gargantua, père de Pantagruel》에서 발췌한 것이다. 이 소설 전편은 교회와 귀족과 교육을 비롯한 16세기 프랑스의 제도들에 관한 라블레의 풍자적인 논평의 메커니즘을 이룬다. 가르강튀아와 팡타그뤼엘은 육체적 충동에 지배되며, 소설은 게걸스러운 축제 만찬이나 단순한 일상의 식사를 다루느라 음식에 관한 세세하고 왕성한 묘사를 가득 담고 있다.

94 제빵사라고 번역한 프랑스어 단어 '푸아시에fouacier'는 버터와 달걀을 넣은 빵을 만드는 사람이었다. 푸아시에라는 용어 자체는 잉걸불로 구운 빵을 뜻하는 라틴어

주
531

단어 '포카키아focacia'(현대 이탈리아의 포카치아focaccia)와 관계가 있고, 1200 년경의 초기 작품들에서는 일종의 플랫 브레드flat bread인 갈레트galette로 정의 되어 있다(《정보화된 프랑스어의 보물*Trésor de la langue française informatisé*》, www.atilf.fr/tlfi). 중세 말과 르네상스 시대에는 때때로 '푸아스fouace'라는 용어가 빵 을 의미하는 용도로 사용되었고, 빵과 케이크(팽pain과 가토gâteau)를 나타내는 용 어들은 통속 언어에서는 구분 없이 사용되기도 했다. 데포르트Françoise Desportes 는 라블레가 다른 첨가물을 넣지 않은 단순한 빵을 가리킬 때나 달걀과 버터를 넣은 빵을 가리킬 때 모두 '푸아스'를 사용했음을 지적했다. Françoise Desportes, *Le Pain au moyen age* (Paris, 1987), pp. 90-91.

95 François Rabelais, *Gargantua*, Thomas, Urquhart (trans.)(London, 1653) 참조.

96 규모가 작은 시골 포도밭은 지역 주민들의 일시적 노동에 의존하는 경우가 많았으 며, 특히 수확기에는 더욱 그러했다.

97 제빵사협회들의 압력으로 정부 관리들이 시장의 공식 빵 가격을 정했다는 사실을 상기시키는 내용이다.

98 변비에 걸렸다는 뜻이다. 라블레의 투박하고 적나라한 스타일을 보여준다. 이러한 스타일은 갈수록 심해진다.

99 방귀를 뀌는 것.

100 배설물로 자신을 더럽힐 것이라는 의미다. 라블레의 스타일에 대해서는 독자들에게 이미 경고한 바 있다.

101 여기에서는 빵이 사회적 지위를 드러낸다. 이 노동자들이 묵직하고 조밀한 '그로 팽 발레gros pain ballé'나 '투르트tourte'(잘 숙성되지 않은 커다란 덩어리의 시골 빵)를 먹는다는 암시는 그들을 가리켜 문명화되지 못한 사람들이며 양질의 빵을 먹을 자격 이 없는 가장 가난한 이들이라고 부르는 것과 같다. 빵과 결부된 모욕적 표현이야말 로 궁극적으로 프랑스적인 모욕이며 이러한 맥락에서만 이해될 수 있는 모욕이다.

102 원문은 프로지에Frogier. '프로그frog' 즉 개구리는 프랑스인들을 경멸하는 말이지 만 18세기까지 일반적인 어법에서는 그렇게 사용되지 않았다.

103 '바슐리에Bachelier'. 젊은 학자 혹은 도제.

104 '프뤼망Frument'. 밀을 뜻하는 라틴어 '프루멘툼'에서 유래. 영역본에서는 'corn'으로 번역되었는데 이는 옥수수만이 아니라 여타 곡물을 지칭할 수 있다.

105 원문에는 'gasteaux[gâteaux] et fouaces'. 영역본에서는 '푸아스fouace'를 케이크로 번 역하기도 하고 여기서는 번bun으로 번역했는데, 이는 문제가 있다. '가토gâteau'는 케 이크나 빵일 테지만, '푸아스'는 일반적인 빵이 아니라 플랫 브레드이다. 푸아스에

대해서는 앞의 주94를 참조하라.

106 제빵사들의 공식적인 연합이나 단체 중 하나. 에티엔 부알로는 13세기 파리의 《직업요람》에 푸아시에를 별도의 항목으로 넣지 않았다. 푸아시에는 파티시에나 탈믈리에에 포함되었거나, 파리 바깥의 와인 생산 지역에 한정되었기 때문일 가능성이 높다. 항상 지역적 산물로 남았던 푸아스는 20세기에 시야에서 사라졌다. 2005년에는 회원이 다섯 명인 한 단체에서 "푸아스와 푸아스 제조자들을 위해, 본래 요리법의 연구·보존·증진·정리·홍보·개발 활동을 벌이는" 낭트 포도재배지 푸아스 협회Confrérie de la Fouasse du Vignoble Nantais를 루아르 계곡 지역에서 창립했다. 다음 웹사이트를 참조하라. http://confrerie.fouasse.free.fr (2019년 9월 2일 접속).

107 저급 빵을 만드는 데 쓰인 또 다른 거친 곡식. '팽 그로시에pain grossier'나 누룩을 넣지 않은 빵, 포리지를 만들어 먹었다. 영역본에서는 '여물bolymong'이란 말도 추가했는데, 프랑스어 원문에는 단지 수수millet를 나타내는 'mil'이라고만 되어 있다.

108 원문에 쓰인 동사는 'challoient'인데 아마 '열을 가하다'라는 의미의 'chaler' 혹은 'chauffer'의 변화형으로 소작농들이 말할 때 사용하는 형태였을 것이다. 이 경우에는 농부들이 호두에 열을 가하거나 굽고 있었음을 의미한다.

109 이들은 빵 가격 결정 규정을 존중하는 정직한 농민들이다.

110 원문에는 단지 '알이 굵은 슈냉 포도'라는 뜻으로 '그로 라쟁 슈냉gros rasins chenins' 이라고만 되어 있다.

3장 프랑스가 이룬 혁신: 요리책, 샴페인, 통조림, 치즈

1 "Un modèle culinqire bien individualisé, seigneurial et carnivore", Alain Girard, "Le Triomphe de 'La cusinière bourgeoise': Livres culinaires, cuisine et société en France au XVIIe et XVIIIe siècles", *Revue d'histoire moderne et contemporaine*, XXXV/4 (October-December 1977), p. 507.

2 Vanina Leschziner, "Epistemic Foundations of Cuisine: A Socio-cognitive Study of the Configuration of Cuisine in Historical Perspective", *Theory and Society*, XXXV/4 (August 2006), p. 432.

3 Alain Girard, "Le Triomphe de 'La cusinière bourgeoise'", p. 507.

4 Paul Hyman & Mary Hyman, "Printing the Kitchen: French Cookbooks 1480-1800", *Food: A Culinary History*, Jean-Louis Flandrin, Massimo Montanari & Albert

Sonnenfeld (eds.) (New York, 2000), p. 400.

5 Molière (Jean-Baptiste Poquelin), *La Critique de l'école des femmes* [1663], *Oeuvres complètes* (Paris, 1873), p. 359.

6 François Pierre La Varenne, *Le Cuisinier françois* (Paris, 1651), p. 50.

7 Ibid., p. 74.

8 LSR, Editor's note, *L'Art de bien traiter* (Lyon, 1693), n.p.

9 LSR, Préface, *L'Art de bien traiter* (Lyon, 1693), p. 2.

10 François Marin, "Avertissement au lecteur", *Les Dons de Comus* (Paris, 1739), pp. xx-xxi. '통지Avertissement'는 두 명의 예수회 수사인 브뤼무아Pierre Brumoy와 부장G. H. Bougeant이 쓴 것으로 추측된다.

11 Arjun Appadurai, "How to Make a National Cuisine: Cookbooks in Contemporary India", *Comparative Studies in Society and History*, XXX/1(1988), p. 11.

12 François Massialot, "Préface", *Le Cuisinier royal et bourgeois* (Paris, 1693), p. viii.

13 Emmanuel Le Roy Ladurie, *Histoire des paysans français: de la peste noire à la Révolution* (Paris, 2002), pp. 321-324.

14 Stephen Mennell, *All Manners of Food: Eating and Taste in England and France from the Middle Ages to the Present*(Oxford, 1985), p. 73.

15 Ibid., p. 83.

16 Alain Girard, "Le Triomphe de 'La cusinière bourgeoise'", p. 513.

17 Barbara K. Wheaton, *Savoring the Past: The French Kitchen and Table from 1300 to 1789* (New York, 2015), p. 114.

18 Anne Willan, Mark Cherniavsky & Kyri Claflin, *The Cookbook Library: Four Centuries of the Cooks, Writers, and Recipes That Made the Modern Cookbook* (Berkeley, ca, 2012), pp. 155, 161.

19 Nicolas de Bonnefons, "Aux Maitres d'hotel", *Délices de la campagne* (Paris, 1654), p. 214.

20 Anon., *Dictionnaire portatif de cuisine, d'office et de distillation* (Paris, 1767).

21 Alain Girard, "Le Triomphe de 'La cusinière bourgeoise'", p. 512. 저자는 1710년 한 해 동안 남자 요리사에게 150파운드, 여자 요리사에게 70파운드를 지불한 브르타뉴의 정부 관리의 예를 언급하고 있지만, 같은 시기에 지방 귀족 집안에서 일하는 여자 요리사는 90파운드를 벌었다는 사실 또한 지적하고 있다.

22 Barbara K. Wheaton, *Savoring the Past*, p. 156.

23 Stephen Mennell, *All Manners of Food*, p. 67.

24 수전 핑커드Susan Pinkard는 바르톨로메오 스카피Bartolomeo Scappi의 1570년작에 나오는 포타제뿐 아니라, 16세기 로마 교황궁의 주방에서 사용된 포타제에 대해 언급하고 있다. 다음을 보라. Susan Pinkard, *A Revolution in Taste: The Rise of French Cuisine* (Cambridge, 2009), p. 110.

25 LSR, *L'Art de bien traiter*, pp. 65–67.

26 Daniel Roche, Tableau 2, "Cuisine et alimentation populaire à Paris", *Dixhuitième Siècle*, XV (1983), p. 11.

27 Jean-Louis Flandrin, "From Dietetics to Gastronomy: The Liberation of the Gourmet", *Food: A Culinary History*, p. 421.

28 Pierre Couperie, "L'Alimentation au xviie siècle: les marchés de pourvoierie", *Annales. Economies, sociétés, civilisations*, XIX/3 (1964), pp. 467–479.

29 Philip Hyman, "L'Art d'accommoder les escargots", *L'Histoire*, lxxxv (1986), pp. 43–44.

30 Sydney Watts, *Meat Matters: Butchers, Politics, and Market Culture in Eighteenth-century Paris* (Buffalo, NY, 2006), p. 8.

31 Daniel Roche, "Cuisine et alimentation populaire", p. 13.

32 Olivier de Serres, "Preface", *Le Théâtre d'agriculture et mesnage des champs* (Paris, 1600), n.p.

33 Ibid., vol. I, p. 14.

34 "à ce que chacune rapporte son goût particulier", ibid, vol. VIII, p. 846.

35 Nicolas de Bonnefons, *Délices de la campagne*, pp. 215–216.

36 Nicolas de Bonnefons, "Préface au lecteur", *Le Jardinier français* (Paris, 1679), p. x.

37 Thomas Parker, *Tasting French Terroir: The History of an Idea* (Oakland, CA, 2015), p. 88.

38 Nicolas de Bonnefons, Epistre, *Le Jardinier français*, p. vii.

39 Florent Quellier, *Festins, ripailles et bonne chère au grand siècle* (Paris, 2015), pp. 50–51.

40 Ibid., p. 51.

41 다음을 보라. Barbara K. Wheaton, *Savoring the Past*, p. 184.

42 Jean Meyer, *Histoire du sucre* (Paris, 2013), p. 109.

43 완전한 전체 제목은 'Nouveau Traité de la civilité qui se pratique en France parmi les honnêtes gens(프랑스에서 교양 있는 사람들이 실천하는 예절에 관한 새로운 논문)'이다.

44 Norbert Elias, *The Civilizing Process*, Edmund Jephcott (trans.), Eric Dunning Johan Goudsblom & Stephen Mennell (eds.), (Oxford, 2000), pp. 58–59.

45 Maryann Tebben, "Revising Manners: Giovanni Della Casa's Galateo and Antoine de Courtin's Nouveau Traité de la civilité", *New Readings*, XIII (2013), p. 13.

46 Michel de Montaigne, "De L'Expérience", *Essais* (Paris, 1588), vol. III, ch. XIII, p. 480.

47 Fernand Braudel, *The Structures of Everyday Life* (Berkeley, CA, 1981), p. 206.

48 Louis de Rouvroy, duc de Saint-Simon, *Mémoires* [1701] (Paris, 1856), vol. III, p. 21.

49 Ibid., [1715], vol. XII, p. 45.

50 Jean-Pierre Poulain & Edmond Neirinck, *Histoire de la cuisine et des cuisiniers*, 5th edn (Paris, 2004), p. 172.

51 Daniel Roche, "Cuisine et alimentation populaire", p. 14.

52 Paul Ariès, *Une Histoire politique de l'alimentation: du paléolithique à nos jours* (Paris, 2016), p. 285.

53 Florent Quellier, *Gourmandise: histoire d'un péché capital* (Paris, 2013), p. 84.

54 Ibid., p. 101.

55 Benoît Musset, "Les Grandes Exploitations viticoles de champagne (1650–1830). La Construction d'un système de production", *Histoire et Sociétés Rurales*, XXXV/87 (2011), p. 87. 오빌리에 수도원의 1694년산 샴페인은 평균적으로 100리터에 350파운드라는 기록적인 가격에 팔렸다. 물론 특정 생산연도의 부르고뉴 와인이 더 높은 가격에 팔렸을 수도 있다.

56 Ibid., p. 80. 뮈세의 기록에 따르면 1650년 와인의 평균 가격은 100리터에 10~25파운드였다. 하지만 1690년 부르고뉴 와인 가격은 100리터에 30파운드부터 시작해서 그 밑으로는 절대 떨어지지 않았으며, 1690년 이후 샴페인 가격은 40파운드를 넘어섰다.

57 Roger Dion, *Histoire de la vigne et du vin en France: des origines au XIXe siècle* (Paris, 1959), p. 627.

58 Nicolas de La Framboisière, *Gouvernement necéssaire à chacun pour vivre longuement en santé* [1600] (Paris, 1624), p. 105.

59 "incommodes voluptueux", LSR, *L'Art de bien traiter*, p. 32–33.

60 Jean-François Revel, *Un Festin en paroles: histoire littéraire de la sensibilité gastronomique de l'antiquité à nos jours* (Paris, 2007), p. 181.

61 토마스 브레넌은 1730년대의 전문적 논문에 래킹 기술이 기록되어 있다고 말한다.

Thomas Brennan, *Burgundy to Champagne: The Wine Trade in Early Modern France* (Baltimore, MD, 1997), p. 248. 뮈세는 와인을 거치해두는 장비(수티라즈soutirage)가 1740년대 부르주아 제작소들에 문서로 기록되어 있으며, 병입 장비는 1760년대에 등장했다고 주장한다. Benoît Musset, "Les Grandes Exploitations", p. 90.

62 Roger Dion, *Histoire de la vigne et du vin en France*, p. 644, 재인용.

63 Thomas Brennan, *Burgundy to Champagne*, pp. 248–249.

64 Roger Dion, *Histoire de la vigne et du vin en France*, p. 645.

65 Benoît Musset, "Les Grandes Exploitations viticoles de champagne (1650–1830)", p. 88.

66 Archives départementale de Marne, ibid., p. 91, 재인용.

67 Thomas Brennan, *Burgundy to Champagne*, p. 191, 재인용.

68 Kolleen Guy, *When Champagne Became French* (Baltimore, MD, 2003), pp. 28–29.

69 Ibid., p. 31.

70 Nicolas Appert, *L'Art de conserver pendant plusieurs années toutes les substances animales et végétales* (Paris, 1810), pp. ix–xi.

71 Ibid., p. 6.

72 Ibid., p. 110.

73 Sue Shephard, *Pickled, Potted, and Canned: How the Art and Science of Food Preserving Changed the World* (New York, 2000), p. 233. 셰퍼드는 미출간된 노먼 코웰Norman Cowell의 박사학위 논문을 인용하는데, 이 논문에서 코웰은 나폴레옹이 퇴위당하면서 프랑스 해군이 아페르와 맺었던 계약대로 돈을 지불하지 않게 되자 아페르가 통조림 산업에서 자신의 재정적 이익을 보호하기 위해 브라이언 동킨Bryan Donkin, 존 갬블John Gamble, 존 홀John Hall로 이루어진 영국 팀과 협력했음을 암시하고 있다. Ibid., pp. 234–239.

74 Ibid., p. 241.

75 Jack Goody, *Cooking, Cuisine and Class* (Cambridge, 1982), p. 160.

76 Martin Bruegel, "How the French Learned to Eat Canned Food, 1809–1930s", Warren Belasco & Philip Scranton (eds.), *Food Nations: Selling Taste in Consumer Societies*, (London, 2002), p. 121.

77 Ibid., p. 122.

78 예컨대 다음을 보라. Alexandre-Balthazar-Laurent Grimod de La Reynière, *Almanach des gourmands*, Year 3 (Paris, 1805), p. 138 ; Year 5 (1807), p. 309 ; Year 6 (1808), p.

103.

79 Marie-Antoine Carême, *Le Maitre d'hôtel français: ou parallèle de la cuisine ancienne et moderne* (Paris, 1822), p. 119.

80 "제국적 기술"이라는 말은 다음에서 비롯되었다. Simon Naylor, "Spacing the Can: Empire, Modernity, and the Globalisation of Food", *Environment and Planning A*, XXXII (2000), p. 1628.

81 Photis Papademas & Thomas Bintsis, *Global Cheesemaking Technology: Cheese Quality and Characteristics*, ebook (Hoboken, NJ, 2018).

82 Dick Whittaker & Jack Goody, "Rural Manufacturing in the Rouergue from Antiquity to the Present: The Examples of Pottery and Cheese", *Comparative Studies in Society and History: An International Quarterly*, XLIII/2 (2001), p. 235.

83 Paul Kindstedt, *Cheese and Culture: A History of Cheese and Its Place in Western Civilization* (Hartford, VT, 2012), pp. 127–130.

84 "France", Catherine W. Donnelly (ed.), *Oxford Companion to Cheese* (New York, 2017), p. 293 ; "Maroilles: Historique", Institut national de l'origine et de la qualité (inao), www.inao.gouv.fr, accessed 15 August 2018.

85 Catherine Donnelly, "From Pasteur to Probiotics: A Historical Overview of Cheese and Microbes", *Microbiol Spectrum*, I/1(2012), p. 12.

86 Raymond Dion & Raymond Verhaeghe, "Le Maroilles: 'le plus fin des fromages forts'", *Hommes et terres du nord*, I (1986), p. 69.

87 Olivier de Serres, *Le Théâtre d'agriculture et mesnage des champs*, vol. IV, p. 286.

88 Paul Kindstedt, *Cheese and Culture: A History of Cheese and Its Place in Western Civilization*, p. 153.

89 Gilles Fumey & Pascal Bérion, "Dynamiques contemporaines d'un terroir et d'un territoire: le cas du gruyère de Comté", *Annales de géographie*, IV/674 (2010), pp. 386–387.

90 Ibid., p. 397, n. 9.

91 Jean Froc, *Balade au pays des fromages: les traditions fromagères en France* (Versailles, 2007), p. 30.

92 Ibid., p. 50.

93 Dick Whittaker & Jack Goody, "Rural Manufacturing in the Rouergue from Antiquity to the Present: The Examples of Pottery and Cheese", p. 239.

94 "Roquefort: Historique", inao, www.inao.gouv.fr, accessed 15 August 2018.

95 Danielle Hays, "L'Implantation du groupe Bongrain en Aquitaine: la recherche et le succes de fromages nouveaux", Pierre Brunet (ed.), *Histoire et géographie des fromages: actes du Colloque de géographie historique Caen* (Caen, 1987), p. 168.

96 Laurence Bérard et Philippe Marchenay, "Le Sens de la durée: ancrage historique des 'produits de terroir' et protection géographique", Martin Bruegel & Bruno Laurioux (eds.), *Histoire et identités alimentaires en Europe* (Paris, 2011), p. 35.

97 Pierre Boisard, *Camembert: A National Myth* (Berkeley, CA, 2003), pp. 27, 37.

98 Ibid., p. 5.

99 Ibid., pp. 44–45.

100 Ibid., p. 68.

101 "Camembert: Historique", inao, www.inao.gouv.fr, accessed 15 August 2018.

102 Pierre Boisard, *Camembert: A National Myth*, p. 6.

103 Ibid., p. 10. 피에르 부아사르는 마리 아렐 신화의 진실성과 중요성을 해독하는 데 책 전체를 할애했다. 필자가 제시하는 간단한 요약은 단지 그 표면만을 건드릴 뿐이다.

104 Thomas Parker, *Tasting French Terroir*, pp. 56–58.

105 Molière, *Le Bourgeois Gentilhomme*, Morris Bishop (trans.) (New York, 1986). 《서민귀족》은 장바티스트 륄리Jean-Baptiste Lully가 작곡한 반주곡이 있는 코메디 발레 작품이다. 1670년 샹보르 궁에서 루이 14세를 위해 초연되었다. 몰리에르의 극단은 왕의 동생인 오를레앙 공작의 후원을 받고 있었다.

106 도리멘은 주르댕의 관심을 끈 후작부인이다. 백작이면서 주르댕의 친한 친구인 도랑트는 주르댕이 도리멘을 유혹할 수 있게 해주겠다며 그녀를 그의 집 만찬 자리에 데려왔지만, 실제로는 주르댕에게 창피를 주고 자신이 도리멘을 차지하려 한다.

107 프랑스어 원작에서는 이 식사가 매우 '박식하지savant' 않다고 되어 있다. 이 말은 궁정에서 나누는 대화에서 사람에게(특히 여성에게) 적용될 경우 우회적인 모욕이었다. 모든 걸 잘 아는 듯 이야기하지만 책으로만 지식을 습득했을 뿐 참된 지성은 갖추지 못한 사람을 의미했기 때문이다. 영역본의 번역자는 '교향곡' 같은 단어를 써서 독자들에게 이 연극이 음악극임을 상기시키고자 했던 것이 분명하다.

108 거짓된 겸양이다. 도랑트는 자신이 최신 유행의 세련되고 적절한 만찬을 마련했다고 자신하고 있다.

109 이제는 식사 자리에서 따라야 할 엄격한 법칙이 있음을 인정하는 말이다.

110 몰리에르는 다미스의 재능을 쿠르탱의 저작과 같은 설명서들에서 가르치는 대로

"훌륭한 음식 조각의 과학에서 그가 지닌 높은 역량sa haute capacité dans la science des bons morceaux"이라고 언급하고 있다. 과학에 대한 강조는 요리의 법칙을 구성하고자 하는 라 바렌과 LSR의 맥락에 적절한 것이다. 더욱이 다미스와 같은 귀족이라면 요리를 직접 하지 않는다는 사실을 굳이 암시하려 하지 않은 것이다.

111 "팽 드 리브pain de rive(가장자리 빵)". 화덕의 끝 혹은 입구에서 다른 빵 반죽 덩어리에 닿지 않게 하여 모든 면이 고르게 갈색으로 구워진 빵이다.

112 영역본 번역자는 몰리에르의 과장된 묘사를 전달하기 위해 허세 가득한 1980년대의 와인 용어들을 수용하고 있다. 프랑스어 원작에서는 군사적인 이미지들을 사용한다. 그 와인은 "지나치게 위풍당당하지는 않은 신맛으로 무장하고 있다armé d'un vert qui n'est point trop commandant". 이 시대에는 군사적 함의를 지닌 어휘들이 주방 용어로도 쓰였는데, 요리사들이 장교라는 의미의 '오피시에'라고 불렸기 때문이다.

113 어떤 번역자들은 원문의 '구르망데gourmandé'를 '피케piqué'와 같은 의미로 '꿰뚫은'으로 해석하여 '파슬리로 뚫은'이라고도 번역한다. 이 표현은 17세기 요리책들에 흔히 등장하는 지시사항으로 이 맥락에서 '피케르piquer' 동사는 띠 모양의 라드를 가지고 고기를 엮으라는 뜻이다. 17세기에 '구르망데gourmander' 동사는 '혼을 내다' 혹은 '나무라다'라는 의미로 쓰였으므로 지금 이 맥락에서는 난센스에 가깝다. 하지만 LSR은 '구르망데르'를 와인과 관련해서 '탐욕스럽게 소비하다'라는 의미로 사용했다. L'Art de bien traiter (Lyon, 1693), p. 27. 17세기 말 사전들에는 '구르망gourmand(대식가)'과 '구르망디즈gourmandise(식도락)'이 등장한다.

114 원문은 "강 송아지고기veau de rivière". 라 바렌은 송아지 허릿살과 강에 사는 새들을 이용한 여러 가지 요리를 제시하지만 강가의 송아지고기에 대해서는 전혀 언급하고 있지 않다. 다른 번역자들은 '강가에서 키운 송아지의 고기'라고 추측한다. 번역자 비숍은 원문에 없는 노르망디에 대한 언급을 덧붙였다. 필자가 생각하기에는 몰리에르가 지금 이 식사 메뉴의 과장된 섬세함을 증폭시키려고 명칭을 만들어낸 것 같다.

115 원문은 "놀라운 향기un fumet surprenant". 17세기에 '퓌메fumet'는 오직 와인이나 구운 고기에서 나는, 입맛 돋우는 향만을 의미했다. Dictionnaire de l'académie française (1694). 자고새는 특별히 '퓌메'가 좋은 것으로 유명했으며, 몰리에르가 여기에서 의미한 것 역시 자고새 구이 냄새였을 것이다. 프랑수아 마랭은 《코모스의 선물》에서 샴페인에 더하여 '탁월한 향fumet'을 지닌 자고새 요리를 언급했다. Les Dons de Comus (Paris, 1739), p. 182. 19세기가 되어서야 '퓌메'가 (걸쭉하게 만든 17세기의 소스들과 비교해서) 뼈와 향료를 가지고 육수처럼 묽게 만든 소스를 의미하게 되고(마

리앙투안 카렘, 1835년 ; 쥘 구페Jules Gouffé, 1867년), 20세기에 들어 오늘날과 같은 형태의 고기나 생선 에센스라는 뜻에 이른다(오귀스트 에스코피에, 1903년).

116 자고새는 다른 부재료를 곁들여 "향상relevée"된다. 《정보화된 프랑스어의 보물》에서는 이제 흔히 쓰이게 된 이 표현이 요리의 맥락에서 처음 쓰인 곳이 몰리에르의 《서민귀족》이라고 한다.

117 몰리에르의 원문에는 "진주 부용 수프soupe à bouillon perlé". 여기서 수프는 육수에 얇은 빵 조각을 곁들여 먹는 본래 의미의 수프다. 진주 부용은 진짜 진주로 끓인 육수일 수도 있지만(화려하지만 위험했을 것이다), 콜라겐을 방울방울 떨어뜨려 진주처럼 표면에 올라오게 끓였다고 해서 그런 이름이 붙은 육수일 가능성이 더 높다. Antoin Furetière, *Dictionnaire universel* (1690). 이러한 의미가 처음 문헌에 기록된 것은 몰리에르 이후 시대지만, 이 용어는 몰리에르 시대에도 쓰였을 것이다.

118 가금류가 남아돌 만큼 많다는 것은 이것이 상류층의 식사이거나 그것을 모방한 식사임을 암시한다. 새끼 새들은 사냥으로 잡은 작은 새들을 말하는데, 이는 고니나 왜가리처럼 인상적일 만큼 커다란 새들을 선호했던 이전 시대의 유행이 이제 변했음을 의미한다.

119 군사 용어가 요리에 사용된 또 하나의 예. 원문에 쓰인 프랑스어 '칸토네cantonné'는 '숙영 중인' 군단에 대해 사용된다. 퓌르티에르에 따르면 이 용어는 주로 가문 문장blason과 관련해서 사용되는데, 문장의 도안에서 이를테면 십자가나 방패 주변의 빈 공간을 채운 작은 형상들을 가리킨다고 한다.

120 결국 이 식사는 전반적으로, (모든 요리를 한꺼번에 차려내는) 세르비스 아 라 프랑세즈를 포함해 17세기에 제시된 법칙을 따른다. 고기들(가금류, 양고기, 송아지고기, 그러나 소고기는 제외)은 상징적 위계에서 윗자리를 차지했고, 적절한 가니시garnish와 신선한 허브들과 함께 우아하게 조리되었다. 이 식사에는 최신 유행의 채소들(아티초크나 완두콩, 또는 아스파라거스)이 없고, 누벨 퀴진에 의해 내몰릴 때까지는 모든 정찬에 빠지지 않았던 라구 또한 빠져 있다.

121 17~18세기 프랑스에서 여성을 대하는 남성의 정중한 태도와 우아한 예법을 가리키는 갈랑트리galanterie를 공부했다고 선언함으로써, 주르댕은 자신이 당연하게도 귀족이 아니라는 사실을 아주 탁월한 방식으로 명명백백하게 밝히고 있다.

4장 프랑스 대혁명과 그 결과: 와인, 제빵, 정육

1   Emmanuel Le Roy Ladurie, *Histoire des paysans francais: de la peste noire à la Révolution* (Paris, 2002), pp. 400-402. 르루아 라뒤리는 와인이 풍부하지만 산업화 되지 않은 대서양의 항구들 및 저개발 상태의 남부 지역들과 대조적으로 이 지역들 이 농업에서 성공을 거두었다는 사실을 중세까지 거슬러 올라가는 산업적 발전, 특 히 17세기의 양모와 직물 업계의 발전과 연결하고 있다.

2   Kolleen M. Guy, *When Champagne Became French: Wine and the Making of a National Identity* (Baltimore, md, 2003), p. 47.

3   Le Roy Ladurie, *Histoire des paysans*, pp. 380-381. 저자는 이러한 수치들이 근사치라 는 사실을 강조하지만, 1550년에서 1670년 사이에 "적어도 전국 포도 생산은 4분의 1 또는 심지어 3분의 1까지 증가했을 것"이라고 말한다. 강조는 원저자.

4   Roger Dion, *Histoire de la vigne et du vin en France: des origines au XIXe siècle* (Paris, 1959), p. 594.

5   Thomas Brennan, *Burgundy to Champagne: The Wine Trade in Early Modern France* (Baltimore, md, 1997), p. 226.

6   Etienne Chevalier, Roger Dion, *Histoire de la vigne et du vin en France*, p. 511 재인용.

7   Thomas Brennan, *Burgundy to Champagne*, p. 146.

8   Roger Dion, *Histoire de la vigne et du vin en France*, p. 607.

9   Ibid.

10 Robert Philippe, "Une Opération pilote: l'étude du ravitaillement de Paris au temps de Lavoisier", Jean-Jacques Hemardinquer (ed.), *Pour une Histoire de l'alimentation* (Paris, 1970), p. 63.

11 Louise A. Tilly, "The Food Riot as a Form of Political Conflict in France", *Journal of Interdisciplinary History*, II/1 (1971), p. 23.

12 Le Roy Ladurie, *Histoire des paysans*, p. 717.

13 Reynald Abad, *Le Grand Marché: l'approvisionnement alimentaire de Paris sous l'ancien régime* (Paris, 2002), p. 798.

14 Louise A. Tilly, "The Food Riot as a Form of Political Conflict in France", p. 28.

15 Le Roy Ladurie, *Histoire des paysans*, p. 191.

16 Louise A. Tilly, "The Food Riot as a Form of Political Conflict in France", pp. 52-55.

17 Steven L. Kaplan, *The Bakers of Paris and the Bread Question, 1700-1775* (Durham,

NC, 1996), p. 573.

18 Ibid., p. 481.

19 Steven L. Kaplan, *Provisioning Paris: Merchants and Millers in the Grain and Flour Trade during the Eighteenth Century* (Ithaca, NY, 1984), p. 339.

20 Ibid., p. 273.

21 Judith A. Miller, *Mastering the Market: The State and the Grain Trade in Northern France, 1700–1860* (Cambridge, 1999), p. 70.

22 Cynthia A. Bouton, *The Flour War: Gender, Class, and Community in Late Ancien Régime French Society* (University Park, pa, 1993), pp. 82–84.

23 George Rudé, "La Taxation populaire de mai 1775 en Picardie en Normandie et dans le Beauvaisis", *Annales historiques de la Révolution française*, XXXIII/165 (1961), p. 320.

24 Cynthia A. Bouton, *The Flour War*, Appendix 1, pp. 263–265.

25 Ibid., pp. 87–88.

26 Steven L. Kaplan, *The Bakers of Paris and the Bread Question, 1700–1775*, p. 561.

27 Etienne-Noël d'Amilaville, "Mouture", Denis Diderot & Jean le Rond d'Alembert (eds.), *Encyclopédie; ou dictionnaire raisonné des sciences, des arts et des métiers, etc.* (Neufchâtel, 1765), vol. x, p. 828.

28 Antoine Augustin Parmentier, *Le Parfait Boulanger ou traité complet sur la fabrication & le commerce du pain* (Paris, 1778), p. 176.

29 Paul-Jacques Malouin, *Description et détails des arts du meunier, du vermicelier et du boulanger, avec une histoire abrégée de la boulangerie et un dictionnaire de ces arts* (Paris, 1779), p. 166.

30 Steven L. Kaplan, *The Bakers of Paris and the Bread Question, 1700–1775*, p. 480.

31 Paul-Jacques Malouin, *Description et détails des arts du meunier*, pp. 217, 356.

32 Maurice Aymard, Claude Grignon & Francoise Sabban, "A La Recherche du Temps Social", Maurice Aymard, Claude Grignon & Francoise Sabban (eds.), *Le Temps de Manger: alimentation, emploi du temps et rythmes sociaux* (Paris, 2017), p. 11.

33 Paul-Jacques Malouin, *Description et détails des arts du meunier*, p. 6.

34 Abel Poitrineau, "L'Alimentation populaire en Auvergne au XIIIe siècle", Jean-Jacques Hemardinquer (ed.), *Pour une Histoire de l'alimentation* (Paris, 1970), pp. 147–149.

35 Guy Thuillier, "L'Alimentation en Nivernais au xixe s.", Jean-Jacques Hémardinquer (ed.), *Pour une Histoire de l'alimentation*, pp. 155–156.

36 Antoine Augustin Parmentier, *Le Parfait Boulanger ou traité complet sur la fabrication & le commerce du pain*, p. 436.

37 Steven L. Kaplan, *The Bakers of Paris and the Bread Question, 1700–1775*, p. 569.

38 Cynthia A. Bouton, *The Flour War* , p. 240.

39 Lynn Hunt, *Politics, Culture, and Class in the French Revolution* (Berkeley, CA, 2004), pp. 67–71.

40 Ibid., p. 146.

41 Guy Lemarchand, "Du Féodalisme au capitalisme: à propos des conséquences de la Révolution sur l'évolution de l'economie francaise", *Annales historiques de la Révolution française*, CCLXXII/1(1988), p. 192.

42 Jean de Saint-Amans, *Fragment d'un voyage sentimental et pittoresque dans les Pyrénées* (Metz, 1789).

43 Sydney Watts, *Meat Matters* (Buffalo, NY, 2006), p. 8.

44 Léon Biollay, "Les Anciennes Halles de Paris", *Mémoires de la société de l'histoire de Paris et de l'Ile de France*, vol. III (1877), p. 12.

45 Ibid., p. 14.

46 Reynald Abad, *Le Grand Marché*, p. 456.

47 Nicolas Delamare, *Traité de la police*, vol. II (Paris, 1722), p. 493.

48 Léon Biollay, "Les Anciennes Halles de Paris", pp. 11–12.

49 Sylvain Leteux, "La Boucherie parisienne, un exemple singulier de marché régulé à une époque réputée 'libérale' (1791–914)", *Chronos*, XXVI (2011), p. 216.

50 Lettre patente de Louis XIII, juillet 1637, René de Lespinasse, *Les Métiers et les corporations de la ville de Paris* (Paris, 1886), vol. I: XIV-XVIIIe siècles, pp. 286–287.

51 Nicolas Delamare, *Traité de la police*, vol. II, p. 529.

52 Sydney Watts, *Meat Matters*, p. 76.

53 "Statuts des bouchers en soixante articles et lettres patentes de Louis XV confirmatives", July 1741, Rene de Lespinasse, *Les Métiers et les corporations de la ville de Paris*, pp. 291–292.

54 규제가 풀린 뒤 '정육업자들의 폭증'을 확실한 수치로 나타내기는 어렵다. 자료들을 살펴보면 1791년 이전에 정육업자는 250~300명이었으나 1802년에는 전체 정육업자가 700~1000명가량이었다. Sydney Watts, *Meat Matters*, p. 197 ; Elisabeth Philipp, "L'Approvisionnement de Paris en viande et la logistique ferroviaire, le cas des abattoirs

de La Villette, 1867-1974", *Revue d'histoire des chemins de fer*, XLI(2010), p. 1 ; Louis Bergeron, "Approvisionnement et consommation à Paris sous le premier Empire", *Memoires publiés par la federation des sociétés historiques et archéologiques de Paris et de l'Ile-de-France*, vol. XIV (Paris, 1963), p. 219.

55 Eric Szulman, "Les Evolutions de la boucherie parisienne sous la révolution", Raymonde Monnier (ed.), *A Paris sous la revolution: nouvelles approches de la ville* (Paris, 2016), pp. 117-126.

56 Reynald Abad, *Le Grand Marché*, p. 390.

57 Sylvain Leteux, "La Boucherie parisienne", p. 218.

58 Eric Szulman, "Les Evolutions de la boucherie parisienne sous la révolution", p. 125.

59 Sylvain Leteux, "La Boucherie parisienne", pp. 223-224.

60 Jean-Michel Roy, "Les Marches alimentaires parisiens et l'espace urbain du XVIIe au XIXe siècle", *Histoire, économie et société*, XVII/4 (1998), p. 709.

61 무엇보다 다음을 보라. Stephen Mennell, *All Manners of Food: Eating and Taste in England and France from the Middle Ages to the Present* (Oxford, 1985), p. 139 ; Jean-Francois Revel, *Un Festin en paroles: histoire littéraire de la sensibilité gastronomique de l'antiquité à nos jours* (Paris, 2007), pp. 207-208.

62 Rebecca L. Spang, *The Invention of the Restaurant: Paris and Modern Gastronomic Culture* (Cambridge, MA, 2001), p. 24. 스팽은 레스토랑의 역사에 관한 한 아무도 의심하지 않는 권위자이다. 그녀의 연구는 내가 이 책에 제시하는 것보다 훨씬 더 자세하게 이 주제를 다루고 있다.

63 *Avantcoureur* [journal], 9 March 1767. Ibid., p. 34 재인용.

64 "Restauratif ou restaurant", Denis Diderot & Jean Le Rond d'Alembert (eds.) *Encyclopédie*, (1765), vol. XIV, p. 193.

65 Rebecca L. Spang, *The Invention of the Restaurant*, p. 44.

66 Ibid., pp. 173-174.

67 August von Kotzebue, *Souvenirs de Paris* (1804), René Charles Guilbert de Pixérécourt (trans.) (Paris, 1805), vol. i, p. 263.

68 그랑 쿠베르와 식탁의 민주화에 대해서는 다음의 논의를 보라. Rebecca L. Spang, *Invention of the Restaurant*, pp. 149-150.

69 August von Kotzebue, *Souvenirs de Paris*, pp. 263-264.

70 Rebecca L. Spang, *The Invention of the Restaurant*, p. 179.

71 Stephen Mennell, *All Manners of Food*, p. 140.

72 Rebecca L. Spang, *The Invention of the Restaurant*, p. 185.

73 Stephen Mennell, *All Manners of Food*, p. 140.

74 Rebecca L. Spang, *The Invention of the Restaurant*, p. 200.

75 Louis-Sebastien Mercier, *L'An deux mille quatre cent quarante: rêve s'il en fût jamais* (London, 1770), p. 5.

76 Louis-Sébastien Mercier, *Memoirs of the Year Two Thousand Five Hundred*, W. Hooper (trans.), (London, 1772), pp. 173–187.

77 디드로와 루소Jean-Jacques Rousseau의 친구인 메르시에는 계몽주의 철학을 받아들이고 정의로운 군주에 의한 통치가 가능하다고 믿었다. 700년 뒤 미래를 배경으로 하는 이 유토피아 소설은 합리적인 시민들의 평화로운 땅을 향한 메르시에의 예언을 제시한다. 1770년에 익명으로 출간되었다가, 귀족의 특권과 절대주의 왕권을 비판했다는 이유로 1773년 신성모독 혐의를 받고 금서가 되었지만, 오히려 해적판이 베스트셀러가 되었다. 1792년 국민의회 의원이 된 메르시에는 루이 16세에 대한 사형 표결에서 반대표를 던졌으며 1793년 로베스피에르의 반란 선동에 반대했다. 《서기 2440년》은 25쇄까지 출간되고 다수의 언어로 번역된 뒤에 익명 작가의 2판이 1786년 파리에서 출간되었다. 1799년 3판이 나오면서 메르시에라는 작가의 이름이 처음으로 책에 실렸다.

78 모든 이가 18세기 '필수품'이라고 생각한 것들과 일치한다. 메르시에는 이 장에서 와인, 빵, 그리고 고기에 대해 논할 것이다.

79 메르시에는 여기서 '트레퇴르'라는 단어를 사용하고 있지만 이 단어에 대응하는 단어가 영어에는 없다. 이 시점에 파리에서는 레스토랑이 자리를 잡았지만 런던에서는 그렇지 않았다.

80 원문에 쓰인 단어는 '부숑bouchon'이다. 1598년 이후로 이 단어는 녹색 식물의 가지나 그와 비슷한 표지를 나타냈는데, 건물의 문 위에 이 표지가 걸려 있으면 그곳에서 와인을 판다는 뜻이었다. 후대에는 부숑이라는 단어가 와인을 마실 수 있는 카바레cabaret나 작은 레스토랑을 의미하게 되었으며, 리옹에서는 여전히 전통적인 요리와 다양한 와인을 갖춘 레스토랑들의 범주로 사용되고 있다.

81 원문에는 각각 '오베르지스트aubergistes(여관 주인들)'와 '마르샹 드 뱅marchands de vin(와인 상인들)'로 되어 있다. 저자가 두 단락에 등장하는 요식업소들에 대해 모두 뚜렷한 한정 요소를 지닌 서로 다른 용어 네 가지를 사용하고 있다는 사실에 주목할 필요가 있다. 메르시에는 여기에서 '레스토랑'이라는 용어를 사용하고 있지 않다. 트

레퇴르를 언급한 《파리의 그림 _Tableau de Paris_》을 포함해, 출간된 다른 텍스트에서도 마찬가지다. 다만 이 단락에서는 와인에 강조점이 놓여 있다.

82 16세기 이후 사법 기록들을 보면 식품 조달업자들 사이에 영역 싸움이 지속되었음을 알 수 있다. 이 단락에 관련된 것으로 보이는 것은 1708년 요리사 길드가 요구한 바에 대해 왕이 내린 칙령이다. 이 칙령은 마르샹 드 뱅이 그들의 와인 저장고에 있는 와인과 구운 고기를 제공하는 것을 허락하되 스스로를 트레퇴르나 요리사라고 부르는 것을 금지했다. 그러한 특권은 트레퇴르들에게만 유보되어 있었다.

83 파리의 중개 상인들과 와인 상인들은 18세기 중반에 심하게 매도되었다. 그들은 와인에 불순물을 넣고 서로 다른 와인들을 섞었으며, 생산자와 소비자 사이의 중개인 역할을 하면서 와인 가격을 높게 유지해서 비난받았다. 토마스 브레넌 Thomas Brennan은 《주르날 드 코메르스》에 실린 기사들을 인용하고 있는데, 이 와인업계 신문은 "부르고뉴의 훌륭한 네고시앙 négociant(도매상)들에 대해서는 부정을 의심할 수 없다"면서 와인 생산 지역의 상인들에게서 와인을 직접 살 것을 권했다. Thomas Brennan, _Brugundy to Champagne: The Wine Trade in Early Modern France_ (Baltimore, MD, 1997), p. 191. 파리 외부 지역에서 온 와인이 치러야 할 드루아 당트레 droits d'entrée(입장료)는 메르시에가 암시하고 있듯이 감당할 수 없을 만큼 높았다. 그리고 파리의 상인들은 센강의 운송을 장악해 파리에 대한 접근권을 통제하고 있었다.

84 모든 계층의 사람들에게 음식을 구할 기회를 제공하기 위한 공정한 수단으로 공공 시장을 지지하는 또 하나의 논거이다.

85 메르시에의 입장에서 나온 희망 가득한 생각이다. 여기서 메르시에의 글은 민간 상인들이 곡식을 비축하는 결과로 이어진 1770년대 튀르고의 개혁보다 시간적으로 앞선다. 1662년 곡물 부족 사태 초기에 루이 14세는 재상 장바티스트 콜베르에게 공공 곡식 저장고가 부족하니 몰수한 곡식을 루브르 궁의 회랑에 저장해두라고 명령했다. 1854년 제빵업자들은 90일분의 밀가루를 "시에서 운영하는 가게들"에 비축해 둘 것을 요구받았다. 이것이 결국엔 곡식이 부족할 때 공동 곡식 창고로 쓰이게 되었다. Armand Husson, _Consommations de Paris_ (Paris, 1875), p. 140.

86 이 문장은 모든 시민에게 가장 이익이 되는 공정한 가격을 산출했던 간섭주의 정책이라는 '옛 방식'의 유익함에 대한 메르시에의 열렬한 믿음을 입증한다. 이는 메르시에를 중세의 선배들과, 궁극적으로 대혁명의 프로젝트들을 원상태로 돌려놓으려는 보수주의자들에게 결부시키는 것이기도 하다.

87 1788년 자크 네케르 Jacques Necker(루이 16세의 국무장관)는 곡물 수출을 금지하고 곡물 판매가 모두 공개된 시장에서 이루어져야 한다고 명령했다.

88 1781~1788년에 쓴 《파리의 그림》에서 메르시에는 파리의 시장들을 다정하게 관찰
    하고 "6,000명의 농민들"이 수많은 물고기, 달걀, 채소, 과일, 꽃을 가지고 도착하는
    모습을 묘사하고 있다. 파리의 레알은 파리 내 다른 모든 시장의 "보편적 물류 창고"
    였다. Louis-Sébastien Mercier, "Les Heures du jour", *Tableau de Paris*, Jeffry Kaplow
    (ed.) (Paris, 1998), p. 64.

89 원문에 쓰인 단어는 '가스피야주gaspillage(낭비, 허비)'이다. 메르시에는 동경하는
    눈빛으로 부족함 없는 미래의 초상화를 그리고 있다. 이는 한쪽에선 흉작과 기아가
    거의 항구적으로 반복되고, 다른 한쪽에서는 탐욕이 넘쳐나는 현실 상황에 대한 증
    언이다.

90 원문에서는 자연을 '마라트르marâtre(잔혹한 계모)'라고 묘사하고 있다.

91 18세기의 기아와 식량 부족 상황은 17세기에 비하면 사망자가 적었다는 사실이 입
    증되었다.

92 백과전서파의 계몽주의 이상의 열렬한 지지자처럼 말하고 있다.

93 이 구절은 분명히 새로운 경제적 제분 방식의 실행을 지지하는 내용이다. 이 제분 방
    식은 밀기울을 더 정확하게 골라냈고, 같은 양의 밀에서 더 질이 좋고 더 건강에 좋
    은 밀가루를 더 많이 만들어냈다. 그 공정은 1765년판 《백과전서》에 기술되어 있으
    며, 1770년대에 프랑스 전역에 보급되었다.

94 여기서 메르시에는 고기를 폭력의 상징으로 여긴 계몽주의 철학자들과 맥을 같이
    한다.

95 메르시에는 시대를 훨씬 앞서가 있다. 도축장은 1810년이 되어서야 도시 경계 바깥
    으로 이전한다.

96 계속 육식을 하면서도 짐승을 죽인다는 개인의 도덕적 부담을 피할 수 있는 손쉬운
    방법이다. 메르시에가 그리는 미래에서 정육업자는 2등 시민만도 못하다. 정육업자
    는 시민이 아닌 피난민일 뿐이다.

5장 19세기와 카렘: 프랑스 음식이 세계를 정복하다

1   Priscilla Parkhurst Ferguson, "A Cultural Field in the Making: Gastronomy in 19th-
    century France", *American Journal of Sociology*, CIV/3 (1998), p. 599.

2   Emile Zola, *Le Ventre de Paris* [1873], A. Lanoux & H. Mitterand (eds.) (Paris, 1963), p.
    630.

3   Patrice de Moncan & Maxime Du Camp, *Baltard – Les Halles de Paris: 1853–1973* (Paris, 2010), p. 85.

4   Armand Husson, *Les Consommations de Paris*, 2nd edn. (Paris, 1875), pp. 187–188.

5   Ibid., p. 373.

6   August von Kotzebue, *Souvenirs de Paris, en 1804*, René Charles Guilbert de Pixérécourt (trans.) (Paris, 1805), vol. i, pp. 268–269.

7   Armand Husson, *Les Consommations de Paris*, pp. 320, 326.

8   Edme Jules Maumene, *Traité théorique et pratique du travail des vins: leurs propriétés, leur fabrication, leurs maladies, fabrication des vins mousseux* (Paris, 1874), p. 540.

9   Armand Husson, *Les Consommations de Paris*, p. 265.

10 Ibid., p. 145.

11 Martin Bruegel, "Workers Lunch Away from Home in the Paris of the Belle Epoque: The French Model of Meals as Norm and Practice", *French Historical Studies*, XXXVIII/2 (2015), p. 264.

12 Georges Montorgueil, *Les Minutes parisiennes: midi* (Paris, 1899), p. 55.

13 Emile Zola, *L'Assommoir* [1877], A. Lanoux & H. Mitterand (eds.) (Paris, 1961), p. 720.

14 Eugene Briffault, *Paris à table* (Paris, 1846), pp. 62–63.

15 Emile Zola, *L'Assommoir*, p. 406.

16 Claude Grignon, "La Règle, la mode et le travail: la genèse sociale du modèle desrepas français contemporain", Maurice Aymard, Claude Grignon & Françoise Sabban (eds.), *Le Temps de manger: alimentation, emploi du temps et rythmes sociaux* (Paris, 2017), pp. 276–323.

17 A. B. de. Périgord, *Nouvel Almanach des gourmands: servant de guide dans les moyens de faire excellente chère* (Paris, 1825), pp. 34–36.

18 Jean-Louis Flandrin, "Les Heures des repas en France avant le XIXe sècle", Maurice Aymard, Claude Grignon & Françoise Sabban (eds.), *Le Temps de manger*, pp. 197–226.

19 Jean-Paul Aron, *Essai sur la sensibilité alimentaire à Paris au 19e siècle* (Paris, 1972), p. 41.

20 Honoré de Balzac, "Nouvelle Théorie du dejeuner" [May 1830], *Oeuvres completes de Honoré de Balzac* (Paris, 1870), pp. 455–457.

21 Claude Grignon, "La Règle, la mode et le travail", p. 323.

22 Priscilla Parkhurst Ferguson, "A Cultural Field in the Making", p. 625.

23 Louis de Jaucourt, "Cuisine", Denis Diderot & Jean le Rond d'Alembert (eds.) *Encyclopédie ; ou, Dictionnaire raisonné des sciences, des arts et des métiers, etc.*, (Neufchâtel, 1754), vol. 4, p. 537.

24 "Gastronomie", *Le Dictionnaire de l'Académie française*, 8th edn. vol. i (Paris, 1932–1935).

25 Stephen Mennell, *All Manners of Food: Eating and Taste in England and France from the Middle Ages to the Present* (Oxford, 1985), p. 267.

26 Priscilla Parkhurst Ferguson, "A Cultural Field in the Making", p. 606.

27 Rebecca L. Spang, *The Invention of the Restaurant: Paris and Modern Gastronomic Culture* (Cambridge, MA, 2001), p. 202.

28 Eugene Briffault, *Paris à table*, p. 149.

29 Jean Anthelme Brillat-Savarin, *Physiologie du goût* [1825], (Paris, 1982), p. 142.

30 Ibid., pp. 144–145.

31 Jean-François Revel, *Un Festin en paroles* (Paris, 2007), Chapter 8.

32 Priscilla Parkhurst Ferguson, "A Cultural Field in the Making", p. 620.

33 Marie-Antoine Carême, *Le Pâtissier royal parisien: ou, Traité élémentaire et pratique de la pâtisserie ancienne et moderne* (Paris, 1815), pp. xix–xx.

34 Ibid., Préface, n. p.

35 Marie-Antoine Carême, *Le Cuisinier parisien: ou l'art de la cuisine française au dix-neuvième siécle* (Paris, 1828), p. 31.

36 Ibid., p. 14.

37 "Je veux, au contraire, qu'il devienne d'une utilité générale." Marie-Antoine Carême, *L'Art de la cuisine française au XIXe siècle* (Paris, 1833), vol. 1, p. lviii.

38 M. Audigier, "Coup d'oeil sur l'influence de la cuisine et sur les ouvrages de M. Carême", ibid., vol. 2, p. 314.

39 Marie-Antoine Careme, *Le Maitre d'hotel francais: ou, Parallèle de la cuisine ancienne et moderne* (Paris, 1822), vol. II, p. 151.

40 Ibid.

41 Marie-Antoine Carême, *L'Art de la cuisine francaise au XIXe siècle,* vol. II, p. 7.

42 August von Kotzebue, *Souvenirs de Paris*, p. 260.

43 Jean Anthelme Brillat-Savarin, *Physiologie du goût*, p. 280.

44 Marie-Antoine Carême, *L'Art de la cuisine francaise au XIXe siècle,* vol. I, p. 2.

45 Marie-Antoine Carême, *Le Cuisinier parisien*, pp. 26–28.

46 A. Tavenet, *Annuaire de la cuisine transcendante* (Paris, 1874), pp. 44–45.

47 Marie-Antoine Carême, *Le Maître d'hôtel français*, vol. I, p. 7.

48 Marie-Antoine Carême, *Le Pâtissier royal parisien*, p. iii.

49 Eugene Briffault, *Paris à table* , p. 63.

50 Marie-Antoine Carême, *Le Maître d'hôtel français*, p. 69.

51 Marie-Antoine Carême, *L'Art de la cuisine francaise au XIXe siècle,* vol. I, pp. 72–74.

52 Stephen Mennell, *All Manners of Food*, p. 150.

53 A. B. de. Périgord, *Nouvel Almanach des gourmands*, p. 226.

54 Patrick Rambourg, "L'Appellation 'à la provencale' dans les traités culinaires français du XVIIe au XXe siècle", *Provence historique*, LIV/218 (October–December 2004), p. 478.

55 Julia Csergo, "The Emergence of Regional Cuisines", Jean-Louis Flandrin, Massimo Montanari & Albert Sonnenfeld (eds.), *Food: A Culinary History* (New York, 2000), p. 377.

56 Priscilla Parkhurst Ferguson, "A Cultural Field in the Making", p. 625.

57 Jean-Jacques Hémardinquer, "Les Graisses de cuisine en France: essais de cartes", Jean-Jacques Hémardinquer (ed.), *Pour une Histoire de l'alimentation* (Paris, 1970), pp. 261–262.

58 Armand Husson, *Les Consommations de Paris*, p. 418.

59 Eugen J. Weber, *Peasants into Frenchmen: The Modernization of Rural France, 1870–1914* (London, 1977), p. 142.

60 Gabriel Desert, "Viande et poisson dans l'alimentation des Français au milieu du XIXe siècle", *Annales*, XXX/2 (1975), p. 521. 데제르의 분석은 1840~1852년 통계에 기반했다.

61 Ibid., p. 530.

62 Ibid., p. 521 ; Armand Husson, *Les Consommations de Paris*, p. 213. 여기서 저자들이 인용한 수치들은 극적으로 편차가 크다. 위송은 파리에서 징수한 소비세를 근거로 식품의 양을 분석했다. 데제르는 1840년과 1852년의 농업 조사를 사용했다. 여기에는 1인 평균 고기 소비량과 노동계층 5인 가구가 고기 구입에 지출하는 평균 비용이 포함되어 있다. 데제르가 명확히 밝히지는 않았지만 그가 말하는 고기는 정육만 포함하고 돼지고기와 돼지고기 가공식품은 제외했을 것으로 생각된다.

63 Gabriel Desert, "Viande et poisson dans l'alimentation des Français au milieu du XIXe siècle", p. 529.

64 Stephen Mennell, *All Manners of Food*, p. 240 ; Armand Husson, *Les Consommations de Paris*, p. 237.

65 Rolande Bonnain, "L'Alimentation paysanne en France entre 1850 et 1936", *Etudes rurales*, LVIII/1 (1975), p. 31.

66 Eugen J. Weber, *Peasants into Frenchmen*, p. 139.

67 Ibid., pp. 133–135.

68 Rolande Bonnain, "L'Alimentation paysanne en France entre 1850 et 1936", p. 34.

69 Gordon Wright, *Rural Revolution in France: The Peasantry in the Twentieth Century* (Stanford, CA, 1964), p. 12.

70 Jean Lhomme, "La Crise agricole à la fin du XIXe siècle en France", *Revue économique*, XXI/4 (1970), pp. 521–553.

71 Gordon Wright, *Rural Revolution in France*, p. 6. 에이미 트루벡Amy Trubek은 프랑스가 여전히 EU 내 최대 농업 국가로 남아 있다는 사실에 주목한다. 1929년경 5만~50만 제곱미터 규모의 농장들이 전체 농지의 42퍼센트를 차지했다. 1955년경에는 소규모 농장이 차지하는 비율이 60퍼센트였으며 1983년까지 계속 이러한 수준으로 남아 있었다. Amy Trubek, *The Taste of Place: A Cultural Journey into Terroir* (Berkeley, CA, 2008), p. 41.

72 Gordon Wright, *Rural Revolution in France*, p. 17.

73 Armand Husson, *Les Consommations de Paris*, pp. 526–527, 1869년 자료. 이들 수치는 대강의 추산으로 취급해야 한다. 소비세 기록에 근거하긴 했으나 잘못된 계산이나 횡령 혹은 사기를 고려하지는 않았기 때문이다. 그럼에도 이 수치들을 통해 프랑스 도시들을 비교할 수 있는 기준을 얻을 수 있으며, 이보다 더 믿을 만한 자료는 구하기 어렵다.

74 W. S. Haine, *The World of the Paris Café: Sociability among the French Working Class, 1789–1914* (Baltimore, MD, 1999), p. 3.

75 Jean-Marc Bourgeon, "La Crise du phylloxera en Côte-d'Or au travers de la maison Bouchard pere et fils", *Annales de Bourgogne*, LXXIII (2001), p. 167.

76 Kolleen Guy, *When Champagne Became French: Wine and the Making of a National Identity* (Baltimore, MD, 2003), p. 112.

77 Ibid., p. 113 ; Jean-Marc Bourgeon, "La Crise du phylloxera en Côte-d'Or au travers de la maison Bouchard pere et fils", p. 168.

78 Ibid., p. 168.

79 W. S. Haine, *The World of the Paris Café*, pp. 95–98.

80 Delphine de Girardin, "Letter XVII", *Lettres parisiennes* (Paris, 1843), pp. 386–387, 저자 본인이 영어로 번역. 유명한 살로니에르salonnière(살롱을 주재하는 여성)이자 여성 문인이었던 델핀 드 지라르댕은 19세기 파리의 저명한 시인이자 작가였다. 로네 자작Vicomte de Launay라는 필명으로 주간지에 칼럼을 기고했다. 그녀의 허구적 편지들은 왕당파 인물의 시각을 취했다. 이 인물은 귀족들의 정당한 자리를 차지한 파리의 아리비스트arriviste(출세주의자) 부르주아를 비판하는데, 이는 카렘이 견지한 태도를 반영한다. 사실 지라르댕은 자유주의적 견해를 지지했고 풍자를 발판으로 삼아 7월왕정과 부활한 퇴폐적 궁정 생활을 비판했다. 지라르댕의 작품은 결국 1848년 혁명으로 끝나는 7월왕정 치하의 파리 생활을 실시간으로 보여준다. 다음을 참조하라. Charles-Eloi Vial, "A propos de l'oeuvre: Lettres parisiennes", www.gallica. bnf.fr/essentiels accessed 7 November 2018.

81 파리-생제르맹앙레 철도 노선이 1837년 8월 24일에 개통되었다. 주로 승객을 수송하는 최초의 철로였으며 파리로 운행하는 최초의 주요 철로였다. 하지만 여기에 제시된 마차들의 목록에서 보듯이 당시에 기차는 아직 도시를 떠나 베르사유의 정원을 방문하고 싶어 하는 파리 사람들의 기본 교통수단이 아니었다.

82 지난 몇 세기 동안 그러했듯이, 여전히 파리에서는 4파운드 빵이 표준이었다.

83 아마 파테 앙 그루트pâté en croute일 것이다. 파티시에들이 판매한 껍질이 바삭한 이 파이를 그리모 레니에르가 《미식가 연감》(1808)에서 칭송했다. 레니에르에 따르면, 스트라스부르의 파테는 당시에 상당히 향상되었고 안에 든 내용물과 바깥의 페이스트리 모두 좋은 평가를 받았다. 반면 아미앵의 파테는 여전히 18세기의 파테로 남아 있었다. 호밀가루로 만든 파이 껍질이 "두껍고 무거운 벽"을 형성해 실망스러운 내용물을 감쌌다. Alexandre Balthazar Laurent Grimod de La Reynière, *Almanach des gourmands* (paris, 1808), p. 150.

84 17세기 초 파리 인근 몽트뢰유(센생드니 지역)의 농부들은 복숭아 과수원을 일구었는데 과수원에 담장을 둘러서 온기를 유지함으로써 따뜻한 기후에서 자라는 과일이 파리에서도 잘 자랄 수 있게 했다. 뮈르 아 페슈mûrs à pêche(담장을 친 복숭아 과수원)는 1870년에 생산량이 정점에 이르렀으나 철도의 발달로 남부 지방의 더 저렴한 농산물이 들어오면서 곧 폐기되었다.

85 은매화myrtle는 비너스와 관련되며 사랑을 상징한다. 지라르댕은 로맨스의 분위기가 감돌고 있음을 암시한다.

86 제라늄은 이 글이 쓰일 당시에 야외 정원에 아주 흔한 식물이었다.

87 나열된 이름들은 허세를 부린 듯한 것들이다. 일부는 유명한 문학작품에 등장하는 인물들의 이름이다. 팔미라는 볼테르의 《무함마드*Mahomet*》(1795)의 등장인물이고, 파멜라는 새뮤얼 리처드슨Samuel Richardson의 영국 소설 《파멜라*Pamela*》(1740)와 카를로 골도니Carlo Goldoni의 동명 이탈리아 오페라(1750)의 주인공이다.

88 대리석 뜰, 즉 쿠르 드 마르브르Cour de Marbre는 베르사유 궁에서 왕의 거처 아래 있는 가운데 뜰이다. 검은색과 흰색의 대리석으로 포장되어 있었다. 1835~1837년 에 루이 필리프가 개조 작업을 벌여 베르사유 궁을 국민을 위한 박물관으로 전환하 고 파리의 이질적인 정치 파벌들을 화해시키고자 했다. 그는 쿠르 드 마르브르를 파 낸 다음 쿠르 도뇌르Cour d'Honneur(명예의 뜰)의 입구와 평평하게 이어지도록 높 이를 낮추었다. 그리고 여러 개의 조각상을 추가했는데, 1836년에 완성된 루이 14세 의 기마상도 포함되었다. 쿠르 드 마르브르는 1981년에 복원되었고 대리석으로 다 시 포장되었다. Annick Heitzmann et al., "Fouilles archeologiques de la grille royale du chateau de Versailles (2006)", *Bulletin du centre de recherche du chateau de Versailles*, 7 March 2011.

89 음식에 대한 감상이라는 의미에서 '가스트로노미'는 이 편지가 쓰인 시점에서도 여 전히 무척 새로운 것이었다. 그러므로 지라르댕은 독자가 이 단어의 뜻을 '탐식'이나 '고급스러운 음식에 관련된 것', 어느 쪽으로든 해석할 수 있도록 허용하고 있다.

90 장봉 드 파리jambon de Paris(파리의 햄)는 양념에 조린 다음 뼈를 발라낸 신선한 햄 으로 통째로 팔거나 얇게 썰어서 팔았다. 이런 유형의 햄에 대한 초기의 언급은 18세 기 말로 거슬러 올라간다. 쥘 구페는 《파티시에의 책*Livre de pâtissier*》(1873)에서 장봉 드 카렘jambon de carême(사순절의 햄) 요리법을 수록했다. 이 햄은 조리된 햄처 럼 보였지만 사실은 사순시기 금육 규정을 위반하지 않는 페이스트리였다. 하지만 구페는 같은 책에서 트롱프 뢰유trompe l'oeil(눈속임) 유형의 페이스트리는 유행이 지났음을 인정하기도 했다.

91 주로 완숙 달걀에 첨부되었던 소금. 완숙 달걀은 기차에서 먹는 점심식사에 흔히 나 오는 음식이었다.

92 원문은 망슈 드 지고manche de gigot(뒷다리의 자루/손잡이)인데, 양의 다리뼈를 나타 내기도 하지만 고기를 더 쉽게 잘라내기 위해 양다리를 고정시키는, 손잡이가 달린 일 종의 죔쇠를 가리키기도 한다. 어느 쪽이든, 양다리는 정성을 들인 피크닉 음식으로 고 기를 잘라내기 위한 장비가 필요했으며, 이 글에서 묘사된 대형 축제에 적합했다.

93 지라르댕의 목록은 19세기 초 파리에서 볼 수 있는 포장 음식 종류와 그 다양성을 확인시켜 준다. 베르사유로 소풍 가는 사람들은 도시를 떠나기 전에 포장된 맛있는

먹거리들을 잔뜩 챙길 수 있었다.

94 루이 필프는 1830년 자신의 대관식에서 이전의 루이 16세와 마찬가지로 '루아 데 프랑세roi des Français'라는 칭호를 사용했다. 프랑스의 왕이 아니라 프랑스인들의 왕이라고 한 것이다. 이는 왕정을 영토보다는 국민과 연결하려는 의도였고, 새 헌법에 의해 뒷받침되었다. 7월왕정은 또한 본래 부르봉 왕가를 상징했던, 왕정복고 시대의 백색기를 버리고 삼색기를 국기로 채택했다.

95 조르주 상드(본명은 아망틴 뤼실 오로르 뒤팽Amantine Lucile Aurore Dupin)는 90편의 소설 외에 수많은 작품을 집필한 유명한 여성 작가였다. 그녀는 눈에 띄지 않는 지방의 농민 계층을 회생시키려는 시도에서 몇 편의 소설을 썼는데. 그중에서도 《마의 늪》이 가장 잘 알려져 있다. 1845년에 나흘 만에 쓰인 이 작품은 1846년에 연재물로 출간되었다가 같은 해에 단행본으로 나왔다. 부인을 잃은 제르맹과 집안 친구인 마리가 도시에서의 더 나은 삶을 찾아 고향 마을을 떠난다는 이야기다. 1848년 상드는 유년시절의 일부를 보냈던 프랑스 중부의 노앙에 돌아와 그곳에 정착했다. 다음을 참조하라. Laetitia Hanin, "A Propos de l'oeuvre: *La mare au diable*". www.gallica. bnf.fr/essentiels, accessed 14 November 2018.

96 George Sand, *La mare au diable*, Jane Minot Sedgwick & Ellery Sedgwick (trans.) (Boston, 1901).

97 시골에서는 아침에 데죄네, 한낮에 디네, 오후에 구테goûter(차 또는 간식), 그리고 잠자리에 들기 전에 수페를 먹었다.

98 원문에는 '구르망gourmand'이라고 되어 있다. 1820년대 파리에서 이 단어는 '음식을 감상하며 먹는 사람'이라는 의미로 쓰이게 되었지만 다른 지역에서는 19세기 말이 되어서야 그런 의미로 사용되었다. 지금 이 맥락에서는 탐식과 관련된 의미로 사용된 것이 분명하다. 마리가 생각하기에 아직 배고플 때가 되지 않았는데 제르맹이 배가 고프다고 하기 때문이다.

99 사냥물은 시골 소작농의 식단에서 소비된 고기 중 상당 부분을 차지했다. 직접 사냥하거나 덫을 놓아 잡은 짐승은 시장을 통해 거래되지 않았고 따라서 세금이 붙지 않았는데, 고기 생산과 소비에 관한 공식적인 집계는 세금 기록을 토대로 작성된다. 이러한 이유로, 20세기 이전 시골 지역의 고기 소비에 대한 추산은 그다지 신뢰할 만한 것이 못 된다.

100 자고새는 좋은 풍미 때문에 귀족들의 식탁에서 아주 높게 평가되었다. 카렘은 샤르트뢰즈와 그 밖의 열두 가지 요리법에서 자고새를 주재료로 사용하고 송로버섯이나 아스픽aspic, 또는 쇼프루아 소스를 곁들였다. 상드가 묘사하는 농민의 자고새 구

이는 오트 퀴진의 자고새 구이와 재료가 같다. 이 장면에서는 시골 주민들이 나름 독창성을 발휘해서 음식을 마련했고 상당한 사부아르페르를 가지고 있었음이 드러난다. 이에 대한 상드의 묘사는 루소Jean Jacques Rousseau의 고귀한 농민을 모방한 것이다.

101 상드는 '캉티니에르cantinière'라는 단어를 사용하고 있다. 당시에 이곳저곳을 돌아다니며 군대에 음식과 물자를 팔았던 민간인 상인을 가리킨다.

102 원문에 쓰인 단어는 '오베르지스트'이다. 여관 주인이나 선술집 주인을 말한다. 1840년대에도 파리 이외 지역에서는 아직 레스토랑이 상당히 드물었지만, 선술집은 널리 퍼져 있었다. 그러나 지금 마리와 제르맹은 숲속에 있으므로 선술집과는 상당히 거리가 멀다.

103 와인을 마시는 게 물을 마시는 것보다 더 안전했기 때문에 아이들도 때로는 와인을 마셨다.

104 일부 남부 지역에서는 밤이 많이 나서 밤으로 끓인 죽이나 밤으로 만든 납작한 케이크로 빵을 대체하기도 했다. 18세기와 19세기에 프랑스 시골 사람들은 도시의 관습을 받아들였고 하얀 밀가루로 만든 빵을 먹고자 하는 열망이 컸다. 또한 도시 주민들은 빵 대신 밤으로 연명하는 사람들을 무시했는데, 천성이 게을러서 밀과 같이 노동집약적인 작물을 재배하지 못한다고 보았기 때문이다. 하지만 앞에서 언급한 자고새의 경우처럼 부유한 이들과 가난한 이들 모두 밤을 즐겼다. 밤은 "가난한 이들의 고기"이며 부유한 이들을 위한 별식으로 기능했다. 같은 밤이지만 16세기 이후로 전자의 맥락에서는 '샤테뉴châtaigne'라고 불린 반면, 후자의 맥락에서는 '마롱marron'이라 불렸다. 다음을 참조하라. Ariane Bruneton-Governatori, "Alimentation et idéologie: le cas de la châtaigne", *Annales*, xxxix, no. 6 (1984), pp. 1161–1189. 마리와 제르맹이 밤으로 만든 빵이나 죽이 아니라 군밤을 맘껏 먹고 있는 이 상황은 귀족적 맥락에 더 가깝고, 그래서 그들의 자족성은 갑절로 영예롭다.

6장 문학적 시금석

1 Marcel Proust, *Du Côté de chez Swann* [1913], *A La Recherche du temps perdu*, P. Clarac & A. Ferre (eds.) (Paris, 1962), p. 45.

2 Ibid., p. 18.

3 Marcel Proust, *Côté des Guermantes* [1920], pp. 500, 589 ; *Le Temps retrouvé* [1922], p.

712.

4   Marcel Proust, *La Prisonniere* [1922], p. 130 ; *A l'Ombre des jeunes filles en fleurs* [1918], p. 506 ; *Du Côté de chez Swann*, p. 71.

5   Marcel Proust, *A l'Ombre des jeunes filles*, p. 458.

6   Jean-Pierre Richard, "Proust et l'objet alimentaire", *Littérature*, VI (May 1972), p. 6.

7   Alain Girard, "Le Triomphe de 'La cuisinière bourgeoise': livres culinaires, cuisine et société en France aux XVIIe et XVIIIe siècles", *Revue d'histoire moderne et contemporaine*, XXIV/4 (1977), p. 512.

8   François Pierre La Varenne, *Le Cuisinier françois* (Paris, 1651), pp. 27, 50.

9   Roland Barthes, "Bifteck et frites", *Mythologies* (Paris, 1957), p. 72.

10 Jean Anthelme Brillat-Savarin, *Physiologie du goût* [1825], (Paris, 1982), p. 82.

11 Guy de Maupassant, *Contes et Nouvelles* [1882], A. M. Schmidt & G. Delaisement (eds.) (Paris, 1959–1960), p. 76 ; Gustave Flaubert, *Madame Bovary* [1857], R. Dumesnil (ed.) (Paris, 1945), pp. 139–140.

12 *Larousse gastronomique* (Paris, 2000), p. 1946.

13 Jean-Pierre Richard, "Proust et l'objet alimentaire", p. 11.

14 Marcel Proust, *A l'Ombre des jeunes filles*, p. 458.

15 Marcel Proust, *Le Temps retrouvé* [1922], *A La Recherche du temps perdu*, p. 612.

16 Priscilla Parkhurst Ferguson, *Accounting for Taste: The Triumph of French Cuisine* (Chicago, IL, 2006), p. 120.

17 Amy B. Trubek, *The Taste of Place: A Cultural Journey into Terroir* (Berkeley, CA, 2008), p. 38.

18 Antoine Compagnon, "La Recherche du temps perdu de Marcel Proust", *Les Lieux de mémoire*, Pierre Nora, Colette Beaume & Maurice Agulhon (eds.) (Paris, 1984), vol. 3, p. 955.

19 James Gilroy, "Food, Cooking, and Eating in Proust's A La Recherche du temps perdu", *Twentieth-century Literature*, XXXIII/1(1987), p. 101.

20 Muriel Barbery, *Une Gourmandise* (Paris, 2000), pp. 41–42.

21 Bill Buford, "*Introduction to Jean Anthelme Brillat-Savarin, The Physiology of Taste; or, Meditations on Transcendental Gastronomy*, M. F. K. Fisher (trans.) (New York, 2009), p. viii.

22 "The Fruit of the Rose Bush as a Preserve", *Scientific American*, 3 May 1879, p. 281.

23 Charles Baudelaire, *On Wine and Hashish* [1851], Martin Sorrell (trans.) (Richmond, Surrey, 2018), p. 108 ; Paul Ariès, *Une Histoire politique de l'alimentation: du paléolithique à nos jours* (Paris, 2016), p. 356.

24 Jean-Paul Aron, *Le Mangeur du XIXe siècle* (Paris, 1989), p. 203.

25 Francine du Plessix Gray, "Glorious Food", *The New Yorker*, 13 January 2003.

26 Alexandre Lazareff, *L'Exception culinaire française: un patrimoine gastronomique en péril?* (Paris, 1998), p. 16.

27 Rebecca L. Spang, *The Invention of the Restaurant: Paris and Modern Gastronomic Culture* (Cambridge, MA, 2001), p. 202.

28 Jean Anthelme Brillat-Savarin, *Physiologie du goût*, pp. 166–167.

29 Victor Hugo, *Les Misérables* [1862] (Paris, 1957), p. 43.

30 Gustave Flaubert, *Madame Bovary*, p. 152.

31 Ibid.

32 Jean-Pierre Richard, "La Creation de la forme chez Flaubert", *Littérature et sensation* (Paris, 1954).

33 Gustave Flaubert, *Madame Bovary*, p. 55.

34 Ibid., pp. 30–31.

35 Emile Zola, *Le Ventre de Paris* [1873], Henri Mitterand (ed. & notes) (Paris, 2002), p. 68.

36 Giordano Bruno (pseud. of Augustine Fouillée), *Le Tour de la France par deux enfants* (Paris, 1877), p. 282.

37 Emile Zola, *Le Ventre de Paris*, p. 46.

38 Ibid., pp. 823–824.

39 Ibid., p. 827.

40 Priscilla Parkhurst Ferguson, *Accounting for Taste*, p. 201.

41 Anne-Laure Mignon, "Les Lubies culinaires des présidents", *Madame Figaro*, 29 June 2018, www.madame.lefigaro.fr/cuisine, accessed 16 November 2018.

42 Véronique André et Bernard Vaussion (chef de l'Elysée), *Cuisine de l'Elysée* ebook (Paris, 2012).

43 "Intervention télévisée de M. Jacques Chirac, Président de la République, à la suite du décès de M. François Mitterrand", Palais de l'Elysée, 8 January 1996, jacqueschirac-asso.fr.

44 Marcel Proust, *La Fugitive* [1925], P. Clarac & A. Ferre (ed.) *A La Recherche du temps perdu*, (Paris, 1962), p. 497.

45 Marcel Proust, *Côté des Guermantes*, p. 513.

46 "Le Foie Gras halal, un marché en plein essor", *Le Point*, 24 December 2012, lepoint.fr

47 Eugène Fromentin, *Un Été dans le Sahara* [1857] (Paris, 1877), p. 20.

48 Sylvie Durmelat, "Making Couscous French? Digesting the Loss of Empire", *Contemporary French Civilization*, XLIII/3–4 (1 December 2017), p. 397.

49 Gisèle Pineau & Valérie Loichot, "'Devoured by Writing': An Interview with Gisèle Pineau", *Callaloo*, xxx/1 (2007), p. 328.

50 Valérie Loichot, "Between Breadfruit and Masala: Food Politics in Glissant's Martinique", *Callaloo*, XXX/1 (2007), p. 133.

51 Edouard Glissant, *Tout-monde* (Paris, 1995), pp. 477–478.

52 Gisèle Pineau, *Exile According to Julia* [1996], Betty Wilson (trans.) (Charlottesville, VA, 2003), p. 165.

53 Ibid., p. 110.

54 Gisèle Pineau & Valérie Loichot, "Devoured by Writing," p. 333.

55 Maryse Condé, *Victoire: My Mother's Mother* (Les Saveurs et les mots [2006]), Richard Philcox (trans.) (New York, 2010), p. 4.

56 Ibid., p. 124.

57 Ibid., p. 142.

58 Ibid., p. 70.

59 Ibid., p. 190.

60 Reynald Abad, "Aux Origines du suicide de Vatel: les difficultes de l'approvisionnement en maree au temps de Louis XIV", *Dix-septième siècle*, CCXVII (2002), p. 631.

61 Jennifer J. Davis, *Defining Culinary Authority: The Transformation of Cooking in France, 1650–1830* (Baton Rouge, LA, 2013), p. 173.

62 Joseph Berchoux, *La Gastronomie, poëme* (Paris, 1805), p. 78.

63 Alexandre Balthazar Laurent Grimod de La Reynière, *Almanach des gourmands* (Paris, 1812), p. xiii.

64 Armand Husson, *Les Consommations de Paris*, 2nd edn (Paris, 1875), p. 236.

65 Jennifer J. Davis, *Defining Culinary Authority*, pp. 176–177.

66 Marie-Antoine Carême, *Le Cuisinier parisien; ou, L'Art de la cuisine française au dix-*

neuvième siècle (Paris, 1828) n. p. ; Marie-Antoine Carême, *L'Art de la cuisine française au XIXe siècle* Paris, 1833), pp. xi, 237.

67 Patrice de Moncan & Maxime Du Camp, *Baltard – Les Halles de Paris: 1853–1973* (Paris, 2010), p. 81.

68 Jennifer J. Davis, *Defining Culinary Authority*, p. 183.

69 James Beard, "Foreword", Shirley King, *Dining with Marcel Proust: A Practical Guide to French Cuisine of the Belle Epoque with 85 Illustrations* (London, 1979), p. 7.

7장 '육각형'의 바깥쪽: 바다 건너의 테루아르

1   생도맹그(아이티)는 1626년 프랑스령이 되었지만 카리브해를 떠도는 해적들의 근거지로 남아 있었다. 17세기에 프랑스 관리들이 섬을 안전하게 확보하고 사탕수수 플랜테이션 농장들을 설립했다. 알제리는 1848년 하나의 데파르트망으로 프랑스에 병합되었고 수십 년 동안 전쟁과 프랑스인 주민의 유입을 경험했다. 이들 이주민 중에는 1870년에 독일이 점령한 알자스로렌 지방에서 추방당한 이들도 있었다. 1854년 알제리는 전쟁부의 통제를 받았지만 다른 식민지들은 해양·식민지부 아래 놓였다. 1858년에 알제리·식민지부가 설립되어 알제리와 다른 식민지들을 통합했다. 1954년에서 1962년까지 이어진 알제리전쟁(알제리에서는 알제리혁명)은 에비앙 협정과 알제리의 독립을 인정하는 국민투표로 끝이 났다.

2   1946년 인도차이나전쟁을 비롯한 일련의 충돌이 발생한 뒤 1954년 제네바 협정을 통해 베트남, 캄보디아, 라오스의 독립이 인정되었다.

3   Herman Lebovics, *Bringing the Empire Back Home: France in the Global Age* (Durham, NC, 2004), p. 80. 강조는 원저자.

4   Alexandre Lazareff, *L'Exception culinaire française: un patrimoine gastronomique en péril* (Paris, 1998), pp. 19–20.

5   Jules Ferry, "Les Fondements de la politique coloniale" [28 July 1885], www.assemblee-nationale.fr, accessed 18 June 2018.

6   Thomas Parker, *Tasting French Terroir* (Oakland, CA, 2015).

7   Menon, *La Science du maître d'hôtel cuisinier, avec des observations sur la connaissance & propriétes des alimens* (Paris, 1749), pp. xx–xxi.

8   Ibid., p. xxii.

9 R. de Noter, *La Bonne Cuisine aux colonies: Asie – Afrique – Amérique* (Paris, 1931), p. ix.

10 Catherine Coquery-Vidrovitch, "Selling the Colonial Economic Myth(1900–1940)", Pascal Blanchard et al. (eds.), *Colonial Culture in France since the Revolution*, Alexis Pernsteiner (trans.) (Bloomington, IN, 2014), p. 180.

11 Kolleen Guy, "Imperial Feedback: Food and the French Culinary Legacy of Empire", *Contemporary French & Francophone Studies*, XIV/2 (March 2010), p. 151.

12 Suzanne Freidberg, *French Beans and Food Scares: Culture and Commerce in an Anxious Age* (New York, 2004), p. 49.

13 Amy B. Trubek, *The Taste of Place: A Cultural Journey into Terroir* (Berkeley, CA, 2008), p. 41.

14 Christophe Bonneuil & Mina Kleiche, *Du Jardin d'essais colonial à la station expérimentale: 1880–1930: éléments pour une histoire du cirad* (Paris, 1993).

15 Auguste Chevalier, "Contribution à l'histoire de l'introduction des bananes en France et à l'historique de la culture bananière dans les colonies francaises", *Revue de botanique appliquee et d'agriculture coloniale*, XXIV/272–4 (April–June 1944), pp. 116–127.

16 "Productions végetales", GraphAgri Régions 2014, Agreste Statistique agricole annuelle 2010, Ministre de l'agriculture et de l'alimentation, http://agreste.agriculture.gouv.fr.

17 Suzanne Freidberg, *French Beans and Food Scares*, p. 58.

18 Christophe Bonneuil, "Le Muséum national d'histoire naturelle et l'expansion coloniale de la troisième république (1870–1914)", *Revue francaise d'histoire d'outre-mer*, LXXXVI/322–3 (1999), p. 157.

19 Christophe Bonneuil & Mina Kleiche, *Du Jardin d'essais colonial à la station expérimentale* p. 18.

20 Sandrine Lemaire, Pascal Blanchard & Nicolas Bancel, "Milestones in Colonial Culture under the Second Empire (1851–1870)", Pascal Blanchard et al.(eds.), *Colonial Culture in France since the Revolution*, p. 80. 재인용.

21 Christophe Bonneuil & Mina Kleiche, *Du Jardin d'essais colonial à la station expérimentale*, pp. 19, 72.

22 Kolleen Guy, "Imperial Feedback", p. 152.

23 Lauren Janes, *Colonial Food in Interwar Paris: The Taste of Empire* (London, 2017), p. 14.

24 Charles Robequain, "Le Sucre dans l'union francaise", *Annales de géographie*, LVII/308 (1948), pp. 322–340.

25 Dale W. Tomich, *Slavery in the Circuit of Sugar: Martinique and the World Economy, 1830–1848* (Albany, NY, 2016), p. 55.

26 Ibid., p. 116.

27 Georges Treille, *Principes d'hygiène coloniale* (Paris, 1899), p. 191.

28 Erica J. Peters, "National Preferences and Colonial Cuisine: Seeking the Familiar in French Vietnam", *Proceedings of the Western Society for French History*, XXVII (1999), p. 154.

29 Pierre Nicolas, *Notes sur la vie française en cochinchine* (Paris, 1900), pp. 148–156.

30 Ibid., pp. 158–159.

31 Erica J. Peters, "National Preferences and Colonial Cuisine", p. 151.

32 Deborah Neill, "Finding the 'Ideal Diet': Nutrition, Culture, and Dietary Practices in France and French Equatorial Africa, c. 1890s to 1920s", *Food and Foodways*, XVII/1 (2009), p. 13.

33 Martin Bruegel, "How the French Learned to Eat Canned Food, 1809–930s", *Food Nations: Selling Taste in Consumer Societies*, Warren Belasco & Philip Scranton (eds.) (New York, 2002), p. 118.

34 Ibid.

35 Erica J. Peters, "National Preferences and Colonial Cuisine", p. 156.

36 "L'insuccès de diverses tentatives d'exploitations agricoles a pu faire croire à certains esprits chagrins que la culture du sol était impossible dans ce pays pour les Européens", Pierre Nicolas, *Notes sur la vie française en cochinchine*, pp. 255–256.

37 Christophe Bonneuil & Mina Kleiche, *Du Jardin d'essais colonial à la station expérimentale*, p. 83.

38 Ibid., p. 42.

39 Coquery-Vidrovitch, "La Politique économique coloniale", Coquery-Vidrovitch & Odile Goerg (eds.), *L'Afrique occidentale au temps des français: colonisateurs et colonisés, 1860–1960* (Paris, 1992), p. 105.

40 Jean Tricart, "Le Cafe en Cote d'Ivoire", *Cahiers d'outre-mer*, xxxix/10 (July–September 1957), pp. 212–213.

41 Lauren Janes, *Colonial Food in Interwar Paris*, pp. 31–32.

42 Pierre-Cyrille Hautcoeur, "Was the Great War a Watershed? The Economics of World War i in France", S. N. Broadberry & Mark Harrison (eds.), *The Economics of World War I* (Cambridge, 2009), p. 171.

43 Lauren Janes, "Selling Rice to Wheat Eaters: The Colonial Lobby and the Promotion of Pain de riz during and after the First World War", *Contemporary French Civilization*, XXXVIII/2 (January 2013), p. 182.

44 캐런 헤스Karen Hess는 《캐롤라이나 라이스 키친: 아프리칸 커넥션*The Carolina Rice Kitchen: The African Connection*》(Columbia, SC, 1998)에서 프랑스에서 쌀 요리가 차지하는 자리를 개괄한다. 앙굴레angoulée(또는 리 앙 앙굴레riz en goulée, 쌀을 육수나 아몬드 밀크에 조리한 것)는 1393년 《메나지에 드 파리*Ménagier de Paris*》에서부터 등장하며, 1300년에는 이미 파리에 잘 알려져 있던 것 같다(p. 38). 앙굴레는 금세 인기를 잃었지만 필로pilau(향을 가미한 육수에 쌀을 넣고 뭉근히 오래 끓인 다음 뚜껑을 덮고 육수가 거의 없어질 때까지 조리한 것)는 19세기 초 요리책들에 프로방스의 대표 요리로 등장했다. 물론 헤스는 필로가 요리책에 기록되기 전에 이미 인기가 많은 요리로 존재했었다고 주장한다(pp. 58–64).

45 Lauren Janes, "Selling Rice to Wheat Eaters", p. 193.

46 Ibid., p. 180.

47 Albert Sarraut, *La Mise en valeur des colonies* (Paris, 1923), p. 96.

48 Ibid., p. 33.

49 Christophe Bonneuil & Mina Kleiche, *Du Jardin d'essais colonial à la station expérimentale*, pp. 43–96.

50 Sandrine Lemaire, "Spreading the Word: The Agence Générale des Colonies (1920–1931)", Pascal Blanchard et al. (eds.), *Colonial Culture in France since the Revolution*, p. 165.

51 Dana S. Hale, *Races on Display: French Representations of Colonized People, 1886–1940* (Bloomington, IN, 2008).

52 Patricia A Morton, *Hybrid Modernities: Architecture and Representations at the 1931 Colonial Exposition* (Cambridge, MA, 2000), pp. 4–5.

53 Herman Lebovics, *True France: The Wars over Cultural Identity, 1900–1945* (Ithaca, NY, 1992), p. 134.

54 Lauren Janes, *Colonial Food in Interwar Paris*, p. 139.

55 Jean Garrigues, *Banania, histoire d'une passion française* (Paris, 1991), p. 55.

56 R. de Noter, *La Bonne Cuisine aux colonies*, pp. xiii–xiv.

57 Suzanne Freidberg, *French Beans and Food Scares*, p. 164.

58 Ibid., p. 165. 재인용. 이브 갈로Yves Gallot는 2003년에 죽었고 셀렉시옹은 파산했다. 2018년 셀렉시옹은 자산을 모두 매각했다.

59 Coqucry Vidrovitch, "La Politique économique coloniale", pp. 133–135.

60 Ibid., p. 139.

61 Fernand Braudel, *Civilization and Capitalism: Fifteenth- Eighteenth century*, Siân Reynolds (trans.) (New York, 1981), vol. I, p. 259.

62 Jean Tricart, "Le Cafe en Cote d'Ivoire", pp. 216–218.

63 Ibid., p. 219.

64 Valerie Loichot, *The Tropics Bite Back: Culinary Coups in Caribbean Literature* (Minneapolis, MN, 2013), p. 7.

65 Ibid., p. 7.

66 William Rolle, "Alimentation et dépendance idéologique en martinique", *Archipelago*, ii (November 1982), p. 86.

67 Lauren Janes, "Curiosité gastronomique et cuisine exotique dans l'entre-deux-guerres: une histoire de gout et de dégoût", Helene Bourguignon (trans.), *Vingtieme siècle. Revue d'histoire*, 123 (July–September 2014), p. 71.

68 *Pot-au-feu*, XVI (1934), p. 245, Lauren Janes, "Curiosité gastronomique et cuisine exotique dans l'entre-deux-guerres", p. 75. 재인용.

69 Lauren Janes, "Python, sauce de poisson et vin: produits des colonies et exotism culinaire aux dejeuners amicaux de la societe d'acclimatation, 1905–1939", Martin Bruegel, Marilyn Nicoud & Eva Barlösius (eds.), *Le Choix des aliments: informations et pratiques alimentaires de la fin du moyen âge à nos jours* (Rennes, 2010), p. 141.

70 "Productions végétales", GraphAgri Régions 2014, Agreste Statistique agricole annuelle 2010, Ministre de l'agriculture et de l'alimentation, http://agreste. agriculture.gouv.fr, accessed 28 May 2019.

71 "Comptes et revenus", GraphAgri Régions 2014, Agreste Statistique agricole annuelle 2010, Ministre de l'agriculture et de l'alimentation, http://agreste.agriculture.gouv.fr, accessed 28 May 2019.

72 T. Champagnol, "Syntheses Commerce extérieur agroalimentaire", n° 2018/321, Agreste Panorama no. 1 (March 2018), p. 39. http://agreste.agriculture.gouv.fr, accessed

28 May 2019.

73 Lauren Janes, "Curiosité gastronomique et cuisine exotique dans l'entre-deux-guerres", p. 76.

74 Sylvie Durmelat, "Making Couscous French? Digesting the Loss of Empire", *Contemporary French Civilization*, XLII/3–4 (December 2017), pp. 391–407.

75 Maurice Maschino, "Si vous mangez du couscous", *Le Monde diplomatique*, June 2002, www.monde-diplomatique.fr, accessed 21 June 2018.

76 Eugen Weber, "L'Hexagone", Pierre Nora (ed.) *Les Lieux de mémoire* (Paris, 1984), vol. 2.2, p. 111.

77 Ibid., p. 101.

78 Ibid., 99–100. 재인용.

79 Patrick Weil, *Qu'est-ce qu'un Français? Histoire de la nationalité française depuis la Révolution* (Paris, 2002), p. 250. 2018년 이후로 프랑스 땅에서 비프랑스인 부모에게서 태어난 자는 누구나 프랑스 시민이다. 하지만 그 이전에는 프랑스에서 비프랑스인 부모에게서 태어난 이들은 11세 이후 프랑스에서 5년을 산 뒤에(반드시 연속 5년일 필요는 없다) 시민이 될 수 있었다.

80 Ibid., p. 244.

81 과들루프 태생인 콩데는 1985년부터 2004년 은퇴할 때까지 미국 컬럼비아 대학의 문학 교수로 재직했다. 《나, 티투바*Moi, Tituba*》(1992)와 《맹그로브 횡단*Traversée de la mangrove*》(1989)을 비롯해 14편의 소설과 몇몇 회고록을 출간했다. 2018년 뉴 아카데미 프라이즈*New Academy Prize*(대안적 노벨 문학상)을 수상했다. 그녀의 소설은 크레올 정체성과 식민주의의 영향을 이야기하면서 페미니즘의 주제에 관심을 기울이고, 사회 변화의 동인으로서 문학의 유용성에 대한 믿음을 보여준다.

82 Maryse Condé, "Les Années d'apprentissage: du flankoko au pudding de Noël", *Mets et merveilles* (Paris, 2015).

83 이 자전적 작품에서 콩데는 요리와 문학 사이에서 글을 쓰는 자기 삶의 경로를 전환한다. 요리와 문학은 마치 쌍둥이 같은 평생의 두 열정이며, 상호 영감을 주는 창의력의 분출구이다. 이 책에 담긴 에세이들은 콩데와 파리의 한 레스토랑 주인이 문학적 요리책을 제안했다가 거절당한 데서 비롯되었다. 콩데는 영어권에는 문학적 요리책이 있으나 프랑스어권에는 없다는 사실을 깨닫고 문학적 요리책을 내보자는 프로젝트를 출판업자에게 제안했으나, 프랑스인 출판업자는 요리책은 문학과 구분된 영역에 속한다고 완강하게 주장했던 것이다. 이 작품에서 콩데는 음식과 글의 통

합을 옹호하고, 그렇게 함으로써 음식이 지성의 적법한 추구 대상이 된다는 사실을 받아들이길 꺼리는 프랑스인들의 태도에 맞선다.

84 가정 요리사인 아델리아는 어린 마리즈의 초기 멘토였다. 어린 마리즈는 푸앵트아 피트르에 있던 자신의 집에서 부엌을 가장 '좋아하는 피난처'로 삼았다.

85 브랑다드 드 모뤼는 소금에 절인 대구에 감자와 우유를 넣고 으깨서 고운 반죽을 만든 다음 오븐에 구운 요리다. 때로는 다진 마늘, 다진 파슬리, 빵가루를 동량으로 섞은 페르시야드persillade를 입혀서 굽기도 한다. 이 요리는 19세기 파리에서 처음으로 인기를 끌었던 지방(프로방스) 요리 중 하나였다. 과들루프에서는 신선한 생선을 늘 쉽게 구할 수 있었으므로, 소금에 절인 대구는 아크라 드 모뤼accras de morue(기름에 튀겨낸 프랑스식 도넛)에 사용된다. 앤틸리스제도 어디에서나 볼 수 있는 이 음식은 아프리카와 포르투갈 모델들을 적절하게 변형한 것이다. 브랑다드를 내기로 한 아델리아의 선택은 '전통' 요리에 대한 그녀의 관념을 체로 사용해 프랑스 요리를 걸러낸 예를 보여준다.

86 동브레 오 크라브는 밀가루 새알심을 넣고 끓인 게 스튜로, 과들루프에서는 부활절에 먹는 요리다. 원서에서 콩데는 크레올식으로 '동브웨dombwe'라고 표기했다.

87 콜롱보 드 카브리는 카레를 넣고 끓인 염소고기 스튜다. 과들루프의 국민적 요리로서, 이 책의 6장에서 논의했듯이, 많은 앤틸리스 출신 작가들에게 비유적 중요성을 갖는다. 아델리아의 휴일 메뉴는 매우 전통적이긴 하지만, 신선한 게와 참치 등 과들루프의 특산물을 보여주고 있다. 프랑스의 문학적 식탁에 놓이는 도브 드 뵈프daube de boeuf를 브레제한 참치 요리(도브 드 통 루주daubes de thon rouge)가 대체하고 있다.

88 인도에서 온 이민자들을 말한다. 이들은 과들루프에 정착하면서 인도의 향신료 전통을 공유했으며 이는 크레올 요리에 오래도록 지속되고 있다.

89 카렘과 같은 프랑스 조상들은 "신성한 문헌"을 통해 프랑스 요리를 보존하는 데 열렬한 관심을 기울였다. 하지만 콩데는 전통만이 아니라, 인도인 조상들이 알려준 콜롱보에 적절한 향신료 조합까지 요지부동으로 고수하고 있는 과들루프 태생의 요리사를 보여준다. 몇몇 동료 카리브 지방 작가들과 대비되게, 콩데는 외부자들의 타자성에 견주어 공동체의 어떤 기반으로서 앤틸리스제도의 문화를 관통하는 카리브해 지역의 '단조로움'이라는 관념을 거부한다. 정적인 카리브해 정체성을 포용하는 대신, 콩데의 소설들은 "독자들의 기대 지평을 개조하고, 그리하여 타자성에도 개방되어 있는 어떤 타입의 감수성을 끌어낼 것을 목표로 삼는다". Nicole Jenette Simek, *Eating Well, Reading Well: Maryse Conde and the Ethics of Interpretation* (Amsterdam and New York, 2008), p. 20. 발췌한 이 단락에서 한 개인으로서 콩데는 반드시 프랑

스 모델에 반대해서가 아니라 자신의 경험으로 형성된 독립적 사유자로서 새로운 요리들을 창조할 수 있음을 암시한다. 마찬가지로 과들루프 출신 작가로서 그녀는 프랑스 문학의 일부로서 프랑스 언어로 "창조"하고 "발명"할 수단을 갖고 있다.

8장 현대: 농민은 영원히

1 Amy B. Trubek, *The Taste of Place: A Cultural Journey into Terroir* (Berkeley, CA, 2008), p. 41 ; Marc Bloch, *Les Caractères originaux de l'histoire rurale française* (Paris, 1988), p. 180.

2 Eugen J. Weber, *Peasants into Frenchmen: The Modernization of Rural France, 1870–1914* (London, 1977), p. 173.

3 Gordon Wright, *Rural Revolution in France: The Peasantry in the Twentieth Century* (Stanford, CA, 1964). 웨버가 인용한 인구조사에서 '시골'로 정의하는 코뮌commune들 중 규모가 가장 큰 곳도 주민이 2,000명 미만이다.

4 350만에서 290만으로 감소. 고든 라이트는 이 농업조사가 토지 소유주인 동시에 소작농이기도 한 농부들을 고려하지 않기 때문에 조사 결과를 해석할 때 주의를 기울여야 한다고 경고한다.

5 Susan Carol Rogers, "Good to Think: The 'Peasant' in Contemporary France", *Anthropological Quarterly*, LX/2 (1987), p. 59.

6 Robert Paxton, *French Peasant Fascism*, ebook (New York, 1997), Chapter 1.

7 Gordon Wright, *Rural Revolution in France*, p. 77.

8 Ibid., p. 85.

9 Ibid., p. 168.

10 Antoine Bernard de Raymond, "La Construction d'un marché national des fruits et légumes: entre économie, espace et droit (1896–1995)", *Genèses*, LVI/3 (2004), pp. 37–41.

11 Ibid., p. 49.

12 Décret n°53-959 du 30 septembre 1953, "Organisation d'un reseau de marches d'intérêt national", *Journal officiel de la Republique française*, 1 October 1953, pp. 8617–8618.

13 Décret législatif du 30 juillet 1935, "Défense du marché des vins et régime économique de l'alcool", Chapter III, "Protection des appellations d'origine", Article 21, *Journal officiel*

de la République française, 31 July 1935.

14 Claire Delfosse, "Noms de pays et produits du terroir: enjeux des dénominations géographiques", *Espace géographique*, XXXVI/3 (1997), pp. 224.

15 Ibid., pp. 222–230.

16 Loi du 2 juillet 1935, "Tendant à l'Organisation et à l'assainissement des marchés du lait et des produits résineux", Chapter 1, Article 13, *Journal officiel de la République française*, 2 July 1935.

17 A. M. Guérault, "Les Fromages français", *France laitière* (1934), p. 84.

18 Elaine Khosrova, *Butter: A Rich History* (Chapel Hill, NC, 2016), pp. 131–132.

19 Décret n° 88-1206, *Journal officiel de la République française*, 31 December 1988. 젖소의 우유를 가지고 병마개(봉드bonde) 형태로 만드는 전통적인 치즈들은 계속 그 형태를 유지하는 것이 허가되었다.

20 Joseph Bohling, "'Drink Better, but Less': The Rise of France's Appellation System in the European Community, 1946–1976", *French Historical Studies*, XXXVII/3 (Summer 2014), p. 529.

21 Pierre Mayol, "Le Pain et le vin", Michel de Certeau, Luce Giard & Pierre Mayol (eds.), *L'Invention du quotidien. 2. habiter, cuisiner* (Paris, 1994), pp. 138–139.

22 Kolleen Guy, "Imperial Feedback: Food and the French Culinary Legacy of Empire", *Contemporary French & Francophone Studies*, XIV/2 (March 2010), p. 156.

23 Vincent Martigny, "Le Goût des nôtres: gastronomie et sentiment national en France", *Raisons politiques*, XXXVII/1 (April 2, 2010), p. 50.

24 Amy B. Trubek, *The Taste of Place*, p. 43.

25 Joseph Capus, *L'Evolution de la législation sur les appellations d'origine: genèse des appellations contrôlées*, INAO (Paris, 1947), www.inao.gouv.fr., accessed 17 August 2018.

26 Elizabeth Barham, "Translating Terroir: The Global Challenge of French AOC labeling", *Journal of Rural Studies*, XIX/1 (2003), p. 135.

27 "Les Signes officiels de la qualité et de l'origine SIQO/AOP/AOC", INAO, www.inao.gouv.fr, accessed 17 August 2018.

28 Rolande Bonnain, "L'Alimentation paysanne en France entre 1850 et 1936", *Etudes rurales*, LVIII/1 (1975), p. 34.

29 "Cruchades", Edmond Richardin (ed.), *La Cuisine française: l'art du bien manger* (Paris, 1906), p. 849.

30 Curnonsky & Marcel Rouff, *La France gastronomique: guide des merveilles culinaires et des bonnes auberges françaises. Le Périgord* (Paris, 1921), p. 27.

31 Ibid., p. 41.

32 오스탱 드 크로즈Austin de Croze는 다음에서 재인용. Julia Csergo, "The Emergence of Regional Cuisines", Jean-Louis Flandrin, Massimo Montanari & Albert Sonnenfeld (eds.) *Food: A Culinary History* (New York, 2000), p. 382.

33 Patrick Rambourg, "L'Appellation 'à la provençale' dans les traites culinaires français du XVIIe au XXe siècle", *Provence historique*, LIV/218 (October–December 2004), p. 482.

34 Jean-François Mesplède, "Dites-moi, mes mères!", Maria-Anne Privat-Savigny (ed.), *Gourmandises! Histoire de la gastronomie à Lyon* (Lyon, 2012), p. 57.

35 "Guide michelin 2015: Les Femmes Chefs Etoilées de France", www.restaurant. michelin.fr, 17 January 2017.

36 Stephen L. Harp, *Marketing Michelin: Advertising and Cultural Identity in Twentieth-century France* (Baltimore, MD, 2001), p. 246.

37 Adam Nossiter, "Chef Gives Up a Star, Reflecting Hardship of 'the Other France'", *New York Times*, 27 December 2017.

38 Julia Csergo, "The Emergence of Regional Cuisines", p. 379.

39 Vincent Martigny, "Le Goût des nôtres", p. 45.

40 Jean-François Mesplède, "Dites-moi, mes mères!", p. 57.

41 Jean-François Revel, *Un Festin en paroles: histoire littéraire de la sensibilité gastronomique de l'antiquité à nos jours* (Paris, 2007), p. 32.

42 André Castelot, *L'Histoire à table: si la cuisine m'etait contée* (Paris, 1972), p. 336.

43 Pierre Boisard, *Camembert: A National Myth* (Berkeley, CA, 2003), p. 165.

44 André Castelot, *L'Histoire à table*, p. 482.

45 Jean Claudian & Yvonne Serville, "Aspects de l'évolution recente du comportement alimentaire en France: composition des repas et 'urbanisation'", Jean-Jacques Hémardinquer (ed.), *Pour une Histoire de l'alimentation* (Paris, 1970), pp. 174–187.

46 Curnonsky & Marcel Rouff, *La France gastronomique*, p. 38.

47 Gordon Wright, *Rural Revolution in France*, p. 35.

48 Rolande Bonnain, "L'Alimentation paysanne en France entre 1850 et 1936", p. 38.

49 Décret n° 93-1074 du 13 septembre 1993, *Journal officiel de la République française*, no. 0213, p. 12840.

50 Adam Nossiter, "Sons of Immigrants Prop Up a Symbol of 'Frenchness': The Baguette", *New York Times*, 15 October 2018.

51 "35 ans de consommation des menages. Principaux resultats de 1959 à 1993 et séries détaillées, 1959-1970", INSEE (Institut national de la statistique et des etudes économiques), vol. 69–70 (March 1995), p. 18, www.epsilon.insee.fr, accessed 12 December 2018.

52 Michèle Bertrand, "20 Ans de consommation alimentaire, 1969–989", INSEE Données no. 188 (April 1992), p. 2.

53 "35 ans de consommation des menages", pp. 82–83 ; Paul Aries, *Une Histoire politique de l'alimentation: du paléolithique à nos jours* (Paris, 2016), p. 375.

54 Michèle Bertrand, "20 Ans de consommation alimentaire, 1969–989", p. 2.

55 "Comportements alimentaires et consommation du pain en France", Observatoire du pain/CREDOC, 2016, www.observatoiredupain.fr, accessed 15 January 2019.

56 LOI n° 98-405 du 25 mai 1998, Déterminant les conditions juridiques de l'exercice de la profession d'artisan boulanger, *Journal officiel de la Republique française*, CXX (1998), p. 7977.

57 Ordonnance n° 86-1243 du 1 décembre 1986, Relative à la liberté des prix et de la Concurrence, *Journal officiel de la République française*, 9 December 1986, p. 14773.

58 *Code de commerce*, Version consolidée 1 janvier 2019. Livre iv "De la liberté des prix et de la concurrence", Titre i: Dispositions générales, Article L410–, www.legifrance.gouv.fr, accessed 15 January 2019.

59 Henri Gault & Christian Millau, "Vive La Nouvelle Cuisine française", *Nouveau Guide Gault et Millau*, LIV (1973).

60 Elizabeth David, "Note to 1983 Edition", *French Provincial Cooking* (New York, 1999), pp. 7–9.

61 Raphaëlle Bacqué, 'Danièle Delpeuch, la cuisinière de Mitterrand', Le Monde, 23 December 2008.

62 Wayne Northcutt, "José Bové vs. McDonald's: The Making of a National Hero in the French Anti-globalization Movement", *Proceedings of the Western Society for French History*, xxxi (2003), n.p.

63 Rob Wile, "The True Story of How McDonald's Conquered France", *Business Insider*, 22 August 2014.

64 Wynne Wright & Alexis Annes, "Halal on the Menu?: Contested Food Politics and French Identity in Fast-Food", *Journal of Rural Studies*, XXXII (2013), p. 394.

65 Ibid.

66 "Marine Le Pen démentie sur la viande halal", *Libération*, 19 February 2012.

67 Vincent Martigny, "Le Goût des nôtres", p. 51.

68 "Menus sans porc dans les cantines scolaires", *Communiqués*, Cour Administratif d'Appel de Lyon, 23 October 2018, lyon.cour-administrative-appel.fr.

69 Anonymous remark at the IEHCA Fourth International Convention on Food History and Food Studies in Tours, France, 7 June 2018.

70 Vincent Martigny, "Le Goût des nôtres", p. 45.

71 Alexandre Lazareff, *L'Exception culinaire française: un patrimoine gastronomique en péril?* (Paris, 1998), p. 48.

72 뮈리엘 바르베리는 2006년작 《고슴도치의 우아함*L'Elégance du hérisson*》의 작가로 유명하다. 모로코에서 태어났고 철학 박사학위를 받았다. 지금까지 네 편의 소설을 출간했다.

73 Muriel Barbéry, *Gourmet Rhapsody*, Alison Andersen (trans.) (New York, 2009), p. 99. 이 작품은 2000년 프랑스 최우수 요리문학상을 수상했고, 스페인어, 이탈리아어, 포르투갈어, 덴마크어, 스웨덴어, 독일어, 러시아어, 튀르키예어로 번역되어 여전히 프랑스 가스트로노미에 관한 이야기에 세계 독자들이 관심을 갖고 있음을 입증했다. 병에 걸려 죽게 된 음식 비평가가 자신에게 평화를 주고 자기 실존의 의미를 밝혀줄 단 하나의 완벽한 맛에 대한 기억을 찾고자 일생에 걸쳐 경험했던 훌륭한 식사들을 회상한다는 내용이다.

74 노르망디 여행을 떠올리면서 음식 비평가는 길을 묻느라 우연히 들른 농가에서 했던 아주 절묘한 식사를 이야기한다. 그 농장의 가족들은 이제 막 점심을 마쳤지만 그에게 식탁에 앉으라고 권했고, 그는 그곳에서 굴, 크림과 감자를 곁들인 닭고기, 익힌 아스파라거스, 그리고 무결점의 사과 타르트를 먹었다. 이 식사는 시골의 지역 요리에 대한 프랑스의 이상을 드러내는 완벽한 전형이다. 그것은 지역 특산물을 재료로 해서 그 집안의 여성에 의해 완벽하게 실현되었고, 식탁을 공유하며 사는 감탄스러운 근면한 농부들에 의해 더욱 향상된 것이기도 했다. 아마도 바르베리는 퀴르농스키의 '현지인'에 대한 관찰을 연상시키는 자신의 산문에 19세기 말의 농민주의적 수사법을 부지불식간에 흡수한 것 같다.

75 이 요리에 대한 예상된 형용사. 잘 실행되었지만, 파리의 것은 아니라는 뜻이다.

76 대단치 않은 감탄의 표현이지만 농민을 어린아이 취급하는 표현이며, 파리의 센강 좌안에 있는 앵발리드에서 그리 멀지 않은 그르넬 거리의 아파트에 사는 음식 비평가와 농민 사이의 거리를 드러낸다.

77 달리 말하자면 형제회fraternité라고 하는 것인데, 여기서는 '캉파냐르campagnards (시골 사람늘)'가 강조된다.

78 프랑스 요리 이야기에 필수적인 리외 드 메무아르(기억의 징소) 가운데 하나.

79 그리모 드 라 레니에르와 19세기의 초기 미식가들도 그러했듯이, 바르베리의 이야기에서도 글로 쓰인 (또는 입으로 말해진) 말이 가스트로노미의 핵심 요소를 이룬다.

80 프랑스어로는 더욱 우아하게 표현되었다. "말이었지 고기가 아니었다le verbe et non la viande."

맺는 글

1 Jean-François Revel, *Un Festin en paroles: histoire littéraire de la sensibilité gastronomique de l'antiquité à nos jours* (Paris, 2007), p. 39.

2 Ibid., p. 35.

3 Pascal Ory, "La Gastronomie", Pierre Nora, Colette Beaume & Maurice Agulhon (eds.), *Les Lieux de mémoire*, (Paris, 1984), vol. iii/3, p. 836.

4 Florent Quellier, *Gourmandise: histoire d'un péché capital* (Paris, 2013), p. 156.

5 Sylvie Durmelat, "Making Couscous French? Digesting the Loss of Empire", *Contemporary French Civilization*, XLII/3–4 (1 December 2017), p 392.

6 Jean Anthelme Brillat-Savarin, *Physiologie du goût* [1825] (Paris, 1982), pp. 81–82.

7 Jean-François Revel, *Un Festin en paroles*, p. 292.

8 Antoine Augustin Parmentier, *Le Parfait Boulanger ou traité complet sur la fabrication et le commerce du pain* (Paris, 1778). Paul-Jacques Malouin, *Description et details des arts du meunier, du vermicelier et du boulanger, avec une histoire abregee de la boulengerie et un dictionnaire de ces arts* (Paris, 1779).

9 Nicolas de Bonnefons, *Délices de la campagne* (Paris, 1654), pp. 215–216.

10 Allen Weiss, "The Ideology of the Pot-au-feu", Allen Weiss (ed.), *Taste, Nostalgia* (New York, 1997), p. 108.

11 Jean Claudian & Yvonne Serville, "Aspects de l'évolution récente du comportement

alimentaire en France: composition des repas et 'urbanisation'", Jean-Jacques Hemardinquer (ed.), *Pour Une Histoire de l'alimentation* (Paris, 1970), p. 180.

12 Vincent Martigny, "Le Goût des nôtres: gastronomie et sentiment national en France", *Raisons politiques*, XXXVII/1 (2 April 2010), p. 45.

13 Jean-François Revel, *Un Festin en paroles*, p. 292.

감사의 글

불가능한 일이다. 프랑스 음식의 종합적인 역사를 쓰는 것은 불가능하다. 이것이 이 프로젝트에 대해 내 이야기를 들은 대부분의 사람들이 지닌 일반적인 생각이었다. 그러나 실제로 그건 가능한 일로 드러났다. 하지만 그럴 수 있었던 것은 나보다 앞선 수많은 학자들이 이 역사의 부분들을 준비해놓았기 때문이었다. 나는 (인정하건대, 적어도 모든 것을 맛볼 수 있도록 포함시키고자 최선의 노력을 다했음에도 선택적일 수밖에 없었지만) 고대의 물고기부터 식민지의 쌀과 그 둘 사이의 모든 것을 주제로 다루는 전문가들의 집합적 지식을 사용해 나의 피라미드를 쌓아 올렸다. 프랑스 음식을 연구하는 학자로서 나는 프랑스 투르에 위치한 유럽식품역사연구소Institut européen de l'histoire de l'alimentation의 연례 컨퍼런스에서 큰 도움을 받았다. 이 컨퍼런스를 통해 내 연구를 진척시키고 엄청난 정보를 얻을 수 있었다.

친절하게도 여러 대학 도서관에서 소장 자료들을 볼 수 있게 허락해준 덕분에 이 책을 위한 조사 작업을 완수할 수 있었다. 예일 대학교, 애머스트 칼리지, 매사추세츠 대학교, 마우트 홀리오크 칼리지, 베이 패스 대학교의 도서관 직원들과 근로 학생들이 나를 반갑게 맞아준 데 감사를 표한다.

또한 내가 몸담고 있는 연구소에서도 정말 귀중한 연구 보조와 지원을 제공했다. 사이먼스 락 얼럼나이 도서관 직원들은 자료의 출처를 찾고 서지 정보를 얻는 데 큰 도움을 주었다. 사이먼스 락의 바드 칼리지에서 2018년 가을에 안식년을 너그러이 허락해주지 않았더라면 이 책은 출간될 수 없었을 것이다. 특히 내게 용기를 북돋아준 퍼트리샤 샤프 학장과 내가 비운 자리를 메꿔준 동료들에게 감사 인사를 전한다.

교열 전문가이자 인내심 있는 최초의 독자가 되어준 재닛 오코벤에게도 영원한 감사를 드린다. (그녀가 지닌 상식은 말할 필요도 없고) 그녀의 전문성과 근면성 덕분에 나는 더 나은 책을 쓸 수 있었다. 그리고 마지막으로, 세세한 부분에 관심을 쏟아주고 느리게 진척되는 과정에도 인내심을 발휘해준 가족들에게 온 마음으로 고맙다는 말을 하고 싶다. 루시, 설레스트, 이선, 노아, 케빈에게 인사를 건넨다. 저녁 식탁에서 만나자!

사진 출처

National Gallery of Art, Washington, dc (Open Access): p.15, 22, 27, 134, 321

Paul Vidal de La Blache, *Atlas Général d'Histoire et de Géographie* (Paris, 1894): p.32

Musée Calvet, Avignon: p.39

photo BeBa/Iberphoto/Mary Evans Picture Library: p.40

Marcus Elieser Bloch, *ausübenden Arztes zu Berlin Ökonomische Naturgeschichte der Fische Deutschlands...* (Berlin, 1783): p.41

Musée de la Tapisserie de Bayeux, Bayeux: p.49

Musée Condé, Chantilly: p.58, 92, 273

Cathédrale Notre-Dame de Chartres, Chartres: p.62

Bibliothèque nationale de France, Paris: p.64, 67, 70(위), 86

Rijksmuseum Amsterdam (Open Access): p.66

Vrije Universiteit Amsterdam: p.70(아래)

Bodleian Library, Oxford: p.77

Germanisches Nationalmuseum, Nuremberg: p.90

Biblioteca Estense Universitaria, Modena: p. 51 p.93

British Library, London: p.96

photo Dorde Banjanin/iStock International Inc: p.98

Musée National de la Renaissance, Écouen: p.103

The J. Paul Getty Museum, Los Angeles (Open Access): p.104, 118, 239, 319, 327, 333, 420,

conditions imposed by a Creative Commons Attribution-Share Alike 3.0 Unported
license

Flappie⍰has published the image on p.401 Pierre-Yves Beaudouin the images on
p.180(위), 183 and Thesupermat the images on p.186, 369 under conditions imposed
by a Creative Commons Attribution-Share Alike 4.0 International license.

stu_spivack has published the image at the foot of p.466, under conditions imposed by a
Creative Commons Attribution-Share Alike 2.0 Generic license

사진 출처

579

프랑스의 음식문화사

초판 1쇄 발행 2023년 11월 15일

지은이 마리안 테벤
옮긴이 전경훈

펴낸이 이혜경
펴낸곳 니케북스
출판등록 2014년 4월 7일 제300-2014-102호
주소 서울시 종로구 새문안로 92 광화문 오피시아 1717호
전화 (02) 735-9515~6
팩스 (02) 6499-9518
전자우편 nikebooks@naver.com
블로그 nikebooks.co.kr
페이스북 www.facebook.com/nikebooks
인스타그램 www.instagram.com/nike_books

한국어판출판권 ⓒ 니케북스, 2023
ISBN 979-11-89722-88-3 (03900)